国际贸易实务

主　编　林　悦　徐　军
副主编　文飞宇　孙金琳

北京理工大学出版社
BEIJING INSTITUTE OF TECHNOLOGY PRESS

图书在版编目（CIP）数据

国际贸易实务/林悦，徐军主编．—北京：北京理工大学出版社，2018.9（2021.12重印）

ISBN 978－7－5682－5743－5

Ⅰ．①国…　Ⅱ．①林…②徐…　Ⅲ．①国际贸易－贸易实务－高等学校－教材　Ⅳ．①F740.4

中国版本图书馆 CIP 数据核字（2018）第 120313 号

出版发行／北京理工大学出版社有限责任公司
社　　址／北京市海淀区中关村南大街 5 号
邮　　编／100081
电　　话／（010）68914775（总编室）
　　　　　（010）82562903（教材售后服务热线）
　　　　　（010）68944723（其他图书服务热线）
网　　址／http：//www. bitpress. com. cn
经　　销／全国各地新华书店
印　　刷／唐山富达印务有限公司
开　　本／787 毫米×1092 毫米　1/16
印　　张／23
字　　数／531 千字
版　　次／2018 年 9 月第 1 版　2021 年12月第 5 次印刷
定　　价／55.00 元

责任编辑／武丽娟
文案编辑／武丽娟
责任校对／周瑞红
责任印制／李　洋

图书出现印装质量问题，请拨打售后服务热线，本社负责调换

前　言

随着世界经济一体化和全球化进程的不断加快，国与国之间的经济联系越来越密切，国际贸易在我国经济发展中的地位不断提高，这也使得我国在发展国民经济的过程中需要大量的国际贸易人才。为切实提高我国国际贸易业务人员的专业知识与实践技能，本教材以我国贸易实践为背景，结合《联合国国际货物销售合同公约》《2010 年国际贸易术语解释通则》《跟单信用证统一惯例》等国际公约和国际惯例，系统地介绍了国际货物买卖合同条款、国际贸易业务的流程和操作技巧以及主要的国际贸易方式。

本教材是一本介绍国际贸易实务基本理论与操作技能的实用性教材，分为十二个项目，系统介绍贸易术语、货物条款、国际货物运输、国际货物运输保险、价格核算、国际货款的收付、贸易纠纷的预防与处理、交易准备、交易磋商与合同签订、合同的履行、国际贸易方式等内容。

本教材的编写人员均为高等院校国际经济与贸易专业的一线教师，教学经验丰富，能够充分保证教材内容的专业性与良好质量。

本教材内容新颖，体系完整，实用性强。每个项目内容都包括了学习目标、导入案例、章节内容、项目小结、相关阅读、课后习题。

与同类教材相比，在编书时特别强调了外贸中的实战操作，加入了丰富的案例，强化了贸易实务中能力的培养。教材适合各类大专院校国际贸易、经济管理及相关专业学生的学习。

本教材由林悦、徐军担任主编，文飞宇、孙金琳担任副主编。林悦编写项目二、项目三、项目四、项目六、项目九、项目十、项目十一、项目十二；徐军编写项目一、项目五并承担附录四的整理工作；文飞宇编写项目七并承担附录一、附录三的整理工作；孙金琳编写项目八并承担附录二的整理工作。

本教材的编写得到了芜湖职业技术学院国际经贸学院领导的大力支持，得到了外贸行业、企业相关领导和业务骨干的协助。此外，编写组在教材编写过程中还参阅了大量国内外教材，因篇幅有限，书中未能一一列出，在此一并表示真诚的谢意。

由于编者水平有限，所编教材难免有不足之处，恳请读者批评指正！

编　者

前言

目 录

项目一

导　论

学习目标

通过本项目的学习，了解什么是国际贸易以及国际贸易的特点；了解国际买卖合同的构成；熟悉进出口贸易的交易程序和国际货物贸易适用的法律与惯例。

导入案例

1. 2017 年 2 月 12 日，营业地都在香港的贸易双方在中国上海签订了买卖 5 万公吨铜矿的合同，规定目的港为汕头港，未约定处理合同争议的法律。后来在履约中发生争议，卖方提请中国国际经济贸易仲裁委员会仲裁。卖方认为，本案不适用《联合国国际货物销售合同公约》，而买方则主张本案应优先适用该公约，你认为，本案应适用什么法律？

2. 中国某外贸公司以信用证付款方式，向加拿大出口 10 000 件纺织品。买方按约开来信用证，并在证中规定不准分批装运。卖方发运时发现部分货物品质较差，故只装运了 9 500 件，且认为根据《跟单信用证统一惯例》中关于“货物数量允许有 5% 的增减幅度”的规定，少装 500 件是可以的。议付行审单过程中也忽略了这一点，之后单据寄到开证行时遭到拒付后经卖方与开证行反复交涉，说明情况，对方才接受了单据，但卖方因此遭受了晚收回货款而带来的利息损失，其原因是卖方对《跟单信用证统一惯例》中有关“当信用证规定数量以包装单位或个数计数时，此项增减幅度则不适用”的规定未予注意。

1.1　国际贸易基本概述

国际贸易是生产发展到一定历史阶段的产物，反映了各国（各地区）在经济上的相互联系和依赖，国际贸易作为一条无形的纽带将世界上越来越多的国家、民族紧密地联系了起来。国际贸易显然已成为各国经济发展的重要手段。

一、国际贸易与对外贸易

（一）国际贸易（International Trade）

国际贸易，又称世界贸易，泛指国家间的商品和劳务交换。它由各国（地区）的对外贸易构成，是世界各国对外贸易的总和。国际贸易既包含有形产品（实物产品）的交换，也包含无形商品（劳务、技术、信息等）的交换。

（二）对外贸易（Foreign Trade）

对外贸易也称进出口贸易，是指一个国家（地区）与另一个国家（地区）之间的商品和劳务交换。在一些国家，如英国、日本、新西兰，对外贸易又称海外贸易（Overseas Trade)。对外贸易由进口和出口两个部分组成。对运进商品或劳务的国家（地区）来说，就是进口；对运出商品或劳务的国家（地区）来说，就是出口。

二、国际贸易的特点

国际贸易是跨地区、跨国家性质的交易，与国内贸易不同，其交易环境、交易条件、交易程序等都比国内贸易复杂得多。国际贸易的特点，概括起来，主要表现在以下几个方面。

（一）国际贸易属跨国交易，情况错综复杂

由于国际贸易中的交易双方来自不同的国家和地区，政治制度、法律体系、文化背景各有不同，甚至价值观都有区别，所以在贸易洽商和履约中，可能会有不同的政策措施、法律规定、贸易惯例和习惯做法，情况错综复杂。

（二）国际贸易线长面广，中间环节多

在国际贸易中，交易双方在不同的国家，相距遥远，而且在开展国际贸易时，有众多的交易环节，除了交易双方外，还涉及各种代理商、中间商以及商检、仓储、运输、保险、银行、港口、海关等部门，如果其中一个环节出了问题，将会影响整个贸易的正常进行。

（三）国际贸易风险大，具有不稳定性

国际贸易相对于国内贸易来说，不仅成交量大，而且成交的商品要经过长距离的运输。由于运输时间长，更容易遇到各种自然灾害、意外事故和其他外来风险，再加上国际市场行情变化多端，从而加大了国际贸易的风险。

（四）国际市场商战不止，竞争激烈

国际贸易市场竞争激烈，主要表现在商品竞争、技术竞争、服务竞争及人才竞争上。所以，必须要在增强竞争意识、提高产品竞争力的同时，加强贸易从业人员的素质和竞争能力，才能在国际贸易中为自己留有一席之地。

三、国际贸易的分类

（一）按商品（劳务）的移动方向划分

1. 出口贸易（Export Trade）

出口贸易是指将本国生产或加工的商品（劳务）输往国外市场进行销售的交换活动。

2. 进口贸易（Import Trade）

将国外商品（劳务）输入本国市场进行销售的贸易活动，称为进口贸易。

3. 过境贸易（Transit Trade）

商品生产国与商品消费国之间进行的商品买卖活动，其货物运输过程需要通过第三国的国境。第三国对此批货物收取一定的费用，对于第三国来说就是过境贸易。

（二）按商品形式划分

1. 有形商品的贸易（Visible Trade）

有形商品的贸易在进出口贸易中交易的是实物商品。因实物商品都是看得见、摸得着的，故称有形贸易，又称易货贸易。有形商品的贸易量构成了一个国家在一定时期的对外贸易额。

2. 无形商品的贸易（Invisible Trade）

无形商品主要指劳务、技术、旅游、运输、金融和保险等。无形商品的贸易量在海关统计中无法反映，但在国际收支平衡表中能看到，它是一国国际收支的重要组成部分。

（三）按贸易关系划分

1. 直接贸易（Direct Trade）

商品生产国与商品消费国直接买卖商品的经营行为，称为直接贸易。贸易双方直接谈判、直接签约、直接结算，货物直接运到消费国，没有第三国作为中介。

2. 间接贸易（Indirect Trade）

商品生产国与商品消费国通过第三国所进行的商品买卖行为，称为间接贸易。间接贸易有可能是因为政治原因，也有可能是因为交易双方信息不通畅而造成的。

（四）按参与贸易的国家的多少划分

1. 双边贸易（Bilateral Trade）

双边贸易是指由两国参加，贸易双方相互出口和相互进口，贸易支付在双边贸易基础上进行结算，自行进行外汇平衡。双边贸易现在也泛指两国间的贸易关系。

2. 多边贸易（Multilateral Trade）

多边贸易是指三个或三个以上的国家，为求相互间的收支在整体上获得平衡，通过协议在多边结算的基础上所进行的贸易。其产生的原因往往是因为两国间彼此供应的商品不对路或价格不相当，以致进出口不能平衡，外汇收支发生困难，需要第三国或更多的国家参加协议，建立三国或多国贸易，以使彼此间的进出口达到基本平衡。例如，有甲、乙、丙三国，甲对乙出超 1 000 万美元，乙对丙出超 1 000 万美元，丙对甲出超 1 000 万美元。

四、国际贸易中的常见统计量

（一）对外贸易额与国际贸易额

1. 对外贸易额

对外贸易额（Value of Foreign Trade）又称对外贸易值、进出口总值，是以货币表示的一国一定时期内的进出口的规模，是衡量一国对外贸易状况的重要指标。它由一国一定时期内从国外进口的商品总额加上该国同一时期内向国外出口的商品总额构成。在计算时，出口额常以 FOB 价格计算，进口额则常以 CIF 价格计算。为了便于各国进行比较，通常最后都折算成美元值。例如，2017 年上半年，我国货物贸易进出口总值 13.14 万亿元人民币，比

2016 年同期（下同）增长 19.6%。其中，出口 7.21 万亿元，增长 15%；进口 5.93 万亿元，增长 25.7%。

一国在一定时期内商品出口总额与进口总额相比较而形成的差额，则称为对外贸易差额（Balance of Trade）。其具体有 3 种状态：

当商品出口总额超过商品进口总额时，差额部分称为“贸易顺差”或“贸易出超”；当商品进口总额超过商品出口总额时，差额部分称为“贸易逆差”或“贸易入超”；当商品进出口总额相等时，则称作“贸易平衡”。

2. 国际贸易额

国际贸易额（Value of International Trade）又称国际贸易值，是指以货币表示的世界各国的对外贸易总额。但是，在计算国际贸易额时，不是简单地把世界各国的出口额与进口额加在一起。因为一国（或地区）的出口，就是另一国（或地区）的进口，若两者相加就存在重复计算。联合国在统计中，通常采用各国出口额相加作为国际贸易额。

（二）对外贸易量与国际贸易量

1. 对外贸易量

对外贸易量是为剔除价格变动的影响，并能准确反映一国对外贸易的实际数量而确立的一个指标，它能确切地反映一国对外贸易的实际规模。具体计算是以固定年份为基期而确定的价格指数去除报告期的出口或进口总额，得到的是相当于按不变价格计算的进口额或出口额，叫作报告期的对外贸易量。

由于国际市场上的物价经常发生变动，用价值表示的国际贸易额并不能真实地反映该国外贸的实际规模。如果用贸易量，即用进出口商品的数量、重量等来表示，则可以避免这种缺陷。就某一种商品来说，用计量单位表示十分容易，但就一个国家的全部进出口商品来说，就无法直接用计量单位表示，因商品不同，计量单位也不同，难以直接相加。因此，出现了下面这个消除价格变动的贸易量计算公式：

进（出）口贸易量＝进（出）口额/进（出）口价格指数%

例 1－1：以 2004 年为基期，某国该年的进出口价格指数均定为 100。2005 年该国进口贸易额为 1 170 亿美元，出口贸易额为 1 200 亿美元。2005 年该国出口产品价格平均下跌 5%，出口价格指数为 95；2005 年该国进口产品价格平均上涨 3%，进口价格指数为 103。

把这些数值代入上面的公式，便可得出该国 2005 年剔除了价格变动因素后的贸易额，即实际的进出口贸易量：

进口贸易量＝1 170÷103%＝1 135.9（亿美元）

出口贸易量＝1 200÷95%＝1 263.15（亿美元）

可见，该国 2005 年的进口贸易额虽然达到 1 170 亿美元，但剔除价格变动因素后的实际进口贸易量只有 1 135.9 亿美元；而该国 2005 年的出口贸易额虽然只有 1 200 亿美元，但剔除价格变动因素后的实际出口贸易量高达 1 263.15 亿美元。

2. 国际贸易量

国际贸易量（Quantum of International Trade）是以一定时期的不变价格为标准计算的国际贸易规模，是为了剔除价格变动影响，准确反映国际贸易的实际数量而确立的一个指标。

在计算时，以固定年份为基期而确定的价格指数去除报告期的国际贸易额，得到的就是相当于按不变价格计算（剔除价格变动的影响）的国际贸易额，该数值就叫报告期的国际贸易量。

（三）对外贸易商品结构与国际贸易商品结构

1. 对外贸易商品结构

对外贸易商品结构（Composition of Foreign Trade）是指一定时期内各大类商品或各种商品在一国对外贸易中所占的比重或地位。一国对外贸易商品结构可以反映出该国的经济发展水平、产业结构及资源状况等。

2. 国际贸易商品结构

国际贸易商品结构（Composition of International Trade）是指一定时期内各大类商品或各种商品在国际贸易中所占的比重或地位。

国际贸易商品结构可以反映出整个世界的经济发展水平和产业结构状况。各类商品价格的变动也是影响国际贸易商品结构和对外贸易商品结构的因素。

（四）对外贸易依存度

对外贸易依存度又称为对外贸易系数（传统的对外贸易系数），是指一国的进出口总额占该国国民生产总值或国内生产总值的比重。其中，进口总额占 GNP 或 GDP 的比重称为进口依存度，出口总额占 GNP 或 GDP 的比重称为出口依存度。对外贸易依存度反映一国对国际市场的依赖程度，是衡量一国对外开放程度的重要指标。

相关阅读

中国对外贸易依存度经历的三个阶段

20 世纪 80 年代以来，随着中国经济融入世界经济一体化的进程，对外贸易快速增长。伴随着对外贸易的增长，中国的对外贸易依存度也不断提高。中国对外贸易依存度经历了三个阶段的发展：

第一阶段是 1985—1990 年，随着中国对外开放的逐步扩大，出口缓慢增长。1985 年，中国对外贸易依存度为 23.1%，其中出口依存度为 9.02%，进口依存度为 14.08%，1990 年中国对外贸易依存度首次达到 30%，其中出口依存度为 16.05%，进口依存度为 13.95%，中国出口慢慢赶上并超过进口。这一阶段，主要由于国内资源紧缺和大量技术设备的进口，进口依存度连续多年高于出口依存度。

第二个阶段是 1990—2000 年，在这一阶段，中国采取了一系列的宏观经济调控措施，使出口额年均增长达到 12.4%，超出了中国年均 GDP 的增长速度 8.8%。劳动密集型产业的崛起，加工贸易的开展，使出口快速增长，出口依存度超过进口依存度，推动了对外贸易的稳步上升，中国的对外贸易依存度也于 1994 年突破 40%。虽然 1996—1999 年四年内中国的对外贸易依存度有所滑落，在 35% 左右徘徊，但 2000 年再次达到 43.9%。

第三个阶段是 2001 年至今。随着中国加入 WTO，经济全球化进一步加深，对外贸易对经济增长的作用日益明显，2004 年中国进出口贸易总额历史性地突破万亿美元大关，超过日本，名列世界第三位，对外贸易的增长速度，远远高于中国国内生产总值和世界贸易的增长速度。中国对外贸易依存度快速增加，2002 年突破 50%，2005 年高达 63%，2006 年更是达到 67% 的高点，此后受我国经济转型、内外需结构调整以及国际金融危机的影响，从 2007 年开始对外贸易依存度逐步回落，2008 年为 60.2%，到 2011 年更是低至 50.1%，仅比 2002 年高 0.1%。据有关学者分析，中国已经跻身中等贸易依存度国家行列，即贸易依存度集中在30%~100%，类似国家如法国、意大利、英国、韩国、德国等。

资料来源：百度百科

1.2 国际货物买卖合同及进出口贸易交易程序

一、国际货物买卖合同及结构构成

在国际贸易中，合同有着十分重要的作用，它将合同当事人紧密地联系在一起。合同当事人各自按照规定的义务去履行合同，从而使国际贸易活动能够井然有序地开展。

（一）国际货物买卖合同

国际货物买卖合同（Contract for the International Sale of Goods）是指营业地处于不同国家的当事人之间所订立的，由一方提供货物并转移所有权，另一方支付价款的协议。国际货物买卖合同是国际贸易交易中最为重要的一种合同，是各国经营进出口业务的企业开展货物交易最基本的手段。

（二）国际货物买卖合同的结构构成

在实际业务中，交易当事人一般会依据具体情况来订立合同条款，因此，合同的具体内容不尽相同，但基本框架相似，一般都由合同的效力部分、权利与义务部分、索赔与争议解决部分组成。

1. 效力部分

效力部分指国际货物买卖合同的开头和结尾部分。这部分规定了合同的效力范围和有效条件。合同的开头也称约首，通常载明合同的名称、编号、签订时间、地点，以及订约双方的名称。合同的结尾也称约尾，通常载明合同使用的文字及其效力、正本的份数、附件，以及交易双方当事人的签字。

2. 权利与义务部分

权利与义务部分构成了合同的主体，规定了交易双方的权利与义务。具体包括以下内容：

（1）合同的标的。主要包括货物的品质、数量、包装等。

（2）货物的价格。主要包括价格的计量单位、单价、计价货币、贸易术语、货物的总值等。

（3）卖方义务和买方义务。卖方义务主要包括交货、提交与货物相关的单据以及货物所有权的转移；买方义务主要包括支付货款和收货。

3. 索赔与争议解决部分

索赔与争议解决部分主要包括商品的检验、索赔、不可抗力、仲裁等条款以及其他有关的规定。

二、进出口贸易交易程序

进出口贸易交易的环节很多，各环节之间紧密相关，在实际业务中，各环节还相互交叉进行。总的来说，进出口贸易的交易流程大致可以分为：交易前的准备、交易磋商和签订合同、履行合同三个阶段。

（一）交易前的准备

在开展国际贸易活动前，交易双方往往会先做好交易前的准备。对于进出口商而言，交易前的准备工作主要有：国际市场调研、制订国际营销方案、落实国内货源、选择市场与客户、开展广告与宣传活动。

（二）交易磋商和签订合同

在签订国际贸易合同前，交易双方需通过询盘、发盘、还盘和接受的程序达成协议，然后再采用书面形式签订国际货物买卖合同，交易双方履行合同和处理争议要以书面合同为依据。

（三）履行合同

买卖双方根据合同的规定各自履行自己的义务。对于在履约中违反合同规定的行为，将承担相应的责任。

以 CIF 合同为例，出口商在以 L/C 作为结算方式的情况下，履约工作（图 1－1）主要包括：按照合同备货；向客户催开信用证，如信用证与合同内容不合，且不符点不能接受的，要立即通知客户改证；然后向承运人办理委托运输等手续；在货物装运后缮制单据，向银行交单结汇。进口商履行合同详见图 1－2。

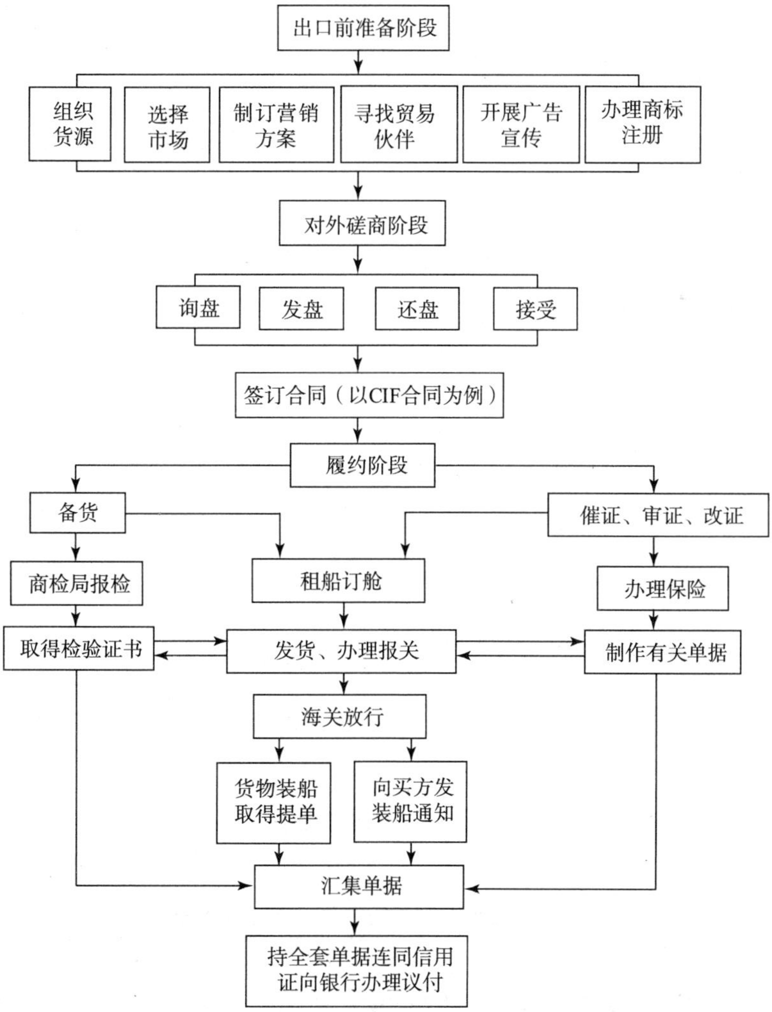

图 1－1　出口业务流程

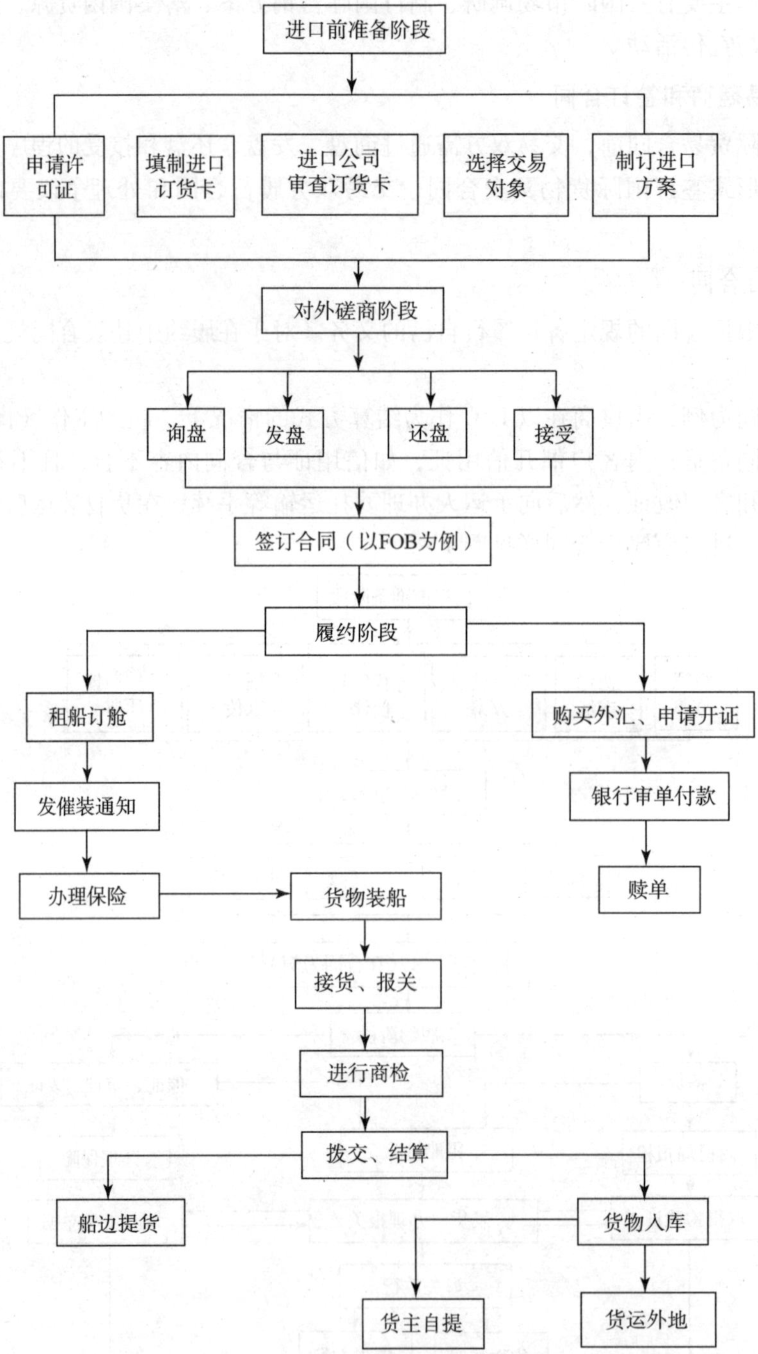

图1-2　进口业务流程

1.3　国际货物贸易适用的法律与惯例

在国际贸易中，由于交易双方在不同的国家和地区，有不同的社会制度、政策措施、法律体系和贸易习惯做法，所以，在实践中容易产生争议，甚至是贸易摩擦。为减少贸易争议的产生，外贸从业人员应对国际贸易适用的法律和国际惯例进行深入了解，遵照执行。当前国际货物贸易适用的法律和国际惯例如下：

一、国际货物贸易法律规范与法律适用

（一）国内法

许多国家都制定了管理对外贸易的法律法规，特别是经济贸易发达的国家，还专门颁布了对外贸易法。对外贸易法是一个国家对外贸易总政策的集中体现。因此，进出口企业都必须遵守国家的对外贸易法。如我国就颁布了《中华人民共和国对外贸易法》，这是我国外贸领域中一项最基本、最重要的法律，对对外贸易经营权、国营贸易、贸易壁垒调查、贸易救济措施、自由贸易区等进行了说明。

需要说明的是，由于进出口合同双方当事人所在国家的法律制度不同，所以，对同一问题可能出现不同的法律规定，一般在国内法中会规定解决冲突的办法。如：我国《合同法》就规定："涉外合同当事人可以选择处理合同争议所适用的法律，但法律另有规定的除外。涉外合同当事人没有选择的，适用与合同有密切联系的国家法律。"

（二）国际公约、条约、协定

国际贸易中，因各国国内法的规定不相同，有些甚至差异很大，单靠某一国的国内法，已经不能解决国际贸易争端，因此，各国政府和一些国际组织相互缔结或参加了国际贸易方面的协定、条约和公约，其中大部分已被大多数国家所接受。我国有选择地加入了一些有关的国际条约或公约。

1. 双边协定

我国与许多国家和地区分别签订了双边贸易协定，在与这些国家进行贸易时，必须严格遵守对外贸易协定，如产生争议，应按照协定精神处理。

2. 多边协议

2004 年 11 月，我国与东盟签署了《中国—东盟全面经济合作框架协议货物贸易协议》和《中国—东盟争端解决机制协议》。根据协议，我国与东盟十国将建成世界第三大自由贸易区。这些协议的实施将创造无限的商机，给贸易各国带来双赢、多赢的局面。

相关阅读　**《中国—东盟全面经济合作框架协议货物贸易协议》节选**

第一条　定义

就本协议而言，将适用下列定义，除非文中另有规定：①"WTO"指世界贸易组织；②"the GATT 1994"指《1994 年关税与贸易总协定》，包括附件一（注释和补充条款）；③"东盟六国"指文莱、印度尼西亚、马来西亚、菲律宾、新加坡和泰国；④"东盟新成员国"指柬埔寨、老挝、缅甸和越南；⑤"实施最惠国税率"应包括配额内税率，且对东盟成员国（2003 年 7 月 1 日时为世界贸易组织成员）和中国，指其各自于 2003 年 7 月 1 日的实施税率，以及对东盟成员国（2003 年 7 月 1 日时为非世界贸易组织成员），指其在 2003 年 7 月 1 日对中国产品实施的税率；⑥"非关税措施"应包括非关税壁垒；⑦"AEM"指东盟经济部长；⑧"MOFCOM"指中华人民共和国商务部；⑨"SEOM"指东盟经济高官会。

第二条 国内税和国内法规的国民待遇

一缔约方应根据《1994 年关税与贸易总协定》第三条向所有其他缔约方的本协议和《框架协议》涵盖的货物给予国民待遇。为此，《1994 年关税与贸易总协定》第三条的规定应在必要修正后纳入本协议，并作为本协议的组成部分。

第三条 关税削减和取消

（1）各缔约方的关税削减或取消计划应要求逐步削减被列明税目的实施最惠国税率，并在适当时依照本条予以取消。

（2）依照本协议纳入关税削减或取消计划的税目应包括所有未被《框架协议》第六条所列的早期收获计划涵盖的税目，这些税目应按如下规定进行关税削减和取消：

①正常类：一缔约方自愿纳入正常类的税目应依照本协议附件 1 中列明的模式逐步削减和取消各自的实施最惠国税率，并应实现模式中的降税门槛所规定的目标。

②敏感类：一缔约方自愿纳入敏感类的税目应依照本协议附件 2 中的模式削减或取消各自的实施最惠国税率。

（3）根据本协议附件 1 和附件 2，各缔约方按照本条履行的承诺应适用于其他所有缔约方。

第七条 WTO 规则

根据本协议的条款和各缔约方基于本协议第十七条对本协议进行审议所可能达成的任何未来的协议，各缔约方由此同意并重申他们遵守 WTO 规则中有关条款的承诺，其中包括非关税措施、技术贸易壁垒、卫生和植物卫生措施、补贴和反补贴措施、反倾销措施和知识产权。非 WTO 成员的缔约方应根据它们加入 WTO 的承诺遵守 WTO 的条款。在本协议中没有被特别提及或修正的 WTO 货物贸易多边协定的条款，应在必要修正后适用于本协议，除非文中另有要求。

第八条 数量限制和非关税壁垒

（1）除非 WTO 规则允许，各缔约方不应在任何时候保留任何数量限制措施。非 WTO 成员的缔约方应自本协议生效之日起 3 年后（越南：4 年）或根据其加入 WTO 的承诺逐步取消其数量限制，以时间较早者为准。

（2）各缔约方应在本协议生效后尽快列明非关税壁垒（数量限制除外）以逐步取消。取消这些非关税壁垒的时间框架应由各缔约方共同商定。

（3）各缔约方在实施本协议时应公布其数量限制的有关信息并使这些信息易于取得。

第十四条 承认中国市场经济地位

东盟十国中的每一个成员国同意承认中国是一个完全市场经济体，自本协议签署之日起，将对中国与东盟十国中任何一个成员之间的贸易，不适用《中华人民共和国加入世界贸易组织议定书》第十五条和第十六条以及《中国加入世界贸易组织工作组报告书》第二百四十二段。

资料来源：https：//wenku. baidu. com/view/88739ad133d4b14e852468fb. html

3. 国际条约或公约

有关国际贸易的国际条约或公约很多，我国选择性地参与了一些有关的国际条约或公约。如《联合国国际货物销售合同公约》《承认与执行外国仲裁裁决公约》。

其中,《联合国国际货物销售合同公约》(我国于1988年1月1日正式加入)已成为我国进行国际货物买卖最重要的一项国际公约。

二、国际货物贸易适用的惯例

国际贸易惯例是指在国际贸易长期实践中形成的具有普遍意义的一些习惯做法和解释。国际贸易惯例不同于法律和公约,除非另有规定,否则对买卖双方无强制约束力。

国际贸易惯例在以下几种情况下对贸易双方是具有约束力的:一是合同中明确表示采用某种惯例,则此惯例对交易双方有约束力;二是合同中做出了与惯例相反的约定,但不违反法律,也将得到有关国家法律的承认和保护;三是交易双方在合同中对某些问题没有明确规定,在合同中也未规定采用哪些惯例,而事后双方在该问题上产生争议,各国法庭或仲裁机构往往会引用国际贸易惯例来进行判决或仲裁。

相关阅读

5年回眸:从贸易大国向贸易强国迈进

对外贸易是国民经济的重要组成部分和推动力量,对经济增长、产业升级、创造就业、增加税收等都发挥着重要作用。党中央、国务院高度重视对外贸易工作,党的十八大以来,国务院出台了一系列促进对外贸易发展的政策措施。商务部会同各地区、各有关部门坚决贯彻党中央、国务院决策部署,狠抓政策落实,大力推进国际市场布局、国内区域布局、商品结构、经营主体和贸易方式“五个优化”,加快对外贸易转型升级基地、贸易平台、国际营销网络“三项建设”,营造良好的商业环境,切实为企业减负助力,支持企业创新发展,做强一般贸易,提升加工贸易,发展其他贸易,取得积极成效。中国贸易大国地位进一步巩固,国际市场份额稳步提升,动力转换和结构调整不断加快,对外贸易优进优出取得显著成效,为国民经济社会发展做出了重要贡献,为促进世界经济稳定复苏发挥了重要作用。一是货物贸易大国地位不断巩固。2009年以来,中国连续八年保持全球货物贸易第一大出口国和第二大进口国地位。在全球贸易持续低迷的背景下,中国进出口表现优于其他主要经济体。中国出口所占国际市场份额从2011年的10.4%上升至2016年的13.2%。对外贸易成为促进国民经济和社会发展的重要支撑力量。对外贸易直接或间接带动的就业人数达到1.8亿左右,约占全国就业总数的23%。2016年,进口环节税收达1.54万亿元,占全国税收收入的11.8%。二是进出口结构持续优化。国际市场结构更加多元,2016年,发展中经济体和新兴市场、“一带一路”沿线国家占中国出口的比重分别达到45.6%和27.7%,较2011年分别提高3.1个百分点和3.8个百分点。国内区域布局更加均衡,中西部地区占全国外贸出口的比重达到15.2%,较2011年提高3.3个百分点。商品结构向价值链高端延伸,机电产品在出口中的占比由2011年的57.2%增至2016年的57.6%,钢材、原油、成品油、煤等产品出口比重下降。经营主体活力增强,民营企业成为外贸发展的重要力量,在出口中的比重首次超过外资企业,由2011年的33.5%上升至2016年的46%,提高12.5个百分点。贸易方式进一步优化,一般贸易快速发展,占出口的比重提高到53.8%,较2011年提高5.5个百分点。三是对外贸易发展动能加快转换。对外贸易企业持续从供给侧发力,加快转型升级步伐,努力培育竞争新优势,企业创新能力、品牌建设、营销能力不断增强,具有自主品牌、自主知识产权、自主营销渠道以及高技术、高附加值、高效益的产品出口增速高于传统商品。2009年以来，中国连续8年保持机电产品全球第一大出口国地位。跨境电子商务、市场采购贸易等新业态快速增长，有效满足甚至创造了市场需求，成为外贸新的增长点。四是中国外贸发展惠及全球。中国顺应经济全球化趋势，在平等互利基础上积极同世界各国开展经贸合作，形成了你中有我、我中有你的利益交融格局，对建设相互尊重、公平正义、合作共赢的新型国际关系发挥了重要作用。“中国制造”增进了全球消费者福利，“中国市场”带动了世界各国经济发展。中国政府坚持进口与出口并重，在稳定出口市场的同时主动扩大进口市场，已经成为世界最大的进口市场之一，进口占全球份额的1/10左右。

资料来源：中华人民共和国商务部综合司

中国对外贸易形势报告（2017年秋季）

2018年中国对外贸易发展环境分析

展望2018年，随着世界经济稳步复苏、中国经济平稳增长，中国对外贸易面临的需求环境和发展条件总体是有利的。但外部风险和不确定因素依然较多，经济因素和非经济因素相互交织，贸易保护主义不断抬头，国内要素成本继续上升，企业经营压力增大，中国对外贸易发展仍面临不少困难和挑战。

1. 世界经济复苏好中有忧

随着国际金融危机的影响逐渐减弱，2018年世界经济有望延续回升向好态势，进入相对强劲复苏轨道，内生增长动力增强，金融环境有所改善，大宗商品价格可能稳中有升，全球市场信心增强，国际市场需求持续复苏。国际货币基金组织预计，2018年世界经济将增长3.7%。这一增速不仅高于2008—2017年年均3.3%的水平，也高于1980—2017年年均3.4%的历史增速。其中，新兴经济体增长4.9%，发达国家增长2.0%。与此同时，世界经济结构性矛盾依然突出，持续复苏的韧性不足。全球劳动力市场尚未恢复到充分就业状态，薪资增长较为疲软，主要经济体通胀水平大多低于政策目标，市场需求持续增长的动力尚不稳固。美联储将加快缩减资产负债表并加息，欧洲央行从2018年1月起缩减量化宽松规模，主要经济体宏观经济政策调整将对全球资本流动和金融市场稳定产生新的影响。受人口老龄化、技术创新尚未形成强大增长动力等因素影响，全球经济潜在增长率下降，短期内难以重返国际金融危机前的繁荣局面。此外，地缘政治风险居高不下，也将拖累世界经济增长步伐。

2. 全球贸易投资格局深刻演变

国际金融危机以来，全球范围的产业转移一度趋于放缓，一部分离岸外包被在岸生产取代，在较大程度上削弱了全球贸易、投资增长动力。2012—2016年，全球贸易量增速连续5年低于世界经济增速。截至2016年，全球跨国投资规模仍远低于2007年峰值。2017年，在世界经济复苏的带动下，全球贸易投资均呈现恢复增长态势。联合国贸发会议（UNCTAD）预计，2017年全球FDI流量增长5%，达1.8万亿美元。但受发达国家与新兴经济体相对成本结构变化、智能制造技术快速发展、市场需求趋于个性化及多样化等因素影响，全球产业布局将面临复杂调整，产业转移对贸易投资的促进作用短期内难以完全恢复。在经济增速没有大幅提高的背景下，国际贸易投资难以持续保持快速发展态势。世贸组织预计，2018年全球货物贸易量将增长3.2%，增速低于2017年，也将低于同期世界经济增速。联合国贸发会议预计，2018年全球跨国投资将增加至1.85万亿美元，但仍低于2007年的历史峰值。

3. 保护主义仍将威胁全球经济复苏进程

2017 年以来，随着主要经济体经济增长势头向好，“逆全球化”浪潮势头有所减弱，全球新增的贸易限制措施有所减少。但不少国家经济增长的包容性不足，贫富分化严重，社会矛盾突出，“逆全球化”的温床并未消失，保护主义抬头趋势仍将延续。有的国家在政府采购中明确提出优先购买本国货，限制进口竞争。有的国家滥用贸易救济措施，频频对进口产品发起反倾销、反补贴调查，征收高额进口关税。有的国家试图重新谈判已对外签署的贸易协定，使贸易规则更加有利于本国企业。由于多边谈判进展缓慢，全球贸易投资自由化步伐放缓，国际社会对保护主义缺乏有力的制约机制，贸易摩擦将持续威胁全球贸易健康发展。中国是全球范围贸易摩擦的最大受害者，不仅劳动密集型产品受到多国限制，钢铁等资本密集型产品也成为遭受国外贸易摩擦的焦点。世贸组织一些成员拒不履行《中国加入世贸组织议定书》第 15 条义务，在对中国产品反倾销调查中继续使用替代国做法，损害中国出口企业合法权益。

4. 新一轮国际产业竞争更加激烈

国际金融危机以来，各国更加重视发展制造业等实体经济。无论是发达国家还是发展中国家，都纷纷采取措施发展制造业、抢占出口市场份额。新兴经济体纷纷大幅放宽外资准入限制，积极吸引国际投资，出台土地、税收等优惠政策。发达国家大力促进制造业回归，不少国家推出了再工业化战略或政策。近期，降低制造业成本成为主要经济体政策重点，不少国家着力推动削减制造业企业土地、物流、税收、社保等成本负担，其中美国拟将企业所得税税率从 35% 降至 20%，法国提出将企业所得税税率从 33.3% 降至 25%，印度推行新税制，改善税收环境，降低企业税收负担。此外，发达国家大力推动更新基础设施，新兴经济体建立完善基础设施网络，也将对出口产业发展起到促进作用。在激烈的国际竞争形势下，一些跨国公司将部分布局在中国的出口产能向周边新兴经济体转移，这将对中国加工贸易发展产生不利影响。

5. 中国经济发展前景看好

近年来，中国深入推进供给侧结构性改革，适度扩大总需求，经济运行平稳的格局更加巩固，好的态势更加明显，转型升级不断取得新成效。从产业结构看，农业基础得到加强，工业发展水平上升，服务业成为第一大产业。从需求结构看，内需与外需的关系更加协调，消费与投资比例关系趋于合理，消费成为经济增长的第一驱动力，对经济增长的贡献明显提高。特别是中国经济新动能加快成长，新产业、新业态、新模式不断涌现，传统产业通过技术升级焕发出新的生机，形成了新的经济增长点。据测算，新动能对中国就业增长的贡献率达到 70%。当前，中国特色新型工业化、信息化、城镇化、农业现代化进程深入推进，将优化经济供给结构，创造新的消费和投资需求，拓展新的市场空间。党的十九大胜利召开，对决胜全面建成小康社会做出全面部署，将极大地激发全社会干事创业热情，为经济发展注入新的动力。与此同时，中国发展不平衡、不充分的问题凸显，发展质量和效益还不高，创新能力不够强，实体经济水平有待提高，生态环境保护任重道远。总体上看，2018 年中国经济有望保持平稳运行、稳中向好的发展态势，但面临的挑战和困难不容低估。综合考虑国际国内环境，2018 年中国对外贸易发展既面临新的机遇，也面临不少挑战。当前和未来一段时间，中国对外贸易正处于结构调整步伐加快、新旧动能接续转换的关键阶段，长期向好的基本面没有变。

随着党的十九大精神和习近平新时代中国特色社会主义思想的全面贯彻落实，新发展理念深入人心，供给侧结构性改革持续推进，现代化经济体系加快建设，创新驱动发展战略深入实施，中国科技实力增强、产业不断升级，以技术、品牌、质量、服务、标准为核心的国际竞争新优势将逐步形成，为对外贸易发展奠定坚实基础。随着“一带一路”建设的深入推进，中国与世界各国的互利合作将进一步深化，为对外贸易发展提供新的广阔空间。面对对外贸易发展面临的新形势和新要求，商务部将认真贯彻党的十九大精神，以习近平新时代中国特色社会主义思想为指引，拓展对外贸易，培育贸易新业态、新模式，推进贸易强国建设。扎实落实国家关于对外贸易稳增长、调结构的政策措施，促进加工贸易创新发展，妥善应对贸易摩擦。深入推进外贸“五个优化”“三项建设”，大力发展跨境电商、市场采购贸易、外贸综合服务企业等新业态、新模式，加快外贸转型升级。坚持促进对外贸易平衡发展，在稳定出口市场的同时主动扩大进口，特别是全力办好首届中国国际进口博览会，努力把中国国际进口博览会打造成为世界各国展示国家发展成就、开展国际贸易的开放型合作平台，打造成为推进“一带一路”建设、推动经济全球化的国际公共产品，打造成为践行新发展理念、推动新一轮高水平对外开放的标志性工程。

资料来源：中华人民共和国商务部综合司

中国对外贸易形势报告（2017 年秋季）

项目小结

本项目介绍了国际贸易和对外贸易的概念，国际贸易具有的特点，国际买卖合同的构成以及进出口业务的基本流程，国际货物贸易适用的法律与惯例。

国际货物贸易是国家间商品交换或买卖的作业活动，包括进口和出口。本书也将围绕进出口贸易的流程进行介绍。

课后习题

一、名词解释

国际贸易　国际货物买卖合同

二、简答题

1. 国际贸易的特点有哪些？
2. 国际货物买卖合同由哪几部分组成？具体包括哪些条款？
3. 简述进出口业务的具体操作流程。

项目二

贸易术语

学习目标

通过本项目的学习，要了解什么是国际贸易术语，了解与国际贸易术语相关的国际贸易惯例，掌握《2010年国际贸易术语解释通则》中每个贸易术语的含义及风险、责任和费用的划分，能够在业务中熟练地选择、正确地使用贸易术语。

导入案例

1. 我出口公司对日商报出大豆实盘，每公吨 CIF 大阪 120 美元，发货港口是上海，现日商要求我方改报 FOB 上海价，我出口公司对价格应如何调整？如果最后按 FOB 条件签订合同，买卖双方在所承担的责任、费用和风险方面有什么差别？

2. 美国出口商与韩国进口商签订了一份 CFR 合同，合同规定由卖方出售 2 000 公吨小麦给买方。小麦在装运港装船时是混装的，共装运了 5 000 公吨，准备在目的地由船公司负责分拨 2 000 公吨给买方。但载货船只在途中遇高温天气，小麦发生变质，共损失 2 500 公吨。卖方声称其出售给买方的 2 000 公吨小麦在运输途中全部损失，并认为根据 CFR 合同，风险在装运港越过船舷时已经转移给买方，故卖方对损失不负责任。买方则要求卖方履行合同。双方发生争议，后将争议提交仲裁解决。问：仲裁机构将如何裁决？

2.1 国际贸易术语与国际贸易惯例

国际贸易线长面广、环节多、风险大，在当事人洽谈业务中要解决许多问题。如：卖方在什么地方以什么方式办理交货？货物发生损坏或灭失的风险何时转移给买方？货物的运输、保险和通关手续谁来负责？相关的各种费用谁来承担？买卖双方需要交接哪些单据？如果每一笔交易都要求买卖双方对上诉事项逐一商洽，将耗费大量的时间和费用，严重影响交易的达成。

在国际贸易的长期实践中，逐渐形成了各种不同的贸易术语。在进出口贸易中，通过使用贸易术语，可以明确交易双方的风险、责任和费用的划分。

一、贸易术语的含义及作用

（一）贸易术语

贸易术语（Trade Terms）又称价格条件，是指用三个大写英文字母来说明价格的构成及交易双方责任、费用、风险划分的专门术语。

其中，“责任”是指因交货地点不同而产生的租船订舱、装卸货、投保、办理进出口相关手续等各项事宜；“费用”是指因货物的移动而产生的运费、保险费、仓储费等；“风险”是指因各种原因可能导致的货物被盗、串味、水渍、破碎、钩损等危险。

需要注意的是，风险可能导致损失的产生，而责任是交易双方应尽的义务。

（二）贸易术语的作用

1. 明确责任、简化交易手续

每个贸易术语都有其特定的含义。例如，CIF London 与 CFR London 相比，卖方除了要承担启运港至目的港伦敦的运费外，还要负责投保并承担保险费用。买卖双方选择彼此都接受的贸易术语将大大简化交易手续、缩短洽谈时间，从而节约费用开支。

2. 便于交易双方加强成本核算

贸易术语表示了商品的价格构成因素。例如：CFR 与 FOB 相比，卖方要承担从启运港至目的港的运输，并支付相应的海运费。即买卖双方在确定成交价格的时候必然要考虑采用的贸易术语中包含哪些费用，这就有利于交易双方进行比价和加强成本核算。

3. 有利于解决贸易争端

买卖双方签订合同时，可能对合同条款考虑欠周，导致履约中产生的争议不能依据合同的规定解决，这种情况下，可以援引有关贸易术语的一般解释来处理。

二、有关贸易术语的国际贸易惯例

贸易术语是在长期的国际贸易实践中逐渐形成的。最初，国际上没有对各种贸易术语的统一解释，这很容易导致交易当事人之间的误解、争议和诉讼，在浪费时间和金钱的同时，也影响了国际贸易的发展。后来，经过国际商会、国际法协会等国际组织及一些著名的商业团体的努力，分别制定了国际贸易术语的相关解释规则，并在国际上被广泛采用，形成了国际贸易惯例。

现行的有关国际贸易术语的惯例主要有三种，即《1932 年华沙—牛津规则》《1990 年美国对外贸易定义修订本》和《2010 年国际贸易术语解释通则》。

（一）《1932 年华沙—牛津规则》（Warsaw - Oxford Rules 1932）

《1932 年华沙—牛津规则》是国际法协会专门为解释 CIF 合同而制定的。这一规则对于 CIF 的性质、买卖双方所承担的风险、责任和费用的划分以及所有权转移的方式等问题做了比较详细的解释。

（二）《1990 年美国对外贸易定义修订本》（Revised American Foreign Trade Definitions 1990）

《1990 年美国对外贸易定义修订本》是由美国几个商业团体（如美国商会、美国进出口协会、美国对外贸易协会等）制定的。最早为 1919 年在纽约制定的《美国出口报价及其缩写条例》，后于 1941 年进行修订，改称《1941 年美国对外贸易定义修订本》，后又经过 1990 年的修订，形成了目前的《1990 年美国对外贸易定义修订本》。

《1990 年美国对外贸易定义修订本》对下列 6 种贸易术语做了解释：

（1）Ex Point of Origin（产地交货）。

（2）FOB（在运输工具上交货）。

（3）FAS（在运输工具旁边交货）。

（4）CFR（成本加运费）。

（5）CIF（成本加保险费、运费）。

（6）Ex Dock（目的港码头交货）。

这一规则在美国、加拿大、墨西哥等美洲国家被广泛使用，但由于其解释与国际商会的《国际贸易术语解释通则》有一定的差异，特别是在对 FOB、FAS 的解释上有明显不同，故在与美洲国家进行交易时要特别注意。

（三）《2010 年国际贸易术语解释通则》（INCOTERMS 2010）

《国际贸易术语解释通则》（International Rules for the Interpretation of Trade Terms，INCOTERMS）是国际商会制定的贸易术语解释规则。最早的《国际贸易术语解释通则》产生于 1936 年，经多次修改，现行最新版本是《2010 年国际贸易术语解释通则》，于 2011 年 1 月 1 日生效。新版本出版后，《2000 年国际贸易术语解释通则》仍然有效。合同各方可在 2011 年后选择任意一版《国际贸易术语解释通则》使用，但必须在合同中注明所使用的版本。

《2010 年国际贸易术语解释通则》相对于《2000 年国际贸易术语解释通则》的修改主要有以下几个方面：

1. 贸易术语数量的改变

《2000 年国际贸易术语解释通则》包括 13 个术语，分别是 EXW（工厂交货）、FCA（货交承运人）、FAS（船边交货）、FOB（装运港船上交货）、CFR（成本加运费）、CIF（成本、保险费加运费）、CPT（运费付至指定目的地）、CIP（运费、保险费付至指定目的地）、DAF（边境交货）、DES（目的港船上交货）、DEQ（目的港码头交货）、DDU（未完税交货）、DDP（完税后交货）。（详见表 2－1）

表 2－1　《2000 年国际贸易术语解释通则》

组别		贸易术语			交货地点	风险转移	适用运输
E 组		EXW	Ex Works	工厂交货（指定地点）	商品产地	货交买方	任何方式
象征性交货	F 组	FCA	Free Carrier	货交承运人（指定地点）	内地、港口	货交承运人	任何方式
		FAS	Free Alongside Ship	装运港船边交货（指定装运港）	装运港船边	货交船边	水上运输
		FOB	Free On Board	装运港船上交货（指定装运港）	装运港船上	货物越过船舷	水上运输

续表

组别		贸易术语			交货地点	风险转移	适用运输
象征性交货	C组	CFR	Cost and Freight	成本加运费（指定目的港）	装运港口	货物越过船舷	水上运输
		CIF	Cost Insurance and Freight	成本加保险费、运费（指定目的港）	装运港口	货物越过船舷	水上运输
		CPT	Carriage Paid To	运费付至（指定目的地）	内地、港口	货交承运人	任何方式
		CIP	Carriage and Insurance Paid To	运费、保险费付至（指定目的地）	内地、港口	货交承运人	任何方式
实际交货	D组	DAF	Delivered At Frontier	边境交货（指定地点）	两国边境	货交买方	任何方式
		DES	Delivered Ex Ship	目的港船上交货（指定目的港）	目的港船上	船上货交买方	水上运输
		DEQ	Delivered Ex Quay	目的港码头交货（指定目的港）	目的港码头	码头货交买方	水上运输
		DDU	Delivered Duty Unpaid	未完税交货（指定目的地）	目的地	货交买方	任何方式
		DDP	Delivered Duty Paid	完税后交货（指定目的地）	目的地	货交买方	任何方式

《2010年国际贸易术语解释通则》用DAP（目的地交货）替换了DAF、DES、DDU，用DAT（运输终端交货）替换了DEQ。所以，贸易术语数量减少至11个。

2. 分类标准的变化

《2000年国际贸易术语解释通则》将贸易术语按照首字母的不同分为E、F、C、D四组，E组为启运术语，F组、C组为装运术语，D组为到达术语。

《2010年国际贸易术语解释通则》改变了分类标准，根据适合的运输方式分为仅适用于水上运输方式的术语和适用于各种运输方式的术语。其中，FAS、FOB、CFR、CIF术语仅适用于水上运输方式；EXW、FCA、CPT、CIP、DAT、DAP、DDP术语适用于各种运输方式。

3. “船舷”的概念

《2000年国际贸易术语解释通则》针对仅适用于水上运输方式的FOB、CFR和CIF，卖方需要承担货物到在指定装运港越过船舷时为止的一切风险，买方承担货物自在指定装运港越过船舷时起的一切风险。风险转移点突出了“一瞬间”的概念，而在实际业务操作中存在许多问题，《2010年国际贸易术语解释通则》中这三种术语的风险转移不再设定“船舷”的界限，只强调卖方承担到货物装上船为止的一切风险，买方承担货物自装运港装上船开始起的一切风险。FOB、CFR和CIF下买卖双方的风险以货物在装运港被装上船时为界。

4. 适用范围

《2010年国际贸易术语解释通则》同时适用于国际和国内贸易问题，即术语的适用不再限于国际贸易。

《2010 年国际贸易术语解释通则》与《2000 年国际贸易术语解释通则》的对比见表 2－2。

表 2－2　《2010 年国际贸易术语解释通则》与《2000 年国际贸易术语解释通则》的对比

<table>
<tr><td>INCOTERMS 2000</td><td>INCOTERMS 2010</td><td rowspan="2">对比</td></tr>
<tr><td>四组 13 种</td><td>两组 11 种</td></tr>
<tr><td rowspan="2">E　EXW
F　FCA
　FAS
　FOB
C　CFR
　CIF
　CPT
　CIP
D　DAF
　DES
　DEQ
　DDU
　DDP</td><td>适用于任何单一运输方式或多个运输方式的术语
EXW（插入指定交货地点）：工厂交货
FCA（插入指定交货地点）：货交承运人
CPT（插入指定目的地）：运费付至
CIP（插入指定目的地）：运费、保险费付至
DAT（插入指定港口或目的地的运输终端）：指定终端价
DAP（插入指定目的地）：指定目的地价
DDP（插入指定目的地）：已完税交货价</td><td rowspan="2">Incoterms 2010 增加了
DAT
(Delivered At Terminal)
插入指定港口或目的地的运输终端

DAP
(Delivered At Place)
插入指定目的地
减少了
DAF，DES，DEQ，DDU</td></tr>
<tr><td>仅适用于海运及内河运输的术语
FAS（插入指定装运港）：装运港船边交货
FOB（插入指定装运港）：装运港船上交货
CFR（插入指定目的港）：成本加运费
CIF（插入指定目的港）：成本加运费加保险费</td></tr>
</table>

相关阅读

国际商会（ICC）

国际商会（The International Chamber of Commerce，ICC）是为世界商业服务的非政府间组织，是联合国等政府间组织的咨询机构。国际商会于 1919 年在美国发起，1920 年正式成立，其总部设在法国巴黎。

国际商会的基本目的是为开放的世界经济服务，坚信国际商业交流将促进更大的繁荣和国家之间的和平。

国际商会的会员已扩展到 100 多个国家之中，由数万个具有国际影响的商业组织和企业组成，已在 59 个国家中成立了国家委员会或理事会，组织和协调国家范围内的商业活动。

国际商会的主要职能有四个：

（1）在国际范围内代表商业界，特别是为联合国和政府专门机构充当商业发言人。

（2）促进建立在自由和公正竞争基础上的世界贸易和投资。

（3）协调统一贸易惯例，并为进出口商制定贸易术语和各种指南。

（4）为商业提供实际服务。服务包括：设立解决国际商事纠纷的仲裁院、协调和管理货物临时免税进口的 ATA 单证册制度的国际局、商业法律和实务学会、反海事诈骗的国际海事局、反假冒商标和假冒产品的反假冒情报局、为世界航运创造市场条件的海事合作中心和经常组织举办各种专业讨论会以及出版发行种类广泛的出版物。

资料来源：百度百科

三、国际贸易惯例的性质和作用

国际贸易惯例本身不是法律，它对贸易双方不具有强制约束力，故买卖双方可以在合同中做出与惯例不一致的规定。

国际贸易惯例对外贸实践有着重要的规范作用，主要体现在如下两个方面：一是如果双方都同意采用某种惯例来约束某次交易，且在合同中明确做出规定时，那么这项约定的惯例就具有强制性；二是如果双方在合同中未注明合同适用的惯例，在合同执行中发生争议时，司法和仲裁机构往往也会引用某一国际贸易惯例进行判决或裁决。

2.2 适用于水上运输方式的贸易术语

一、FOB、CFR 和 CIF 术语

（一）FOB（Free on Board，... Named Port of Shipment）

FOB 的中文意思是：船上交货（……指定装运港），后面应注明 Incoterms 2010。

FOB 习惯上称为装运港船上交货，在 FOB 条件下，卖方要在合同规定的期限内，将货物运到规定的装运港，交到买方指派的船只上，并提交相关的单证，即完成交货义务。

1. 买卖双方义务

（1）风险转移。

卖方将货物交到买方指派的船上，货物损坏或灭失的风险转移至买方。

（2）海关手续。

卖方自负风险和费用办理出口通关手续，取得出口所需相关证件；买方自负风险和费用办理进口通关手续，取得进口所需相关证件。

（3）运输与保险。

订立运输合同是买方的责任，但在买方承担风险和费用的情况下，也可由卖方代为订立运输合同。

买方可根据需求与保险公司签订保险合同，卖方没有签订保险合同的义务。

（4）费用的承担。

卖方承担交货前的各项费用，如：货物运往装运港的运费、保险费等。买方承担交货后的各项费用，如：从装运港到目的港的运费、保险费等。

例 2-1：我进口商以 FOB 条件从巴西进口橡胶，但是我方由于租船困难，不能在合同规定的时间内到装运港接运货物，从而出现了较长时期的货等船现象，于是巴西方面要求撤销合同并向我方进口商提出赔偿损失的要求。巴西出口商的做法是否合理？

参考答案：根据 FOB 条件成交，要求买方在约定的期限租船到指定的装运港接运货物。我方没能及时派船接运货物，属于违约行为，因此巴西出口商有权以此为由撤销合同并要求赔偿损失。

2. 使用 FOB 需要注意的问题

（1）风险划分的变更。

在《2000 年国际贸易术语解释通则》以及以前的各版本中，FOB 都是以装运港船舷作为划分风险的界限。“船舷为界”表明货物在装船时越过船舷之前的风险由卖方承担；货物越过船舷之后，包括在起航前和运输途中所发生的损坏或灭失，则由买方承担。

随着现代装运作业的发展，货物由起吊机械装上船的比例在缩小，并且在“链式销售”

下，卖方出售的货物已经装上船或在途运输的情况不断增加，于是，《2010 年国际贸易术语解释通则》中关于 FOB 术语的风险划分界限不再规定“装运港船舷”，而是规定“船上”，这就意味着卖方承担的风险由之前多个版本通则中的“船舷”延伸至“船上”。

（2）船货衔接。

FOB 术语中，卖方需要在规定的时间将货物交至买方派来的船只上，买方需要将船名和装船时间通知卖方，如果衔接不好，就会出现船等货或者货等船的现象。因此，在合同中要明确规定，因船等货产生的空仓费、滞期费由卖方承担；因货等船产生的仓储费等由买方承担。

有时双方按 FOB 价格成交，而买方委托卖方租船订舱的，其风险和费用由买方承担，如卖方租不到船，买方不得以此为借口向卖方索赔。

例 2－2：我公司以 FOB 条件出口一批冻鸡，合同签订后接到买方来电，称租船较为困难，委托我方代为租船，有关费用由买方负担。为了方便合同履行，我方接受了对方的要求，但时间已到了装运期，我方在规定的装运港无法租到合适的船，且买方不同意改变装运港，因此到装运期满时，货仍未装船。买方因销售即将结束，便来函以我方未按期租船履行交货义务为由撤销合同。买方要求撤销合同的做法是否合理？

参考答案：不合理。根据 FOB 术语，买方负责租船订舱、支付运费。为了卖方装船交货方便，卖方也可以接受买方的委托，代为租船订舱，但费用和风险应由买方承担，卖方不承担租不到船的责任。本案例中，因为卖方代买方租船没有租到，买方又不同意改变装运港，因此卖方不承担因自己未租到船而延误装运的责任，买方也不能因此撤销合同。

（3）与北美国家商人进行贸易活动时要注意的问题。

美国、加拿大等采用的《1990 年美国对外贸易定义修订本》中的贸易术语与《2010 年国际贸易术语解释通则》中对贸易术语的解释并不完全一致。区别主要体现在以下两个方面：

①适用的运输方式不同。《2010 年国际贸易术语解释通则》中的 FOB 只适用于水运，包括海洋运输和内河运输；《1990 年美国对外贸易定义修订本》中的 FOB 适用于任何形式的运输方式，若要表示水运，需要在 FOB 和港口名之间加上“Vessel”。

②出口手续的办理不同。《2010 年国际贸易术语解释通则》中，卖方“自负风险及费用，取得出口许可证或其他官方批准证件，并办理货物出口所必需的一切海关手续”。而在《1990 年美国对外贸易定义修订本》中，卖方“在买方请求并由其负担费用的情况下，协助买方取得由原产地或装运地国家签发的货物出口所需的各种证件”。

3. FOB 术语的变形

按照 FOB 的定义，卖方应负责支付货物装上船之前的一切费用，而买方应负责货物装上船之后的一切费用。大宗商品按 FOB 成交时，买方通常会采用租船运输。因船方通常按照不负责装卸的条件出租船舶，故买卖双方容易在装船费用由谁承担的问题上产生争议。因此，买卖双方在订立合同时，应在 FOB 后列明装船费用由谁承担的具体条件及责任，这就导致了 FOB 术语的变形。

FOB 术语的变形是为了解决装船费用由谁负担的问题，一般包括如下几种情况：

（1）FOB Liner Terms（班轮条件）。

（2）FOB Under Tackle（吊钩下交货）。

（3）FOB Stowed（理舱费在内）。

（4）FOB Trimmed（平舱费在内）。

需要注意的是，上述FOB的几种变形，只是用以明确有关装船费用的负担问题，并未改变FOB的性质。

例2-3：我方出口一批大米，价格条件是FOBS广州，当货物装到买方指定的船上后，发现相当部分货物因船舱不清洁而发生严重污损，为此，客户向我方提出索赔。试问：客户要求是否合理，为什么？

参考答案：客户的要求不合理，因为我方出口大米的价格条件是FOBS广州，即FOB船上交货并理仓，买方承担租船订舱的义务，买方租的船应该适航、适货，我方的责任就是将大米装船并理舱，并无清洁船舱的责任，所以船舱不洁所致的货物污损，责任不在我方。

（二）CFR（Cost and Freight, ... Named Port of Destination）

CFR的中文意思是：成本加运费（……指定目的港），后面应注明Incoterms 2010。

CFR习惯上称为运费在内价，在CFR条件下，卖方要在合同规定的期限内，将货物运到规定的装运港，交到自己安排的船只上，并提交相关的单证，即完成交货义务。

1. 买卖双方义务

（1）风险转移。

卖方在装运港完成交货义务时，货物损坏或灭失的风险转移至买方。

（2）海关手续。

卖方自负风险和费用办理出口通关手续，取得出口所需相关证件；买方自负风险和费用办理进口通关手续，取得进口所需相关证件。

（3）运输与保险。

卖方负责办理运输，将货物运至指定目的港。

卖方无订立保险合同的义务，买方可根据需求与保险公司签订保险合同。

（4）费用的承担。

卖方承担交货前的各项费用，以及从装运港到目的港的海运费。买方承担交货后的各项费用。

2. 使用CFR需要注意的问题

（1）风险划分与费用划分相分离。CFR术语的风险在装运港交货时就已经转移给买方，但从费用上看，卖方仍需要承担从装运港至目的港的运费。因此，CFR术语下风险划分和费用划分相分离。

（2）装船通知的重要性。卖方需要在装船后及时向买方发出装船通知，以便于买方办理保险及收货。根据一般的国际贸易惯例，如果卖方未及时向买方发出装船通知，致使买方未能办理货运保险，则货物在海运途中的风险由卖方承担。

例2-4：我国某公司按CFR术语与英国A客户签约成交，合同规定保险由买方自理。我方于9月1日凌晨2点装船完毕，受载货轮于当日下午起航。因9月1、2日是周末，我方未及时向买方发出装船通知。3日上班收到买方急电称，货轮于2日下午4时遇难沉没，货物灭失，要求我方赔偿全部损失。试分析此案例。

参考答案：在CFR术语条件下，保险由进口商负责，出口商负责租船订舱。出口商在将货物装上船后，有及时通知进口商货已装船的义务，以便于进口商能及时投保。如未能及时通知买方而致买方未能办理货运保险，则货物在海运途中的风险由卖方承担。该案例中，出口商因恰逢周末的原因未能及时发出装船通知，货物因未投保而造成的损失，出口商要承担责任。

3. CFR 术语的变形

CFR 术语的变形不同于 FOB 的变形，是为了解决卸货费用由谁负担的问题。一般来讲，如使用班轮运输，班轮管装管卸、卸货费用包括在运费之内。而大宗货物的运输需要租用不定期轮船，故买卖双方应明确卸货费用由何方负担并在合同中订明，以免日后发生纠纷。这样就形成了如下几种变形：

（1）CFR Liner Terms（班轮条件）。

（2）CFR Landed（CFR 卸至码头）。

（3）CFR Ex Tackle（吊钩下交接）。

（4）CFR Ex Ship's Hold（CFR 舱底交接）。

同样，CFR 术语的变形，并未改变 CFR 的性质。

（三）**CIF（Cost，Insurance and Freight，... Named Port of Destination）**

CIF 的中文意思是：成本、保险费加运费（……指定目的港），后面应注明 Incoterms 2010。

CIF 习惯上称为运费、保险费在内价，在 CIF 条件下，卖方要在合同规定的期限内，将货物运到规定的装运港，交到自己安排的船只上，办理保险，并提交相关的单证，即完成交货义务。

1. 买卖双方义务

（1）风险转移。

卖方在装运港完成交货义务时，货物损坏或灭失的风险转移至买方。

（2）海关手续。

卖方自负风险和费用办理出口通关手续，取得出口所需相关证件；买方自负风险和费用办理进口通关手续，取得进口所需相关证件。

（3）运输与保险。

卖方负责办理运输，将货物运至指定目的港。

卖方有义务与保险公司签订以买方为受益人的保险合同。

（4）费用的承担。

卖方承担交货前的各项费用，以及从装运港到目的港的海运费和保险费。买方承担交货后的各项费用。

2. 使用 CIF 需要注意的问题

（1）风险划分与费用划分相分离。

CIF 术语的风险在装运港交货时就已经转移给买方，但从费用上看，卖方仍需要承担从装运港至目的港的运费以及保险费。因此，CIF 术语下风险划分和费用划分相分离。

（2）象征性交货。

CIF 术语是典型的象征性交货（Symbolic Delivery）。相对于实际交货（Physical Delivery）而言，象征性交货是指卖方只要按照合同约定的日期在约定的地点将货物装船，并向买方提交合同规定的全套合格单据，就算完成了交货义务，而无须保证到货。实际交货是指卖方需要在规定的时间和地点，将符合合同规定的货物交给买方或买方指定的人，而不能以交单代替交货。

例 2－5：有一份 CIF 合同，货物已在规定的期限和装运港装船，但受载船只在离港 4 小时后因触礁沉没。买方以货物已经全部损失为由，拒绝接受单证和付款。试问：在上述情况下，卖方是否有权凭规定的单证要求买方付款？

参考答案：卖方已完全履行了自己的合同义务，货物灭失是在离港 4 小时后的事情，风险早已转移给买方，再加上 CIF 术语象征性交货的特点，所以尽管这批货物在运输途中已完全灭失，买方仍需要付款。

例 2－6：某出口公司按 CIF 伦敦向英商出售一批核桃仁，由于该商品季节性较强，双方在合同中规定，买方须于 9 月月底前将信用证开到，卖方保证运货船只不迟于 12 月 2 日驶抵目的港。如货轮迟于 12 月 2 日抵达目的港，买方有权取消合同，如货款已收，卖方必须将货款退还买方。请问这一份合同的性质是否属于 CIF 合同？

参考答案：这一合同的性质不再属于 CIF 合同。因为合同条款内容与 CIF 本身的解释相抵触。一是合同在 CIF 条件下规定了"到货日期"，这违背了 CIF 价格术语所赋予的风险界限划分。CIF 是装运港交货，货物装上船后的一切风险均由买方负责。如果限定到货日期，岂不是要卖方承担装上船后的一切风险。二是 CIF 是"象征性交货"，只要卖方提供齐全、正确的货运单据，买方就不能拒收单据、拒付货款。而该合同规定如货运船只不能如期到达，买方将收回货款，实际上成了货到付款。由此看来，该合同的一些主要条款已与 CIF 价格术语的本意相抵触。尽管名义上是按 CIF 成交，但实质上并不是 CIF 合同性质。

（3）保险问题。

CIF 术语下，卖方有负责办理保险的责任。一般情况下，买卖双方在签订合同时，应就保险的险别、保险金额等问题做出明确规定，卖方按照合同规定进行投保。但如果买卖双方未在合同中就保险金额和保险险别做出约定，那么应根据相关的国际贸易惯例来处理。按照《2010 年国际贸易术语解释通则》对 CIF 的解释，"该保险需至少符合《协会保险条款》的 C 款项或类似的最低险别。"

例 2－7：某公司以 CIF 条件出口一批罐头。①合同签订后，接到买方来函，声称合同规定的目的港口最近经常发生暴乱，要求我方在办理保险时加保战争险。对此，我公司应如何处理？②这批货物运抵目的港后，我方接到买方支付货款的通知，称：因货物在运输途中躲避风暴而增加的运费已代我公司支付给船公司，故此，所付的货款中已将此项费用扣除。对此，我公司应如何处理？

参考答案：①我方可同意买方的要求加保战争险，但需由买方支付此笔保险费或另行商定。②我方应拒绝买方将货船躲避风暴而增加的费用从货款中扣除的做法，应向买方追回这笔款项。因为要求加保战争险是在合同签订之后，也就是说，合同中没有订立需要加保战争险的条款。根据《国际贸易术语解释通则》惯例，买方需自行支付加保战争险的保费，故而，对于买方加保战争险的要求，我方可以办理，但我方有权要求买方支付相应的保费。

3. CIF 术语的变形

CIF 术语的变形与 CFR 术语的变形完全相同，也是为了解决卸货费用由谁负担的问题。主要有：CIF Liner Terms（班轮条件）、CIF Landed（CIF 卸至码头）、CIF Ex Tackle（吊钩下交接）、CIF Ex Ship's Hold（CIF 舱底交接）。

不管是FOB的变形还是CFR、CIF的变形，都是为了解决装卸费用的承担问题，并不影响交货地点和风险的划分界限。

FOB、CFR、CIF的比较如表2-3所示。

表2-3 FOB、CFR、CIF的比较

贸易术语	风险	责任		费用	
	谁承担货物装上船后的风险	谁办理租船订舱	谁办理保险	谁支付到目的港的运费	谁支付保险费
FOB	买方	买方	买方	买方	买方
CFR	买方	卖方	买方	卖方	买方
CIF	买方	卖方	卖方	卖方	卖方

二、FAS术语

（一）FAS（Free Alongside Ship，... Named Port of Shipment）

FAS的中文意思是：船边交货（……指定装运港），后面应注明Incoterms 2010。

FAS习惯上称为装运港船边交货，在FAS条件下，卖方要在合同规定的期限内，将货物运到规定的装运港，交到买方安排的船边，并提交相关的单证，即完成交货义务。

1. 买卖双方义务

（1）风险转移。

卖方在装运港将货物交到买方指派的船只旁边时，货物损坏或灭失的风险转移至买方。

（2）海关手续。

卖方自负风险和费用办理出口通关手续，取得出口所需相关证件；买方自负风险和费用办理进口通关手续，取得进口所需相关证件。

（3）运输与保险。

订立运输合同是买方的责任，但在买方承担风险和费用的情况下，也可由卖方代为订立。

买方可根据需求与保险公司签订保险合同，卖方没有签订保险合同的义务。

（4）费用的承担。

卖方承担交货前的各项费用，如：货物运往装运港的运费、货物出口应缴纳的关税等。买方承担交货后的各项费用，如：从装运港到目的港的运费、保险费、货物进口要缴纳的关税等。

2. 使用FAS需要注意的问题

（1）《2010年国际贸易术语解释通则》与《1990年美国对外贸易定义修订本》的区别。

《2010年国际贸易术语解释通则》中的FAS是指“Free Alongside Ship”，只适用于水上运输，只能在装运港船边交货。《1990年美国对外贸易定义修订本》中的FAS是指“Free Alongside”，适用于各种运输方式，如要表示水运，则必须在FAS后面加上“Vessel”，才表示在船边交货。

(2)“船边”的含义。

船边是指船舶的吊钩所及之处。如果船舶因为港口条件不能靠岸，卖方需要通过驳船将货物运至船舶的旁边、吊钩所能触及的范围，才算完成交货义务。若船舶无法靠岸，或港口拥挤时，卖方可以在征得买方同意下，将交货条件改为“驳船交货”。

例2-8：我方公司按照FAS条件进口一批木材，在装运完成后，国外卖方来电要求我方支付货款，并要求支付装船时的驳船费，对卖方的要求我方应如何处理？

参考答案：我方对于卖方支付装船时的驳船费的要求可以拒绝。根据《国际贸易术语解释通则》的解释，采用FAS术语成交时，买卖双方承担的风险和费用均以船边为界，即买方所指派的船的船边，在买方所派船只不能靠岸的情况下，卖方应负责用驳船把货物运至船边，驳船费用是在风险费用转移以前发生的，理应由卖方承担。故此，在本案例中，国外卖方要求我方承担驳船费用是不合理的，我方有权拒绝。

(3)船货衔接的问题。

FAS与FOB一样，从装运港到目的港的海上运输由买方负责，卖方需要将货物交至买方指派的船只旁边，这就可能出现船货衔接不上的问题。因船等货产生的空仓费、滞期费等应由卖方承担；因货等船产生的仓储费等应由买方承担。

2.3 适用于各种运输方式的贸易术语

一、EXW术语

(一) EXW (Ex Works, ... Named Place of Delivery)

EXW的中文意思是：工厂交货（……指定交货地点），后面应注明Incoterms 2010。

EXW术语代表了在商品的产地或所在地交货，比如：工厂、工场、矿山或仓库。卖方只要将货物交给买方处置时，就算完成了交货。

1. 买卖双方义务

(1)风险转移。

买方在交货地点控制货物作为风险划分的界限。

(2)海关手续。

买方自负风险和费用办理进出口通关手续，取得进出口所需相关证件。

(3)运输与保险。

卖方对买方无订立运输合同和保险合同的义务。

(4)费用的承担。

卖方承担交货前与货物相关的各项费用。买方承担接收货物后的一切费用，包括将货物运往目的地的运输、保险和其他各种费用，以及办理货物出口和进口的一切海关手续所需要的费用。

2. 使用EXW需要注意的问题

(1)办理出口手续的问题。

EXW术语是所有贸易术语中，卖方承担责任、风险、费用最小的术语。在EXW术语下，卖方不办理出口相关手续或将货物装上任何运输工具。因此，在成交之前，买方应了解清楚出口国的相关规定，如无法做到直接或间接办理货物出境手续，则应该考虑选用 FCA 贸易术语代替 EXW。

（2）货物交接问题。

买卖双方在签订合同的时候要对交货的时间和地点做出规定。如买方没有在规定的时间、地点受领货物，只要货物已被特定化为本合同项下的货物，买方就要承担由此产生的费用和风险。

二、FCA、CPT 和 CIP 术语

FCA、CPT、CIP 术语将 FOB、CFR、CIF 术语的运输方式从水运扩展至任何运输方式。

（一）FCA（Free Carrier，. . . Named Place of Delivery）

FCA 的中文意思是：货交承运人（……指定交货地点），后面应注明 Incoterms 2010。

在 FCA 条件下，卖方要在合同规定的期限内，将货物交给买方指定的承运人，并提交相应的单据，即完成交货义务。

1. 买卖双方义务

（1）风险转移。

卖方将货物交给承运人的时候，货物损坏或灭失的风险转移至买方。

（2）海关手续。

卖方自负风险和费用办理出口通关手续，取得出口所需相关证件；买方自负风险和费用办理进口通关手续，取得进口所需相关证件。

（3）运输与保险。

卖方对买方无订立运输合同和保险合同的义务。

（4）费用的承担。

卖方承担交货前的各项费用，如：货物运往装运港的运费、货物出口应缴纳的关税等。买方承担交货后的各项费用，如：从装运港到目的港的运费、保险费、货物进口要缴纳的关税等。

2. 使用 FCA 需要注意的问题

（1）交货地点及装卸责任的问题。

如果双方约定的交货地点是在卖方所在地，则卖方需要负责将货物装上买方指定的承运人提供的运输工具；如果交货地点不在卖方所在地而是其他的地方，则卖方只需要在交货地点，在自己的运输工具上完成交货义务，不需要将货物卸下或者装上买方承运人的运输工具。

（2）风险转移的问题。

FCA 术语下，风险和费用通常是一起转移，但也可提前转移。如买方的责任导致卖方无法按时交货，只要货物已经特定化，则风险提前转移。

例 2-9：北京 A 公司拟向美国纽约 B 公司出口某商品 50 000 箱，B 公司提出按 FOB 新港条件成交，而 A 公司提出采用 FCA 北京的条件。试分析 A 公司和 B 公司各自提出上述成交条件的原因。

参考答案：在 FCA 北京的成交条件下，交货地点在北京，而 FOB 新港的交货地点在天

津新港，从北京到天津会涉及一段距离的运输及运费。A 公司采用 FCA 术语就不需要承担风险将货物运至天津新港了，而 B 公司想选择 FOB 新港的原因也是不想承担货物从北京到天津新港途中的运输风险。

（二）**CPT（Carriage Paid to，... Named Place of Destination）**

CPT 的中文意思是：运费付至（……指定目的地），后面应注明 Incoterms 2010。

在 CPT 条件下，卖方要在合同规定的期限内，将货物交给买方指定的承运人，并提交相应的单据，即完成交货义务。

1. 买卖双方义务

（1）风险转移。

卖方将货物交给承运人的时候，货物损坏或灭失的风险转移至买方。

（2）海关手续。

卖方自负风险和费用办理出口通关手续，取得出口所需相关证件；买方自负风险和费用办理进口通关手续，取得进口所需相关证件。

（3）运输与保险。

卖方负责办理运输，将货物运至指定目的地。

卖方无订立保险合同的义务，买方可根据需求与保险公司签订保险合同。

（4）费用的承担。

卖方承担交货前的各项费用，以及从交货地点到目的地的运费。买方承担交货后的除货物运费的各项费用。

2. 使用 CPT 需要注意的问题

（1）风险划分与费用划分相分离。

风险转移先于费用转移。即：风险在货交承运人时由卖方转移至买方，而卖方仍要支付从交货地至目的地的运费。

（2）CPT 与 FCA 的异同点。

二者的风险转移点都是在约定地点货交承运人，且都是适用于各种运输方式。不同之处在于 FCA 术语下，卖方不负责办理从交货地点到目的地的运输，而在 CPT 下，卖方需要负责订立运输合同，并支付运费。

（3）CPT 与 CFR 的异同点。

CPT 与 CFR 的相似之处主要体现在它们都是风险转移在先、责任费用转移在后。卖方承担的风险都在交货地点随着交货义务的完成而转移。但卖方都要安排从交货地到目的地的运输，并承担运费。这两个术语下的合同都属于装运合同，卖方只需保证按时交货，并不保证按时到货。

CPT 与 CFR 的不同之处在于 CFR 只适用于水上运输，而 CPT 适用于各种运输方式。

（三）**CIP（Carriage and Insurance Paid to，... Named Place of Destination）**

CIP 的中文意思是：运费、保险费付至（……指定目的地），后面应注明 Incoterms 2010。

在 CIP 条件下，卖方要在合同规定的期限内，将货物交给买方指定的承运人，以买方为受益人办理保险合同，并提交相应的单据，即完成交货义务。

1. 买卖双方义务

（1）风险转移。

卖方将货物交给承运人的时候，货物损坏或灭失的风险转移至买方。

（2）海关手续。

卖方自负风险和费用办理出口通关手续，取得出口所需相关证件；买方自负风险和费用办理进口通关手续，取得进口所需相关证件。

（3）运输与保险。

卖方负责办理运输，将货物运至指定目的地。

卖方有义务与保险公司签订以买方为受益人的保险合同。

（4）费用的承担。

卖方承担交货前的各项费用，以及从交货地到目的地的运费和保险费。买方承担交货后的除运费和保险费以外的各项费用。

2. 使用 CIP 需要注意的问题

（1）风险与保险。

CIP 下，卖方负责办理保险，并支付保险费。但保险属于代办性质，买方仍要承担货物在运输途中可能存在的风险。一般情况下，双方应在合同中约定保险的险别，卖方按照合同要求投保。如果合同中没有规定投保的险别，则卖方按照惯例投保最低险别，保险金额为 CIF 合同金额上加成 10%。

（2）CIP 与 CIF 的异同。

CIP 与 CIF 有很多相同点。它们的价格构成中都包括了从启运地至目的地的运费和约定的保险费，而且这些费用都是由卖方承担的。另外，两个贸易术语下的合同都属于装运合同，风险转移点和责任转移点是相分离的。

CIP 与 CIF 的不同点主要是运输方式的不同。CIF 仅仅适用于水上运输，而 CIP 适用于各种运输方式。

例 2－10：我国某内陆出口公司于 2017 年 2 月向日本出口 30 吨甘草膏，每吨 40 箱，共 1 200 箱，每吨售价 1 800 美元，FOB 新港，共 54 000 美元，即期信用证，装运期为 2 月 25 日之前，货物必须装集装箱。该出口公司在天津设有办事处，于是在 2 月上旬便将货物运到天津，由天津办事处负责订箱装船，不料货物在天津存仓后的第二天，仓库午夜着火，抢救不及，1 200 箱甘草膏全部被焚。办事处立即通知陆地公司总部并要求尽快补发 30 吨，否则无法按期装船。结果该出口公司因货源不济，只好要求日商将信用证的有效期和装运期各延长 15 天。

参考答案：我国一些进出口企业长期以来不管采用何种运输方式，对外洽谈业务或报盘仍习惯用 FOB、CFR 和 CIF 3 种贸易术语。但在滚装、滚卸、集装箱运输的情况下，应尽量改用 FCA、CPT 及 CIP 3 种贸易术语。该出口公司所在地正处在铁路交通的干线上，外运公司和中远公司在该地都有集装箱中转站，既可接受拼箱托运也可接受整箱托运。假如当初采用 FCA（该市名称）对外成交，出口公司在当地将 1 200 箱交中转站或自装自集后将整箱（集装箱）交中转站，不仅风险转移给买方，而且当地承运人（即中转站）签发的货运单据即可在当地银行办理议付结汇。该公司自担风险将货物运往天津，再集装箱出口，不仅加大了自身风险，而且推迟了结汇。

相关阅读 **内陆城市出口企业选择 FCA、CPT、CIP 术语的好处**

从 FCA、CPT 和 CIP 术语与 FOB、CFR、CIF 的对比来看，内陆城市的出口企业选用 FCA、CPT 和 CIP 的好处如下：

1. 适用的运输方式广

出口方可任意选用合适的运输方式，而不一定采用海运。如成都出口货物，可采用陆海联运将货物运至美国、东南亚地区，采用陆运（新亚欧大陆桥）将货物运到欧洲。

2. 风险提前转移

出口商的风险在货物交给承运人的时候就转移给买方。

3. 承担的费用降低

采用装运港交货时，内陆至港口的运费往往占货价的比重较大，而采用货交承运人的这 3 种贸易术语，出口商只负责将货物交给承运人监管，不承担货物到达装运港的费用。例如，新疆、甘肃等内陆地区出口的货物，在装运港装船之前发生的内陆运费高达货价的 20%。

4. 收汇时间提前

出口方将货物交给承运人后，即可凭其签发的运输单据（陆运单、空运单、内河运单和多式联运单据等）在当地交单结汇，而不必等到货物装船后取得海运提单。这样缩短了结汇时间，有利于出口方的资金周转。

三、DAT、DAP 和 DDP 术语

（一）DAT（Delivered At Terminal，... Named Terminal at Port or Place of Destination）

DAT 的中文意思是：运输终端交货（……指定港口或目的地的运输终端），后面应注明 Incoterms 2010。

在 DAT 条件下，卖方要在合同规定的期限内，将货物运到合同规定的港口或目的地的约定运输终端，并将货物从载货的运输工具上卸下来，交给买方处置，并提交相应的单据，即完成交货义务。

1. 买卖双方义务

（1）风险转移。

卖方将货物交给买方控制的时候，货物损坏或灭失的风险转移至买方。

（2）海关手续。

卖方自负风险和费用办理出口通关手续，取得出口所需相关证件；买方自负风险和费用办理进口通关手续，取得进口所需相关证件。

（3）运输与保险。

卖方负责办理运输，将货物运至约定港口或目的地的指定运输终端。

对保险，买卖双方均无强制义务。

（4）费用的承担。

卖方承担在交货地点交货前的各项费用，包括运费、卸货费。买方承担在交货地点交货后的各项费用。

2. 使用 DAT 需要注意的问题

(1)“运输终端”的理解。

“运输终端”指目的地的任何地点。如：码头、仓库、集装箱堆场或者铁路、公路、航空货运站。由于涵盖范围广，所以《2010 年国际贸易术语解释通则》中建议，双方在签订合同的时候尽可能地约定终端的名称和其具体位置。

(2) DAT 替代了 DEQ。

《2000 年国际贸易术语解释通则》中的 DEQ 术语是指目的港码头交货，卖方将货物运至目的港码头卸下，而不负责再将货物由码头搬运到其他地方。DAT 术语的交货地点不再受码头的限制，卖方承担的责任只是将货物交到合同规定的运输终端。如果交易双方希望卖方再将货物从运输终端搬至其他地点，并承担期间的风险和费用，则应当使用下面的 DAP 或 DDP。

(二) DAP (Delivered At Place, ... Named Place of Destination)

DAP 的中文意思是：目的地交货（……指定目的地），后面应注明 Incoterms 2010。

在 DAP 条件下，卖方要在合同规定的期限内，将货物运到合同规定的目的地的约定地点，并将货物交给买方处置，在卸货之前即完成交货义务。

1. 买卖双方义务

(1) 风险转移。

卖方将货物交给买方控制的时候，货物损坏或灭失的风险转移至买方。

(2) 海关手续。

卖方自负风险和费用办理出口通关手续，取得出口所需相关证件；买方自负风险和费用办理进口通关手续，取得进口所需相关证件。

(3) 运输与保险。

卖方负责办理运输，将货物运至约定港口或目的地的指定运输终端。

双方无订立保险合同的强制义务。

(4) 费用的承担。

卖方承担在交货地点交货前的各项费用，包括运费。买方承担在交货地点交货后的各项费用，包括在目的地的卸货费。

2. 使用 DAP 需要注意的问题

(1) DAP 替代了 DAF、DES、DDU。

DAP 是《2010 年国际贸易术语解释通则》新提出的贸易术语，根据国际商会的解释，它旨在替代《2000 年国际贸易术语解释通则》中的 DAF、DES、DDU 术语。DAP 的交货地点可以是在两国边境的指定地点，也可以是在目的港的船上，还可以是在进口国国内的某一地点。

(2) DAP 与 DAT 的区别。

二者区别不大，唯一明显的区别是 DAT 术语下卖方要承担在目的地（终端）的卸货费，而 DAP 术语下卖方不用承担卸货费。

例 2-11：我国东北地区某外贸公司于 2010 年 9 月按照 DAP 满洲里条件与某俄罗斯商人签订了一笔矿产品的买卖合同。合同规定的数量为 8 000 吨，可分批装运，交货期为当年 12 月月底之前。签约后，卖方即开始备货，安排铁路运输，并于 12 月 30 日之前将 8 000 吨产品分批发运出去。买方在满洲里铁路货运站接收货物，发现卖方未支付卸货费用，只得自行支付并收货。经检验发现有短量现象，同时发现有一部分货物是在2011年1月到达满洲里的。于是，买方向卖方发电通知：①卖方未支付卸货费用，要求从货款中扣除；②指出卖方违反交货期和短交货物，并就此提出索赔。但卖方以铁路承运人出具的运输单据证明自己按时交了货，并以商检证和铁路运单上所载明的数量说明自己是按量交货的，因此拒绝赔偿。

请问：在本案中买方的要求是否合理？卖方有无违约情况？

参考答案：①卖方应拒绝支付卸货费。DAP是目的地交货，指卖方在指定的目的地将仍处于抵达的运输工具之上，且已做好卸载准备的货物交由买方处置时，即为交货，卖方不负责卸货。故买方的要求不合理。

②卖方违约。DAP交货时间和风险划分以货交进口商为转移，卖方应承担交货前的费用和风险，本案例应该以货物到达满洲里的时间和到达满洲里时的状况为准。因此，卖方迟交货，同时数量短量。

（三）**DDP（Delivered Duty Paid，... Named Place of Destination）**

DDP的中文意思是：完税后交货（……指定目的地），后面应注明 Incoterms 2010。

在DDP条件下，卖方要在合同规定的期限内，将货物运到合同规定的目的地的约定地点，并完成进口清关手续，在运输工具上将货物交给买方处置，提交相关单据，即完成交货义务。

1. 买卖双方义务

（1）风险转移。

卖方在进口国国内将货物交给买方，货物损坏或灭失的风险转移至买方。

（2）海关手续。

卖方自负风险和费用办理出口和进口通关手续，取得出口和进口所需相关证件。

（3）运输与保险。

卖方负责办理运输，将货物运至约定港口或目的地的指定运输终端。

卖方对买方无订立保险合同的强制义务。

（4）费用的承担。

卖方承担在进口国国内交货前的一切费用，包括办理货物出口和进口所涉及的关税和其他费用。买方承担受领货物后的各项费用。

2. 使用DDP需要注意的问题

（1）DDP贸易术语是《2010年国际贸易术语解释通则》中，卖方承担风险、责任、费用最大的术语。对买方而言，采用DDP术语，相当于在国内采购。在DDP术语下，由于卖方要负责将货物从启运地运至进口国国内指定地点，并交至买方手中，才算完成交货，所以，卖方承担了较大的风险。一般情况下，卖方应从自身利益出发，办理货运保险。

（2）DDP与DAP的区别（表2-4）。

表 2－4　DDP 与 DAP 的区别

DAP：目的地指定地点交货	DDP：已完税后交货条件＋指定目的地
A. 卖方须负责 风险转移：卖方承担将货物交至指定目的地之前的一切风险。 费用负担：货物运抵指定目的地交买方处置前的一切成本及费用。 货物交付：卖方应于规定的期限内负担所有风险及费用，直到货物运抵指定目的地交买方处置为止	A. 卖方须负责 风险转移：货物在目的地于送达之运输工具上交买方处置为止。 费用负担：货物运抵指定目的地于送达之运输工具上，税讫交买方处置前的一切成本及费用。 货物交付：卖方应于规定的期限内承担所有风险及费用，直到货物运抵指定目的地运输工具上，并办妥货物进口通关手续及缴清各种进口税费后，交买方或其指定人处置
B. 买方负责 待货物交买方处置后其一切风险及费用全归买方自行负责	B. 买方负责 买方仅须负责将货物自送达之运输工具上卸下

以下为《2010 年国际贸易术语解释通则》中各贸易术语的交货点（图 2－1）。

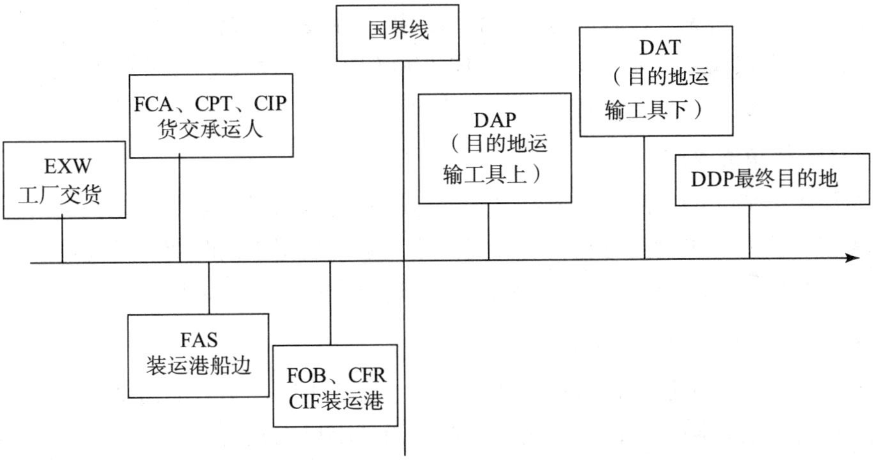

图 2－1　《2010 年国际贸易术语解释通则》中各贸易术语的交货点

2.4　贸易术语的选用

一、贸易术语与合同的关系

一般情况下，贸易术语决定了合同的性质。采用何种贸易术语成交，则买卖合同的性质也相应可以确定。如：采用 FOB 术语成交的合同一般称为 FOB 合同，采用 CFR 术语成交的合同称为 CFR 合同。

贸易术语是确定买卖合同性质的重要因素，但并不是决定合同性质的唯一因素，还要看买卖合同中的其他条件。如，买卖双方在签订合同时使用了 CIF 术语，但同时约定“货物必须安全到达目的港，买方才支付货款”。结果，货物在途中遭遇海难，不能安全到达目的港，买方拒绝支付货款，双方产生争议。法院审理后认为，按此条件成交的合同不是装运合同，而是到达合同，故买方有权拒绝付款。

二、选用贸易术语要考虑的因素

（一）运输方式

由于不同的贸易术语适用的运输方式不同，买卖双方采用哪一种贸易术语时，首先要考虑采用何种运输方式，根据货物的运输方式选择贸易术语。

（二）货源情况

国际贸易中的货物品种很多，不同的货物对运输方式有不同的要求，根据货物的特点，安排适合的运输方式。

（三）运费和附加费的变动趋势

运费是货价的构成因素之一，在选用贸易术语时，应考虑货物运输路线的运费收取情况和运价的变动趋势。一般情况下，当运费和附加费看涨时，应尽量争取由对方安排运输；在运费和附加费看跌时则相反。

（四）货物的控制权

一般来说，为了避免进口方因行情变化等原因不派船或不指派承运人，出口时鼓励采用自己安排运输的方式成交，如 CFR、CIF、CPT 和 CIP 等；反之，为了避免出口方和船方勾结诈骗，进口时鼓励采用自身安排运输的方式成交，如 FCA、FAS 和 FOB。

（五）运输途中的风险

国际贸易中，成交的商品一般要经过长途运输。货物在运输途中可能会遇到各种意外事故和自然灾害。因此，买卖双方在交易磋商阶段，必须根据不同时期、不同地区、不同运输路线和运输方式的风险情况，并结合购销意图来选定合适的贸易术语。

（六）进出口手续的办理有无困难

在国际贸易中，关于进出口货物的通关手续，有些国家规定只能由结关所在国的当事人安排或代为办理，有些国家则没有限制。因此，当某出口国政府规定，买方不能直接或间接办理出口通关手续时，则不宜按照 EXW 术语成交，而可以选用 FCA；若进口国政府规定，卖方不能直接或间接办理进口通关手续，此时，不宜采用 DDP。

例 2－12：上海某外贸企业向国外一新客户订购一批初级产品，按 CFR Shang Hai、即期信用证付款条件达成交易，合同规定由卖方以程租船方式将货物运交我方。我开证行也凭国外议付行提交的符合信用证规定的单据付了款。但装运船只一直未到达目的港，后经多方查询，发现承运人原是一家小公司，而且在船舶启航后不久已宣告倒闭，承运船舶是一条旧船。船、货均告失踪，此系卖方与船方互相勾结进行诈骗，导致我方蒙受重大损失。试分析，在出口方提交了符合信用证规定的单据后，开证行是否一定要付款？我方应从中吸取哪些教训？

参考答案：开证行必须承担付款责任。因为 CFR 是象征性交货贸易术语。采用 CFR 术语成交时，风险自越过装运港船舷由卖方转移至买方。在信用证业务中，只要受益人或其指定人提交符合信用证规定的单据，开证行就应承担付款责任。因此，采用即期信用证付款方式，只要卖方提交的单据符合信用证要求，开证行就不能拒付。

我方应从中吸取的教训主要有：坚持做好资信调查，不和资信差的客户成交，必要时，可以约定船公司，甚至指定出口商检机构。也可以约定：只有货到目的港由买方指定的检验机构检验合格后才能付款。此外，买方还可投保出口信用险或卖方利益险，从而最大限度地减少风险损失。

项目小结

贸易术语表明了价格的构成，确定了交接货物时买卖双方的风险、责任、费用的划分，明确了买卖双方在交接货物过程中应尽的义务。

本项目介绍了国际贸易惯例的性质与作用以及有关贸易术语的国际贸易惯例——《1932年华沙—牛津规则》《1990年美国对外贸易定义修订本》和《2010年国际贸易术语解释通则》，详细介绍了《2010年国际贸易术语解释通则》中适用于水上运输和适用于任何运输方式的11种贸易术语。深入学习这些内容，有利于合理选择和正确运用各种贸易术语。

课后习题

一、选择题

1. 按照《2010年国际贸易术语解释通则》的解释，若以CFR条件成交，买卖双方风险划分以（　　）为界。

A. 货交承运人保管　　B. 装运港船上
C. 货交买方处置　　D. 目的港船上

2. FOB与CFR术语的主要区别在于（　　）。

A. 风险划分的界限不同　　B. 办理运输的责任方不同
C. 办理货运保险的责任方不同　　D. 办理进出口通关手续的责任方不同

3. 根据《2010年国际贸易术语解释通则》的解释，下列贸易术语中，由买方负责办理出口通关手续并承担有关费用的是（　　）。

A. EXW　　B. CPT　　C. FCA　　D. DDU

4. 根据《2010年国际贸易术语解释通则》，卖方承担风险、费用和责任最大的贸易术语是（　　）。

A. DDU　　B. EXW　　C. CIF　　D. DDP

5. 最早的《国际贸易术语解释通则》产生于（　　）。

A. 1928年　　B. 1935年　　C. 1936年　　D. 1937年

6. 按照《2010年国际贸易术语解释通则》的解释，“运费付至指定目的地”是指（　　）。

A. CFR　　B. CIF　　C. CPT　　D. CIP

7. 《1990年美国对外贸易定义修订本》主要适用的地区是（　　）。

A. 北美洲　　B. 全球　　C. 欧洲　　D. 亚洲

8. 《1932年华沙—牛津规则》解释了（　　）贸易术语。

A. FOB　　B. CIF　　C. FCA　　D. CFR

9. CIP和CIF术语区别产生的主要原因是（　　）。

A. 交货地点不同　　B. 风险划分界限不同
C. 承保险别不同　　D. 运输方式不同

10. 象征性交货指卖方的交货义务是（　　）。

A. 不交货　B. 既交单又实际性交货
C. 凭单交货　D. 实际性交货

11. 我方出口大宗商品，按照 CIF 新加坡成交，合同规定采用程租船运输，我方不愿承担卸货费用，则我方应选择的贸易术语的变形是（　　）。
A. CIF Liner Terms Singapore　B. CIF Landed Singapore
C. CIF Ex Ship's Hold Singapore　D. CIF Ex Tackle Singapore

12. 以 FOBST 成交，则买卖双方风险的划分界限是（　　）。
A. 货交承运人　B. 货物在装运港装上船
C. 货物在目的港卸货后　D. 装运港码头

13. 有关贸易术语的国际贸易惯例有（　　）。
A.《2010 年国际贸易术语解释通则》　B.《1990 年美国对外贸易定义修订本》
C.《汉堡规则》　D.《1932 年华沙—牛津规则》

14. 贸易术语在国际贸易中的主要作用是（　　）。
A. 简化交易手续　B. 明确交易双方责任
C. 缩短磋商时间　D. 节省费用开支

15. 负责制定《2010 年国际贸易术语解释通则》的组织是（　　）。
A. 国际法协会　B. 国际商会　C. 经合组织　D. WTO

16. 进出口贸易实践中，对当事人行为无强制性约束的规范是（　　）。
A. 国内法　B. 国际法　C. 国际贸易惯例　D. 国际条约

17. 一般情况下，在按照 CFR 贸易术语成交的合同中，不应计入货物价格的是（　　）。
A. 货物成本　B. 海运费　C. 保险费　D. 各项出口税费

18. 以下对于贸易术语变形说法正确的是（　　）。
A. 不改变费用的负担　B. 不改变交货地点
C. 不改变风险划分的界限　D. 不改变支付条件

19. FOB 贸易术语的变形是（　　）。
A. FOB 班轮条件　B. FOB 包括平舱、理舱
C. FOB 包括理舱　D. FOB 吊钩下交货

20. 根据《2010 年国际贸易术语解释通则》的解释，以下（　　）是责任、费用划分点相分离的贸易术语。
A. CFR　B. CIF　C. CPT　D. CIP

二、判断题

1. FOB 术语条件下，租船订舱由卖方负责。（　　）
2. 以 CIF 术语成交，风险在装运港交货时转移，而费用在目的港转移。（　　）
3. 按 CFR 成交的合同，属于在目的港交货的合同。（　　）
4. 在贸易实践中，FOB 价被称为“离岸价”，而 CIF 价被称为“到岸价”。（　　）
5. 就卖方承担的风险来说，CIF 比 CFR 大，CFR 比 FOB 大。（　　）
6. 在出口贸易中，我们要尽量选择我方责任、费用和风险较小的贸易术语。（　　）
7. 在 EXW 术语条件下卖方所承担的责任是最小的，则 DDU 条件下卖方所承担的责任是最大的。（　　）

8. 采用FOB条件时，通常由买方负责租船订舱，也有由卖方代办租船订舱的情况，按一般惯例，只要卖方已尽最大努力，因客观原因而租不到船或订不到舱位，买方不得为此向卖方提出索赔或撤销合同。（　）

9. 某公司以CFR贸易术语出口一批货物，由于船只在运输途中搁浅，使部分货物遭受损失，我方可不理。（　）

10. 以CFR条件成交，卖方在装船后至交单这段时间内，如果货物发生灭失或损坏，应由卖方负责。（　）

11. 国际贸易惯例已得到各国的公认，因此，它对于买卖合同中的当事人都具有普遍的法律约束力。（　）

12. 按CIF贸易术语成交时，只要货物已在运输途中灭失，即使出口方提供全套正确的货运单据，进口方也是有权拒收单据和拒付货款的。（　）

13. FOB价格术语的变形是因装货费用的负担问题而产生的，而CIF价格术语的变形是因卸货费用的负担问题而产生的。（　）

14. 买卖双方以CIF条件成交时，若双方在洽商合同时未规定具体的险别，则卖方投保时，只投保最低限度险别义务。（　）

15. FCA、CPT、CIP 3种贸易术语中，就卖方承担的风险而言，FCA最小，CPT其次，CIP最大。（　）

16. 在所有的贸易术语下，出口报关的责任、费用均由卖方负担。（　）

17. CFR Ex Ship's Hold New York是指卖方必须将货物运到纽约，在舱底交接。（　）

18. 我方按FOB旧金山从美国购进一批小麦，卖方理所当然应将货物装到旧金山港口的船上。（　）

三、简答题

1. 什么叫贸易术语？

2. 关于国际贸易术语的惯例有哪些？它们分别介绍了哪些贸易术语？

3. FOB、CFR、CIF的共同点主要有哪些，不同点有哪些？

四、案例分析题

1. 我方与荷兰某客商以CIF条件成交一笔交易，合同规定以信用证为付款方式。卖方收到买方开来的信用证后，及时办理了装运手续，并制作好一整套结汇单据。在卖方准备到银行办理议付手续时，接到买方来电，得知载货船只在航海运输途中遭遇意外事故，大部分货物受损。据此，买方表示将等到具体货损情况确定以后，才同意银行向卖方支付货款。

问：（1）卖方可否及时收回货款，为什么？（2）买方应如何处理此事？

2. 某公司从美国进口瓷制品5 000件，外商报价为每件10美元FOB Vessel New York，我方如期将金额为50 000美元的不可撤销即期信用证开抵卖方，但美商要求将信用证金额增加至50 800美元，否则，有关的出口关税及签证费用将由我方另行电汇。请问，美商的要求是否合理，为什么？

3. 我方以CFR贸易术语与A国的B公司成交一批消毒碗柜的出口合同，合同规定装运时间为3月15日前。我方备妥货物，并于3月8日装船完毕。由于遇星期日休息，我公司的业务员未及时向买方发出装运通知，导致买方未能及时办理投保手续，而货物在3月8日晚因发生了火灾被火烧毁。请问：货物损失责任由谁承担，为什么？

项目三

货物条款

学习目标

通过完成本项目的学习，能够了解货物品名的含义及学会如何确定货物的品名，了解国际贸易中惯常使用的计量单位，掌握货物质量的表示方法、货物数量的计算方法、包装的种类、运输标志，会独立制定质量、数量、包装条款。

导入案例

1. 某出口公司与外商签订了一份出口糖水橘子罐头的合同。合同规定：糖水橘子罐头，每箱24听，每听含5瓣橘子，每听罐头上都要用英文标明"MADE IN CHINA"。卖方为了讨个吉利，每听装了6瓣橘子，装箱时，为了用足箱容，每箱装了26听。在刷制产地标志时，只在纸箱上注明了"MADE IN CHINA"。买方方以包装不符合合同规定为由，向卖方要求赔偿，否则拒收货物。请问买方的要求是否合理？为什么？

2. 我国某公司从澳洲进口1 000公吨大豆。合同规定：新麻袋包装，每袋25千克，每公吨200美元FOB悉尼，T/T付款。货到后我方验货发现，所交货物每袋毛重25千克，净重24千克，马上去电要求外商扣除短量部分的货款，并向外商寄送有关部门出具的检验证明。请问我方的要求是否合理？为什么？

3.1　货物的品名

一、货物品名的含义

货物品名也称商品名称（Name of Commodity，Name of Good，Description of Good），是某种货物区别于其他货物的一种称呼，它是贸易合同中构成货物说明的一个极其重要的组成部分。

二、货物命名的方法

货物命名一般按自然属性和加工程度进行分类。一般来说，对于加工程度较低的货物，其名称应较多地反映出其所具有的自然属性，而加工程度较高的货物，其命名应更多地体现出该商品的性能特征。

（1）以货物的主要用途命名，使消费者对货物的性能一目了然。如：杀虫剂、洗衣机、剃须刀、烤箱等。

（2）以货物的主要原料命名，突出货物的主要内涵。如：羊毛衫、塑料凳子、玻璃杯、棉布等。

（3）以货物的主要成分命名。如：对乙酰氨基酚（儿童退烧药）、人参珍珠霜等。

（4）以货物的自身的外观造型命名。如：喇叭裤、蝙蝠衫、高跟鞋和红豆等。

（5）以名胜古迹、著名人物命名。如：黄山毛峰、中山服、杜康酒等。

（6）以制作工艺命名，直接说明货物品质的特征。如：骨瓷茶具、脱脂奶粉、景泰蓝等。

三、品名条款的表示方法

在进出口合同中，品名条款的表示方法多种多样，内容繁简不一，通常是在“货物名称”或“品名”的标题下，列明买卖双方成交货物的名称。也可以不加标题，只在合同的开头部分列明成交的货物名称，如：苹果（Apple）。有时还可以把有关货物的具体品种、等级、规格和型号等概括性描述一并包括进去，即品名条款和品质条款合并。如：一级苹果（Apple First Grade）。

四、货物命名时的注意事项

国际货物买卖合同中的品名条款是合同的构成要件，因此，在规定此条款的时候，要注意以下事项：

（一）合理描述成交货物

对成交的货物需要在品名条款中做进一步描述时，应注意不要列入不切实际或不必要的描述，以免给履约造成困难或引起争议。

（二）正确使用成交货物的名称

（1）货物名称能很好地反映其用途、性能和特征。

（2）尽可能地使用国际上通用的名称。如 Bike 统称为自行车，而有的地区会称为单车或脚踏车。合同中的品名要与 H. S. 规定的品名一致。

（3）当货物有多个不同称呼时，应考虑有关国家的海关税制和进出口限制方面的有关规定，考虑品名与运费、税率以及方便进出口的关系，选择有利于降低关税、方便进出口和节省运费开支的货物名称。如皮夹，英文为 Pocket-book 或 Wallet。

（三）品名条款要明确、具体

在制定品名条款时，要订明货物的具体名称，不能空洞、笼统，否则会增加合同履行的难度。如服饰类货物，要写明性别、款式、面料的成分。一种货物往往有许多不同的品种、型号和等级，因此除名称外，还应有明确的型号、等级等相应的描述，以防造成混淆。

3.2 货物的品质

在国际贸易中，货物是国际货物买卖的物质基础，所有的货物都表现为一定的品质。品质是决定货物使用效能的重要因素，也是决定货物是否能进入销售市场、销量大小及销售价格高低的关键因素。买卖双方在交易中必须首先明确规定货物的品质。所以，货物品质是买卖双方交易洽商的重要交易条件，同时，也是买卖合同的主要条款。

一、品质的含义

货物的品质是指货物的内在素质和外观形态的综合。其中，内在素质是指货物的物理性能、机械性能、生物特征及化学成分等自然属性。如：机械表，每一块机械表因制造工艺的不同，在走时的精确度上都存在不同程度的误差；车用92号和95号汽油，标号越高的汽油，所含的抗爆物质异辛烷的含量越高。外观形态是指货物的外形、色泽、款式、味觉和嗅觉等。如：我们常用“又红又大”来形容品质好的苹果，“红”和“大”就是外观形态的体现。

二、出口货物品质的表示方法

国际市场上交易的货物种类繁多，货物特点各异，故在表示品质时的方法也各不相同。国际贸易中表示品质的惯用做法主要包括以文字说明表示品质和以实物表示品质。

（一）以文字说明表示品质

1. 凭规格买卖（Sale by Specification）

规格，是指用以反映货物品质的主要指标，例如，成分、含量、纯度、大小、长短、粗细、容量及性能等。

由于各种货物有其特定的结构和用途，所以规格也各不相同。用规格确定货物品质而进行的买卖，称为“凭规格买卖”。这种方法简明、方便、准确和具体，在国际贸易中使用最为广泛。

［**注意**］ 凭规格买卖的技巧：卖方只需在合同中列入主要指标，而对货物品质不起重大影响的次要指标不要过多罗列。

例如：我国出口大豆的规格：水分（Max）15%，含油量（Min）17%，杂质（Max）1%，不完善粒（Max）7%。

2. 凭等级买卖（Sale by Grade）

等级，指同一类商品，按其规格上的差异，分为品质优劣各不相同的若干等级。例如，大、中、小，重、中、轻，一、二、三。又如，出口钨砂，按照WO_3和Sn、As、S的含量不同，分为特级、一级、二级；皮蛋依据其重量、大小分为奎、排、特、顶、大级；我国出口的冻带骨兔（去皮、去头、去爪、去内脏）分为：

特级，每只净重不低于1 500克；

大级，每只净重不低于1 000克；

中级，每只净重不低于600克；

小级，每只净重不低于400克。

凭等级表示货物品质的方法，在简化手续、促进成交和体现按质论价等方面都有一定的作用。但由于不同等级的货物具有不同的规格，故在用等级表示品质的同时最好明确每一等级的具体规格，以便于履行合同和避免争议。

例 3－1：某出口公司与国外成交一批红枣，合同与信用证上均列明的是二级品，但到发货装船时才发现二级红枣库存告罄。于是改以一级品交货，并在发票上加注："一级红枣仍按二级计价。"问：这种以好顶次、原价不变的做法是否妥当？

参考答案：根据《UCP600》第 500 号出版物 37 条 C 款规定：商业发票中的货物描述，必须严格与信用证规定相符。可见本案例所述情况与《UCP600》的规定相悖，如当地市场价格疲软或下跌，一级红枣也卖不到二级红枣的价格，买方则完全可以借所交货物与原合同规定不符，拒收货物，拒付货款，尽管卖方给的是好货，买方也可能会拒收或索赔。

3. 凭标准买卖（Sale by Standard）

标准，是规格和等级的标准化。它一般由标准化组织、政府机关、行业团体、工商组织及商品交易所等制定、公布，并在一定范围内实施。世界各国都有自己的标准，如英国为 BS、美国为 ANSI、法国为 NF、德国为 DIN、日本为 JIS 等。此外，还有国际标准，如国际标准化组织 ISO 制定的标准。我国有国家标准（National Standard）、专业标准（Professional Standard）、地方标准（Local Standard）和企业标准（Enterprise Standard）。在国际贸易中，常常使用某种标准作为说明和评价货物质量的依据，凭标准买卖。

［**注意**］　援引某个标准时，应载明采用的版本年份。

例 3－2：A 公司从国外进口一批青霉素油剂，合同规定该货物品质"以英国药局 1953 年标准为准"，但货物到目的港后，发现货物有异样，于是请商检部门进行检验。经反复查明，在英国药局 1953 年版本内没有青霉素油剂的规格标准，结果商检人员无法检验，从而使 A 公司对外索赔失去了依据。

参考答案：此案说明在进口贸易中，一定要认真制定货物品质条款，如需要用标准来说明货物品质时，为了便于安排生产和组织货源，通常以采用我国有关部门所规定的标准成交为宜。此外，也可根据需要和可能，酌情采用国际标准化组织或出口国规定的品质标准。但要密切注意各种标准修改和变动的情况，以免引起争议，造成损失。

在国际贸易中，对于一些质量变化较大而难以统一标准的农副、土特、水产品，一般采用"良好平均品质"和"上好可销品质"来表示。

"良好平均品质"（Fair Average Quality，FAQ）：是指一定时期内某地出口货物的平均品质水平，一般指大路货（即中等货）。具体解释和确定办法有两种：一是农产品的每个生产年度的中等货；二是某一季度或某一装船月份在装运地通过抽样确定的同一种货物的"平均品质"。

"上好可销品质"（Good Merchantable Quality，GMQ）是指卖方必须保证其所交付的货物品质良好，合乎销售条件。此种方法比较笼统、抽象，容易引起争执，故在实际业务中使用比较少。

4. 凭品牌或商标买卖（Sale by Brand Name or Trade Mark）

品牌，是指厂商或销售商所生产或销售货物的牌名。商标则是品牌的图案化，是特定货物的标志。

在国际贸易中，对于质量稳定、信誉良好并为买方或消费者所熟悉喜爱的货物，可以凭品牌名或商标来规定货物的质量，这种方法叫“凭品牌或商标买卖”。如施华洛世奇水晶、依云水、中华牌香烟、欧米伽牌手表等。

5. 凭说明书和图样买卖（Sale by Description and Illustration）

在国际货物买卖中，如机械、电器、仪表、大型设备等技术密集型货物，由于其结构复杂，无法用样品或简单的几项指标来反映其品质。对于这类货物，买卖双方除了要规定其名称、型号等外，通常还需要采用说明书（图3－1）来介绍其构造、性能及使用方法等，有时还附以图样、图片、设计图纸、性能分析表等来完整说明其具有的质量特征。

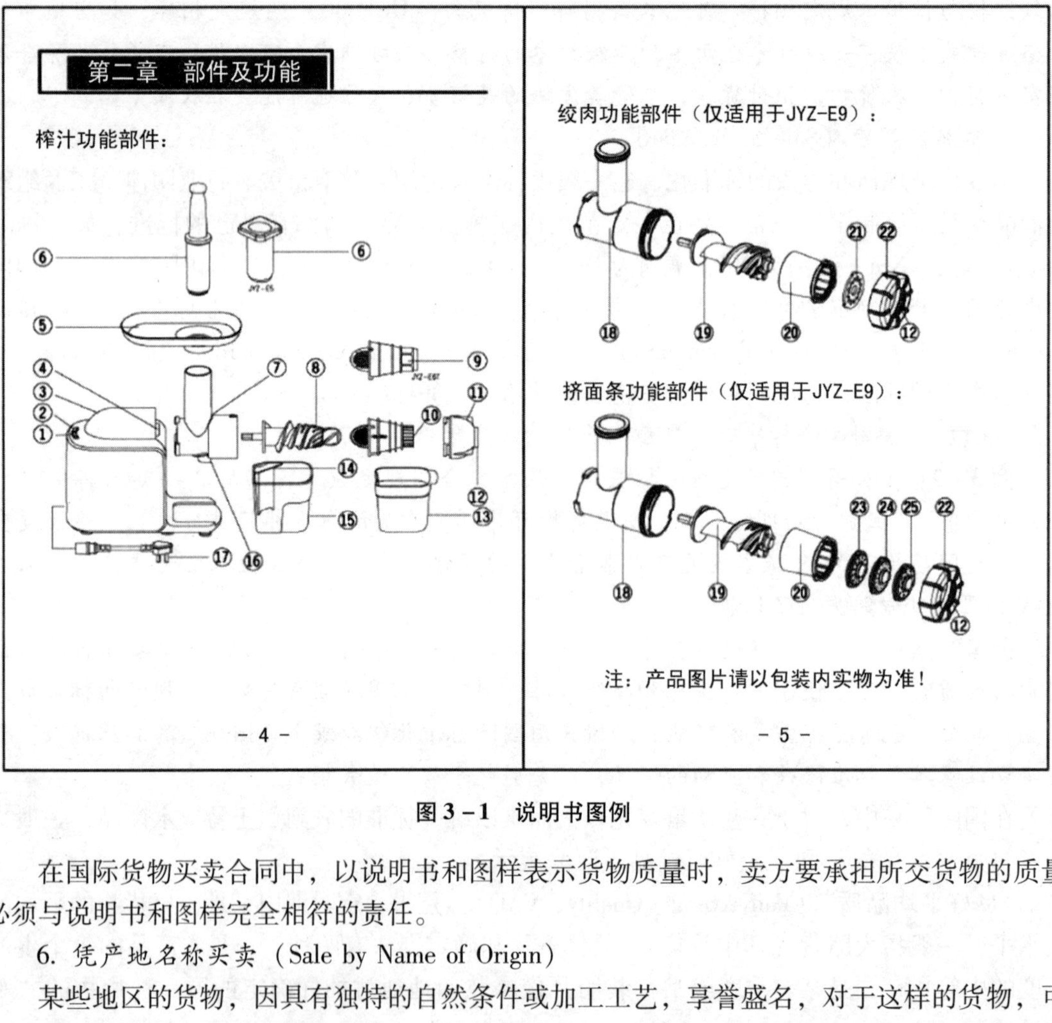

图3－1　说明书图例

在国际货物买卖合同中，以说明书和图样表示货物质量时，卖方要承担所交货物的质量必须与说明书和图样完全相符的责任。

6. 凭产地名称买卖（Sale by Name of Origin）

某些地区的货物，因具有独特的自然条件或加工工艺，享誉盛名，对于这样的货物，可以采用产地名称来表示其品质、信誉。如景德镇瓷器、泰国香米、重庆涪陵榨菜、西湖龙井茶等。这些名称不仅标注了特定货物的产地，而且在无形中对货物的质量提供了一定的保障。

（二）以实物表示品质

1. 看货买卖

看货买卖指买卖双方根据成交货物的实际品质进行交易。通常先由买方或其代理人验看货物，达成交易后，卖方按验看过的货物交付。只要卖方交付的是验看过的货物，买方就不得对货物质量提出异议。

由于交易双方往往相隔甚远，买方到卖方所在地验看货物有诸多不便，一般由代理人代为验看，但逐一查验难度太大，所以采用看货买卖的并不多见。这种方法多半用于拍卖、寄售和展卖业务中，尤其适用于具有独特性质的货物，如珠宝、首饰、字画及特定工艺制品。

2. 凭样品买卖（Sales by Sample）

凭样品买卖，是指买卖双方约定以样品作为交货品质的依据。样品通常是指从一批货物中抽出来的或由生产、使用部门设计、加工出来的，反映和代表整批货物质量的少量实物。凭样品买卖，根据样品的提供者不同，可以分为以下几种：

（1）卖方样品（Seller's Sample）。

卖方提供的样品称为"卖方样品"。凭卖方样品成交，是指凭卖方提供的样品作为交接货物的品质依据。在合同中应订明："品质以卖方样品为准（Quality as per Seller's Sample）。"卖方向买方寄送样品时，卖方自己保留的样品称为复样（Duplicate Sample）。

（2）买方样品（Buyer's Sample）。

有时买方为了使其订购的货物更符合自身的要求，也会提供样品给卖方，要求卖方依样承制，如卖方同意按照买方提供的样品成交，则称为"凭买方样品买卖（Quality as per Buyer's Sample）"，今后，卖方所交货物的品质必须严格与买方样品相符。

（3）对等样品（Counter Sample）。

在国际贸易中，凭买方样品交易对卖方来说不利，因为按照卖方的生产工艺和生产水平，不一定能制造出与买方样品完全一致的产品。故卖方可根据买方提供的样品，加工复制出一个类似的样品交买方确认，经过确认后的样品，称为"对等样品"或"回样"。

只要对等样品被买方确认后，则今后卖方所交货物的品质就必须以对等样品为准。

除了上述三种凭样品交易外，买卖双方为了增进彼此对对方货物的了解，往往会互相寄送样品。以介绍货物为目的寄出的样品，一般称为"参考样品"（Reference Sample）。参考样品不作为今后交货的依据。

在实际业务中，不同的货物应根据自身特点、交易习惯和市场选择表示货物品质的方法，可以选择一种表示品质的方法，也可以几种方法结合使用。如东北大豆，水分最高14%、杂质9%。其中有产地名称，还有具体的品质规格。当规格与样品同时使用时，则需要提前说明清楚以何为准。卖方所交货物既要与样品一致又要符合合同中的规格要求，否则，买方有权拒收货物并提出索赔。

三、合同中的品质条款

品质条款是非常重要的合同条款之一。品质条款要对交易货物的质量做出具体规定。卖方依据品质条款交货，否则，买方有权撤销合同并要求赔偿。合同中的品质条款也是商检机构进行检验、法院或仲裁机构解决品质纠纷案件的依据。

（一）品质条款的内容

在品质条款中，一般要列明货物的名称和具体质量。但由于不同货物表示品质的方法各不相同，所以合同中的品质条款内容也不尽相同。比如，对于品质变化较大的农副产品，往往在品质条款中列明"良好平均品质"。对于性能和结构复杂的机电产品，在品质条款中通常会使用说明书。对某些在国际市场上享誉盛名的名牌商品，在品质条款中列明商标或品牌即可。

（二）品质公差和品质机动幅度

公差是指国际上公认的货物品质的误差，为了明确起见，应在合同品质条款中订明一定幅度的公差。有些工业制成品，由于在生产过程中不能做到很精确，可根据国际惯例或经买卖双方协商同意，对合同中的品质指标订立允许的“公差”，这就是品质公差（Quality Tolerance），即所谓品质公差是指允许卖方交货的品质可以高于或者低于合同规定的品质的幅度。如手表走时的误差、棉纱支数的确定等。

品质机动幅度（Quality Latitude）是指允许卖方所交货物的质量指标在一定幅度内灵活地浮动。

具体规定品质机动幅度的方法有：

（1）规定范围：对某项货物的品质指标规定允许有一定差异范围。例如：漂布，幅阔35/36英寸，即布的幅阔只要在35～36英寸的范围内，均作为合格；纱管总量，每只34～36克。

（2）规定极限：对有些货物的品质规格，规定上下极限。规定极限的表示方法，常用的有：最大、最高、最多、最小、最低、最少。例如：大米碎粒35%（最高），水分15%（最高），杂质1%（最高）。

（3）规定上下差异：规定上下差异也是使货物的品质规格具有必要的灵活性的有效方法，如：灰鸭毛，含绒量18%，上下1%。

货物的品质公差是不计算增减价的。只要所交货物的品质在品质公差范围内就符合品质的要求。

例3－3：我国某公司同美国一公司签订出口羊毛衫的合同，出口数量为5 000件，价值为25万美元。合同规定，羊毛含量为100 %，商标也标明“100%羊毛”。当美国公司对我方出口的羊毛衫进行检验后，发现羊毛含量为99.75%，与合同规定不符，要求我方赔偿50万美元。最后我方以赔偿10万美元结案。

参考答案：在合同中表示品质的时候要规定品质的机动幅度，只要卖方交货品质在这个机动幅度内，就是符合合同的要求，该案例提醒我国生产厂家在制定出口合同时不能绝对化，而应有个机动幅变的规定。

（三）约定品质条款的注意事项

1. 正确运用各种表示品质的方法

根据货物的特性，选择适当的表示品质的方法。凡是能用科学指标说明货物品质的，适用于凭规格、等级或标准买卖；对难以规格化和标准化的货物，如工艺品，适于采用样品买卖；对质量好且具有特色的名优货物，适于凭商标或品牌买卖；对复杂的机器、电器和仪表等则适于凭说明书买卖。

另外，凡是能够用一种方法表示品质的，一般不要采用两种或两种以上的方法来表示，特别是凭样品与凭规格表示品质的方法不宜混合使用。因为既凭样品，又凭规格成交的，则所交货物必须既要与样品一致，又要符合规格的要求，否则，买方有权拒收并撤销合同。

2. 订立品质条款要防止品质偏高或偏低

品质条款要根据国际市场的需求，结合国内生产可能来订立，既不能订得过高，以免造成生产和对外履约的困难。例如，客户要求彻底消灭活虫和死虫的豆类、猪肉无毛、棉布无疵点等绝对化的词语，卖方不能接受这样的品质要求。同时，品质也不能订得过低，以免影响售价和销路，甚至降低我国出口货物的信誉。

3. 品质条款要明确、具体

为了便于交易双方能按约定的品质条款交接货物，在订立品质条款时应当明确、具体，避免使用“大约”“大概”“左右”等笼统含糊的规定办法。比如，在采用凭标准买卖时，使用的是哪个国家、哪个行业的标准，哪一年的版本，都需要确定清楚，以便于合同的履行。

3.3 货物的数量

货物数量是指以国际通用或买卖双方约定的度量衡表示货物的重量、个数、长度、面积及容积等的量。在国际贸易中，由于货物的种类、特性和各国度量衡制度的不同，所以计量单位和计量方法也多种多样。了解各种度量衡制度，熟悉各种计量单位的特定含义和计量方法是外贸从业人员的基本常识和技能。

一、计量单位

（一）计量单位的确定方法

不同商品，需要采用不同的计量单位，一般情况下使用的有以下几种：

1. 重量单位（Weight）

适用货物：一般天然产品，以及部分工业制成品。如羊毛、棉花、谷物、矿产品、油类、沙盐及药品等。

常用计量单位：克（Gram）、公斤（Kilogram）、磅（Pound）、盎司（Ounce）、公吨（Metric Ton）、长吨（Long Ton）、短吨（Short Ton）等。

相关知识：1 长吨 =1 016 公斤　1 短吨 =907 公斤

2. 容积单位（Capacity）

适用货物：谷物类，以及部分流体、气体物品。如小麦、玉米、煤油、汽油、酒精、啤酒等。

常用计量单位：公升（Liter）、加仑（Gallon）、蒲式耳（Bushel）等。

相关知识：1 加仑 =4.546 升（美）　1 加仑 =3.785 升（英）　1 蒲式耳 =36.366 升

3. 个数单位（Number）

适用货物：工业制成品及杂货等。

常用计量单位：件（Piece）、双（Pair）、套（Set）、打（Dozen）、罗（Gross）、令（Ream）等。

相关知识：1 罗 =12 打 =144 个　1 打 =12 件　1 令 =480 张

4. 长度单位（Length）

适用货物：丝绸、布匹、电线、金属绳索等。

常用单位：公尺（Meter）、英尺（Foot）、码（Yard）等。

相关知识：1 英尺 =12 英寸 =30.48 厘米　1 码 =3 英尺 =0.914 米　1 英寸 =2.54 厘米

5. 面积单位（Area）

适用货物：玻璃、地毯、木板、塑料板制品、纺织品等。

常用单位：平方米（Square Meter）、平方英尺（Square Foot）、平方码（Square Yard）等。

相关知识：1 平方米 =10.76 平方英尺

6. 体积单位（Volume）

适用货物：砂石、化学气体、木材等。

常用单位：立方米（Cubic Meter）、立方英尺（Cubic Foot）、立方码（Cubic Yard）等。

例 3-4：2009 年，A 贸易公司以“盒”为单位从一家制造商手上采购了一批价值近 50 万美元的货物，制造商开具的增值税发票上，注明为“506 000 盒”。后来，A 贸易公司委托其客户指定的一家船公司代理出口这批货物，A 贸易公司预填的报关单上也注明为“506 000BOXES”，但是船公司在正式填制报关单时将“506 000BOXES”漏打，只标明重量为“6 000KGS”，因此，在海关的计算机系统中，只记录有该批货物的数量为“6 000 千克”，导致报关单上的内容与增值税发票上的数量和计量单位不一致，使 A 贸易公司不能正常退税。A 贸易公司要求船公司到海关办理删单重报，在报关单品名下加注上“506 000BOXES”的字样。尽管 A 贸易公司不断催促，但由于手续麻烦，加上报关员不愿被海关惩罚扣分，还是拖延了 3 个月，船公司才最终完成报关任务。

参考答案：本案例中，商品的计量单位为“盒”，船公司在正式填制报关单时漏掉以“盒”为单位的计量单位，犯了比较严重的错误，直接影响正常报关、报检、出运和退税等。

（二）国际贸易中的度量衡制度

国际贸易中常采用的度量衡制度有公制（The Metric System）、英制（The British System）、美制（The U. S. System）以及国际单位制（The International System of Units，SI）。使用的度量衡制度不同，同一计量单位所代表的数量也各不相同。如表示重量的“吨”，实行英制的国家指长吨，1 长吨为 1 016 千克；实行美制的国家指短吨，1 短吨为 907 千克。我国采用的是以国际单位制为基础的法定计量单位。《中华人民共和国计量法》第 3 条明确规定：“国家采用国际单位制。国际单位制计量单位和国家选定的其他计量单位为国家法定计量单位。”在外贸业务中，出口货物时，除合同有规定外，均应使用法定计量单位。

例 3-5：我国某出口公司在广交会上与外商谈妥了出口大豆 10 000 公吨，每公吨 USD300 FOB 青岛。但我方在签合同时在合同中只笼统地写了 10 000 吨，后来，外商来证要求按长吨供货。如果按对方要求，我方则要多交大豆 160.5 公吨。但因国际市场行情，大豆价格上涨，我方不愿多交，双方发生争议。

参考答案：在合同中表示数量一定要具体规定单位，各国所采用的计量单位不同，特别是一些相近的计量单位的表示方法要特别注意，在合同中要标注清楚。该案例中卖方只写了吨，从而让买方钻了空子，发生争议。

二、计量方法

在国际贸易中，常用的计量方法有：按重量计量、按容积计量、按个数计量、按长度计量、按面积计量、按体积计量。在众多的计量方法中，使用最多的是按重量计量，计算重量的方法通常有以下几种：

（一）毛重

毛重（Gross Weight，GW）是指货物本身的重量加皮重（Tare），即货物重量加包装材料重量。有些货物因包装本身不便分别计算，如卷筒新闻纸等，或因包装材料与货物本身价值差不多，如粮食、饲料等，常常采用按毛重计价，在国际贸易中称为“以毛作净”（Gross for Net）。例如，中国东北大豆，1 000 公吨，单层新麻袋包装，每袋 100 公斤，以毛作净。

（二）净重

净重（Net Weight，NW）即货物的实际重量，不包括皮重。在国际贸易中，以重量计算的货物，大部分都是按净重计价。净重的计算方法是货物的毛重减去皮重（即包装重量）。

计算皮重的方法有四种：

1. 实际皮重（Actual Tare）

将整批货物的包装逐一过称求得皮重。这种计算皮重的方法仅适合包装数量少的货物，当货物的包装数量多时，则无法做到逐一过称。

2. 平均皮重（Average Tare）

从整批货物中抽取一定的件数，称出其实际皮重，然后求出其平均重量，即为平均皮重。

按平均皮重计算的方法通常适用于包装比较整齐划一、重量相差不大的货物。随着包装技术的发展和包装材料及规格的标准化，按平均皮重计算的做法也日益普遍。

3. 习惯皮重（Customary Tare）

某些货物，由于其所使用的包装材料和规格已基本定型，其重量已为市场所公认，在计算皮重时，无须逐件过秤、重复衡量，只需要按习惯上公认的皮重乘以总件数，即可求得总皮重。如装运粮食的机制麻袋，“每只麻袋习惯皮重 2. 5 磅”。

4. 约定皮重（Computed Tare）

以买卖双方约定的包装重量为准，不必过秤。

在国际贸易中，净重有时还包括销售包装的重量，如水果糖常常包括糖纸的重量。但是，有些贵重金属、化工原料等，往往以“净净重”（Net Net Weight）计算重量。所谓纯净重，是指货物本身的重量，不包括任何包装的重量。

例 3 -6：我方出口公司与意大利客商签订一份出口 500 公吨大豆的合同，合同规定：双线新麻袋包装，每袋 50 公斤，每公吨 200 美元 CIF 那不勒斯，即期信用证支付。因合同与信用证中均未规定每袋 50 公斤是毛重还是净重，我公司以每袋 50 公斤毛重出口，货款结汇后，接到客商来电，要求我方退回因短量而多收的货款，因为实际净重每袋只有 49 公斤，实际总净重 490 公吨。问：进口方的要求是否合理？为什么？

参考答案：进口方的要求是合理的。卖方交货的数量应严格按照合同（信用证）的规定执行，如果合同中未注明是按毛重还是净重计价时，按惯例应该是按净重计价。现在货物毛重 50 公斤，净重 49 公斤，即我方短装 10 公吨，但收取了全额的货款，因此买方有权索回其不该支付的货款。

（三）公量

国际贸易中的棉花、羊毛、生丝等货物具有较强的吸湿性，其所含水分受客观环境的影响较大，故其重量很不稳定，国际上采用公量（Conditioned Weight）进行计算，即以货物的干净重（去除水分后的净重）加上国际公定回潮率与干净重的乘积所得出的重量为公量。计算公式如下：

$$公量 = 货物干净重 + 标准含水量 = 货物干净重 \times (1 + 公定回潮率)$$

$$公量 = 货物干净重 \times (1 + 公定回潮率) \div (1 + 实际回潮率)$$

例如，我国从国外进口生丝 6 公吨，双方约定公定回潮率为 10%，实际回潮率为 20%，则生丝的公量为：$6 \times (1 + 10\%) \div (1 + 20\%) = 5.5$ 公吨。

（四）理论重量

某些有固定和统一规格的货物，如马口铁、钢板等，有统一的形状和尺寸，只要规格一致、尺寸符合，其重量大致相同，根据其件数即可计算出它的重量。但由于这种计重方法是建立在每件货物重量相同的基础上的，如果重量变化，其实际重量也会产生差异。因此，理论重量（Theoretical Weight）只能作为计重时的参考。

（五）法定重量与实物净重

一些国家海关法规定，在征收从量税时，货物的重量以法定重量计算。法定重量是指货物重量加上直接接触货物的包装材料。若除去直接接触货物的包装材料就是货物的实物净重，也称货物的净净重。

三、合同中的数量条款

数量条款是国际货物买卖合同的主要构成要件之一。《联合国国际货物销售合同公约》中规定，卖方必须按合同数量条款的规定交付货物。因此，在交易磋商和订立合同时，一定要确定清楚数量条款的具体内容。

（一）数量条款的基本内容

数量条款的基本内容由货物的数量和计量单位构成。由于贸易货物种类众多，其性质、特点各异，加上各国之间度量衡制度不同，所以计量单位和计量方法也多种多样。在规定数量条款时，应视货物的具体情况合理规定。

（二）数量的机动幅度

数量的机动幅度是指卖方可按买卖双方约定某一具体数量多交或少交若干的幅度。有些货物受货源变化，尤其是运输工具的限制，合同中若规定一个固定的交货数量，将给卖方履行合同带来困难。因此，为了顺利履行合同，对于那些数量难以严格限定的货物，在规定的机动幅度内可以有数量的增加和减少，而不构成违约。

规定数量的机动幅度一般有两种方法：

1. 溢短装条款（More or Less Clause）

溢短装条款是指在合同中明文规定，允许卖方可以多交也可以少交一定数量的货物。例如，7 500 公吨小麦，卖方可溢装或短装 5%。

一般情况下，溢短装的选择权由卖方决定，也就是说，多交还是少交由卖方自己决定。

但是当交货的数量与载货船舶的舱容密切相关时，溢短装的选择权应由安排货物运输的一方掌握。在 FOB 或 FAS 术语下，也可由买方决定溢短装的数量。

对于溢短装部分的作价办法，一般按合同价格计算。但也有规定按装船日或卸货日的市场价格计算，其目的是防止有权选择溢短装的一方，为获取额外利益而有意多交或少交货物。

2. “约”数（Approximately or About）

在信用证支付方式下，根据《跟单信用证统一惯例》（UCP600）的解释，凡“约”“大概”“近似”等类似的词语用于信用证金额、数量和单价时，应解释为有关金额、数量和单价可有不超过10%的增减幅度。

在信用证未以包装单位件数或货物自身件数的方式规定货物数量时（如散装货、裸装货），货物数量允许有5%的增减幅度，只要总支取金额不超过信用证金额即可。

相关资料

UCP600 信用证金额、数量和单价的增减幅度的相关规定

UCP600 第三十条　信用证金额、数量和单价的增减幅度

A. 凡“约”“大概”或类似的词语用于信用证金额、数量和单价时，应解释为有关金额、数量或单价可有不超过10%的增减幅度。

B. 除非信用证规定货物的指定数量不得有增减外，在所支付款项不超过信用证金额的条件下，货物数量准许有5%的增减幅度。但是，当信用证规定数量以包装单位或个数单位计数时，此项增减幅度则不适用。

C. 除非禁止部分装运的信用证另有规定或已适用本条（B）款，当信用证对货物的数量有规定，且货物已全部装运，以及当信用证对单价有规定，而单价未降低的条件下，允许支取的金额有5%的减幅。如信用证已利用本条（A）款提到的词语，则本规定不适用。

资料来源：《跟单信用证统一惯例》（UCP600）

例3-7：（1）2002年3月，广西某粮油进出口C公司向南非出口食糖。合同规定：食糖，数量为500公吨，每公吨120美元，可有3%增减，由卖方选择；增减部分按合同价格计算。如果在交货前食糖市场价格上涨，在不违反合同的情况下，卖方要想获利，可装多少公吨？如果市场价格下降呢？

（2）同年5月，C公司又向俄罗斯出口小麦，合同规定：数量为1 000公吨，每公吨100美元，以信用证方式支付。合同签订后，俄罗斯进口商开来信用证，金额为100 000美元，问C公司最多、最少可交多少公吨小麦？为什么？

参考答案：（1）按合同规定，卖方最多可交515公吨食糖，最少可交485公吨食糖，增减部分按合同计价，如在交货前市场价格上涨，少交对卖方有利，即卖方可交485公吨；如在交货前市场价格下降，多交对卖方有利，即卖方交515公吨。

（2）C公司最多可交1 000公吨小麦，最少可交950公吨小麦。因为，根据UCP600规定：对合同未规定数量机动幅度的散装货，除非信用证规定货物的指定数量不得有增减外，在所支付款不超过信用证金额的条件下，货物数量准许有5%的增减幅度。在本案例中，小麦是散装货，数量可有5%的增减，即卖方交货数量可在950～1 050公吨，但信用证金额只有100 000美元，因此，卖方最多也只能交1 000公吨，最少可交950吨。

例3-8：我国某公司出口布匹以信用证结算，买方银行来证规定，数量大约为5 000码，每码1美元，但金额注明为不超过总额5 000美元。试问，我国某公司如何掌握装运

数量?

参考答案：根据国际惯例，“大约”可以解释为不超过10%的增减幅度，也就是可以在4 500 ~5 500码。但是信用证规定金额不能超过5 000美元，所以我国某公司的装运数量可以在4 500 ~5 000码。

（三）订立数量条款的注意事项

1. 正确掌握成交数量

在出口货物数量的掌握上，首先，要考虑国外市场的需求状况、国内货源的供给状况、市场趋势、季节因素；其次，还必须考虑国外客户的资信及其经营能力，防止发生货款落空，造成经济损失。例如，某外贸公司在货源未落实的情况下，与欧洲进口商签订了出售麻袋1亿条的合同，但由于国内加工能力有限，无法按时交货，对方向仲裁院提出仲裁。后经双方协商达成和解，卖方赔偿了15%货款，才了结此案。

对于进口货物的数量，要考虑国内市场的实际需要、国内外汇的支付能力、国内市场行情的变化。

2. 数量条款明确、具体、完整

在数量条款中，对成交商品的具体数量、使用何种计量单位和计量方法，都应该订立清楚。对按照重量计算的商品，还应规定计算重量的具体方法，如“中国大米1 000公吨，双线麻袋装，以毛作净”。对于需要规定数量机动幅度的，数量机动幅度是多少，谁来掌握机动幅度，溢短装部分的价格如何计算，都需要在合同条款中具体订明。除此之外，对成交数量一般不建议使用“大约”“左右”等词，以免产生争议。

3. 溢短装的计价方法要公平

一般情况下，多装或少装的部分按合同价格计算。但为了防止合同当事人利用市场行情的变化，故意多装或少装，以额外获利，也可在合同中规定，溢短装部分按照装船时或到岸时的市场价格计算，以体现公平。

3.4 货物的包装

国际贸易中，大多数货物都需要有一定包装。包装是货物生产的继续，货物只有经过包装才能进入流通领域，实现货物的价值和使用价值。货物包装可以保证货物在流通过程中的品质完好和数量完整，同时，还可以增加货物的价值。因此，交易双方必须在合同中对包装条款做出明确规定。包装条款是买卖合同的重要条款之一。

一、货物包装的概念及作用

包装是指为了保证货物在流通过程中的品质完好和数量完整所使用的包装材料或容器，也指为了上述目的而在采用包装材料或包装容器过程中施加一定技术方法的操作。

首先，包装是货物从生产进入流通领域的首要条件。如，罐头食品、照相机胶卷、茶叶等，没有经过包装就无法销售。

其次，货物包装能保证货物在运输过程中的品质完好、数量完整。

最后，货物包装也是货物在国际贸易中提高竞争力的有力手段。货物的销售包装不仅能美化货物、宣传货物、吸引顾客和扩大销路，更能提高售价、降低成本、增加外汇收入。

二、运输包装

（一）运输包装的分类

运输包装的方法和造型多种多样，包装的材料也各不相同。一般来说，运输包装可以从以下几个角度进行分类：

1. 按包装方式

按包装方式分类，可以分为单件运输包装和集合运输包装。单件运输包装是指货物在运输过程中作为一个计量单位的包装。比如，箱、桶、瓶、捆、袋。集合运输包装是指将一定数量的单件包装组合成一件大包装。比如，集装箱、托盘和集装袋。

2. 按包装材料

按包装材料的不同，可分为纸质包装、木质包装、金属包装、塑料包装、玻璃包装等。纸质包装包括纸箱、纸袋、纸盒等。木质包装包括木箱、木桶等。金属包装包括铁桶、马口铁桶和罐装。塑料包装通常有塑料桶、袋、瓶、盒等。玻璃包装包括玻璃瓶、玻璃坛、玻璃罐和玻璃纤维袋等。

3. 按包装质地

按包装质地可分为软性包装、半硬性包装和硬性包装。软性包装容易变形，但有利于节省仓容；半硬性包装不容易变形，经堆储后可略有压缩；硬性包装结实，不能压缩。

4. 按包装造型

按包装造型不同，可分为箱、袋、包、桶和捆等不同形状的包装。

5. 按包装程度

按包装程度不同，可分为全部包装（Full Packed）和局部包装（Part Packed）。全部包装是指对整个货物全面予以包装，绝大多数货物都需要全部包装。局部包装是指对货物需要保护的部位加以包装，而不受外界影响的部分不予包装。

（二）运输包装的标志

运输包装的标志是为了方便货物运输、装卸以及储运保管，便于识别货物和防止货物受损，而在货物外包装上刷写的标志。按其作用，运输包装的标志可以分为运输标志、指示性标志和警告性标志。

1. 运输标志（Shipping Mark）

运输标志又称唛头，通常由一个简单的几何图形和一些字母、数字及简单的文字组成。联合国欧洲经济委员会在国际标准化组织和国际货物装卸协调会的支持下，制定了一项标准运输标志向各国推荐使用。

该运输标志的内容包括：

（1）收货人或买方名称的英文缩写字母或简称。

（2）参考号，如运单号、订单号或发票号。

（3）目的地（不能用简称或者缩写，如有重名，则需列明国别或地区名称）。

（4）件数代号（既要列明该件货物的序号，又要列明该批货物的总件数）。

例如：

ABC	……	收货人代号
S/C2002	……	参考号

LONDON …… 目的地

C/No.：1/25 …… 件数代号，该批货物有25件，这是第1件

按照国际贸易惯例，运输标志一般由卖方设计，因此在合同中可不做规定。但是如果买方要求用其指定的运输标志，卖方也可以接受，但需要在合同中具体规定其样式或者规定买方提供运输标志的时间，并应订明如在装运前若干天未收到买方提供的运输标志，卖方也可自行决定。

在制作运输标志的时候应当注意，运输标志要简明清晰、易于辨认，刷制的部位要得当，选用的颜料要牢固，防止褪色、脱落。

2. 指示性标志（Indicative Mark）

指示性标志又称安全标志或注意标志，是根据货物的特性，对一些容易破碎、残损、变质的货物，在搬运装卸操作和存放保管条件方面所提出的要求和注意事项，用图形或文字表示的标志。例如小心轻放、保持干燥、怕热、怕湿、此端向上。指示性标志多种多样，现列举几种，如图3-2所示。

图3-2 指示性标志

在运输包装上标哪些标志，应根据货物性质正确选用。在文字使用上，最好采用出口国和进口国的文字，但一般使用英文的居多。

3. 警告性标志（Warning Mark）

警告性标志（图3-3）又称危险货物包装标志，是为了保障货物和人员的安全，在装有易燃、易爆、有毒和易腐蚀等危险货物和氧化剂及放射性物质等危险货物的运输包装上用图形和文字表示和说明各种危险品的标志，以示警告。例如“有毒”（Poison）、“爆炸物”（Explosive）和“腐蚀性物品”（Corrosives）等，提醒装卸、搬运和储存人员注意货物的危险属性并提高警惕。

联合国政府间海事协商组织制定的《国际海运危险品标志》已被国际上许多国家所采用。我国也制定和颁布了《危险品货物包装标志》和《包装储运标志》。有些国家规定进口危险品时要求在运输包装上标明“国际海运危险品标志”，否则不能上岸。因此，在我国出口危险品货物的运输包装上，要标明我国和国际上所规定的两套危险品标志。

除了运输标志、指示性标志、警告性标志外，还有识别标志、其他标志等。识别标志也称通知标志，包括合同号或发票号、货物货号、货物名称、装容数量、毛重、净重、尺码、

图 3-3　警告性标志

产地或生产国别，其作用是把每个包装件内的货物情况通知买方。例如：

17N09（发票号）	
ART，NO. 25 - 8	货号
COLOR：NAVYBL	颜色
SIZE：25 PCS IN 50	尺码搭配
N. W.：10 KGS	净重
G. W.：14. 8 KGS	毛重
MEAS：34 ×45 × 34	尺码
MADE in CHINA	中国制造

其他标志是指在货物的包装上刷上每件货物的品名、货号、装箱数量及配比、毛重、净重、体积和货物的产地等标志，其中，磅、码、产地标志必须刷制。例如：

Safety Boots	安全靴
Art. No：	货号

QTY：12 PRS　　　　　　　数量：12 双
Q. W.：27 KGS　　　　　　毛重：27 千克
N. W.：25 KGS　　　　　　净重：25 千克
MST：50 × 35 × 78 cm^3　　体积：50×35×78 立方厘米
MADE in CHINA　　　　　　中国制造

这些内容除少数情况下作为运输标志的组成部分外，一般以刷印在唛头部位的外包装其他空白位置为宜。

三、销售包装

销售包装又称内包装或小包装，是指直接接触货物，随货物进入零售市场直接和消费者见面的包装。这类包装除必须具备保护货物的作用外，更加强调具备美化货物、宣传货物，便于消费者识别、选购、携带和使用，以促进销售的功能。

（一）销售包装的分类

销售包装可采用不同的包装材料和不同的造型结构与式样，这就导致了销售包装的多样性。货物采用何种销售包装，根据货物的特性和形状而定。常见的销售包装有以下几种：

（1）挂式包装是指带有吊钩、吊带、挂孔等装置的包装，如图 3－4 所示。这类包装便于悬挂，可以充分利用货架的空间，增加展卖面积。

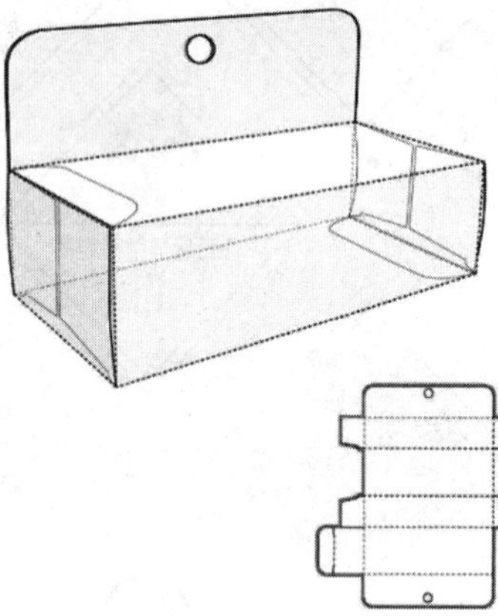

图 3－4　挂式包装

（2）堆叠式包装是指货物包装的顶部和底部都设有吻合部分，使货物在上下堆叠时可以互相咬合，这种包装堆叠稳固性强，适于超级市场堆叠罐头、瓶类、盒等货物。

（3）在包装上附有提手装置的为携带式包装（图 3－5），这类包装携带方便，颇受顾客欢迎。如超市袋装大米。

图 3－5　携带式包装

（4）易开包装（图3－6）是要求封口严密的销售包装，标有特定的开启部位，易于打开封口，其优点是开启安全、使用方便，如易拉罐等。

图3－6　易开包装

（5）喷雾包装（图3－7）。流体货物的销售包装比较特殊，其中有的带有自动喷出流体的装置，如同喷雾器一样，使用相当便利。如香水、杀虫剂等。

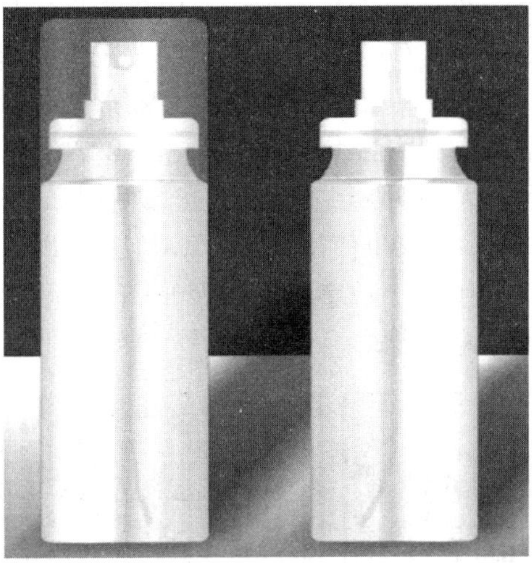

图3－7　喷雾包装

（6）礼品包装。对某些送礼的货物，为了包装外表美观和显示礼品的名贵，往往采用专作送礼用的包装。

（二）销售包装的装潢和文字说明

在销售包装上的装潢画面要美观大方，富于艺术吸引力，并突出货物的特点，其图案和色彩应适应有关国家、民族的习惯和爱好。比如日本人喜欢鸭子，但不喜欢“出淤泥而不染”的荷花；大象在东南亚国家深受欢迎，但在英国被认为是大而无用的东西；西欧国家厌恶在中国象征吉利、喜庆的红色。

销售包装上应有必要的文字说明。文字说明包括商标、牌号、品名、产地、生产日期、数量、规格、成分、用途和使用方法。文字说明应与装潢图案统一，相互衬托。文字说明也应符合货物目标市场所在国家（地区）的有关规定。

例 3-9：在荷兰某一超级市场上有绿色竹制罐装的茶叶一批，罐的一面刻有中文“中国茶叶”四字，另一面刻有我国古装仕女图，看上去精致美观，颇富民族特点，但国外消费者少有问津。请问原因何在？

参考答案：问题主要出在文字说明方面。出口货物的销售包装上应有必要的文字说明，如商标、牌名、品名、产地、数量、规格、成分、用途和使用方法等。使用的文字必须简明扼要，并让顾客能看懂，必要时也可中外文并用。

本案例中，当地人除了对仕女图投入一瞥外，不知内装何物。即使消费者知道内装为茶叶，但是红茶还是绿茶？分量是多少？质量如何？还是无从知道。因此上述包装不便于消费者了解货物，不了解何谈购买。

（三）销售包装条形码

条形码由一组带有数字的黑白及粗细间隔不等的平行条纹组成，它是利用光电扫描器为计算机输入数据的特殊代码语言。目前，世界上许多国家都在货物包装上使用条形码，只要用光电扫描器对条形码进行扫描，计算机就能自动识别条形码的信息，包括品名、数量、生产日期、制造商、产地、售价等，既方便了顾客，又提高了结算效率。

国际上通用的条形码主要有两种：

一种是 UPC（Universal Product Code）条形码。UPC 条形码是由美国和加拿大共同组织的“统一编码委员会”（Universal Code Council，UCC）选定以 IBM 公司提出的 Dalta-Distance 为基础而通过的。UPC 条形码是美国、加拿大货物统一的标识符号。

另一种是欧洲 各国组成的欧洲物品编码协会编制的 EAN（European Article Number）条形码，该组织后改名为国际物品编码协会。迄今为止，使用 EAN 条形码的该协会成员国已有数十个，除欧洲外，亚洲许多国家也使用此码。EAN 条形码依结构的不同，可区分为两种。EAN-13 码（图 3-8）：由 13 个数字组成，为 EAN 的标准编码形式。EAN-8 码：由 8 个数字组成，属 EAN 的简易编码形式。

6 922854 313805

标识国家 制造厂商代码 商品代码

图 3-8 EAN-13 码

我国于 1988 年 12 月建立了“中国物品编码中心”，负责推广条形码技术，并对其进行统一管理。1991 年 4 月，我国正式加入国际物品编码协会，目前已分配给我国的国别号为“690”“691”“692”“693”“694”“695”。由这几组代码开头的货物，即表示中国内地制造的货物。

四、中性包装和定牌生产

中性包装和定牌生产是国际贸易中常用的习惯做法。

（一）中性包装

中性包装（Neutral Packing）是指出口货物及其内外包装上都不注明原产地和出口厂商标记的包装。在国际贸易中，为了打破某些国家（地区）的关税和非关税贸易壁垒及适应交易的特殊需要，出口国家厂商往往采用中性包装，以达到加强对外竞销和扩大出口的目的。为了把生意做活，我们对国际贸易中的中性包装的做法，可酌情采用，但使用时要注意避免发生知识产权纠纷。中性包装可以分为无牌中性和定牌中性包装两种。

无牌中性包装是指包装上既无生产地名和厂商名称，又无商标、品牌；定牌中性包装是指包装上仅有买方指定的商标或品牌，但无生产地名和出口厂商的名称。

（二）定牌生产

定牌生产（Original Equipment Manufacture，OEM）是指卖方按买方的要求，在其出售的货物或包装上标明买方指定的商标或品牌。定牌生产是一种“代工生产”方式，生产者不直接生产货物，而是利用自己掌握的核心技术，负责设计和开发、控制销售渠道，具体的制造加工交给代工企业。

一般情况下，卖方同意采用定牌生产，是为了利用买方的经营能力、企业商誉、品牌声誉，以提高货物售价和扩大销售数量。

相关阅读

国内企业为外商定牌生产应避免侵权风险

上海海关近日查获一案：杭州某企业为国外一家公司生产了一批手提式电钻和手提式角磨，共计6 610台，国外公司要求在手提式电钻上标注“BOSCH”标识、在手提式角磨上标注“BOSCH”标识，并提供了货物外包装和标签的图样。杭州企业接到订单后完全按照客户的要求生产，结果在申报出口时被海关查获。“BOSCH（图形）”“BOSCH”商标权利人博世公司确认这批货物侵权。

据上海海关统计，自从“打击侵犯知识产权和制售假冒伪劣商品专项行动”开展以来，上海海关共查获225起侵犯知识产权案件，涉案商品213万余件，案值1 500余万元人民币，其中相当一部分侵权商品为外商委托国内企业定牌加工生产。

据海关专家分析，由于国内众多企业拥有强大的生产制造能力，加之劳动力价格较为廉价，国际加工贸易产业在向中国转移的过程中，个别不法外商打起了利用中国企业生产侵权商品的“歪主意”。目前，相当一部分定牌加工企业存在对知识产权责任承担约定不明的情况，部分企业不了解商标转让、许可使用与定牌加工中商标使用的区别，仅凭订单或传真件就开始为委托方加工产品，不签订书面加工合同，即使签订合同也仅注重加工商品的数量、款式、质量、价格、交货日期、结款方式，而未明确双方商标使用的责任，导致商标侵权隐患发生。有的企业甚至害怕失去订单而放松了对侵权风险的约定。

海关专家指出，国内企业为外商定牌生产，赚取的只是微薄的加工费用，一旦侵权产品被查处，国内企业将承担制假和违约的双重责任，后果严重，应当引起重视并加以避免，切实增强知识产权保护和自身利益保护意识。

上海海关建议，国内企业在承接加工贸易订单前，应要求国外委托方出具知识产权授权书，并查询加工中涉及的知识产权是否在中国工商总局注册、注册人与授权方是否一致、是否在海关总署备案等情况。企业还可以联系在海关总署备案的权利人，进一步鉴别授权书的真实性，避免落入侵权陷阱，遭受不必要的损失。企业在签订合同时还应加入担保条款，约定知识产权责任由委托方承担，为自身权益加上一重“保护伞”。

资料来源：凤凰网 · 凤凰资讯

五、包装条款

（一）包装条款的基本内容

国际货物买卖合同中的包装条款，一般包括包装方式、包装材料、包装规格、包装标志和包装费用等。例如：

（1）麻袋装，每袋50千克，以毛作净。

In gunny bags of 50kgs each, gross for net.

（2）纸箱装，每箱60听，每听1 000片。

In cartons containing 60 tins of 1, 000 tab. each.

（3）每箱36双装，混码包装。

36 pairs packed in a carton size assorted.

（4）每10件装一盒子，20盒装一出口纸箱。

10 pieces to a box, 20 boxes to an export carton.

（5）木夹板包装，每令410张，每包45令。

In wooden bale 410 sheets/ream, 45ream/bale.

（6）镀锌桶装，每桶净重175公斤。

In galvanized iron drums of 175kgs net.

（7）每件装一塑料袋，半打为一盒，10打装一纸箱。

Each piece in a poly bag, half dozen in a box and 10 dozens in a carton.

（二）约定包装条款的注意事项

1. 明确内外包装所使用的材料

在制定包装条款时，要确定好内外包装所使用的材料，擅自更改包装材料，如散装货改为包装货，都可能要承担违约责任。

2. 包装条款中应明确包装费用由谁承担

包装一般由卖方提供，包装费用一般都包括在货物价格之内，不另计收。但如果买方提出额外包装要求，则额外的包装费用原则上由买方承担，并应在合同中具体规定费用的负担和支付办法。

3. 切忌使用笼统、含糊的词句

对包装的规定应明确、具体，不宜笼统规定包装材料和包装方式。比如，不宜采用“海运包装”（Seaworthy Packing）和“习惯包装”（Customary Packing）之类的术语。因为，这类术语含义模糊，且无统一解释，容易引起争议。

4. 包装不良责任的承担

在国际贸易中，由于包装不良所带来的损失，保险公司一般不予以赔偿，所以在合同中应当明确包装不良责任承担的问题。

5. 注意有关国家对包装的特殊要求和风俗习惯

世界各国对包装的要求越来越严格（表3－1），除了在包装的装潢设计上要考虑各国的风俗习惯（对色彩、图案的喜好）外，还要注意在包装材料的选用上不能违反进口国的规定和习惯。比如有的国家不允许使用陶瓷或玻璃作为包装材料，有的国家禁止使用稻草和报纸作为包装的填充物。

扩充资料1

表3－1 部分国家对颜色、图案的喜好和忌讳

国别	颜色、图案喜好	忌讳
西欧	淡雅柔和的颜色	数字13；星期五；黑色
法国、比利时（南部）	灰色；粉红（女孩）；蓝色（男孩）；马（幸福的象征）；野鸭子；百合	菊花（葬礼用）；康乃馨（不祥）；孔雀（祸鸟）
英国	百合花；蔷薇；黑猫	孔雀；猫头鹰；大象；山羊；数字13
希腊	蓝白相间；鲜明颜色；数字3（吉祥）	黑色；数字13
西班牙	黑色；石榴花（国花）；狮子；鹰	猪；十字架；菊花
德国（东部）	矢车菊；白鹳	数字13；黑色
德国（南部）	鲜明颜色	红色、深蓝色、黑色；数字13
伊斯兰国家	绿色	黄色（死亡）；猪；熊猫
阿拉伯国家	玫瑰花（四朵视为生命之花）；圆形、方形图案	猪、熊、熊猫；十字形图案；粉红色、黄色、紫色
日本	数字1、3、5、7；明朗色彩	数字4、9、49；绿色
埃及	数字3、5、7、9；鹤、龟；明显色调	紫色、蓝色、黄色；数字13；猪
土耳其	绯红、白色、绿色	布置客厅忌花色；紫色
匈牙利	白色（表示喜事）	黑色；黑猫；数字13
叙利亚	青色、蓝色、绿色、红色	黄色

扩充资料2

运输标志中的中英文

小心轻放 Handle With Care

小心玻璃 Glass

易碎 Fragile

易腐 Perishable

怕火 Inflammable
切勿受潮 Keep Dry
勿放湿处 Do Not Stow in Damp Place
此处打开 Open Here
由此吊起 Lift Here
此端向上 This Side Up
挂绳位置 Sling Here
切勿压挤 Do Not Crush
切勿倒置 Keep Upright
切勿倾倒 No Turning Over
切勿投掷 No Dumping
切勿平放 Keep Flat
装运舱内 Keep in Hold
甲板装运 Keep in Deck
勿用手钩 Use No Hooks
危险品 Hazardous Article
腐蚀品 Corrosives
爆炸品 Explosives
氧化物 Oxidizing Material
压缩气体 Compressed Gas
放射性物质 Material Radio-actives

项目小结

本项目主要介绍了国际货物买卖合同中所涉及货物的名称及其质量、数量与包装等交易条件，详细介绍了货物品质的两种表示方法——凭样品和文字说明，货物数量的计量方法及溢短装条款，货物包装中分别学习了运输包装、销售包装以及中性包装和定牌生产，并讨论了各条款的基本内容及其注意事项。

课后习题

一、选择题

1. 目前，我国采用以（　　）为基础的法定计量单位。
   A. 公制　　B. 美制　　C. 英制　　D. 国际单位制
2. 对一些质量不稳定的初级产品，在规定品质条款时，其灵活制定品质指标常用（　　）。
   A. 品质机动幅度　　B. 品质公差
   C. 交货品质与样品大体相等　　D. 规定一个约量
3. 凭说明书和图样买卖，一般适用于（　　）。
   A. 一些品质稳定的产品　　B. 经过科学加工的初级产品
   C. 机器、电器和仪表等技术密集型产品　　D. 有独特加工工艺的传统农副产品

4. 根据先有商品的实际品质进行买卖叫作（ ）。

A. 凭样品成交　　B. 看货买卖

C. 凭规格买卖　　D. 凭产地买卖

5. 若合同规定有质量公差条款，则在公差范围内，买方（ ）。

A. 不得拒收货物　　B. 可以拒收货物

C. 可以要求调整价格　　D. 可以拒收货物也可以要求调整价格

6. 在以规格与样品同时使用的出口贸易中，国外买方验货的质量依据一般为（ ）。

A. 规格　　B. 样品　　C. 规格和样品　　D. 规格或样品

7. 在国际贸易中，买卖商品是按重量计价的，若合同未明确规定计算重量的办法时，按惯例，应按（ ）。

A. 净重　　B. 毛重　　C. 皮重　　D. 理论重量

8. “以毛作净”实际上就是（ ）。

A. 以净重作为毛重作为计价的基础　　B. 按毛重计算重量作为计价的基础

C. 按理论重量作为计价的基础　　D. 按法定重量作为计价的基础

9. 根据《跟单信用证统一惯例》规定，合同中使用“大约”“近似”等约量字眼，可解释为交货数量的增减幅度为（ ）。

A. 不超过5%　　B. 不超过10%　　C. 不超过15%　　D. 由卖方自行决定

10. 在国际贸易中，对于生丝、羊毛、棉花等有较强吸湿性的商品，其计量办法通常为（ ）。

A. 毛重　　B. 净重　　C. 理论重量　　D. 公量

11. 我国向国外出口某种商品50公吨，每公吨300美元，合同规定数量可以增减10%，国外开来信用证金额为15 000美元，数量约50公吨。卖方在交货时，市场价格呈下跌趋势，我方应交货（ ）。

A. 45公吨　　B. 50公吨　　C. 55公吨　　D. 60公吨

12. 按照国际惯例，如果合同中没有相关规定，则运输标志一般由（ ）提供。

A. 开证行　　B. 卖方　　C. 买方　　D. 船方

13. 定牌中性包装是指（ ）。

A. 在商品本身及其包装上使用买方指定的商标/牌名，但不注明生产国别

B. 在商品本身及其包装上使用买方指定的商标/牌名，也注明产地

C. 在商品本身及其包装上不使用买方指定的商标/牌名，也不注明产地

D. 在商品本身及其包装上不使用买方指定的商标/牌名，但注明产地

14. 条形码主要用于商品的（ ）上。

A. 销售包装　　B. 运输包装

C. 销售包装和运输包装　　D. 任何包装

15. 运输标志是指（ ）。

A. 商品内包装上的标志　　B. 商品外包装上的标志

C. 运输工具上的标志　　D. 待运货场的标志

16. 下列（ ）适合看实物买卖。

A. 粮食　　B. 钢铁　　C. 玉器　　D. 羊毛

17. 下列不属于销售包装主要作用的是（　　）。

A. 保护商品　B. 美化商品　C. 宣传商品　D. 方便搬运

18. 按照《跟单信用证统一惯例》的规定，以信用证支付方式进行散装货物买卖，交货的机动幅度为（　　）。

A. 2%　B. 10%　C. 5%　D. 15%

19. 下列不属于包装费用一般规定方法的是（　　）。

A. 包装费用包括在货价以内　B. 包装费用不包括在货价之内

C. 以毛作净　D. 以净作毛

20. 计算货物重量的方法包括（　　）。

A. 皮重　B. 净重　C. 毛重　D. 公量

21. 属于运输包装标志的有（　　）。

A. 运输标志　B. 指示性标志　C. 条形码　D. 警告性标志

22. 由国际标准化组织和国际货物装卸协会推荐使用的标准运输标志由（　　）组成。

A. 收货人或买方的名称字首或简称　B. 参考号码

C. 件数号码　D. 目的地

23. 表示商品品质的方法有（　　）。

A. 凭实物表示商品的品质　B. 凭样品表示商品的品质

C. 凭说明表示商品的品质　D. 凭商标表示商品的品质

24. 凭卖方样品成交时，应留存（　　）以备交货时核查之用。

A. 回样　B. 复样　C. 参考样　D. 对等样品

25. 在规定品质条款时，对某些较难掌握其品质的工业制成品或农副产品，我们多在合同中规定（　　）。

A. 溢短装条款　B. 增减价条款

C. 品质公差或品质机动条款　D. 商品的净重

二、判断题

1. 进口羊毛等纺织原料，应该使用的计量单位是净重。（　　）

2. 出口到日本的商品的销售包装上较适合选用荷花。（　　）

3. 确定有多个不同名称商品的品名时，应该主要考虑品名新颖。（　　）

4. 定牌中性包装是指有商标、牌名，无产地、厂名。（　　）

5. 运输包装的一项重要功能是吸引顾客。（　　）

6. 交货数量超出或低于买卖合同的数量，但符合合同规定的数量机动幅度范围的，一般按合同价格结算多装或少装部分的价格。（　　）

7. 有时交货品质高于合同规定也是违约。（　　）

8. 在国际贸易中，对机电产品表示品质的方法是凭说明书买卖。（　　）

9.《联合国国际货物销售合同公约》规定，如果卖方所交货物多于约定，买方可以拒收全部货物。（　　）

10. 合同中必须规定溢短装条款。（　　）

11. 某外商向我方询购大豆，按含油量18%、水分14%、不完全粒7%、杂质1%的规格订立合同。在一般情况下，我方对此可以接受。（　　）

12. 运输标志越详细越好。 (　　)

13. 包装费一般包含在货价之内，不另计收。 (　　)

14. 凭卖方样品买卖对卖方有利。 (　　)

15. 货物的包装与货物的价值无关。 (　　)

三、简答题

1. 国际货物贸易中，有哪些计算货物皮重的方法？

2. 在签订进出口合同的商品品名条款时，有哪些需要注意的事项？

3. 简述品质机动幅度的规定方法。

四、案例分析

1. 彩卡上带有“828”字样的纠纷案。

国内公司A与国外客户B在2000年12月份签下了1×40′集装箱产品P1（货号为828－12）的订单，客户要求所有包装上均不能显示货号“828”，因进口国海关会对“828”等产品征收很高的反倾销税。A公司在给供应商下的订单上仅仅注明了在货物的外箱上不能注明“828”，其他具体要求与以前的出货一致（以前订单的彩卡包装上都有“828”）。B客户在收到A公司寄来的货样照片时，发现彩卡上仍有“828”字样，随即提出去掉“828”，由于A公司的货物已全部完成，若换彩卡会造成5万元的经济损失，同时交货期将推迟20天。

问：B公司的要求是否过分？A公司应如何解决？

2. 某年，中国某外贸公司为国内用户引进一套涤纶拉链厂设备，在合同条款中，对外商提供的设备规格、型号、性能、生产国别和制造日期等，都没有明确规定，对品质保证期、检验机构、检验标准和索赔期也没有规定。该设备进口后，经多次安装、调试，始终无法正常投产，给国内用户直接造成近百万美元的经济损失。外商见势不妙，就单方面中止了合同，不辞而别，给中方企业造成了难以挽回的重大损失。试分析发生本案的原因和我们应从中吸取的教训。

项目四

国际货物运输

学习目标

通过本项目的学习，了解国际货物运输的基本知识及其各种运输方式的特点，合理地选用运输方式；掌握班轮运费的计算方法；掌握合同中各项装运条款的内容和规定办法；学会缮制装运单据并灵活运用各种装运单证。

导入案例

1. 我国某出口公司向英国客户出口某商品30 000箱，合同规定5－10月按月等量装运，每月装6 000箱，凭不可撤销即期信用证付款。客户按时开来信用证，信用证总金额和总数量均与合同相符，但装运条款规定为“最迟装运期不得晚于10月31日，分数批装运”。我方5月装9 000箱，6月装6 000箱，7月装15 000箱。客户发现后却向我方提出了异议。请问客户提出的异议是否合理？我方能不能从银行顺利拿到货款？

2. 一份买卖日用品的CIF合同规定“9月份装运”，即期信用证的有效期为10月15日。卖方10月6日向银行办理议付提交的单据中，包括9月29日签发的已装船清洁提单。经银行审核，单单相符，单证相符，银行接受单据并支付了货款。但买方收到货物后，发现货物受损严重，且短少50箱。买方因此拒绝收货，并要求卖方退回货款。请问：(1) 买方有无拒收货物并要求退款的权利？为什么？(2) 此案中的买方应如何处理此事才合理？

4.1 运输方式

国际货物运输方式种类很多，其中包括海洋运输、陆上运输、航空运输、邮政运输、江河运输、管道运输等。各种运输方式都有其自身的特点和独特的经营方式，了解各种运输方式的特点和经营方式，根据货物的特点、运量的大小、运送的地区、运费的高低、需要的缓急、风险的程度、气候与自然条件、在途时间的长短以及国际政治形势的变化等因素，慎重地选择合理的运输方式，对圆满完成运输任务意义重大。

一、海洋运输

海洋运输（图4－1）是国际货物运输中最主要的运输方式，目前国际货物运输总量的80%以上是通过海洋运输完成的，我国绝大部分进出口货物都是通过海洋运输方式运送的。

图4－1　海洋运输

（一）海洋运输的特点

海洋运输（Ocean Transport）之所以被广泛使用，是因为它与其他运输方式相比，具有以下突出的优点：通航能力强，运量大，运费相对低。海洋运输拥有四通八达的天然航道，不受轨道和道路的限制，通过能力很大。如遇政治、经济、军事等突发状况，可随时改变航线驶往便于装卸的目的港。此外，由于船舶的大型化发展，海洋运输船舶的载运能力远远大于火车、汽车和飞机，它是载运能力最大的运输工具。由于海运量大、航程远，分摊下来的单位运输成本相对较少。

海洋运输虽具有上述优点，但也存在不足之处。例如，船舶体积大；受水流阻力和风力影响，运输速度慢；船舶在海上航行时，受气候和自然条件影响较大，因而遇险的可能性也较大；航行日期不如陆运、空运准确；同时海洋运输也存在着诸如战争、罢工和贸易禁运等社会风险。

（二）海洋运输的种类

按照船舶经营方式的不同，海洋运输可分为班轮运输（Liner Transport）和租船运输（Shipping by Chartering）。

1. 班轮运输

班轮运输，也称定期船运输，指船舶按照预定的航行时间表，在固定的航线和港口往返航行，从事客货运输业务，并按事先公布的费率收取运费的运输。

1）班轮运输的特点

（1）船舶按照固定的船期表（Sailing Schedule），沿着固定的航线和港口来往运输，并按相对固定的运费率收取运费，因此，它具有“四固定”的基本特点。

（2）由船方负责配载装卸，装卸费包括在运费中，货方不再另付装卸费，船货双方也不计算滞期费和速遣费。

（3）船货双方的权利、义务与责任豁免，以船方签发的提单条款为依据。

班轮运输比较适合成交数量少、批次多、交接港口分散的货物。

2）班轮运输的运费构成

班轮运费由基本运费（Basic Freight）和附加费用（Surcharges）两部分构成。

基本运费是指货物从装运港到卸货港所应收取的基本运费，构成全程运费的主要部分。基本运费按班轮运价表规定的计收标准计收。在班轮运价表中，根据不同的货物，运费的计收标准通常采用下列几种：

（1）按货物的毛重计收，在运价表内用字母“W”表示。一般以每公吨为计算单位，称为重量吨（Weight Ton）。

（2）按货物的体积或容积计收，在运价表内用字母“M”表示。一般以立方米为计算单位，称为尺码吨（Measurement Ton）。

重量吨和尺码吨统称为运费吨（Freight Ton，缩写为 F. T.），是运费的一个特殊计算单位，是按每一种货物的重量或体积（尺码）计算运费的单位。国际上一般都采用国际单位制（公制），其重量单位为公吨（Metric Ton，缩写为 M/T），尺码单位为立方米（Cubic Metre，缩写为 m^3），计算运费时，1 立方米作为 1 尺码吨。

（3）按货物的毛重或体积，由船公司选择其中收费较高的一种计收运费，在运价表中用“W/M”表示。

（4）按货物的价格计收，又称从价运费，在运价表内用“A. V.”或“Ad. Val.”表示。其费率一般按货物 FOB 价格的百分比收取。一般适用于贵重货物或高价货物，如金、银、精密仪器和手工艺品等。

（5）选择货物的重量、体积或价值三者中较高的一种计算运费，在运价表中用“W/M or Ad. Val.”表示。

（6）选择货物的毛重或体积中计价最高的一种，然后再加收一定百分比的从价运费，在运价表中以“W/M plus Ad. Val.”表示。

（7）按每件货物作为一个计费单位收费，如活牲畜按“每头”（Per Head），车辆按“每辆”（Per Unit）收费。

（8）按议价运费（Open Rate）计算。对大宗低值、装卸容易和装卸速度快的货物，如农副产品和矿产品（如粮食、豆类、矿产品等），采用船货双方临时议定运价的办法，通常运费较低。

附加费是指除基本运费外，另外加收的各种费用。附加费的计算办法，有的是在基本运费的基础上，加收一定百分比；有的是按每运费吨加收一个绝对数计算。在班轮运输中，常见的附加费有下列几种：

（1）超重附加费（Extra Charges on Heavy Lifts）。它是指由于货物单件重量超过一定限度而加收的一种附加费。

（2）超长附加费（Extra Charges on Over Lengths）。它是指由于单件货物的长度超过一定限度而加收的一种附加费。

（3）直航附加费（Additional on Direct）。如一批货达到规定的数量，托运人要求将一批货物直接运达非基本港口卸货，船公司为此加收的费用，称为直航附加费。

(4) 转船附加费 (Transhipment Additional)。如果货物需要转船运输，船公司必须在转船港口办理换装和转船手续，由于上述作业所增加的费用，称为转船附加费。

(5) 港口附加费 (Port Additional)。由于某些港口的情况比较复杂，装卸效率较低或港口收费较高等原因，船公司特此加收一定的费用，称为港口附加费。

(6) 燃油附加费 (Bunker Surcharges or Bunker Adjustment Factor)。这是指在燃油价格突然上涨时加收的费用。

(7) 绕航附加费 (Deviation Surcharge)。这是指由于正常航道受阻不能通行，船舶必须绕道才能将货物运至目的港时，船方所加收的附加费。

3) 班轮运费的计算

班轮运费的计算公式：基本运费 + 附加费 = 运费吨 × 基本运费率 × (1 + 附加费率)

例4-1：设由天津新港运往莫桑比克首都马普托门锁500箱，每箱体积为0.025m^3，毛重为30kg，计收标准为W/M，去东非航线马普托每运费吨为450港元，另收燃油附加费20%，港口附加费10%。问该批门锁的运费为多少？

参考答案：

W = 30 × 500/1 000 = 15 (运费吨)

M = 0.025 × 500 = 12.5 (运费吨)

因为 W > M，所以采用 W 计费

$$门锁运费 = 基本运费率 \times (1 + 附加费率) \times 运费吨$$
$$= 450 \times 15 \times (1 + 20\% + 10\%) = 8\,775 \text{（港元）}$$

例4-2：某企业出口一批蛋制品，毛重10公吨，体积为11立方米，从上海港装运，直航至英国普利茅斯港。求全部运费。

(1) 查货物分级表知蛋制品为12级，W/M；

(2) 查航线费率表知基本费率为116美元/公吨；

(3) 查附加费率表知直航附加费为18美元/F.T.，燃油附加费为35%。

参考答案：

基本费率：116美元 直航附加费：18美元

燃油附加费：116 × 35% = 40.6 (美元)

运费吨运价：116 + 40.6 + 18 = 174.6 (美元)

计费标准：因 10 < 11，故取 M

总运费：11 × 174.6 = 1 920.60 (美元)

2. 租船运输

租船运输又称不定期船运输，是指租船人向船东租赁船舶用于运输货物的业务。

1) 租船运输的特点

租船运输无固定航线、港口、船期，需要货主与船公司协商确定；无固定运价、租金及装卸费用，需要船货双方根据船运市场供求关系进行商定。租船运输适合运输大宗低价货物，如粮食、矿砂、煤炭、化肥及水泥等。

2) 租船运输的方式

在国际海运业务中，租船方式分为定程租船、定期租船和光船租船三大类。

定程租船 (Voyage Charter)，又称航次租船，是指由船舶所有人提供船舶，在指定港口之间进行一个航次或数个航次，承运指定货物的租船运输。定程租船就其租赁方式的不同可分为：①单程租船（Single Trip Charter），又称单航次租船；② 来回航次租船（Return Trip Charter）；③连续航次租船（Consecutive Voyages）。

定期租船（Time Charter），又称期租船，即租船人在规定的期限内取得船舶的使用权，并负责安排调度和经营管理，船方负责船员的工资、给养和船舶航行与维修。租期几个月到若干年不等。

光船租船（Bare Boat Charter）是指船舶所有人将船舶出租给承租人使用一个时期，但船舶所有人所提供的船舶是一艘空船，既无船长，又未配备船员，承租人需要自行安排船长、船员，并负责他们的给养和船舶营运管理所需的一切费用。此方式很少使用，多半在船东想卖船而买方无力一次性支付价款的情况下使用。

3）定程租船与定期租船的主要区别

（1）对船舶的经营管理不同。

定程租船情况下，租船人对船舶不负责经营管理；定期租船情况下，租船人对船舶负责经营管理。

（2）对船舶的调度权限不同。

在定程租船情况下，租船人无权调度船舶；定期租船情况下，租船人有权调度船舶（包括选择航线、港口和所载货物等）。

（3）计算和支付运费的方法不同。

定程租船的运费按装运货物的数量计算；定期租船的租金按租期每月每吨若干金额计算。

近年来，国际上发展起了一种介于定程租船和定期租船之间的租船方式，即航次期租（Time Charter on Trip Basis，TCT），这是以完成一个航次运输为目的，按完成航次所花的时间，按约定的租金率计算租金的方式。

4）定程租船的运费、装卸费、速遣费和滞期费

定程租船运费的计算方法有两种：一种是按规定运费率（Rate Freight），即按每单位重量或单位体积规定的运费额计算；另一种是整船包租（Lump Sum Freight），即按船东保证船舶能提供的载货重量或容积，按规定的运费率计算一笔整船运费，不管租船人实际装货多少，一律按整船运费支付。运费是预付或到付，需要在合同中具体订明。

租船市场的运费水平、承运货物的价格、装卸货物所需设备和劳动力、运费的支付时间、装卸费的负担方法、港口费用高低以及船舶经纪人的佣金高低等都会影响定程租船运费率的高低。

定程租船装卸费由租船人和船东协商确定后在定程租船合同中做出具体规定。具体有以下几种计算方法：

（1）船方负担装货费和卸货费条件（Gross Terms；Liner Terms 或 Berth Terms），又称“班轮条件”。

（2）船方管装不管卸（Free Out，FO）条件。

（3）船方管卸不管装（Free In，Fl）条件。

（4）船方不负担装货费和卸货费条件（Free In and Out，FIO）。采用这一条件时，还要明确理舱费和平舱费由谁负担。一般都规定租船人负担，即船方不负担装卸、理舱和平舱费条件（Free In and Out，Stowed and Trimmed，FIOST）。

在定程租船条件下，货物装卸时间的长短，影响到船舶的周转使用，直接关系到船方的利益，因而产生速遣费和滞期费。

二、铁路运输

在国际货物运输中，铁路运输（Rail Transport）是仅次于海洋运输的主要运输方式，海洋运输的进出口货物，大多数是靠铁路运输进行货物的集中和疏散的，如图 4－2 所示。铁路运输一般不受气候条件的影响，而且运量较大，速度较快，有高度的连续性，运输过程中可能遭受的风险也较小，办理铁路货运手续简单。但铁路运输建设初期投资大，工程艰巨复杂。我国进出口货物的铁路运输主要包括国际铁路货物联运和国内铁路货物运输。

图 4－2　铁路运输

（一）国际铁路货物联运

凡是使用一份统一的国际联运票据，由铁路负责经过两国或两国以上铁路的全程运送，并由一国铁路向另一国铁路移交货物时，不需发货人和收货人参加，这种运输称为国际铁路货物联运。

参加国际铁路货物联运的国家分两个集团：一个是有 32 个国家参加并签有《国际铁路货物运送公约》的“货约”集团，另一个是曾有 12 个国家参加并签有《国际铁路货物联运协定》的“货协”集团，“货协”现已解体但联运业务并未终止。在我国大陆凡可办理铁路货运的车站都可以接受国际铁路货物联运。

国际铁路货物联运的托运程序是：

（1）发货人向车站填报铁路货物运单（一式五联），始发站审核同意后在运单上盖章表示受理托运，将第三联（运单副本）交发货人，发货人凭此办理货款结算和索赔；第五联（到达通知单）随货物交收货人。运单是发货人与铁路的运输契约，运单副本是贸易双方结算货款的依据。

（2）发货人按指定日期将货物运到指定的货位，装车完毕后，车站加以铅封并在货物运单上加盖承运日期即为承运。

（3）货物到达终点站时，由该站通知收货人领取货物，铁路将第一、第五联运单交收货人，收货人凭此清点货物，收货人在第二联上填写领取日期并加盖收货戳记。

（二）国内铁路货物运输

国内铁路货物运输指的是仅在我国范围内按《国内货物运输规程》办理的货物运输。

我国的进口货物卸船后经铁路转运到各地，出口货物经铁路运至港口装船。供应港澳地区的货物由产地经铁路发运至深圳北站或广州南站，都属于国内铁路运输的范围，但与一般的国内运输有所区别。

（1）内地对香港的铁路运输由大陆段和港九段两部分铁路运输组成，实行“两票运输，租车过轨”，即由出口单位将货物运至深圳北站，收货人为深圳外运公司。深圳外运公司作为各地出口单位的代理向铁路租车过轨，交付租车费（租车从车到深圳北站之日起至车从香港返回之日止，按车上标定的吨位以每天每吨计收）并办理出口报关手续。货到香港后，由香港中国旅行有限公司（简称“中旅社”）作为深圳外运在港的代理，在罗湖车站向港九铁路办理港段铁路运输的托运和报关工作，货到九龙站后由其负责卸货并交收货人。

（2）内地对澳门的铁路运输只能在广州中转。整车发到广州南站新风码头 42 道专用线，零担发到广州南站，危险品零担发到广州吉山站，集装箱和快件发到广州车站，收货人均为广东省外运公司。货到广州后再由其办理水运中转至澳门。货到澳门后由南光集团运输部接货并交付给实际收货人。

由于对香港运输是两段运输，国内铁路运单和港段铁路运单虽都具有承运货物收据和运输契约的作用，但都不是全程运输单据，故不能作为收汇凭证。所以目前都是由发货地的外运公司以全程运输承运人的身份签发从启运地至香港的运输凭证，即“承运货物收据”（Cargo Receipt），见表 4－1。它是外贸企业通过银行向进口人收取货款，也是香港收货人提货的凭证。

表 4－1　承运货物收据

<table>
<tr><td colspan="4">承运货物收据
中国对外贸易运输总公司南京分公司
China National Foreign Trade Transportation Corporation Nanjing Branch
承运货物收据 运编号 No.
CARGO RECEIPT 发票号 No.
第一联　　（凭提货物）　　合约号 No.</td></tr>
<tr><td colspan="2">1. 委托人 Shipper</td><td colspan="2">2. 收货人 Consignee
3. 通知 Notify</td></tr>
<tr><td colspan="2">4. From　　Via　　To</td><td>5. 装运日期</td><td>6. 车号</td></tr>
<tr><td>7. 标记</td><td>8. 件数</td><td>9. 货物名称</td><td>10. 附计</td></tr>
<tr><td colspan="2">11. 运费交付地点
Freight Payable
全程运费在南京付讫
FREIGHT PREPAID AT NANJING</td><td colspan="2">12. 请向下列地点接洽提货
香港中国旅行社有限公司
CHINA TRAVEL SERVICE（H. K.）LTD.
CHINA TRAVEL BUILDING 77 QUEEN'S ROAD，CENTRAL，HONGKONG</td></tr>
<tr><td colspan="2">13. 押汇银行签收</td><td colspan="2">14. 收货人签收</td></tr>
<tr><td colspan="4">中国对我贸易运输总公司南京分公司
Bank's Endorsement Consignee's Signature
日期</td></tr>
</table>

三、航空运输

航空运输（Air Transport）速度快，货物中途破损率小，不受地面条件限制，适用于运送急需物资，易腐、鲜活商品，精密仪器，电子产品及季节性商品，如水果、蔬菜、鲜花、电脑等。其缺点是运量有限，且运费较高。航空运费通常按重量或体积计算，以其中收费较高者为准。航空运输（图 4－3）对小件急需品或贵重货物的运输有利。我国办理航空货物托运的代理是中国对外贸易运输公司在当地的分公司。

图 4－3　航空运输

（一）航空货运方式

（1）班机运输（Scheduled Airline），即在固定航线，固定时间，固定始发站、途经站和目的站的航班运输，通常使用客货混合型飞机。

（2）包机运输（Chartered Carrier），即指包租整架飞机或由几个人（或航空货运代理公司）联合包租一架飞机来运送货物。

（3）集中托运（Consolidation），即由空运货代公司把若干单独发运的货物（每一货主的货物要出具一份航空运单）组成一整批货物，由航空公司用一份总运单（附分运单）整批托运到预定目的地，由到站地的空运代理收货、报关并分拨给各个实际收货人。

（4）急件传递（Air Express Service），又称为“桌到桌运输”，指由专门经营此项业务的公司与航空公司合作，设专人用最快的速度在货主、机场和收件人之间传递急件。这是目前国际空运中最快捷的运输方式，适用于急需物品、贵重物品、货样及单证等的传送。

（二）空代办理出口货物托运的程序

（1）发货人（出口人）委托空代办理空运出口货物并提供“空运出口货物委托书”（表 4－2）和出口合同各一份。

表 4－2 空运出口货物委托书

<table>
<tr><td colspan="6">Shipper's Letter of Instruction
空运货物托运单（托运人用）
TO：</td></tr>
<tr><td colspan="4">托运人/地址 Shipper/Address</td><td colspan="2" rowspan="3">托运单号：
联系人：
电话：
传真：
E-mail：
地址：</td></tr>
<tr><td colspan="4">收货人/地址 Consignee/Address
TEL：　FAX：</td></tr>
<tr><td colspan="2">航空公司 Carrier</td><td colspan="2">航班/日期 Flight/Day</td></tr>
<tr><td colspan="2">始发地 Place/Airport of Departure</td><td colspan="2">目的地 Place/Airport of Destination</td><td colspan="2">空运单号码 Air Waybill No.</td></tr>
<tr><td>唛头及号码 Marks and Numbers</td><td>件数 No. of Packages</td><td colspan="2">货物名称 Description of Goods</td><td>毛重（KGS）Gross Weight</td><td>体积（CBM.）</td></tr>
<tr><td></td><td></td><td colspan="2"></td><td></td><td></td></tr>
<tr><td colspan="3">随附文件 Accompany Doc.
□Invoice　□Packing List　□C/O
□Form A　□Others</td><td colspan="3">运输条款 Transit Term
□CIF　□FOB
□DDU　□DDP</td></tr>
<tr><td rowspan="2">报关方式
Customs
Clearance

申报金 Amount</td><td colspan="2">□自行报关
Self－Customs Clearance</td><td colspan="3" rowspan="2">保险　Cargo Insurance
□Required　□Not Required

保险金额 Insured Value</td></tr>
<tr><td colspan="2">□委托报关
Assigned</td></tr>
<tr><td colspan="3">运费确认 Freight Confirm

空运费率：　本地费用：
Freight Rates　Local Charges</td><td colspan="3" rowspan="3">托运人声明：
1. 非危险品声明，并承担一切相关不实行为责任后果。
2. 我公司/本人确认以上所填各项均正确、属实，货物符合国家海关及承运人的有关规定。我公司/本人愿对此负责。
3. 本公司/本人同意遵守国际运输公约的有关规定。
4. 如发生收货人拒提货物之事，本公司/本人愿承担所有由此产生的费用，包括运费、地面费用、清关费及仓租等。
5. 如收货人拒付运费（在运费到付时），本公司/本人愿在5日内付清全部运费及有关费用。</td></tr>
<tr><td>□ 预付 Prepaid
□ 到付 Collect</td><td colspan="2">□　预付 Prepaid
□　到付 Collect</td></tr>
<tr><td colspan="3">特别事项 Special Requirement</td></tr>
</table>

续表

托运联系人：　　　TEL： Contract Person： E-mail：　　　　FAX：	托运人签字盖章： Stamp and Signature of the Shipper 日期 Date

（2）空代根据发货人的委托书向航空公司办理订舱手续，订妥后及时通知发货人备货备单。

（3）发货人备好货物及所有出口单证后送交空代，以便办理报关手续。空代依据发票、装箱单逐一清点、核对货物，查验有无残损。

（4）空代制作交接清单（一式两份），并向航空公司交货。

（5）空代将报关单证送交海关，海关审核无误后，即在航空运单正本、出口收汇核销和出口报关单上加盖放行章。

（6）出口人凭空代签发的“分运单”向银行办理结汇。若出口人直接向航空公司托运，则凭航空公司签发的“主运单”办理结汇。

（7）货到目的地后，航空公司立即以书面或电话形式通知当地空代或收货人提货。

（三）航空运价

航空运价是承运人为货物航空运输所收取的报酬，即从起运机场至目的机场的运输价格。运输价格一般按重量（千克）或体积重量（6 000 立方厘米折合 1 千克）计算，以两者中高者为准。

四、集装箱运输和国际多式联运

（一）集装箱运输

集装箱运输（Container Transport）是以集装箱作为运输单位进行货物运输的一种现代化运输方式，它适用于海洋运输、铁路运输及国际多式联运等，如图 4－4 所示。

图 4－4　集装箱运输

1. 集装箱运输的特点

集装箱运输可以从发货人仓库运到收货人仓库，实现门到门的运输。集装箱具有坚固、密封和反复使用的优越性。因此，集装箱运输具有装卸效率高、减少货损货差、提高货运质量、降低货运成本、简化手续、可连续运输的优点。

2. 集装箱的种类

（1）干货集装箱。

干货集装箱（Dry Cargo Container）也称杂货集装箱，这是一种通用的集装箱，用以装载除液体货、需要调节温度的货物及特种货物以外的一般件杂货。这种集装箱使用范围非常广泛，常用的有20英尺和40英尺两种，其结构特点常为封闭式，一般在一端或侧面设有箱门，如图4-5所示。

图4-5　干货集装箱

（2）开顶集装箱。

开顶集装箱（Open Top Container）也称敞顶集装箱，这是一种没有刚性箱顶的集装箱，但有可折式顶梁支撑的帆布、塑料布或涂塑布制成的顶篷，其他构件与干货集装箱类似。开顶集装箱适于装载较高的大型货物和需吊装的重货，如图4-6所示。

图4-6　开顶集装箱

（3）台架式及平台式集装箱。

台架式及平台式集装箱（Platform Based Container）是没有箱顶和侧壁，甚至有的连端壁也去掉，而只有底板和四个角柱的集装箱，如图4-7所示。

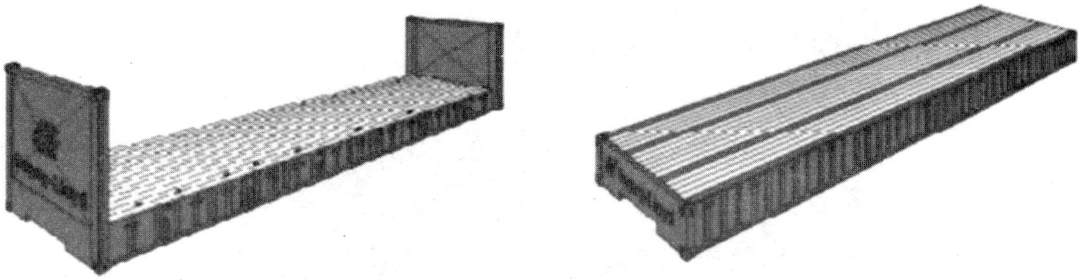

图4－7　台架式及平台式集装箱

（4）通风集装箱。

通风集装箱（Ventilated Container）一般在侧壁或端壁上设有通风孔，适于装载不需要冷冻而需通风、防止汗湿的货物，如水果、蔬菜等。如将通风孔关闭，可作为杂货集装箱使用，如图4－8所示。

图4－8　通风集装箱

（5）冷藏集装箱。

冷藏集装箱（Reefer Container）是专为运输要求保持一定温度的冷冻货或低温货而设计的集装箱。它分为带有冷冻机的内藏式机械冷藏集装箱和没有冷冻机的外置式机械冷藏集装箱，适于装载肉类、水果等货物。冷藏集装箱造价较高、营运费用较高，使用中应注意冷冻装置的技术状态及箱内货物所需的温度，如图4－9所示。

（6）罐式集装箱。

罐式集装箱（Tank Container）是一种专供装运液体货而设置的集装箱，如酒类、油类及液状化工品等货物。它由罐体和箱体框架两部分组成，装货时货物由罐顶部装货孔进入，卸货时则由排货孔流出或从顶部装货孔吸出，如图4－10所示。

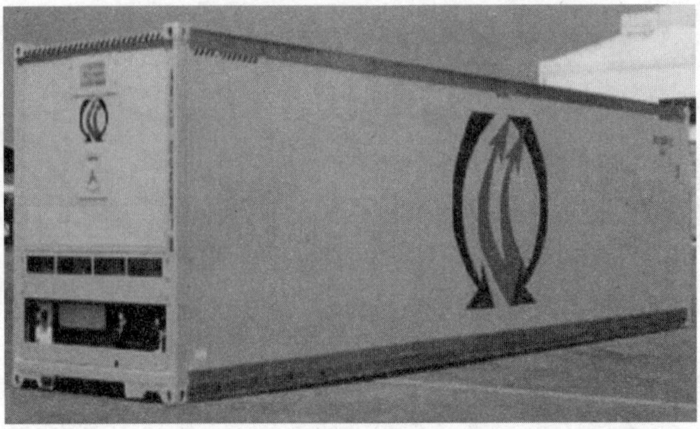

图4-9 冷藏集装箱

图4-10 罐式集装箱

3. 集装箱运输货物的交接

集装箱运输有整箱货（Full Container Load，FCL）和拼箱货（Less than Container Load，LCL）两种。整箱货由货方在工厂或仓库装箱，装箱后直接运至集装箱堆场（Container Yard，CY），等待装运，货到目的地（港）后，收货人可直接从目的地（港）集装箱堆场提走。拼箱货是指货量不足一整箱，需由承运人在集装箱货运站（Container Freight Station，CFS）负责将不同发货人的少量货物拼在一个集装箱内，货到目的地（港）后，由承运人拆箱分拨给各收货人。

4. 集装箱运输的费用

集装箱海运运费基本上分为两大类：一类是拼箱货，仍沿用班轮运输规定的货物等级、计算标准，按运费吨计算运费；另一类是整箱货，按包箱费率计算运费，即不分货物种类，也不计货量，只规定统一的每个集装箱收取的费率。

（二）国际多式联运

国际多式联运（International Multimodal Transport，International Combined Transport，International Intermodal Transport）是在集装箱运输的基础上产生和发展起来的一种综合性的连

贯运输方式，它一般以集装箱为媒介，把海、陆、空各种传统的单一运输方式有机地结合起来，组成一种国家间的连贯运输。

《联合国国际货物多式联运公约》中对国际多式联运的定义是："国际多式联运是指按照多式联运合同，以至少两种不同的运输方式，由多式联运经营人把货物从一国境内接运货物的地点运至另一国境内指定交付货物的地点。" 由此可见，构成多式联运应具备的条件如下：

（1）必须有一份多式联运合同。

（2）必须是国家间两种或两种以上不同运输方式的连贯运输。

（3）必须使用一份包括全程的多式联运单据，并由多式联运经营人对全程运输负责。

（4）必须是国家间的货物运输。

（5）必须由一个多式联运经营人对全程运输负总的责任。

（6）必须是全程单一运费费率，其中包括全程各段运费的总和、经营管理费用和合理利润。

五、大陆桥运输

大陆桥运输（Land Bridge Transport）是指使用横贯大陆的铁路（公路）运输系统作为中间桥梁，把大陆两端的海洋连接起来的集装箱连贯运输方式。

大陆桥运输具有运费低廉、运输时间短、货损货差率小和手续简便等特点。目前世界上最主要的大陆桥有三条：

（一）北美大陆桥运输

北美大陆桥是世界上第一条大陆桥，包括两条路线：一条是从西部太平洋口岸至东部大西洋口岸的铁路（或公路）运输系统；另一条是西部太平洋沿岸至南部墨西哥湾口岸的铁路（或公路）运输系统。

在同美国进行贸易活动时，为了取得运费上的优惠，可以采用 OCP 条款。OCP 是"Over-land Common Points" 的缩写，是指"内陆地区"，即享受优惠费率通过陆运可抵达的地区。根据费率规定，以美国西部 9 个州为界，即以洛杉矶山脉为界，其以东地区均为内陆地区。按 OCP 运输条款达成的交易，出口商不仅可享受美国内陆运输的优惠费率，而且可享受 OCP 海运的优惠费率。加拿大受美国影响也划有 OCP 地区和类似的运费优惠办法，因此，在与美国和加拿大的交易中，采用 OCP 运输条款，对进出口双方均有利，不过在采用时必须注意下列问题：

（1）货物最终目的地必须属于 OCP 地区范围。

（2）货物必须经由美国西海岸港口中转。因此，签订 CFR 和 CIF 出口合同时，目的港必须是美国西海岸港口。

（3）提单上必须标明 OCP 字样，并且在提单目的港一栏中除填写美国西海岸港口名称外，还要加注内陆地区的城市名称。

例如，我国向美国出口一批货物，卸货港为美国旧金山，最终目的地是底特律。旧金山是美国西海岸港口之一，底特律属于美国内陆地区城市，此笔交易就符合 OCP 规定。经双方同意，就可采用 OCP 运输条款。在贸易合同和信用证内的目的港可填写"旧金山"括号内陆地区，即 CIF San Francisco（OCP）。提单上除填写目的港旧金山外，还必须在备注栏内注明“内陆地区底特律”字样，即“OCP Detroit”。

（二）西伯利亚大陆桥运输

西伯利亚大陆桥，又称欧亚大陆桥，是全球最重要的大陆桥运输线路。利用俄罗斯西伯利亚铁路作为桥梁，把太平洋远东地区与波罗的海和黑海沿岸以及西欧大西洋口岸连接起来。

（三）新亚欧大陆桥运输

新亚欧大陆桥于1992年正式开通，它东起我国连云港，经陇海线、兰新线，接北疆铁路，出阿拉山口，穿越哈萨克斯坦、俄罗斯，与西伯利亚大陆桥重合，最终抵达荷兰鹿特丹、阿姆斯特丹等西欧主要港口。

六、其他运输方式

（1）公路运输（Road Transport）是车站、港口和机场集散进出口货物的重要手段。

（2）内河运输（Inland Water Transport）是连接内陆腹地与沿海地区的纽带和水上运输的重要组成部分。

（3）管道运输（Pipeline Transport）是一种特殊的运输方式，适用于运送液体、气体货物。

4.2 装运条款

在国际贸易中装运条款的订立和合同性质与运输方式密切相关，我国贸易中广泛使用适用于海洋运输的FOB、CFR、CIF贸易术语。因此，合同的装运条款应列明装运时间、装运港和目的港、分批装运和转船、装运通知、装卸条款等内容。

一、装运时间

装运时间又称交货期（Time of Delivery）或装运期（Time of Shipment），指卖方将合同规定的货物装上运输工具或交给承运人的时间。装运时间与交货时间通常是一致的。但在目的港交货（DES、DEQ等）以及在其他目的地交货的价格条件下，装运与交货就是两个截然不同的概念。装运时间是买卖合同的一项重要条款，如果卖方未按合同规定的时间交货，买方有权撤销合同，并要求卖方承担损失。

（一）装运时间的规定办法

1. 规定明确、具体的装运时间

装运时间一般不确定在某一个日期上，而是确定在一段时间内。这种规定方法在国际货物买卖合同中使用较为普遍，一般在合同中订明某年某月装运、某年跨月装运，或某年某季度装运等。

例如：5月装运（Shipment during May）；

7/8/9月每月各装一批（Shipment during JULY/AUG./SEP. in three monthly lots.）；

7/8/9月每月等装一批（Shipment during JULY/AUG./SEP. in three equal monthly lots.）；

9月月底或以前装运（Shipment at or before the end of SEP.）；

装运不迟于7月31日（Shipment not later than July 31st.）。

2. 规定收到信用证后若干天装运

由于大部分进出口合同是以信用证方式支付的，为了降低收款风险，卖方一般是在收到信用证后才安排发货的。因此，收到信用证的日期是确定装运时间的必要前提。采用这种规定装运期的办法时，还要同时规定相关信用证的开立期限或开立日期，目的是防止买方拖延或者拒绝开证而使卖方无法及时安排生产、包装及装运。

例如：收到信用证后30天内装运（Shipment within 30 days after receipt of L/C）；

6月20日之前装运，但以买方信用证在5月7日前到达卖方为限（Shipment not later than June 20th, but receipt of L/C before May 7th.）。

3. 规定收到信汇、电汇或汇票后若干天装运

在FOB术语电汇支付的情况下，使用这种规定很普遍。

例如：收到你方30%电汇货款后30天内装运（Shipment will be effected within 30days after receipt of your 30% deposit of the total amount by T/T）。

4. 规定近期装运术语

如规定：立即装运（Immediate Shipment）、即期装运（Prompt Shipment）、尽快装运（Shipment as Soon as Possible）等。由于各国或各行业对这类词语的解释不尽一致，容易产生分歧，因此，使用这种规定办法需谨慎。

（二）规定装运时间的注意事项

1. 考虑货源与船源的实际情况

不同商品有不同的生产周期，要事先估算好生产周期，以便于及时与船公司取得联系，衔接好承运日期，避免出现有货无船，或有船无货的被动局面。

2. 装运期限应当适度

装运期的长短要根据商品和租船订舱的实际情况而定。装运期过短，会给船货安排带来困难；装运期过长，特别是在收到信用证后若干天装运的情况下，会影响买方的资金周转。为避免遇到实际装船日期与装运期仅仅相差几天而需要改证的麻烦，一般应在合同中订明来证应规定卖方有权自动延长若干天装运的条款。例如：In case Shipment cannot be effected as stipulated in the Credit, Shipment and validity date will be automatically extended for ×× days.

3. 规定装运期的同时，考虑开证日期的规定是否合理

装运期与开证日期是相互关联的，为保证按期装运，装运期和开证日期应该互相衔接起来。一般来说，开证日期要比装运期提前30～45天（应视不同商品而定）。例如：2017年12月月底以前交货，信用证在11月20日前开出（Shipment not later than the end of Dec., 2017. Letter of credit should be opened before Nov. 20th, 2017）。

二、装运港和目的港

装运港（Port of shipment）是指货物起始装运的港口。目的港（Port of Destination）是指最终卸货港。国际贸易中，装运港一般由卖方提出，经买方同意后确认；目的港由买方提出，经卖方同意后确认。

合同中的装运港和目的港与贸易术语相关，是使用贸易术语时不可缺少的部分，同时也与交易双方的运输责任有关，属于交货条款的重要内容。

（一）装运港和目的港的规定办法

1. 规定一个装运港

一般情况下，明确规定一个装运港，例如，装运港：大连（Port of Shipment：Dalian）；目的港：香港（Port of Destination：Hong Kong）。

2. 规定两个或两个以上的装运港

如货物数量大或货物来源分散，集中在一个港口装运有困难，可规定两个或两个以上的装运港。例如，装运港：上海/青岛（Port of shipment：Shanghai/Qingdao）。

3. 不做具体规定

针对货源不稳定的情况，也可不规定具体港口。例如：在中国港口装运（Shipment from Chinese Port）；在欧洲主要港口（Shipment from European Main Ports）。

（二）规定装运港和目的港的注意事项

（1）装运港的选择要以接近货源地为宜，同时考虑港口和国内运输的条件和费用水平。

（2）不能接受内陆城市为装运港或目的港。

不应接受内陆城市为装运港或目的港的条件，因为如果接受，出口方则要承担从港口到内陆城市这段路程的运费和风险。

（3）注意装卸港口的具体条件。

必须注意装卸港口的具体条件。如港口有无直达航线、有无直达班轮或班轮停靠，港口和装卸条件及运费和附加费水平等。

（4）应注意国外港口有无重名问题。

世界上有 2 000 多个用于国际贸易的港口，这些港口中重名的很多，如维多利亚港（Victoria）世界上就有 20 个。为避免错发、错运而引起纠纷，在买卖合同中应明确注明装运港和目的港所在国家和地区的名称。

（5）“主要港口”和选择港的使用。

如果外商提出以“欧洲主要港口”“地中海主要港口”或“非洲主要港口”为装运港或卸货港，则要谨慎考虑。因为对主要港口并无统一解释，容易产生纠纷。允许进口商在几个港口中选择目的港时，要考虑可供选择的港口是否在同一航区、同一航线上，并应在合同中规定，如所选目的港要增加运费、附加费，应由买方负担，同时要规定买方决定最终目的港的时间（如：开证的同时宣布最终目的港）。

相关阅读

中国十大港口

1. 上海港

上海港位于长江三角洲前缘，居中国 18 000 千米大陆海岸线的中部，扼长江入海口，世界著名港口，地处长江东西运输通道与海上南北运输通道的交汇点，是中国沿海的主要枢纽港，是中国对外开放、参与国际经济大循环的重要口岸。上海市外贸物资中 99% 经由上海港进出，每年完成的外贸吞吐量占全国沿海主要港口的 20% 左右。作为世界著名港口，2013 年上海港集装箱吞吐量位居世界第一，货物吞吐量位居世界第二，仅次于宁波—舟山港。2017 年前 11 个月集装箱吞吐量为 3 682 万箱，同比增长 8.2%。

2. 宁波港

宁波港的前身是宁波港务局。宁波港由北仑港区、镇海港区、宁波港区、大榭港区、穿山港区组成，是一个集内河港、河口港和海港于一体的多功能、综合性的现代化深水大港。现有生产性泊位309座，其中万吨级以上深水泊位60座。最大的有25万吨级原油码头，20万吨级卸矿码头，第六代国际集装箱专用泊位以及5万吨级液体化工专用泊位，且已与世界上100多个国家和地区的600多个港口通航。2012年3月，国务院批复同意开放宁波港梅山港区。

3. 天津港

天津港地处渤海湾西端，是我国华北、西北和京津地区的重要水路交通枢纽。拥有各类泊位140余个，其中公共泊位76个，岸线总长14.5千米，万吨级以上泊位55个。2013年天津港货物吞吐量首次突破5亿吨，集装箱吞吐量突破1 300万标准箱，成为中国北方第一个5亿吨港口。2014年1月1日，中国第一条人工开挖的复试航道在天津港正式通航。2015年3月4日，天津投资160亿元建设天津港。2016年4月2日，从天津港集团获悉，被列为天津市2016年重点建设工程之一的天津港南疆27号通用码头工程开工建设。该项目建成后将对实现天津港“北矿南移”战略和“东高端、南优质、北提升”总体布局及功能定位发挥重要作用，提升对外服务能力。该项目总投资14.1亿元，建设年设计吞吐能力980万吨的20万吨级通用散货泊位1个和总占地面积约25.15万平方米的码头配套堆场。截止到2017年11月，货物吞吐量达到46 284万吨。

4. 广州港

广州港地处我国外向型经济最活跃的珠江三角洲地区中心。港区分为虎门港区、新沙港区、黄埔港区和广州内港港区。广州港国际海运通达80多个国家和地区的300多个港口，并与国内100多个港口通航，是中国华南地区最大的对外贸易口岸，主要从事石油、煤炭、粮食、化肥、钢材、矿石、集装箱等货物的装卸和仓储、保税业务以及国内外货物代理和船舶代理；代办中转、代理客运；国内外船舶进出港引航、水路货物和旅客运输、物流服务等。截止到2017年11月，广州港实现吞吐量51 824万吨。

5. 青岛港

青岛港是国家特大型港口，由青岛老港区、黄岛油港区、前湾新港区三大港区组成。港口拥有码头15座、泊位73个，主要从事集装箱、煤炭、原油、铁矿、粮食等各类进出口货物的装卸服务和国际国内客运服务，与世界上130多个国家和地区的450多个港口有贸易往来，是太平洋西海岸重要的国际贸易口岸和海上运输枢纽。

6. 秦皇岛港

位于渤海岸的秦皇岛港是我国北方的一座天然良港。主要货种有煤炭、石油、粮食、化肥、矿石等。秦皇岛港以能源输出闻名于世，主要将来自祖国内陆山西、陕西、内蒙古、宁夏、河北等地的煤炭输往华东、华南等地及美洲、欧洲、亚洲等国家和地区，年输出煤炭占全国煤炭输出总量的50%以上，是我国北煤南运的主要通道。2017年秦皇岛港实现吞吐量22 434万吨。

7. 大连港

大连港位居西北太平洋的中枢，是转运远东、南亚、北美、欧洲货物最便捷的港口。港口自由水域为346平方千米，陆地面积为10余平方千米，拥有集装箱、原油、成品油、粮食、煤炭、散矿、化工产品、客货滚装等80多个现代化专业泊位，其中万吨级以上泊位40多个。海上运输已开辟到日本、东南亚、欧洲等的国际集装箱航线8条。2003年，港口实现货物吞吐量1.26亿吨，完成集装箱吞吐量167万标准箱，是目前世界上为数不多的亿吨大港之一。

8. 深圳港

深圳港位于广东省珠江三角洲南部，珠江入海口伶仃洋东岸，毗邻香港，是华南地区优良的天然港湾。深圳港口的直接腹地为深圳市、惠阳市、东莞市和珠江三角洲的部分地区。货物以集装箱为主，兼营化肥、粮食、饲料、糖、钢材、水泥、木材、砂石、石油、煤炭、矿石等。2004年深圳港货物吞吐量达1.35亿吨，增长20.33%；集装箱吞吐量为1 365万标准箱，增幅为28.22%。2005年，深圳港建成10个集装箱专用泊位，并开发建设铜鼓航道。截至2017年11月，深圳港货物吞吐量达22 031万吨，集装箱吞吐量达2 320.49万标准箱。

9. 舟山港

舟山港位于浙江省舟山群岛舟山市，背靠经济发达的长江三角洲，是江浙和长江流域诸省的海上门户。港口具有丰富的深水岸线资源和优越的建港自然条件，可建码头岸线有1 538千米，其中水深大于10米的深水岸线为183.2千米，水深大于20米的深水岸线为82.8千米。全港有定海、沈家门、老塘山、高亭、衢山、泗礁、绿华山、洋山8个港区，共有生产性泊位352个，其中，万吨级以上11个。港口与日本、韩国、新加坡、马来西亚、美国、俄罗斯等国及中东地区均有贸易运输往来。舟山港作为上海国际航运中心和上海—宁波—舟山组合港的主要组成部分，港口开发是舟山未来最具潜力和竞争力的产业。

10. 营口港

营口港由营口港区、鲅鱼圈港区共同组成。营口港历史悠久，对外开埠距今已有140多年的历史，曾是我国东北地区唯一的通商口岸，以“东方之贸易良港”闻名中外。1936年港口吞吐量曾达246万吨。进入21世纪后，营口港已向深水化、专业化、多功能化的现代港口迈进。至2003年年底，营口港共有生产性泊位29个，万吨级以上深水泊位17个。2004年营口港全年共完成货物吞吐量5 977万吨，比2003年增长45.1%，装运集装箱58.3万标准箱，比2003年增长44.7%，年度运营总收入突破10亿元。截至2017年11月，营口港货物吞吐量全年实现33 739万吨，集装箱运输量实现571.08万标准箱。

资料来源：百度百科

相关阅读

世界上主要的海洋运输航线（含港口）

（1）北大西洋航线：西欧（鹿特丹、汉堡、伦敦、哥本哈根、圣彼得堡；北欧的斯德哥尔摩、奥斯陆等）——北大西洋——北美洲东岸（纽约、魁北克等）、南岸（新奥尔良港，途经佛罗里达海峡）。

（2）亚欧航线也叫苏伊士运河航线：东亚（横滨、上海、中国香港等港口，途经中国台湾、巴士海峡等）、东南亚（新加坡、马尼拉等）——马六甲海峡——印度洋（南亚科伦坡、孟买、加尔各答、卡拉奇等）——曼德海峡（亚丁）——红海——苏伊士运河（亚历山大）——地中海（突尼斯、热那亚）——直布罗陀海峡——英吉利（多佛尔）海峡——西欧各国。

（3）好望角航线：西亚（阿巴丹等，途经霍尔木兹海峡）、东亚、东南亚、南亚——印度洋——东非（达累斯萨拉姆）——莫桑比克海峡——好望角（开普敦）——大西洋——西非（达喀尔）——西欧，载重量在25万吨以上的巨轮无法通过苏伊士运河，需绕过非洲南端的好望角。

（4）北太平洋航线：亚洲东部、东南部——太平洋——北美西海岸（旧金山、洛杉矶、温哥华、西雅图等），是亚洲同北美洲各国间的国际贸易航线，随着东亚经济的发展，这条航线上的贸易量不断增加。

（5）巴拿马运河航线：北美洲东海岸——巴拿马运河（巴拿马城）——北美洲西海岸各港口，是沟通大西洋和太平洋的捷径，对美国东西海岸的联络具有重要意义。

（6）南太平洋航线：亚太地区国家（悉尼、惠灵顿）——太平洋（火奴鲁鲁）——南美洲西海岸（利马、瓦尔帕莱索等）往来的通道。

（7）南大西洋航线：西欧——大西洋——南美洲东海岸（里约热内卢、布宜诺斯艾利斯等）的海上通道。

（8）北冰洋航线：东亚（海参崴）——太平洋——白令海峡——北冰洋——北欧（摩尔曼斯克）——大西洋——西欧。

其中（1）、（2）、（3）、（4）这4条航线是世界上比较繁忙的航线，北大西洋航线是世界上最繁忙的海上运输路线，好望角航线是石油运量最大的航线，被称为西方国家的“海上生命线”。

三、分批装运和转船

大宗货物或成交数量较大的交易，根据交易数量、资金情况、运输条件和市场销售等因素，可在合同中规定允许分批装运条款。一般来说，在合同中规定允许分批装运和转运条款，对卖方交货较为有利。

（一）分批装运

分批装运（Partial Shipment），是指一笔成交货物分若干批或若干期装运。按照《跟单信用证统一惯例》的规定：“不明确规定不分批装运，则视为允许分批装运；运输单据表明货物是使用同一运输工具并经由同一路线运输的，即使运输单据注明的装运日期不同及装运港不同，只要目的港相同，也不视为分批装运。”

1. 分批装运的原因

运输工具的限制、港口的装卸能力、卖方的生产能力和买方一定时间内某种货物的市场容量等。

2. 分批装运的规定办法

（1）只规定允许分批装运，但对时间、批次和每批的数量不做规定。一般来说，如果订为“允许分批装运”而未具体规定每批的确定数量，则可理解为可整批一次交货，也可分若干批交货，每批数量不受限制。

（2）在规定允许分批装运的同时，订立每批装运的时间和数量。

《跟单信用证统一惯例》规定：“如信用证规定在指定时间内分批装运，若其中任何一批未按时装运，则该批和以后各批均告失效。”

（3）规定不许分批装运。

例4－3：某农产品进出口公司向国外出口一批花生仁，国外客户在合同规定的开证时间内开来一份不可撤销信用证，信用证中装运条款规定："Shipment from Chinese port to Singapore in May, partial shipment prohibited." 农产品进出口公司按证中规定，于5月15日将200公吨花生仁在福州港装上"东方号"轮，又用同轮在厦门港继续装300公吨花生仁，5月20日农产品进出口公司同时取得了福州港和厦门港签发的两套提单。农产品公司在信用证有效期内到银行交单议付时，却遭到银行以单证不符为由拒付货款。请问：银行的拒付是否合理？为什么？

参考答案：银行拒付不合理。因为《跟单信用证统一惯例》规定：运输单据表明货物是使用同一运输工具并经由同一路线运输的，即使运输单据注明的装运日期不同及装运港不同，只要目的港相同，也不视为分批装运。案例中，"东方号"在福州和厦门各装花生仁不属于分批装运，因为符合"三同两不同"的规定，即同一运输工具、同一路线、同一目的地，不同的装运日期、不同的装运港。

（二）转船

转船（Transshipment），是指货物没有直达船或一时没有合适的船舶运输时，通过中途港转运。

1. 转船的原因

（1）没有直达船或船期不定或航次间隔太长。

（2）合同规定集装箱装运，而出口口岸缺乏装卸设备，须集中到其他口岸装箱。

2. 转船的规定

按国际贸易惯例规定，除非信用证禁止转运，否则是可以转运的。为了明确责任和便于安排装运，买卖双方是否同意转运以及有关转运的办法和转运费的负担等问题，应在买卖合同中具体订明，以利于合同的履行。

四、装运通知

装运通知（Shipping Advice）一般是在两种情况下进行的，一种是在FOB条件下，卖方应在规定的装运期前30～45天向买方发出货物备妥通知，以便买方派船接货。买方接到通知后，也应将确定的船名、抵港受载日期告知卖方，以便装货。另一种是在货物装船后，卖方在约定时间，将合约号、品名、件数、重量、金额、船名和装船的日期等电告买方，以便买方做好报关接货的准备。特别是按CFR或CPT条件成交时，卖方交货后，更应及时向买方发出装运通知，以便买方及时安排投保事宜。

五、装卸条款

在国际贸易中，大宗商品大多使用定程租船运输。在租船运输的情况下，买卖双方应在合同中规定装卸时间、装卸率、滞期费和速遣费条款，以约束租船人或负责装卸货物的买卖双方的当事人之一。

（一）装卸时间

装卸时间（Lay Time）与装运时间不同，是指允许完成装卸任务所约定的时间。一般以天数或小时数来表示。常见的有如下几种：

1. 日（Days）或连续日（Running Days; Consecutive Days）

从午夜零时到次日午夜零时，不管天气如何，有一天算一天，在此期间内，不论是实际不可能进行装卸作业的时间（如雨天、施工或其他不可抗力），还是星期日或节假日，都应计为装卸时间。这种规定对租船人很不利，比较适合装运矿石、石油等使用油管、传送带装卸的货物。

2. 累计 24 小时好天气工作日（Weather Working Days of 24 Hours）

在好天气情况下，不论港口习惯作业为几小时，均以累计 24 小时作为一个工作日。如果港口规定每天作业 8 小时，则作业三个工作日才能算租约合同中的一个工作日。这种规定对租船人有利，而对船方不利。

3. 连续 24 小时晴天工作日（Weather Working Days of 24 Consecutive Hours）

在好天气情况下，连续作业 24 小时算一个工作日，中间因坏天气影响而不能作业的时间应扣除。这种方法适用于昼夜作业的港口。

国际上普遍采用的方法是连续 24 小时晴天工作日。我国一般也都采用这种规定办法。

（二）装卸率

装卸率（Load/Discharge Rate）不是一个百分百，而是指每日装卸货物的数量。一般应按港口习惯的正常装卸速度，实事求是地具体确定装卸率。装卸率规定过高，完不成装卸任务，要承担拖期损失；装卸率规定过低，虽能提前完成装卸任务，但船方会因装卸率低、船舶在港口时间太长而增加运费，致使租船人得不偿失。

（三）滞期费和速遣费

滞期费（Demurrage Money）是指在规定的装卸期限内，租船人未完成装卸作业，给船方造成经济损失，租船人对超过的时间应向船方支付的一定罚金。速遣费（Dispatch Money）是指在规定的装卸期限内，租船人提前完成装卸作业，使船方节省了船舶在港的费用开支，船方应向租船人就可节省的时间支付一定的奖金。

按惯例，速遣费一般为滞期费的一半，但这个比例是可以争取改变的。

4.3　货运单据

运输单据是承运人收到货物后签发给托运人的证明文件，它是交接货物、处理索赔和理赔以及向银行结算货款或进行议付的重要单据。在国际货物运输中，运输单据的种类很多，其中包括海运提单、铁路运单、航空运单和邮包收据等。

一、海运提单

（一）海运提单的性质和作用

海运提单（Bill of Loading，B/L），简称提单，是货物承运人（或其代理人）应托运人的要求，在收到货物后签发给托运人的一种单据。同时，海运提单也是收货人在目的港向船公司或其代理提取货物的凭证。海运提单的性质和作用可以概括为以下三个方面：

1. 货物收据

海运提单是承运人或其代理人签发的货物收据，证明承运人已经收到或接管了提单上所列的货物。

2. 物权凭证

海运提单也是一种货物所有权的凭证，在法律上具有物权证书的作用，船货抵达目的港后，承运人应向提单的合法持有人交付货物。提单可以通过背书转让，从而转让货物的所有权。

3. 托运人与承运人之间的运输契约证明

海运提单条款明确规定了承运人和托运人之间的权利、责任与豁免，一旦发生争议，双方据此进行解决。

（二）海运提单的种类

海运提单可以从各种不同角度予以分类，主要有以下几种：

1. 根据货物是否已装船，分为已装船提单和备运提单

（1）已装船提单（On Board B/L）是指承运人已将货物装上指定船舶后所签发的提单，其特点是提单上必须以文字表明货物已装某某船，并记载装船日期，同时还应由船长、船东、承运人或其代理人签字。在国际贸易中，一般都要求卖方提供已装船提单。

（2）备运提单（Received for Shipment B/L），又称收讫待运提单，是指承运人已收到托运货物等待装运期间所签发的提单。在集装箱运输情况下，银行也可接受货物在承运人监管下出具的备运提单。

2. 根据提单上对货物外表状况有无不良批注，可分为清洁提单和不清洁提单

（1）清洁提单（Clean B/L）是指货物在装船时表面状况良好，船方未加任何有关货物受损或包装不良等批注的提单，银行只接受清洁提单。

（2）不清洁提单（Unclean B/L; Foul B/L）是指船方在提单上对货物外表状况有不良的批注（包装不良或存在缺陷），银行一般不接受此类提单。例如，提单上批注“×件损坏”“纸箱严重变形”等。

3. 根据抬头（收货人）不同，可划分为记名提单、不记名提单和指示提单三种

（1）记名提单（Straight B/L），在收货人栏内需列明特定收货人名称，货物只能交给提单上的收货人。由于这种提单不能通过背书（Endorsement）方式转让给第三方，不能流通，故其在国际贸易中很少使用。

（2）不记名提单（Bearer B/L），收货人栏内不需列任何收货人，只写明“货交提单持有人”，或不填写任何内容的提单。谁持有提单，谁就可凭此提货，船方交货是凭单不凭人。这种提单在国际贸易中也较少使用。

（3）指示提单（Order B/L），收货人栏内填写“凭指定”（To Order）或“凭某人指定”（To Order of...）字样，这种提单可经过背书转让，故在国际贸易中广为使用。

指示提单的背书有“空白背书”和“记名背书”之分。空白背书是由背书人（提单转让人）在提单背面签章，但不注明被背书人的名称；记名背书除了背书人签章外，还要注明被背书人的名称，如再行转让可再加背书。目前业务中使用最多的是凭指定并经空白背书的提单，习惯上称其为“空白抬头”“空白背书”提单。

4. 根据运输方式分类，可分为直达提单、转船提单和联运提单

（1）直达提单（Direct B/L）是指轮船中途不经过换船而驶往目的港所签发的提单。凡合同和信用证规定不准转船者，必须使用这种直达提单。

（2）转船提单（Transshipment B/L）是指从装运港装货的轮船，不直接驶往目的港，而需要在中途换装另外船舶所签发的提单。这种提单上应注明“转船”或“在××港转船”字样。

（3）联运提单（Through B/L）是指货物必须经两段或两段以上运输才能运达目的港，而其中第一程为海运时（如海陆、海空、海海联运）所签发的提单。

转船提单和联运提单的签发人一般只承担它负责运输的一段航程内的货运责任。

5. 根据内容繁简不同，可分为全式提单和简式提单

（1）全式提单（Long Term B/L）既有正面条款又有背面条款，对承托双方的权利、义务有明确的规定。

（2）简式提单（Short Term B/L）仅有正面内容，而略去背面条款。

6. 根据运费支付方式不同，可分为运费预付提单和运费到付提单

（1）运费预付提单（Freight Prepaid B/L）指货物装船后立即支付运费的提单。

（2）运费到付提单（Freight to be Collected B/L）指货物到达目的港后，收货人提取货物前支付运费的提单。此种提单在收货人付清运费前，船方可行使货物留置权。

7. 根据提单使用效力的不同，可分为正本提单和副本提单

（1）正本提单（Original B/L）是指提单上有正本（Original）字样的提单，是提货的依据、议付的凭证。全套正本海运提单（Full Set Ocean Original B/L）可以是一式两份或是三份，根据合同或信用证要求来定，其中一份提货后，其余各份均告失效。

（2）副本提单（Non-negotiable or Copy B/L）仅供内部流转、业务工作参考及企业确认之用。

8. 其他种类提单

（1）舱面提单（On Deck B/L），指承运人签发的提单上注有“货装甲板”字样的提单。这种提单的托运人一般都向保险公司加保舱面险，以保货物安全。除信用证有此规定外，银行一般不接受舱面提单。

（2）过期提单（Stale B/L），是指错过规定的交单日期或者晚于货物到达目的港的提单。前者是指卖方超过提单签发日期后21天才交到银行议付的提单，根据惯例，银行拒绝接受此类提单；后者是在近洋运输时容易出现的情况，所以在近洋国家间的贸易合同中，一般都订有“过期提单可以接受”（Stale B/L is Acceptable）的条款。

（3）倒签提单（Antidated B/L），是指货物装船后，应托运人请求承运人签发的早于货物实际装船日期的提单。例如，实际装船日期是6月20日，为了符合客户6月15日之前装货的要求，则将提单日期倒签至6月15日，以符合客户规定的装运期。

（4）预借提单（Advanced B/L），是指货物尚未装船，预先签发的、借给托运人的一种提单。

按规定提单必须在货物装船完毕时才能签发。倒签提单也好，预借提单也好，提单日期都不是真正的装船日期。这种行为侵犯了收货人的合法权益，故应尽量减少或杜绝使用。上述两种提单均须托运人提供担保函（Letter of Indemnity）才能获得，英国、美国、法国等国对保函不承认，亚洲、欧洲一些国家认为只要未损害第三者利益，便不属非法，不过仍应严加控制。

相关阅读

倒签提单遭索赔，赔偿金额占货值的13.08%

我国出口公司于1980年秋与英国中间商成交商品2 000吨，每吨单价为345西德马克CIF安特卫普，交货日期为11—12月。国外按时开来信用证，证上列明最迟装船期为1980年12月31日。

我公司原安排装运的轮船于1980年12月31日才抵达装运港，由于种种原因，该批货物实际上在1981年1月18日装船。当时倒签提单日期为1980年12月31日，并向银行交单议付。货物于1981年4月初到达安特卫普港，引起买方怀疑，即会同法院检查员登轮查阅航运日志，发现实际装船日期为1月18日，遂拒收货物，并向我国出口公司提出索赔：①退还货款DM69 000 820；②自1981年2月26日至4月2日止的利息损失，按14.5%的利率计算赔付；③其他有关驳船费用由卖方承担。我国出口公司多次与中间商协商无效，经我商参处协助配合，才以每吨赔偿45西德马克，共9万多西德马克了结此案，赔偿金额占货值13.08%。

倒签提单遭受拒付

国外开来不可撤销信用证，信用证中规定最迟装运期为2017年12月31日，议付有效期为2018年1月15日。我方按信用证中规定的装运期完成装运，并取得签发日期为2017年12月10日的提单，当我方备齐议付单据于2018年1月4日向银行议付交单时，银行以我方单据已过期为由拒绝付款。本例关键在于提单已过期。提单签发日为2017年12月10日，议付日期为2018年1月4日，已经超过提单签发日。

（三）海运提单的基本内容

海运提单有正面内容和背面条款之分。

1. 提单正面内容

提单正面的记载事项，分别由托运人和承运人或其代理人填写，通常包括下列事项：托运人（Shipper）；收货人（Consignee or Order）；被通知人（Notify Party）；装货港（Port of Loading）；目的地（Port of Discharge）；船名及航次（Vessel, Voyage）；集装箱号或唛头号（Container. Seal No. Or Marks and Nos.）；货物的件数、包装种类和货物的描述（Number, Kind of Packages and Description of Goods）；重量和体积（Gross Weight and Measurement）；运费（Freight）；正本提单的张数（Number of Original B/L）；签发提单的地点及日期（Date and Place of Issue）。详见表4-3。

表4-3 海运提单样本

<table>
<tr><td rowspan="2">SHIPPER（Name and Full Address）</td><td>BOOKING NUMBER</td><td>B/L NUMBER</td></tr>
<tr><td colspan="2" rowspan="3">联智航运有限公司
UNION - I
SHIPPING CO., LTD.
Combined Transport BILL OF LADING</td></tr>
<tr><td>CONSIGNEE（Name and Full Address/Non-Negotiable Unless Consigned to Order）</td></tr>
<tr><td>NOTIFY PARTY/INTERNEDIATE CONSIGNEE（Name and Full Address）</td></tr>
</table>

续表

INITIAL CARRIAGE	PLACE OF RECEIPT	DELIVERY AGENT
EXPORT CARRIER (Vessel, Voyage)	PORT OF LOADING	
PORT OF DISCHARGE	PLACE OF DELIVERY	

PARTICULARS FURNISHED BY SHIPPER				
MARKS AND NUMBERS CONTAINER NUMBERS	NOS OF PACKAGES	DESCRIPTION OF PACKAGES AND GOODS	GROSS WEIGHT KGS	MEASU-REMENT CBM
		NUMBER OF ORIGINAL B/L	LADEN ON BOARD DATE ________	

BILL OF LADING TO BE RELEASED AT			RECEIVED in apparent good order and condition for transportation from the place of receipt to the place of delivery subject to the term and conditions of UNION - I SHIPPING LTD. (see reverse) as well as to the conditions and exceptions of the steamship forwarding, storing, handling and delivery of the said goods. The above mentioned packages said to be marked and numbered as in the margin, weight, measure, quality, contents and value unknown subject to the conditions contained in this Bill of Lading. The delivery will be effected at the above designate place of destination thereto via any routines carriers designated by the forwarding agents. ONE ORIGINAL BILL OF LADING DULY ENDORSED MUST BE SURRENDERED TO THE ABOVE AGENT IN EXCHANGE FOR THE GOODS OR THE DELIVERY ORDER. In Witness Whereof three Original Bill of Lading stated above have been signed, all of this tenor and date, one of which being accomplished the other to stand void. Date and Place Issued ________ By ________________
FREIGHT RATES CHARGES WEIGHTS AND MEASUREMENTS SUBJUCT TO CORRECTION	PREPAID	COLLECT	
TOTAL PREPAID			
TOTAL COLLECT			

2. 提单背面条款

在班轮提单背面，通常印有运输条款，它是确定承托双方以及承运人、收货人和提单持有人之间的权利与义务的主要依据。国际上为统一提单背面条款内容，先后签署了三个有关提单的国际公约：

（1）1924 年签署的《关于统一提单的若干法律规则的国际公约》，简称《海牙规则》。

（2）1968 年签署的《布鲁塞尔议定书》，简称《维斯比规则》。

（3）1978 年签署的《联合国海上货物运输公约》，简称《汉堡规则》。

二、铁路运单

铁路运单（Railway Bill）是铁路承运人收到货物后所签发的铁路运输单据。我国对外贸易铁路运输按营运方式分为国际铁路联运和国内铁路运输两种方式。前者使用国际货协铁路联运运单，后者使用承运货物收据。

（一）国际铁路联运运单

国际铁路联运运单是国际铁路联运的主要运输单据，它是参加联运的发送国铁路与发货人之间订立的运输契约，其中规定了参加联运的各国铁路和收发货人的权利和义务，对收发货人和铁路都具有法律约束力。当发货人向始发站提交全部货物，并付清应由发货人支付的一切费用，经始发站在运单和运单副本上加盖始发站承运日期戳记，证明货物已被接管承运后，即认为运输合同已经生效。

（二）承运货物收据

承运货物收据（Cargo Receipt）是在港澳铁路运输中使用的一种结汇单据。该收据包括大陆段和港澳段两段运输，是代办运输的外运公司向出口人签发的货物收据，也是承运人与托运人之间的运输契约，同时还是出口人办理结汇手续的凭证。

三、航空运单

航空运单（Air Waybill）是一种运输合同，是由承运人或其代理人出具的一个重要的货物运输单据。航空运单不同于海运提单，它不是代表货物所有权的凭证，而是不可议付的单据。收货人提货不是凭航空运单，而是凭航空公司的提货通知单。在航空运单的收货人栏内，必须详细填写收货人的全称和地址，而不能做成指示性抬头。每份航空运单有三份正本，每份都印有背面条款，其中一份交发货人，是承运人或其代理人接收货物的依据；第二份由承运人留存，作为记账凭证；最后一份随货同行，在货物到达目的地，交付给收货人时作为核收货物的依据。

四、邮包收据

邮包收据（Parcel Post Receipt）是邮包运输的主要单据，它既是邮局收到寄件人的邮包后所签发的凭证，也是收件人提取货物的凭证，当邮包发生损坏或灭失时，它还可以作为索赔和理赔的依据。但邮包收据不是物权凭证。

相关资料

运输船舶发展史

人类使用船舶作为运输工具的历史，几乎和人类文明史一样悠久。从远古的独木舟发展到现代的运输船舶，大体经历了四个时代：舟筏时代、帆船时代、蒸汽机船时代和柴油机船时代。

（一）舟筏时代

人类以舟筏作为运输、狩猎和捕鱼的工具，至少起源于石器时代。中国于 1956 年在浙江出土的古代木桨，据鉴定是 4 000 年前新石器时代的遗物。说明舟筏的历史，可以追溯到史前年代。

1. 独木舟

原始人类将巨大的树干用火烧或用石斧加工成中空的独木舟，是最古老的水上运输工具。它的踪迹遍布全世界，至今在南美洲和南太平洋群岛的居民，仍使用独木舟作为生产和交通工具。

2. 筏

远古人类就知道将树干、竹竿、芦苇等捆扎成筏，或用兽皮做成皮筏，在水上漂行。筏较独木舟吃水浅，航行平稳，而且取材方便、制造简易。在中国东南山区溪流中，使用竹筏作为交通工具迄今仍然相当普遍。

3. 木板船

进入青铜器时代以后，人类对木材的加工能力提高了，于是将原木加工成木板来造船。木板船可以造得比独木舟大，性能比筏好。木板平接或搭接成为船壳，内部用隔壁和肋骨以增加强度，形成若干个舱室。早期的木板船的板和板之间、船板和框架构件之间是用纤维绳或皮条绑缚起来的，后来用铜钉或铁钉连接。

4. 桨、篙和橹

舟筏时代的船舶靠人力来推进和操纵，所用的工具为桨、篙和橹。桨不受水域深度和广度的限制，在地中海区域应用极为广泛。古罗马的划桨船，用奴隶划桨，一船桨数多至数十根甚至百余根。篙可以直接触及水底和河岸，使用轻便，主要用于浅水航道。橹是比桨先进的划船工具，效率高而不占水面，兼具推进和操纵航向的功能，在中国内河木船上广泛使用。

（二）帆船时代

据记载，远在公元前 4 000 年，古埃及就有了帆船。中国使用帆船的历史也可以追溯到公元以前。15 世纪初中国航海家郑和远航东非，15 世纪末哥伦布发现新大陆，他们的船队都是由帆船组成的。在帆船发展史中，地中海沿岸地区、北欧西欧地区和中国都曾做出过重大贡献。19 世纪中叶美国的飞剪式快速帆船，则是帆船发展史上的最后一个高潮。不同地区的帆船，在结构、形式和帆具等方面各有特色。

1. 地中海的古帆船

埃及出土的一件公元前 4 000 年的陶器上绘制有最古老的帆船的图像。船的前端突出向上弯曲，船的前部有一个小方帆，这种船只能顺风行驶，无法利用旁风。公元前 2000—前 1600 年，腓尼基人、克里特岛人和希腊人都先后在地中海上行驶帆船。克里特岛人的帆船两端翘起，单桅悬一方帆，这种船型在地中海应用了几千年之久。古希腊和古罗马的帆船备有桨，只在进出港口和调度时才使用。

2. 北欧和西欧帆船

公元9—11世纪北欧的维京人，是当时世界上优秀的航海民族，航迹远达格陵兰和北美。他们用当地出产的橡木造出了适航性能良好的帆船。这种帆船长约30米、宽约6米，首尾形状接近对称，有龙骨和首尾柱，外壳板搭接并用铁钉相连。船上树单桅，装有支桅索，挂一面方帆，能在横风下行驶。

1492年，哥伦布率领西班牙船队到达西印度群岛。他所乘坐的“圣玛丽亚”号，是一艘长28米、排水量约为200吨的三桅帆船。1519—1522年，麦哲伦率领的西班牙船队完成了环球航行。这一系列地理上的发现，大大刺激了欧洲航海和造船事业的发展。16世纪以后，欧洲帆船的排水量逐渐增大到500～600吨，帆具日益复杂，三桅船渐趋普遍，航速得到提高。

3. 飞剪式帆船

飞剪式帆船是起源于美国的一种高速帆船。飞剪式帆船船型瘦长，前端尖锐突出，航速快而吨位不大。19世纪40年代，美国人用这种帆船到中国从事茶叶和鸦片贸易。以后美国西部发现金矿而引起的淘金热，使飞剪式帆船获得迅速发展。19世纪70年代以后，作为当时海上运输主要工具的帆船，被新兴的蒸汽机船迅速取代。

4. 中国帆船

中国帆船也有2 000多年的历史。据《史记·秦始皇本纪》记载，秦王朝曾派徐福携带童男童女及工匠人等数千人，乘船出海。三国时代东吴太守万震所著的《南洲异物志》中，有关于访问今日的柬埔寨、越南等地所乘大船的记述。唐代与日本文化交往频繁。中国当时的帆船已能驶侧向逆风，有较好的耐波性。唐贞观年间，从今温州至日本，仅需6天；以后能以3天时间从中国镇海驶抵日本。宋代造船和航海事业均有显著发展。当时所造海船能载500～600人，并已使用指南针罗盘，航程远及波斯湾和东非沿海地区。明朝初年，郑和曾率领庞大的船队于公元1405—1433年间七次远航，遍历东南亚、印度洋各地，远达非洲东海岸。

（三）蒸汽机船时代

18世纪蒸汽机发明后，许多人都试图将蒸汽机用于船上。

1. 早期的蒸汽机船

19世纪上半叶是由帆船向蒸汽机船过渡的时期。早期的蒸汽机船装有全套帆具，蒸汽机只是作为辅助动力。1819年美国人罗杰斯建造的“萨凡纳”号蒸汽机帆船，用了27天时间横渡大西洋，在整个航程中只有60小时是使用蒸汽机推进的，其余时间仍用风力。早期蒸汽机是安装在木帆船上的。1850年以后，逐渐用铁作为造船材料。1880年以后，钢很快代替铁作为造船材料。1876年英国建造的新船只有8%用钢材建造，而到1890年，则只有8%是铁船了。

2. “大东方”号蒸汽机船

1854—1858年英国人布鲁内尔建造的“大东方”号铁船被认为是造船史上的奇迹。布鲁内尔第一次将关于梁的力学理论应用于造船，在船体建造上首创了纵骨架结构和格栅式双层底结构。船上安装两台蒸汽机，蒸汽机总功率8 300马力，最高航速每小时16海里。“大东方”号能载客4 000人、装货6 000吨。直到半个世纪以后才出现比它更大的船。“大东方”号在造船理论和技术方面，为现代钢船开辟了道路。

3. 蒸汽机船的完善

19 世纪 80 年代出现了三涨式蒸汽机，配合螺旋桨成为典型的动力装置。19 世纪末，蒸汽机已发展到四涨式六汽缸，高压水管锅炉也逐渐取代了苏格兰式火管锅炉。航行于大西洋上的大型远洋客船，以往复式蒸汽机为动力，单机功率达到 2 万马力。

4. 汽轮机船、柴油机船的问世

1896 年，英国人帕森斯将他发明的反作用式汽轮机成功地应用于船上；同年，瑞典人迪拉瓦尔发明了冲击式汽轮机。至今，某些大功率船仍用汽轮机作为推进动力。1892 年，德国人狄塞尔发明柴油机，20 世纪初开始应用于船上。柴油机热效率高、油耗低，因而得到广泛应用。

5. 油船和散货船的出现

散货船略早于油船出现，但在 20 世纪上半叶由于港口装卸效率不高，发展缓慢，最大的载重量只有 1 万吨左右。第二次世界大战后，各工业国经济恢复，原料需求剧增，油船和散货船都向大型化发展。

6. 大型远洋客船的兴起

1870 年，英国人丘纳德和伊士梅创办丘纳德汽船公司和白星汽船公司，在英国和北美之间航线上开辟旅行条件舒适的客船航班，豪华客船“海洋”号航行成功。此后各国相继建造大型豪华客船，航行于大西洋航线和东方航线上。大型远洋客船的建造，对造船科学技术的发展起了重要的推动作用，同时也使某些保障航行安全的法规逐步建立和完善。例如 1912 年“泰坦尼克”号海难事件导致了后来《国际海上人命安全公约》的签订。

（四）柴油机船时代

为了提高船舶运输的经济效益，船舶出现了大型化、专业化、高速化、自动化和内燃机化的多种趋势。

1. 船舶大型化

油船吨位的增长和油船的大型化。1930 年的世界商船队中，油船吨位只占总吨位的 1/10，1980 年上升为 1/2。1983 年年初，各种油船的载重量达到 3.3 亿吨。油船吨位的剧增主要在于油船大型化。20 世纪 50 年代，3 万～4 万吨的油船已被认为是“超级油船”。20 世纪 60 年代中期，就出现了 20 万吨以上的超大油船和 30 万吨以上的特大油船。20 世纪 70 年代又出现了 50 万吨以上的大油船。20 世纪 60 年代末，大型散货船的载重量超过 10 万吨，最大的已达 17 万吨。

2. 船舶专业化

第二次世界大战以后，各种专用船发展很快。杂货船用途广泛、适应性强，在艘数上至今仍占首位。典型的杂货船都以低速柴油机为动力，载重量不超过 2 万吨，航速为每小时 15 海里左右。中国设计的“风”字号和“阳”字号货船都是典型的杂货船。为了提高杂货船运输多种货物的能力，近年制造出多用途船，除载运普通件杂货外，还能载运集装箱、重货、冷藏货和散货等。

自 20 世纪 60 年代以来，旅游事业兴起，出现了一批定期、定航线，甚至环球航行的旅游船，为旅游者提供旅游、疗养、文化娱乐、社会活动以及海洋天文教育等综合性的服务。与此同时，在重要的短程航线上，还出现了一种吨位较小、除载客外还能携带旅客自备汽车的汽车客船。

3. 船舶高速化

自20世纪50年代起，航运界为了加快船舶周转，一度掀起船舶高速化的热潮。普通杂货船航速提高到每小时18海里，集装箱船航速在每小时20海里以上，美国建造的“SL－7”型高速集装箱船，以两台6万马力汽轮机为主机，最高航速达每小时33海里。但从石油危机以来，燃料费在运输成本中的比重直线上升，迫使营运中的高速船纷纷减速行驶，新造船舶的航速也出现下降趋势。但是非排水型的高速客船，如水翼船和气垫船已应用于短途客运航线上，并日益发展。

4. 船舶自动化

自20世纪60年代初期以来，各国航运企业为了减少船员人数、改善船员劳动条件和提高船舶营运的经济效益，逐步实现了轮机、导航和舣装三个方面的自动化。如20世纪60年代中期造出机舱定期无人值班的船舶，已得到各国船级社的承认。

5. 船舶内燃机化

船舶内燃机化是指船舶普遍采用柴油机为主机。柴油机同蒸汽机比较，具有热效率高、油耗低、占地小等优点。自从1911年造出第一艘柴油机海船以来，采用柴油机为主机的货船和客船日益增多。但到第二次世界大战结束时止，世界商船队中蒸汽机船仍占多数。第二次世界大战后，低速大功率柴油机由于增压技术的进步，单机功率不断提高，最大已达5万马力。过去必须安装汽轮机的大型高速船也能应用柴油机。油耗低、能燃用劣质油的不同功率的柴油机现在几乎占领了船用发动机的全部市场。因此，第二次世界大战后的运输船舶发展阶段被称为柴油机船时代。

资料来源：中国航海学会

项目小结

国际货物运输贯穿国际贸易合同履行的全过程，是国际贸易中必不可少的一个环节。它具有线长面广、环节多、时间性强、风险大等特点，所以在国际商品贸易中我们应该对货物的运输方式、运输单据和运输条款等做出正确的规定。本项目讨论了海运、陆运、空运、公路运输、内河运输、邮政及管道运输、集装箱与多式联运方式的国际货物运输，以及合同装运条款的制定与注意事项。

海运主要通过班轮运输和租船运输两种方式。班轮运输，装运货物的品种数量极为灵活，而大宗货物常常采用租船运输。铁路运输、空运、公路运输、内河运输、邮政及管道运输、集装箱及国际多式联运，各具特点，运作程序各不相同，应在实践中熟练把握。

课后习题

一、选择题

1. 海洋运输一般分为租船运输和（　　）。

A. 定期运输　　B. 专线运输

C. 内河运输　　D. 班轮运输

2. 经过背书才能转让的提单是（　　）。

A. 指示提单　　B. 不记名提单

C. 记名提单　　　　　　　　　　D. 清洁提单

3. 提单上批注有“被雨淋湿”“三箱破损”等文字，称为（　　）。

A. 清洁提单　　B. 不清洁提单　　C. 记名提单　　D. 指示提单

4. 在国际贸易中，海运提单的签发日期是表示（　　）。

A. 货物开始装船的日期　　　　　B. 装载船只到达装运港口的日期

C. 货物已经装船完毕的日期　　　D. 装载船只到达目的港口的日期

5. 下列不是统一提单条款内容的国际公约有（　　）。

A.《汉堡规则》　　　　　　　　B.《维斯比规则》

C.《海牙规则》　　　　　　　　D.《1958 年纽约公约》

6. 在进出口业务中，能够作为物权凭证的运输单据有（　　）。

A. 铁路运单　　B. 海运提单　　C. 航空运单　　D. 邮包收据

7. 清洁提单是指（　　）。

A. 提单表面整洁　　　　　　　　B. 轮船表面整洁

C. 货物表面完好　　　　　　　　D. 货款已结清

8. 所谓空白抬头、空白背书提单是指（　　）。

A. 提单的收货人一栏什么也不填，也不背书

B. 提单的收货人一栏内填上“空白”二字，在提单的背面也写上“空白”二字

C. 提单的收货人一栏填上“TO ORDER”，在提单背面由托运人签字

D. 提单的收货人一栏填上“TO ORDER”，在提单背面由承运人签字

9. 滞期费是（　　）。

A. 卖方向买方缴纳延误交货的罚款

B. 负责装卸货物的一方向船方缴纳延误船期的罚款

C. 买方向卖方缴纳延误开证的罚款

D. 班轮运输情况下，合同中规定负责订舱的一方因延误船期向另一方缴纳的罚款

10. 速遣费是（　　）。

A. 向租船方收取的一笔罚金　　　B. 给予负责装卸货物的一方的一笔奖金

C. 向出口人收取的一笔罚金　　　D. 给予进口人的一笔奖金

11. 对于 CIF 术语合同，买方不接受的提单是（　　）。

A. 运费已付提单　　　　　　　　B. 收妥备运提单

C. 货物表面良好的提单　　　　　D. 启航时间待通知的提单

12. 航空运单不是（　　）。

A. 承运合同　　B. 货物收据　　C. 报关单　　D. 物权凭证

13. 使用航空班机运输的情况下，运费的收取是按照（　　）。

A. 毛重　　　　　　　　　　　　B. 体积

C. FOB 总值的一定百分比　　　　D. 重量或体积从高

14. 采用 OCP 条款时必须满足的条件是（　　）。

A. 货物最终的目的地必须属于 OCP 地区

B. 货物必须经由美国西海岸港口中转

C. 提单上须标明 OCP 字样，并在目的港栏内注明西部港口及最终内陆城市的名称

D. “唛头”的目的港城市名称下须加注 OCP 及最终目的地城市名称

15. 租船运输包括（　　）。

A. 定期租船　　B. 集装箱运输　　C. 班轮运输　　D. 定程租船

16. 签发多式联运提单的承运人的责任是（　　）。

A. 只对第一程运输负责　　B. 必须对全程运输负责

C. 对运输不负责　　D. 只对最后一程运输负责

17. 联运提单的签发人（　　）。

A. 对运输的全程负责

B. 只对第一程运输负责

C. 接受第二程运输承运人的委托向原货主负责

D. 只对第二程运输负责

18. 信用证要求提供“全套清洁已装船做成凭指示和空白背书的提单”，其含义是出口方提供的提单（　　）。

A. 必须是三份　　B. 为清洁提单

C. 抬头为“凭指示”　　D. 要记载装船时间

19. 海运提单的性质和作用是（　　）。

A. 它是海运单据的唯一表现形式

B. 它是承运人或其代理人出具的货物收据

C. 它是代表货物所有权的凭证

D. 它是承运人与托运人之间订立运输契约的证明

20. 国际货物买卖中比较常见的装运港和目的港的规定方法有（　　）。

A. 笼统地规定装运港和目的港

B. 一般情况下，只规定一个装运港和一个目的港

C. 大宗商品可规定两个装运港和目的港

D. 在双方洽商暂无法确定装运港和目的港时，可采用选择港的方式

二、判断题

1. 海运提单、铁路运单和航空运单等都是物权凭证，都可以背书转让。（　　）

2. 凡是在同一航次、同一船名、去同一目的地并交给同一收货人的货物，即使装运时间与装运地点不同，也不视作分批装运。（　　）

3. 按一般惯例，速遣费通常为滞期费的 1/2。（　　）

4. 某商品每箱体积为 30cm × 40cm × 50cm，毛重为 62kg，如果班轮运费计收的标准为 W/M，则船公司按照尺码吨计算运费有利。（　　）

5. 信用证如未规定“允许分批装运”或“允许转船”，则可视为“不允许分批”“不允许转船”。（　　）

6. 重量吨和尺码吨统称为运费吨。（　　）

7. 海运提单是一种物权凭证，凭海运提单副本可以提货。（　　）

8. 班轮运费中“W/M Plus Ad. Val”是指在计收运费时，应选择三者中较高者。（　　）

9. 使用 OCP 运输条款时，并不要求在提单上注明“OCP”字样。（　　）

10. 海运提单是承运人和托运人之间的运输契约。 ( )

三、简答题

1. 什么叫班轮运输？班轮运输有哪些特点？
2. 什么叫滞期费和速遣费？在买卖合同中为什么要规定滞期和速遣条款？
3. 提单的性质和作用是什么？
4. 什么叫清洁提单和不清洁提单？为什么买方要求卖方提供清洁提单？

四、计算题

1. 我国出口一批货物，价格为 $35/箱，CFR Liverpool 英方要求发报 FOB 价。已知货物体积为 45cm×40cm×25cm，毛重为每箱 35kg，每运费吨基本运费率为 120 美元（W/M），附加费有燃料费 20%、港口拥挤费 10%，求改报价。

2. 某商品纸箱装，每箱毛重 45 公斤，每箱体积 0.05 立方米，原报价每箱 38 美元 FOB 上海，客户要求改报 CFRC 伦敦，我方应报价多少？（该商品运费计收标准为 W/M，每运费吨基本运费为 200 美元）

五、案例分析

1. 某公司对南非出口一批化工产品 2 000 公吨，采用信用证支付方式。国外来证规定："禁止分批装运，允许转运。"该证并注明：按 UCP600 办理。现已知：装运期临近，已订妥一艘驶往南非的"黄石"号货轮，该船先停靠新港，后停靠青岛。但此时，该批化工产品在新港和青岛各有 1 000 公吨尚未集中在一起。如你是这笔业务的经办人，最好选择哪种处理方法，为什么？

2. 我方出口公司收到一国外来证，货物为 40 000 只打火机，总价值为 4 万美元，允许分批装运，采用海运方式。后客户来传真表示急需其中的 10 000 只（总数量的 1/4）打火机，要求改用空运方式提前装运，并提出这部分货款采用电汇方式（T/T）在发货前汇至我方。遇到此类问题我方该如何处理？

3. 某外贸公司出口货物一批，以信用证方式成交，买方来证规定"Shipment：not later than 31 May 2002，Expiration date：15 June 2002"，又规定"This credit is subject to UCP600"。该外贸公司 5 月 10 日将货物全部装船，提单签发日为 5 月 10 日，当受益人于 6 月 8 日交单议付时，却遭到议付行拒付，为什么？

4. 中国某公司按 FOB 条件从国外进口一批大宗商品，交易双方约定的装运港，实际上吃水深度较浅、大船不能靠岸，加之在买卖合同中，既未规定由卖方负责装船，又未规定滞期和速遣条款，结果装运港的驳运费和发生的滞期费与速遣费只好全由中方承担。试分析我们应从中吸取的经验教训。

5. A 公司以出口打印机为主营业务，业务特点为成交量小、批次多、交接港口分散，B 租船货代公司应推荐 A 公司采用租船运输方式吗？如果不合适，在具备什么业务特点时应推荐采用租船运输方式？

6. 某发货人以 CFS/CFS 条款托运 1 000 台电视机，船公司受理承运后，发货人将 1 000 台电视机交付国际货运代理企业指定的货运站，为此，货运站向该发货人签发场站收据，注明收到 1 000 台电视机。然后，平均将其装入自己所拥有的 10 个集装箱中。这批集装箱装船后，发货人凭场站收据取得了国际货运代理企业签发的提单。

（1）假设该批货物在目的港货运站拆箱时发现其中一箱仅为99件，为此，收货人依提单向国际货运代理企业索赔。如果国际货运代理企业能证明托运人在装运港的确实交99件，则国际货运代理企业是否有权依此拒绝向收货人承担责任？为什么？

（2）假设国际货运代理企业向收货人进行了赔偿，则他是否有权向装运港货运站或发货人追偿？其法律依据是什么？

项目五

国际货物运输保险

学习目标

通过本项目的学习，了解保险的基本原则；认识货物运输中可能遇到的风险及风险可能造成的损失，会判定共同海损；掌握中国人民保险公司的各种险别，并能够与英国伦敦保险协会货物保险险别进行比较；学会如何在国际贸易合同中订立合适的保险条款。

导入案例

1. 某出口公司曾按 CIF 条件向外商出售一批货物，合同中没有约定具体投保的险别，中方公司发货时投保了平安险。后来外商指责中方公司漏保战争险，其理由是，既然货价中包括保险费，卖方就应加保战争险，双方因此引起争议。外商的指责和要求是否合理？中方应如何处理此事？

2. 我方某外贸公司以 CIF 术语出口一个整集装箱的货物，我方在货物出运前及时投保了海运一切险。在货物从出口公司仓库运到码头装运的路途中，由于驾驶员的疏忽，集装箱货车意外翻车下崖，货物全部报废。应该由买方还是卖方向保险公司索赔？为什么？保险公司是否应该赔偿？为什么？

5.1 保险概述

一、保险的概念

《中华人民共和国保险法》规定：保险（Insurance）是指投保人根据合同约定，向保险人支付保险费，保险人对于因合同约定的可能发生的事故所造成的财产损失承担赔偿保险金的责任。

保险在国际贸易中起着重要的作用。这是因为，国际货物一般都需要通过国家间的长途运输，在运输过程中，可能会遇到各种自然灾害和意外事故而使货物中途遭受损失。为了转嫁这些风险造成的损失，货物运输保险应运而生。货物一旦在途中遭到承保范围内的损失，即可从保险公司及时得到经济上的补偿，这将有利于进出口企业保持正常营业，从而有效地促进国际贸易的发展。

二、保险的基本原则

（一）保险利益原则

保险利益（Insurable Interest）原则是指投保人对保险标的应当具有法律上的保险利益。投保人对保险标的不具有保险利益的，保险合同无效，这就是保险利益原则。

国际货运保险同其他保险一样，要求投保人必须对保险标的具有保险利益，但国际货运保险不像有的保险（如人身保险）那样要求投保人在投保时便具有保险利益，它仅要求在保险标的发生损失时投保人必须具有保险利益。这种特殊规定是由国际贸易的特点所决定的。

例 5-1：某外贸企业从国外进口一批货物，与卖方交易采取的是 FOB 价格。按该价格条件，应由买方投保。于是企业以这批尚未运抵取得的货物为保险标的投保海上货运险。问：保险公司是否愿意承保？

参考答案：保险公司会承保这批货物。企业因尚未取得该批货物而没有保险利益，在一般财产保险中是不能投保的。但在海上货物运输保险中，在订立保险合同时，投保人对保险标的没有保险利益也可投保。

相关阅读

在早期的海上保险中，有人以与自己毫无关系的船舶、货物以及船上人员投保，一旦发生海难事故就可领取一笔赔款。显然，这种保险与赌博没有区别，所以后来遭到禁止，规定必须具有保险利益才能投保。

那么如何具体判断有没有保险利益呢？

在财产保险中，首先是财产归谁所有，谁就具有保险利益；其次是财产的经营人、保管人、承租人、抵押权人等对财产也具有保险利益。

（二）最大诚信原则

最大诚信（Utmost Good Faith）原则也称最高诚信原则，是指在保险合同的签订和履行过程中，双方均应本着绝对的诚意办事，恪守信用，互不隐瞒和欺骗，特别是在签订保险合同时，无论是否被问及，双方当事人均应自动地把与投保标的有关的重要情况向对方做充分、正确的披露（告知）。

（三）补偿原则

补偿原则（Principle of Indemnity）是指当保险标的遭受保险责任范围内的损失时，保险人应当依照保险合同的约定履行赔偿义务。但保险人的赔偿金额不得超过保险单上的保险金额或被保险人遭受的实际损失。保险人的赔偿不应使被保险人因保险赔偿而获得额外利益。

（四）近因原则

近因（Proximate Cause）原则是指保险人只对承保风险与保险标的损失之间有直接因果关系的损失负赔偿责任，而对保险责任范围外的风险造成的保险标的的损失，不承担赔偿责任。近因是指导致损失发生的最直接、最有效、起决定性作用的原因，而不是指时间上或空间上最接近的原因。例如，雷击折断大树，大树压坏房屋，房屋倒塌致使家用电器损毁，则家用电器损毁的近因就是雷击。

例 5－2：“艾卡丽亚号”于 1915 年 1 月 30 日被潜艇鱼雷击中，船身被炸开了两个大洞，一号船舱灌满了海水。该船的保单承保了海上危险，但把“一切敌对行为或类似战争行为的后果”作为除外责任。该船驶进了法国勒哈佛尔港，停泊在一个军事运输繁忙的码头边上，港务局担心船会沉没并阻碍码头的使用，于是命令该船起锚或者到港外抢滩，船长只能服从命令，停靠在防波堤外。由于海床不平和该船被鱼雷击中后头重脚轻的共同作用，船身严重扭曲，终于在 2 月 2 日涨潮时沉没了。请问，保险人应负责赔偿吗？

参考答案：保险人不需要赔偿。因为损失的近因是鱼雷，属于除外责任。

5.2　海运风险与损失

风险因素是指促使某一特定损失发生或增加其发生可能性的原因。例如，气候干燥就是发生森林大火的风险因素，汽油放在仓库就是容易导致火灾的风险因素。风险事故是指引起损失或使损失增加的直接或外在的事件。例如，火灾造成企业厂房、设备的损毁，则火灾就是造成损失的直接原因，火灾本身就是风险事故。损失是指非故意、非计划和非预期的经济价值的减少。

风险因素、风险事故和损失三者之间存在着密切的关系，即风险因素引发风险事故，而风险事故导致损失的产生。三者关系如图 5－1 所示。

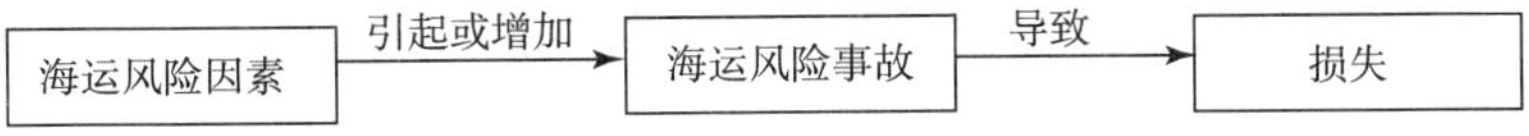

图 5－1　风险构成要素之间的相互关系

一、风险

海运风险（Risk）包括海上风险和外来风险两类。详见表 5－1。

表 5－1　海运风险的种类

风险类型		风险内容
海上风险 Perils of the Sea	自然灾害 Natural Calamity	恶劣气候、雷电、海啸、地震、洪水、火山爆发和浪击落海等
	意外事故 Fortuitous Accidents	船舶搁浅、触礁、沉没、互撞、与流冰相撞、失火和爆炸等
外来风险 Extraneous	一般外来风险 Ordinary Risks	偷窃、雨淋、短量、玷污、渗漏、破碎、串味、受潮、受热、钩损和锈损等
	特殊外来风险 Special Risks	战争、罢工、拒收和交货不到、黄曲霉素等。

（一）海上风险

海上风险一般包括自然灾害（Natural Calamity）和意外事故（Fortuitous Accidents）两种。自然灾害并不是泛指一切由于自然力量造成的灾害，而是仅指恶劣气候、雷电、海啸、地震、洪水或火山爆发等人力不可抗力的灾害，其主要含义详见表5-2。意外事故一般是指由于偶然的非意料中的原因造成的事故，但在海上保险业务中，它并不是泛指海上意外事故，而是仅指运输工具遭受搁浅、触礁、沉没、船舶与流冰或其他物体碰撞以及失踪、失火和爆炸等，其主要含义详见表5-3。

表5-2　海上风险自然灾害含义表

序号	自然灾害	含义
1	恶劣气候	指海上飓风、大浪引起船舶颠簸、倾斜，造成船舶的船体、机器设备的损坏或由此而引起的船上所载货物相互挤压、碰撞所导致的破碎、渗漏、凹瘪等损失
2	雷电	指被保险货物在海水或陆上运输过程中，由雷电直接造成的或由于雷电引起火灾所造成的损害
3	海啸	指由于海底地壳发生变异引起剧烈振荡而产生巨大波浪，致使被保险货物遭受损害或灭失
4	地震	指直接或归因于陆上的地震所引起的被保险货物的损失
5	火山爆发	直接或归因于火山爆发所引起的被保险货物的损失
6	洪水	指山洪暴发、江河泛滥、潮水上岸及倒灌使被保险货物被浸泡、冲散、冲毁的损失
7	浪击落海	指舱面货物受海浪冲击落海而造成的损失，但不包括在恶劣气候下船身晃动而造成货物落海的损失
8	海水、湖水、河水进入船舶、驳船、运输工具、集装箱、大型海运箱或储存处所	指海水、湖水、河水进入船舶等运输工具或储存处所造成的损失。另外，储存处所可以理解为包括陆上一切永久性或临时性的、有顶篷或露天的储存处所

表5-3　海上风险意外事故含义表

序号	意外事故	含义
1	搁浅	指船底同海底或浅滩保持一定时间的固定状态。这一状态必须是在事先预料不到的意外情况下发生的。至于规律性的潮汛涨落造成船底触及浅滩或滩床，退潮时搁浅、涨潮时船舶重新浮起继续航行，则属于必然现象，不能作为保险上的"搁浅"事故
2	触礁	指船体触及海中的险礁和岩石等造成的意外事件。船只同沉船的"残骸"相接触，也可以视为"触礁"
3	沉没	指船体的全部或大部分已经没入水面以下，并已失去继续航行的能力。如船体的一部分浸入水中或者不继续下沉，海水仍不断渗入舱内，但船只还具有航行能力，则不能视作沉没

续表

序号	意外事故	含义
4	碰撞	指船舶与其他船或其他固定、流动的固体物猛力接触。例如同码头、桥梁、浮筒、灯标等相撞。船只同海水的接触以及船只停泊在港口内与其他船并排停靠码头旁边，因为波动相互挤擦，均不能作为碰撞
5	失踪	指船舶在航运中失去联络，音信全无，达到一定时间，仍无消息，可以按“失踪”论处。这“一定”时间，并无统一的规定，有些国家规定为6个月，也有定为4个月的。船舶的失踪，大部分是由于海上灾害引起的，但也有人为因素造成的，如敌方的扣押、海盗的掳掠等
6	失火	又叫火灾，它既包括船只本身、船上设备和机器的着火，也包括货物自身的燃烧等。引起火灾的原因很多，有的是自然灾害的因素，如闪电、雷击等；有的是货物本身的特性受到外界气候、温度等影响而自燃，如黄麻、煤块等在一定高温下自己燃烧起来；有的是人为因素，如船上人员或修船人员的疏忽、烟蒂未熄灭、使用电焊器火花溅及物体等引起的燃烧
7	爆炸	是指船上锅炉或其他机器设备发生爆炸和船上货物因气候条件（如温度）影响产生化学反应引起的爆炸

（二）外来风险

外来风险包括一般外来原因造成的风险和特殊外来原因造成的风险。一般外来风险（Ordinary Risks）指由一般外来原因引起的风险所造成的损失，如偷窃、雨淋、短量、玷污、渗漏、破碎、串味、受潮、受热、钩损和锈损等。特殊外来风险（Special Risks）指由于政府及群众行为等原因所造成的风险及损失，如战争、罢工、拒收和交货不到等。

二、损失

海上损失（简称海损，Loss）是指被保险货物在海运过程中由于各类灾害造成的损失或灭失。根据国际保险市场的一般解释，凡与海陆连接的陆运过程中所发生的损失或灭失，也属海上损失范围。就货物损失的程度而言，海上损失可分为全部损失（Total Loss）和部分损失（Partial Loss），具体如图5－2所示。

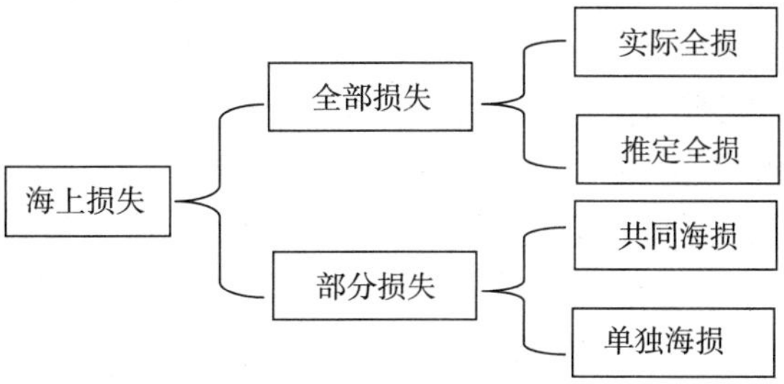

图5－2　海上损失

（一）全部损失

全部损失（Total Loss）（简称全损）是指运输途中的货物全部灭失，或完全变质，或不可能归还被保险人等。根据全部损失情况的不同，又可分为实际全损（Actual Total Loss）和推定全损（Constructive Total Loss）。

1. 实际全损

实际全损是指保险标的发生保险事故后灭失，或者受到严重损坏完全失去原有形体、效用，或者不能再归被保险人所拥有。例如：船货完全沉入海底；货物全部变质，丧失商业价值及原有用途，如水泥遭浸泡而结块；货物不能再归货主所有，如货物被敌方扣押、船只被海盗劫持、船舶失踪达半年仍无音信等。

保险货物的实际全损，可按保险金额向保险人请求赔偿全部损失。

2. 推定全损

推定全损，指被保险货物在运输途中受损后，实际全损已不可避免，或者为避免发生实际全损所需支付的费用与继续将货物运抵目的地的费用之和超过保险价值，即恢复、修复受损货物并将货物运到原定目的地的费用将超过货物的价值。

在推定全损的情况下，若被保险人仍想保留对受损货物的所有权，也可按部分损失向保险人提出索赔要求。

例5-3：我公司出口稻谷一批，因保险事故被海水浸泡多时而丧失其原有价值，货到目的港后只能低价出售，这种损失属于____。

有一批出口服装，在海上运输途中，因船体触礁而使服装严重受浸，若将这批服装漂洗后运至原定目的港，则所花费的费用会超过服装的保险价值，这种损失属于____。

参考答案：实际全损；推定全损。

（二）部分损失

部分损失（Partial Loss）是指被保险货物的一部分毁损或灭失，没有达到全部损失的程度。部分损失按照其损失性质的不同，可以分为共同海损（General Averages，GA）和单独海损（Particular Average，PA）。

1. 共同海损

共同海损，是指载货船舶在海上遇到灾害、事故，威胁到船货等各方面的共同安全，为了解除这种威胁，维护船货安全，使航程得以继续完成，船方有意识、合理地采取措施，造成某些特殊损失或者支出特殊额外费用。

构成共同海损应具备下列条件：

第一，共同海损的危险必须是真实存在的，只凭主观臆测可能会有危险发生而采取某些措施，或可以预测的常见事故所造成的损失都不能列为共同海损。

第二，共同海损行为必须是为了船货的共同安全而有意采取的紧急、合理的措施。例如，船在航行中搁浅，涉及船主和货主的共同利益。

第三，共同海损必须是主动采取合理措施所做出的特殊牺牲和支付的额外费用。

共同海损的分摊：

（1）共同海损分摊时，涉及的受益方包括货方、船方和运费方。

（2）共同海损的分摊有两个原则：①分摊以实际遭受的损失或额外增加的费用为准。②无论是受损方还是未受损方均应按标的物价值比例分摊。③进行共同海损分摊时，一般遵循《约克—安特卫普规则》。

相关阅读

《约克—安特卫普规则》制定和修改的经过

为了统一做法，协调共同安全派和共同利益派的利益，顺利进行共同海损的理算工作，随着国际贸易和航运事业的发展，欧洲、美洲主要海运国家有关行业的代表从 19 世纪中叶起，即开始酝酿讨论制定一项统一的理算规则，以资遵守。经过近百年的努力，这项规则已为世界各海运国家所普遍接受，称为《约克—安特卫普规则》。

《约克—安特卫普规则》是由英国、美国和欧洲大陆海运国家的理算、海运、贸易和保险界等方面的代表最初于1860 年在英国格拉斯哥开会制定的，称为格拉斯哥决议（Glasgow Resolution），其后经过七次修改，现在使用的规则称为《1994 年约克—安特卫普规则》，使用范围比较广泛，凡是载运国际贸易商品的海轮，发生共同海损事故，一般都按照此项规则理算。

1. 1860 年格拉斯哥决议

1860 年英国全国社会科学促进会（National Association for The Promotion of The Social Science）根据英国劳合社、利物浦承保人协会和其他一些主要商业团体的要求在英国格拉斯哥开会，制定了格拉斯哥决议，指出制定统一的国际性的共同海损理算规则的必要性和方向，并对某些共同海损牺牲和费用做了初步的划分。

会议还提出希望各有关国家通过一项内容一致的法律，即以立法形式来统一共同海损的理算工作。

2. 《 1864 年约克规则》

为了贯彻格拉斯哥决议，国际共同海损大会于 1864 年在英国约克（York）召开第三届大会，并通过了一项包含有 11 条关于共同海损理算的规则，称为《1864 年约克规则》。会议建议在各国立法期间，由各国海商界在船舶租约和货物运输提单中加订下列条款：“共同海损索赔应按 1864 年在约克制定的国际海损规则进行理算。”

3. 《1877 年约克—安特卫普规则》

1877 年 8 月在比利时的安特卫普再次召开会议，对《1864 年约克规则》做了修改，改名为《1877 年约克—安特卫普规则》，这就是现今国际上使用的《约克—安特卫普规则》的由来。

会后很多国家根据本次会议的决议和精神在船舶租约和货物运输提单中先后订入使用《1877 年约克—安特卫普规则》的条款。保险公司也同意在不加收保险费的情况下使用“外国共同海损条款”，至 1879 年几乎所有海运国家的货物运输提单、海上保险合同都同意采用 1877 年的新规则。这样，就使统一共同海损理算工作通过自愿协议的方式向前推进了一大步。

4. 《1890 年约克—安特卫普规则 》

1890 年在英国利物浦由“各国改革和编纂律师协会”（Conference of The Association for The Reform & Codification of The Law of Nations）召开大会，通过由英国理算人协会提出的一份更名为《1890 年约克—安特卫普规则》的条款。规则共有 18 条，内容比以前完善，但也更多地接受了共同利益派的主张，例如在规则中第一次出现了“安全完成航程”的字样，即规定如果船舶在航行中发生意外事故，为了安全完成航程，需要在避难港进行修理，则因此而产生的卸货费、仓储费、重装费以及船员工资、给养可以列为共同海损。

1903 年在比利时安特卫普举行的会议上又增补了一条新规则：

“即使引起牺牲或费用的事故可能是由于航程中某一方的过失造成的，也不影响要求分摊共同海损的权利，但这并不妨碍非过失方与过失方之间就此项过失提出索赔或抗辩。”

1913 年在西班牙马德里召开的国际法协会的会议上起草了一份共同海损国际法典草案，于 1914 年在荷兰海牙召开的国际法协会会议上讨论。会议大部分代表对用法律形式来统一理算办法不感兴趣。大部分代表的意见是进一步修改《1890 年约克—安特卫普规则》，以便不断完善理算办法。

1914—1918 年发生第一次世界大战期间，世界各主要海运国家卷入战争，修订完善理算规则的工作不得不暂告中止。

第一次世界大战结束以后，国际法协会中心又捡起这项修改规则的工作，于 1924 年在英国格瑞司因和伦敦，分别召开专家会议，对 1890 年规则提出修改方案，以备提交大会讨论通过。

5.《1924 年约克—安特卫普规则》

1924 年 9 月国际法协会在瑞典首都斯德哥尔摩召开第 33 届大会，有英国、美国、法国、德国、比利时、荷兰等海运国家代表出席会议，对上述修改方案进行讨论通过，改称为《1924 年约克—安特卫普规则》。在通过《1924 年约克—安特卫普规则》时，与会代表还达成一项谅解，即在上述两组规则中，数字规则优先于字母规则，发生共同海损事故，应先按数字规则的规定理算，只有在数字规则没有规定的情况下，字母规则才适用。但这项谅解并未在规则中表现出来。

6.《 1950 年约克—安特卫普规则》

建议修改《1924 年约克—安特卫普规则》，首先是在 1947 年于比利时安特卫普召开的国际海事委员会大会上提出来的。自此以后，此项修改规则的工作就由该委员会主持办理，至今未变。经过多次讨论，提出了一份修改方案，提交 1949 年于荷兰阿姆斯特丹召开的大会上讨论通过，称为《1950 年约克—安特卫普规则》。修改内容主要是在字母规则前增加了一组解释规则，共两款：一款说明共同海损理算适用本规则规定，凡与本规则规定相抵触的法律和惯例都不适用；另一款说明数字规则优先于字母规则，明确了字母规则和数字规则的隶属关系。除了上述补充以外，还对数字规则中某些规定做了少许技术性的修改。

按照以上所述，美国对接受采用《1924 年约克—安特卫普规则》做了很大的保留。第二次世界大战以后，美国因海运事业有了较大的发展，不再希望被排斥在《1924 年约克—安特卫普规则》之外，1950 年规则增加了解释规则，解除了美国对 1924 年规则的顾虑。因此，美国也毫无保留地接受了《1950 年约克—安特卫普规则》。至此，使统一使用《约克—安特卫普规则》又跨上了一个新台阶。

9.《 1974 年约克—安特卫普规则》

随着航运事业的发展和各项费用的增长，各相关人士普遍要求为简化共同海损理算手续和节约理算费用而提出修改意见。因此，国际海事委员会等单位经过研究，准备了一份对《1950 年约克—安特卫普规则》进行修改的草案，提交 1974 年 4 月于德国汉堡召开的国际海事委员会第 30 届年会讨论。出席会议的有英国、美国、苏联、日本等 30 个国家的 400 多名代表，我国也第一次派代表以观察员身份参加了会议。经过讨论，通过了规则的修改草案，称为《1974 年约克—安特卫普规则》。为了鼓励救助人在救助过程中防止和减少污染海域环境造成的损失，国际救助公约和劳合社救助契约的标准格式在1989年和1990年分别做了修订。修改后的规则改称为《1974年约克—安特卫普规则（1990年修改)》。

10.《1994年约克—安特卫普规则》

为了完善《1974年约克—安特卫普规则》中的某些条文规定和进一步统一理算做法，国际海事委员会于1994年10月在澳大利亚悉尼召开的第35届全体会议上一致通过了修订《1974年约克—安特卫普规则（1990年修改)》的决议。修改内容主要集中在下列五个方面：

（1）在解释规则中增加了一条“首要规则”，规定如下：“牺牲或费用，除合理做出或支付者外，不得受到补偿。”

（2）在规则B中，为了统一做法，对船舶拖带或顶推其他船舶过程中可以列为共同海损补偿的牺牲和费用的范围做了原则性的规定。

（3）在规则C中，明确订明因环境污染或在同一航程中的财产溢漏或排放污染物质造成的损失和费用不得受到补偿。另外，在规则XI中，对采取防止和减少环境污染措施所支付的费用的划分也做了一些新的规定。

（4）为加速理算工作的进行，以维护各有关方的权益，在规则E中，规定申请共同海损补偿的人必须在规定期限内向经办该案的共同海损理算师发出书面通知并提供必要单证，否则理算师有权对其应受补偿和参加分摊的金额做出判决和决定。

（5）在规则G中，规定在船舶因牺牲、意外事故或其他特殊情况，为了共同安全驶入避难港的情况下，如果货物从避难港用其他船舶或以其他方式运至目的港，该货物应受补偿和参加分摊的权利和义务应如同该货物未从避难港运走一样处理。这种做法虽早已经被各国共同海损理算师所采用，但并不为广大货主所理解。为统一做法起见，特在字母规则中做出原则规定。

在悉尼会议上通过的规则称为《1994年约克—安特卫普规则》，并建议1994年12月31日以后尽早适用新的理算案件。

资料来源：中国国际贸易促进委员会

2. 单独海损

单独海损，是指保险标的在运输过程中遭遇海上风险直接造成船舶或货物的部分损失，属于这种特定利益方的部分损失。例如，货物中途遭遇狂风恶浪，使舱内一批货物被海水浸泡受损而贬值60%，此项损失与其他货主及船东的利益无关，而应由受损货物的货主自行承担。如受损货物的货主已投保了相应的保险，则由保险人按保险条款的规定予以赔偿。

在此需要说明的是，在现行《协会货物保险条款》中，已不再使用“单独海损”这个术语，但在海洋运输保险实际业务中，按一般惯例，它仍被用来表示除共同海损以外的部分损失。

3. 共同海损和单独海损的区别

共同海损和单独海损均属部分损失，单独海损的事故往往先于共同海损的行为而发生，两者经常是有联系的。但二者的性质、起因和补偿方法有较大的区别，具体区别如下：

（1）致损原因不同。共同海损是人为的，是为了解除或者减轻风险而人为造成的一种损失（即船方采取措施）；单独海损是风险直接导致的损失。

(2) 损失的承担者不同。共同海损费用由获救后各方的利益大小按比例分摊；单独海损的费用由受损方自己（或保险公司）承担。

(3) 损失的内容不同。共同海损造成的损失除货物之外还包括支付的费用；单独海损是保险货物的损失。

例 5-4：某货轮从天津新港驶往新加坡，在航行途中船舶货舱起火，大火蔓延至机舱，船长为了船货的共同安全决定采取紧急措施，往舱中灌水灭火。火虽被扑灭，但由于主机受损，无法继续航行，于是船长决定雇用拖轮将货船拖回新港修理，检修后重新驶往新加坡。其中的损失与费用有：①1 000 箱货被火烧毁；②600 箱货由于灌水受到损失；③主机和部分甲板被烧坏；④拖轮费用；⑤额外增加的燃料、船长及船员工资。请指出这些损失中哪些是单独海损，哪些是共同海损。

参考答案：1 000 箱货被火烧毁属单独海损；600 箱货由于灌水造成损失属共同海损；主机和部分甲板被烧坏属单独海损；拖轮费用以及额外增加的燃料、船长及船员工资都属共同海损。

例 5-5：有一货轮在航行中与流冰相撞。船身一侧裂口，舱内部分乙方货物遭浸泡。船长不得不将船就近驶入浅滩，进行排水，修补裂口。而后为了浮起又将部分甲方笨重的货物抛入海中。经统计，乙方部分货物遭受浸泡损失了 3 万美元，将船舶驶上浅滩以及产生的一连串损失共为 8 万美元，那么，如何分摊损失？（该船舶价值为 100 万美元，船上载有甲、乙、丙三家的货物，分别为 50 万美元、33 万美元、8 万美元，待收运费为 2 万美元）

参考答案：案例中，乙方部分货物被水浸泡损失的 3 万美元属于单独海损，由乙方自己承担，因此船方、货方、运费方三方按比例共同承担 8 万美元的共同海损。各方应承担损失的比重如下：

甲方：50/190 = 26.32%；

乙方：(33 - 3)/190 = 15.79%；

丙方：8/190 = 4.21%；

船方：100/190 = 52.63%；

运费方：2/190 = 1.05%。

各方应承担的损失金额如下：

甲方：8 × 26.32% = 2.11（万美元）；

乙方：8 × 15.79% = 1.26（万美元）；

丙方：8 × 4.21% = 0.34（万美元）；

船方：8 × 52.63% = 4.21（万美元）；

运费方：8 × 1.05% = 0.08（万美元）。

相关阅读

共同海损的理算过程

在理算过程中，首先应确定共同海损损失金额。船舶、货物和运费的共同海损损失金额按以下标准计算：船舶的损失金额，按照损失部分实际支付的合理修理费用计算，尚未进行修理，则按必要修理的合理估计费用计算；燃料、物料等损失按实际价值计算；货物的损失金额按照损失部分的到岸价格，减除由于损失无须支付的运费计算；运费的损失按照货物遭受损失而引起的运费损失金额，减除由于损失无须支付的营运费用计算。

其次，确定共同海损分摊价值。共同海损损失应由各受益方按各自的分摊价值比例分摊。分摊价值是指由于共同海损措施而受益的财产（包括船舶、货物、运费等）以及遭受共同海损损失而获得补偿的财产金额。

关于船舶分摊价值，按照船舶在航程终止时的当地完好价值减除不属于共同海损的损失金额计算，或者按照船舶在航程终止时的当地实际价值加上共同海损的损失金额计算。

关于货物的分摊价值，按照货物的到岸价格，减除不属于共同海损的损失金额和承运人承担风险的运费计算。未经申报的货物或谎报的货物，应按实际价值参加分摊；如果这些货物遭受损失，不得列入共同海损。旅客行李和个人物品，除特殊情况下，不参加共同海损分摊。

关于运费分摊价值，按照承运人承担风险并于事后收得的运费，根据共同海损事故发生时尚未完成的航程，进行相应比例的扣减，加上列入共同海损的运费损失金额计算。

最后，确定共同海损分摊金额。共同海损分摊金额，又称“摊水费”，指由于共同海损措施而受益的船舶、货物和运费等应分摊共同海损的数额。分摊金额的计算公式为：船舶或货物或运费的分摊金额 = 共同海损损失总额/分摊价值总额摊价值 × 各收益方的分摊价值。即先通过共同海损总金额除以共同海损分摊价值总额，计算出共同海损的分摊率，然后用各受益方的分摊价值分别乘以共同海损损失率，得到各收益方应分摊的共同海损金额。为保证分摊共同海损，经有关方的要求，各分摊方应提供共同海损担保。

资料来源：百度百科

三、海上费用

保险货物遭受保险责任范围内的事故，除了使货物本身遭受损失以外，还会产生费用方面的损失，保险人也应该予以赔偿。其涉及的费用主要有以下几种（图 5 –3）。

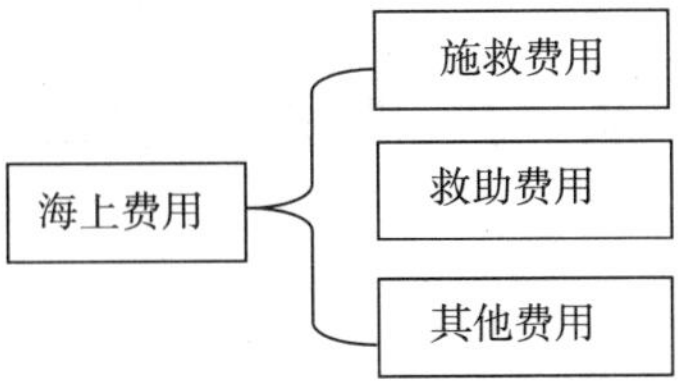

图 5 –3　海上损失

（一）施救费用

施救费用（Sue and Labor Expenses）是指保险标的物遇到保险责任范围内的灾害事故时，被保险人或其代表、雇用人员和保险单受让人等为抢救货物、防止损失扩大而采取措施所支出的费用。

（二）救助费用

救助费用（Salvage Charges）是指保险标的物遇到上述灾害事故时，由保险人和被保险人以外的第三者采取有效的救助措施，在救助成功后，由被救方付给救助人的一种报酬。救助费用采用国际上习惯的“无效果无报酬”（No Cure No Pay）原则，救助成功，救助费用由保险人赔付。

相关阅读

无效果无报酬原则

无效果无报酬原则是海难救助法中确定救助报酬的基本原则，指的是救助人对遇险船舶和其他财产的救助，取得效果的，有权获得救助报酬；未取得效果的，无权获得任何款项。

无效果无报酬原则是历史上非常著名的救助普通法原则，它禁止在救助工作不成功的情况下支付任何救助报酬。它主要在海难救助领域中发挥着重要的作用。众所周知，海运是一项相当复杂危险的事业，船舶经常在海上遭遇种种危险，需要其他船舶实施救助。尽管救助是一项善良的义举，然而实施救助的船舶也常因救助行为而自身遭受损失。为了鼓励这种救助行为，国际海事法规定了一旦救助成功，被救船舶应当向救助船舶支付一定数额的报酬。但报酬不应超过被救船舶的价值，并且救助行为如没有实际效果或救助失败的，被救船舶则无须支付报酬。这就是无效果无报酬的原意。

而与大陆法系历史上著名的“Assistance”相比较，大陆法系允许在结果不成功的情况下仍然支付救助报酬。参见1910年救助公约（Salvage Convention 1910）第2条以及1989年救助公约第13条。

我国法律规定，救助方对遇险的船舶和其他财产的救助，取得效果的，有权获得救助报酬；救助未取得效果的，除《中华人民共和国海商法》第182条以及其他法律或合同另有约定的以外，无权获得救助款项（参见《中华人民共和国海商法》第179条）。

资料来源：百度百科、互动百科

（三）其他费用

船舶中途遭遇海上风险，为防止或减轻货物的损害，在中途港或避难港，由于卸货、存仓和运送货物所产生的合理费用，保险人均负责赔偿。

相关阅读

从“J”船案看共同海损理算要点

案情简介

根据L船公司与租船人某年7月31日签订的期租合同，“J”船装载杂货约5 321吨并于当年10月10日离开天津新港驶往阿冯默斯、利物浦和鹿特丹。该船在航程中因主机损坏，于11月2日4时17分停驶。船员于4时35分对滑油泵和控制室警报器进行了检验，发现警报器失灵，滑油泵停止工作，致使温度升高，引起曲柄轴承和主轴承的白合金融化，当时船舶位于南纬25°22′，东经09°13′。

“J”船主机损坏后失去动力，需要救助。船舶保险人P公司与B拖轮和救助股份公司签订了劳氏无效果无报酬救助契约，“大西洋”号拖轮于11月5日14时36分开始拖带“J”船，11月7日17时46分拖抵至沃尔维斯贝，19时18分救助完成。

“J”船在沃尔维斯贝停靠期间对损坏主机进行了检验。根据修理的可能性和该船所载货物的具体情况，船东与B拖轮和救助股份公司签订了由沃尔维斯贝至第一卸货港阿冯默斯的拖带合同。根据该合同，自11月10日2时29分开始，“J”船先后在“大西洋”号和“阿弟克”号拖带之下，于12月1日14时47分抵达阿冯默斯港，12月3日开始卸货，14

日卸完阿冯默斯港的货物。

按原航行计划，“J”船的第二个卸货港是利物浦。为了节省所有有关方的共同海损费用，经船东与租船人协调，决定将“J”船直接由阿冯默斯港拖往本航次的最后卸货港鹿特丹，利物浦的货物则在鹿特丹转运。根据船东与S国际海洋拖带和救助公司签订的拖带合同，“J”船在“史密特先锋”号的拖带下，于12月14日离开阿冯默斯港，12月19日抵达鹿特丹。次年1月4日卸货完毕，航程结束。

船东就上述事故宣布了共同海损并委请理算人进行共同海损理算。

□案情解析

根据各有关方提供的材料，本案存在几点特殊情况，就这些情况，理算人在理算过程中给予了如下重点考虑。

（1）船东提供的材料证明当时在南非不具备对“J”船损坏进行修理的能力。船舶检验人出具的报告也称“J”船在沃尔维斯贝的初步检验即已表明在南非修理的可能性是不存在的或者至少是极令人怀疑的。为了使船舶能够安全完成航程，需要转往具备修理能力的第二避难港进行修理，经权衡比较，鹿特丹港被认为是合适的港口。因此，理算人认为，把“J”船拖往阿冯默斯港和从阿冯默斯港拖往鹿特丹港，是符合船舶和全部货物的利益的合理措施。

（2）在阿冯默斯港卸货完毕后，“J”船本应前往利物浦卸货，为了节省共损费用而决定直接拖往鹿特丹港，在鹿特丹对利物浦的货物进行了转运，因而产生了从鹿特丹转运到利物浦货物的额外费用。此项费用本应作为代替费用列入共同海损，但租船人自己支付该项费用并放弃此项补偿要求。

（3）应船东的要求，在与利物浦货物有关共同海损担保文件中已经包含了“不分割协议”。但按原定航行计划，利物浦是鹿特丹之前的卸货港，而实际上为了节省共损费用，将“J”船拖到本航次的最后卸货港鹿特丹，导致利物浦货物的“不分割协议”最终没有实际意义。

（4）关于阿冯默斯货物分摊价值的特殊处理。根据理算规则，计算货物的分摊价值应该以其到岸价格为基础，由于“J”船的事故以及在沃尔维斯贝因协商船方提出的若干条件而有所耽搁，结果该轮于12月1日才到达阿冯默斯，致使该港收货人拒绝收货，撤销合同。发货人后来不得不以低价另行出售，扣除关税、仓租等额外费用后，出售净得比原来约定的CIF价格减少很多。最后这批货物的分摊价值是以出售净得为基础计算而得的。

（5）由于“J”船在阿冯默斯卸完该港货物后，继续由拖轮拖带至最终目的港鹿特丹，也就是说，后续还有共同海损费用产生，而已经在阿冯默斯港卸下的那一部分货物，没有义务参加分摊这一部分共同海损费用，所以，在进行理算的过程中，应该将阿冯默斯港卸货完毕之后产生的共同海损费用另行列出。这些费用包括下一航程的拖带费用、扣除正常航行费用之后的船员伙食及燃油物料。这样，本航次中所有的货物分摊截止到阿冯默斯港卸货完毕时的共同海损费用，而利物浦及鹿特丹的货物除此之外，还要参加分摊从阿冯默斯卸货完毕后至鹿特丹卸货完毕时发生的共同海损费用。

本案当中存在一些特殊情况，理算人在进行理算时在依据规则的前提下，对特殊情况进行了灵活处理，理算结果得到了各有关方的接受和认可。由于本案发生年代距今比较久远，进行案例分析未能查阅原始卷宗，此案例仅供参考。

资料来源：中国国际贸易促进委员会

5.3 我国海上货物运输保险

在海洋运输保险业务中，保险人承保的责任范围，都是通过各种不同的保险条款规定的。为了适应国际货物海运保险的需要，中国人民保险公司根据我国保险实际情况并参照国际保险市场的习惯做法，制定了“中国保险条款”（China Insurance Clauses，CIC）。投保人可根据货物特点和航线与港口实际情况自行选择投保适当的险别。按中国保险条款规定，我国海运货物保险的险别包括基本险、附加险和其他专门险三种类型。

一、基本险

按照中国人民保险公司1981年1月1日修订的《海洋运输货物保险条款》规定，海洋运输的基本险别包括平安险（Free from Particular Average，FPA）、水渍险（With Average or With Particular Average，WA or WPA）和一切险（All Risks）。

（一）平安险

“平安险”一词是我国保险业的习惯叫法，其英文含义是“单独海损不赔”。我国保险公司对平安险的承保责任范围包括：

（1）被保险的货物在运输途中由于恶劣气候、雷电、海啸、地震、洪水等自然灾害而造成整批货物的全部损失或推定全损。若被保险的货物用驳船运往或运离海轮时，则每一驳船所装的货物可视作一个整批。（自然灾害的全损）

（2）由于运输工具遭遇搁浅、触礁、沉没、互撞、与流冰或其他物体碰撞以及失火、爆炸等意外事故而造成被保险货物的全损或部分损失。（意外事故的全损或部分损失）

（3）在运输工具已经发生搁浅、触礁、沉没、焚毁等意外事故的情况下，货物在此前后又在海上遭受恶劣气候、雷电、海啸等自然灾害所造成的部分损失。（遭遇意外事故前后自然灾害所造成的部分损失）

（4）在装卸转船过程中，被保险货物一件或数件整件落海所造成的全部损失或部分损失。

（5）被保险人对遭受承保责任内的危险货物采取抢救、防止或减少货损的措施所支付的合理费用，但以不超过该批被毁货物的保险金额为限。

（6）运输工具遭遇海难后，在避难港由于卸货引起的损失及在中途港或避难港由于卸货、存仓和运送货物所产生的特殊费用。

（7）共同海损的牺牲、分摊和救助费用。

（8）运输契约中订有“船舶互撞条款”，则根据该条款的规定应由货方偿还船方的损失。

例5－6：某公司向欧洲出口一批器材，投保海运货物平安险。载货轮船在航行中发生碰撞事故，部分器材受损。另外，公司还向美国出口一批器材，由另外一船装运，投保了海运货物平安险。船舶在运送途中，由于遭受暴风雨的袭击，船身颠簸，货物相互碰撞，发生部分损失，其后船舶又不幸搁浅，经拖救脱险。试分析上述货物是否该由保险公司承担赔偿责任。

参考答案：出口欧洲的器材的部分损失是运输工具发生碰撞造成的意外事故。根据平安险的承保责任，上述货物损失显然属于承保的意外事故引起的损失，理应由保险人负责赔偿。

出口美国的货物，是船舶遭受自然恶劣气候的部分损失。但平安险承保责任规定，对于运输工具曾遭受搁浅、触礁、沉没、焚毁等意外事故的，在这之前或之后因恶劣气候等自然灾害造成的部分损失，保险公司予以补偿。所以，出口美国的货物虽然是由于自然灾害造成的部分损失，但因载货船舶在该航行中遭受搁浅，且船舶搁浅时货物仍在船上，因而保险公司对美国的货物所遭受的损失应予以赔偿。

（二）水渍险

水渍险的英文含义是“单独海损要赔”。投保水渍险后，保险公司除担负上述平安险的各项责任外，还对被保险货物如由于恶劣气候、雷电、海啸、地震和洪水等自然灾害所造成的部分损失负赔偿责任。

需注意的是，平安险和水渍险只对海水所致的各种损失负赔偿责任，而被保险货物由于淡水、雨水、冰雪融化等原因直接造成的损失，不包括在这两种险别的承保责任范围之中。

例 5－7：我方向澳大利亚出口坯布 200 包。我方按合同规定加一成投保水渍险。在海上运输途中舱内食用水管漏水，致使该批坯布的 50 包浸有水渍。请问对此损失应向保险公司索赔还是向船公司索赔？

参考答案：保险公司不予理赔。因为水渍险承保的是海水造成的损失，淡水造成的损失不在承保责任范围内。

（三）一切险

投保一切险后，保险公司除承担水渍险的各项赔偿责任外，还对被保险货物在运输途中由于一般外来风险造成的全部或部分损失负责赔偿。

一切险并非保险公司对一切风险损失均负赔偿责任，它只对水渍险和一般外来原因引起的可能发生的风险损失负责，而对货物的内在缺陷、自然损耗以及由于特殊外来原因（如战争、罢工等）所引起的风险损失，概不负赔偿责任。

三种基本险中，平安险的责任范围最小，只对自然灾害造成的全部损失和意外事故造成的全部和部分损失负赔偿责任，而对自然灾害造成的部分损失，一般不负赔偿责任。水渍险的责任范围比平安险的责任范围大，凡因自然灾害和意外事故造成的全部和部分损失，保险公司均负责赔偿。一切险的责任范围是三种基本险中最大的一种，除包括平安险和水渍险的责任范围外，它还包括被保险货物在运输途中，由于一般外来原因造成的全部或部分损失，即一切险是平安险、水渍险加一般附加险的总和，但不包括特殊附加险在内。

二、附加险

附加险是对基本险的补充，投保人只能在投保一种基本险的基础上才可加保附加险。根据我国《海洋货物运输保险条款》的规定，附加险可分为一般附加险和特殊附加险两种。

（一）一般附加险

一般附加险（General Additional Risk），承保一般外来风险造成的损失。一般附加险包括以下 11 种：

（1）偷窃、提货不着险（Theft，Pilferage and Non-delivery，TPND）。承保的风险包括：一是偷窃风险，即货物被偷走的损失或因偷窃引起的货物损坏；二是整件货物提货不着风险，即在目的地提货时由不明原因造成的整件货物提货不着或误交他人引起的无法收回的损失。

（2）淡水雨淋险（Fresh Water and/or Rain Damage，FWRD）。该险承保货物在运输途中，由于淡水、雨水以及冰雪融化造成的损失。淡水是与海水相对应的，包括船上淡水管漏水、舱汗等。

（3）短量险（Risk of Shortage）。保险公司承担货物数量和重量发生短缺的损失。对于包装货物的短少，保险公司必须查清货物外包装是否存在异常情况，如破口、破袋等，若属于散装货物，通常以装船重量和卸船重量之间的差额作为计算短量的依据，但不包括正常运输途中的自然损耗。

（4）混杂、玷污险（Risk of Intermixture & Contamination）。承保货物在运输途中混进杂质或被玷污造成的损失。

（5）渗漏险（Risk of Leakage）。承保液体物质和油类物质在运输途中因容器损坏而引起的渗漏损失。

（6）碰损、破碎险（Risk of Clash & Breakage）。承保货物碰损和破碎的损失。碰损主要是针对金属、木质等货物而言的，是指在运输途中货物因受到震动、颠簸、挤压而造成的损失。破碎主要是针对易碎物质而言的，是指在运输途中由于装卸野蛮粗鲁、运输工具的颠簸造成货物本身破裂、断碎的损失。

（7）串味险（Risk of Odour）。承保货物在运输途中因受其他带异味货物的影响而造成串味的损失。如茶叶、药材、香料等在运输过程中受到一起堆放的异味货物影响使其品质遭到破坏所造成的损失。

（8）受热、受潮险（Damage Caused by Heating & Sweating）。承保货物在运输途中受气温变化或水蒸气的影响发生变质的损失。例如船舶在行驶途中，由于气温升高，引起舱内货物的变质。

（9）钩损险（Hook Damage）。承保货物在装卸过程中，因使用手钩、吊钩等工具造成的损失。例如袋装粮食的包装袋因被吊钩损坏而使粮食外漏造成的损失，保险公司应予赔偿。

（10）包装破裂险（Loss or Damage Caused by Breakage of Packing）。承保因货物包装破裂引起的货物短少、玷污等损失。

（11）锈损险（Risk of Rust）。承保货物在运输途中因生锈造成的损失。需注意的是，生锈应在保险期内发生。如货物在装运前已经生锈，不在保险公司承保的责任范围内。

上述的一般附加险，若投保人投保的基本险为平安险或水渍险，可根据需要加保。但若已投保了一切险，一般附加险的责任已包含在一切险的范围内，就不需再加保一般附加险。

相关阅读

对易碎和易短量货物的索赔

对易碎和易短量货物的索赔，应了解是否有免赔规定。

（1）不论损失程度（Irrespective of Percentage，IOP）均予赔偿。

（2）相对免赔率（Franchise）：损失只要达到保单规定的百分数，保险公司就全部予以赔偿。

（3）绝对免赔率（Deductible）：损失必须超过保单规定的免赔百分数，保险公司负责赔付其超过绝对免赔率的损失部分。

例5-8：A公司出口小麦800吨，保险金额为95万美元，投保海运一切险，保险合同规定免赔率为1%，到达目的地后经检验发现货物短卸20吨，试求保险公司的赔偿金额是多少？

参考答案：保险赔偿额 = 950 000 ×（20 ÷ 800 − 1%）= 14 250（美元）

（二）特殊附加险

特殊附加险（Special Additional Risk），是指承保因军事、政治、国家政策、法令及行政措施等特殊外来原因所引起的全部或部分损失。

中国人民保险公司承保的特殊附加险主要包括下列8种：

（1）战争险（War Risk）。承保战争或类似战争行为所造成的被保险货物的损失。例如由于战争或类似战争行为和敌对行为、武装冲突或海盗行为以及由此引发的捕获、拘留、扣留、禁制、扣押所造成的损失，或由于各种常规武器（包括水雷、鱼雷、炸弹）所造成的损失，由于上述原因所引起的共同海损的牺牲、分摊和救助费用。

（2）罢工险（Strikes Risk）。承保因罢工者、被迫停工工人，以及参加工潮、暴动和民众战争的人员采取行动所造成的货物的直接损失。

（3）交货不到险（Failure to Deliver）。无论何种原因，从被保险货物装上船起，如不能在约定到达目的地的日期起6个月内交付货物，保险公司负责按全损赔偿。

（4）进口关税险（Import Duty Risk）。承保货物虽受损但在进口时仍被进口国按完好价值征收关税所造成的损失。

（5）舱面险（On Deck Risk）。承保当货物放置在船舶甲板上，因遭海浪击落或被抛弃带来的损失。海运货物一般情况下都是存放在船舱内，但某些体积较大或有污染性的货物按航运习惯会被装载在甲板上，相比舱内的货物其面临的风险更大，因此投保时通常可在基本险的基础上加投舱面险。

（6）拒收险（Rejection Risk）。承保货物由于各种原因，被进口国有关当局拒绝进口或没收所产生的损失。投保该险时，投保人必须持进口所需的一切特许证、许可证或进口配额。

（7）黄曲霉素险（Aflatoxin Risk）。某些农产品如花生、谷物等易产生黄曲霉素，投保该险后，此类产品若因黄曲霉素超过进口国限制而被拒绝进口或没收或强制改变用途时遭受的损失，保险公司负责赔偿。

（8）货物出口到香港（包括九龙）或澳门存仓火险责任扩展条款。该险承担出口到港澳地区的货物，如直接卸到保险单所载明的过户银行所指定的仓库时，保险公司负责存仓期间的火险责任。存仓期间可延长30天，30天内不另收保险费；如超过30天需延长存仓时间，每月按0.05%的保险费率计收保险费。

三、其他专门险

（一）海洋运输冷藏货物保险条款

海洋运输冷藏货物保险条款分为冷藏险和冷藏一切险，可单独投保。冷藏险承保冷藏货物在运输途中由于自然灾害或意外事故造成的损失。冷藏一切险在冷藏险的责任基础上还负责被保险货物在运输途中由于外来原因造成的损失。

（二）海运散装桐油保险条款

海运散装桐油保险条款是根据散装桐油的特点设立的专门险，可单独投保。该险别负责任何原因导致的桐油超过保单规定的免赔率的短少、渗漏损失和污染或变质造成的损失。

从以上介绍的海运货物保险保障的风险和损失及本部分所述的各种基本险和附加险的承保责任中，可以看出风险、损失和险别三者的关系。风险是造成损失的原因，险别是保险公司对风险和损失的承保责任范围，三者的关系见表 5 -4。

表 5 -4　风险、损失和险别三者的关系

损失 \ 风险			海损			其他损失	
			全损	部分损失		一般其他损失	特殊损失
				共同海损	单独海损		
风险	海上风险		√	√	√		
	外来风险	一般外来风险				√	
		特殊外来风险					√
险别	基本险	平安险	√	√	（注释）		
		水渍险	√	√	√		
		一切险	√	√	√	√	
	附加险	一般附加险				√	
		特殊附加险					√

注：投保平安险时原来对单独海损是不赔的，现在经调整改为：当单独海损是因意外事故造成时，保险公司负责赔偿，而当单独海损是因自然灾害造成时，保险公司则不负责赔偿。

四、保险责任起讫及期限

（一）基本险的起讫期限

根据《中国人民保险公司海洋货物运输保险条款》规定，保险公司对“平安险”“水渍险”和“一切险”三种基本险的责任起讫，均采用国际保险业惯用的“仓至仓条款”（Warehouse to Warehouse Clause，W/W Clause），即规定保险公司承担的保险责任，是从被保险货物运离保险单所载明的装运港（地）发货人仓库开始，直到货物到达保险单所载明的目的港（地）收货人仓库时为止。当货物一进入收货人仓库，保险责任即行终止，但是，当货物从目的港卸离海轮时起算满 60 天，不管被保险货物有没有进入收货人的仓库，保险责任均告终止。

不同价格术语会影响“仓至仓条款”的责任起讫点：

（1）CIF 术语下，保险责任起讫期间是“仓至仓”。

（2）FOB、CFR 术语条件下，保险责任起讫期间是“船至仓”。

例 5 -9：有一份 CIF 合同出售大米 50 吨，卖方在装船前投保了一切险加战争险，自南美内陆仓库起，直至英国伦敦买方仓库为止。货物从卖方仓库运往码头途中，发生了承保范围内的损失。问：当卖方凭保险单向保险公司提出索赔时，能否得到赔偿？该案例中的术语若改为 FOB 或 CFR，则卖方能否得到保险公司的赔偿？

参考答案：在 CIF 术语下，当卖方凭保险单向保险公司提出索赔时，能得到赔偿；但在 FOB 或 CFR 术语下，卖方则不能得到赔偿。因为在 FOB、CFR 下，保险责任起讫期间是“船至仓”。

（二）战争险的责任起讫期限

战争险的责任起讫期限仅以水面风险为限，海运战争险规定保险公司承担的责任自被保险货物在保险单所载明的装运港被装上海轮或驳船时开始，直到抵达保险单所载明的目的港卸离海轮或驳船时为止。如果货物不卸离海轮或驳船，则保险责任最长延至货物抵达目的港之当日午夜起算满 15 天为止。如果在中途港转船，则不论货物在当地卸载与否，保险责任均以海轮抵达该港或卸货地点的当日午夜起算满 15 天为止，若在此期间货物再装上续运的海轮，保险责任继续有效。

5.4　伦敦保险业协会海运货物保险条款

在国际货物保险市场上，各国保险组织都分别订立了自己的保险条款，其中影响最大的是 1983 年 4 月 1 日起正式实行的由英国伦敦保险协会制定的《协会货物条款》（Institute Cargo Clause，ICC）。目前，世界上许多国家在海上保险业务中直接采用 ICC 条款，我国进出口公司在采用 CIF 贸易术语时，国外客户有时会要求按 ICC 条款投保。因此，了解和掌握有关《协会货物条款》方面的知识势在必行。

一、伦敦保险协会海运货物保险条款种类

伦敦保险协会的海运货物保险条款共有六种险别：

（1）协会货物条款（Institute Cargo Clauses）（A），简称 ICC（A）；

（2）协会货物条款（Institute Cargo Clauses）（B），简称 ICC（B）；

（3）协会货物条款（Institute Cargo Clauses）（C），简称 ICC（C）；

（4）协会战争险条款（Institute War Clauses Cargo）；

（5）协会罢工险条款（货物）（Institute Strikes Clauses Cargo）；

（6）恶意损害险条款（Malicious Damage Clauses）。

以上六种险别中，ICC（A）、ICC（B）、ICC（C）为主险，可单独投保；战争险和罢工险也可单独投保；恶意损害险则不能单独投保。

二、《协会货物条款》的承保风险与除外责任

在 ICC 的主要险别中，ICC（A）条款承保的风险范围类似于我国 CIC 条款中的“一切险”；ICC（B）条款类似于“水渍险”；ICC（C）条款类似于“平安险”，但有所区别的是略小于“平安险”的责任范围。

（一）ICC（A）

1. 承保风险

这是 ICC 基本险中承保责任范围最广的险别。根据伦敦保险协会新条款的规定，对 ICC

(A) 采用“一切风险减除外责任”的办法，即除了“除外责任”不予赔偿外，其他风险保险人均负赔偿责任。

2. 除外责任的种类

(1) 一般除外责任。包括被保险人故意违法行为造成的损失或费用；保险标的自然渗漏、自然损耗、自然磨损、包装不当或准备不足造成的损失或保险标的内在缺陷或特性造成的损失或费用；直接由于延迟引起的损失或费用；由于船舶所有人、经理人、租船人的经营破产或不履行债务造成的损失或费用；由于使用任何原子或热核武器造成的损失或费用。

(2) 不适航、不适货除外责任。主要是指保险标的在装船时，如被保险人或其受雇人已经知道船舶不适航，以及船舶、装运工具、集装箱等不适货，保险人不负赔偿责任。

(3) 战争除外责任。如由于战争、内战、敌对行为造成的损失或费用；由于捕获、拘留、扣留等造成的损失或费用（海盗除外）；由于漂流水雷、鱼雷等武器造成的损失或费用。

(4) 罢工除外责任。由于罢工、被迫停工造成的损失或费用；由于任何恐怖主义或任何出于政治目的采取的行动所造成的损失或费用。

（二）ICC（B）

1. 承保范围

(B) 险对承保风险的规定采用“列明风险”的形式，凡属列出的就是承保的，没有列出的，无论何种情况均不负责，这种方法明确、肯定，便于选择投保、处理索赔。ICC (B) 条款的承保风险包括：

(1) 火灾、爆炸。

(2) 船舶或驳船触礁、搁浅、沉没。

(3) 陆上运输工具倾覆或出轨。

(4) 船舶、驳船或运输工具与水以外的任何外界物体碰撞。

(5) 在避难港卸货。

(6) 地震、火山爆发、雷电。

(7) 共同海损牺牲。

(8) 抛货或浪击落海。

(9) 海水、湖水或河水进入运输工具或储存处。

(10) 货物在装卸时落海或跌落造成整件的全损。

2. 除外责任

(B) 险的除外责任与 ICC (A) 的除外责任基本相同，只是对 ICC (A) 中的全部除外责任中，因任何人故意损害或破坏，以及海盗等造成的损失或费用都不负责。

（三）ICC（C）

1. 承保范围

ICC (C) 是三个基本险别中承保风险范围最小的一个，它只承保“重大意外事故”。它跟 (B) 险一样，采用“列明风险”的方式，其具体承保风险是：

(1) 火灾、爆炸。

(2) 船舶或驳船触礁、搁浅、沉没。

(3) 陆上运输工具倾覆或出轨。

（4）船舶、驳船或运输工具与水以外的任何外界物体碰撞。

（5）在避难港卸货。

（6）共同海损牺牲。

（7）抛货。

2. 除外责任

C 险的除外责任与 ICC（B）完全相同。

（四）协会战争险条款、协会罢工险条款、恶意损害险条款

需要注意的是，协会海运货物战争险条款承保风险中不包括海盗行为造成的损失，这一点与中国现行海运货物战争险条款的规定不同。

协会海运货物罢工险的承保风险与中国人民保险公司的罢工险一样，仅负责由于罢工等风险直接造成的保险标的物质损失，而不负责由于罢工等风险产生的费用或间接损失。

恶意损害险是伦敦保险协会的附加险别。该险承保的是被保险人以外的其他人（如船长、船员等）的故意破坏行为所致被保险货物的灭失或损害。但是，恶意损害如果是出于政治动机等人的行为，则不属于该险别的承保范围。

为了便于比较和查阅，现将伦敦保险协会货物条款 ICC（A）、ICC（B）、ICC（C）三种险别条款中保险人承保的风险列表说明如下，见表 5－5。

表 5－5　伦敦保险协会货物条款 ICC（A）、ICC（B）、ICC（C）

责任范围	A	B	C
1. 火灾、爆炸	√	√	√
2. 船舶或驳船触礁、搁浅、沉没	√	√	√
3. 陆上运输工具倾覆或出轨	√	√	√
4. 船舶、驳船或运输工具与水以外的任何外界物体碰撞	√	√	√
5. 在避难港卸货	√	√	√
6. 地震、火山爆发、雷电	√	√	×
7. 共同海损牺牲	√	√	√
8. 抛货	√	√	√
9. 浪击落海	√	√	×
10. 海水、湖水或河水进入船舶、驳船、运输工具、集装箱、大型海运箱或储存处	√	√	×
11. 货物在装卸时落海或跌落造成整件的全损	√	√	×
12. 由于被保险人以外的其他人（如船长、船员等）的故意破坏行为造成的损失费用	√	×	×
13. 海盗行为	√	×	×
14. 下列“除外责任”范围以外的一切风险	√	×	×
除外责任			
1. 被保险人的故意违法行为造成的损失或费用	×	×	×

续表

责任范围	A	B	C
2. 自然渗漏，重量或容器的自然损耗或自然磨损	×	×	×
3. 包装不当或准备不足造成的损失或费用	×	×	×
4. 保险标的的内在缺陷或特性造成的损失或费用	×	×	×
5. 直接由于延迟引起的损失或费用	×	×	×
6. 由于船舶所有人、经理人、租船人或经营人破产或不履行债务造成的损失或费用	×	×	×
7. 由于使用任何原子武器或核裂变造成的损失或费用	×	×	×
8. 船舶不适航以及船舶、装运工具、集装箱等不适货	×	×	×
9. 战争险	×	×	×
10. 罢工险	×	×	×

说明：“√”代表承保风险；“×”代表免责风险或不承保风险。

三、《协会货物条款》的保险责任起讫

英国伦敦保险协会海运货物保险条款和海运货物战争险条款对保险期限的规定，同我国海运货物保险与海运货物战争险条款对保险期限的规定大体相同，即均采用“仓至仓”条款，但其规定比我国有关条款的规定更为详细。

5.5 其他运输方式下的货物保险

陆运、空运货物与邮包运输保险是在海上保险的基础上发展起来的。由于陆运、空运、邮运同海运可能遭致货物损失的风险种类不同，所以陆运、空运、邮运保险与海上货运保险的险别及其承保的责任范围也有所不同，现分别简要介绍如下。

一、陆运货物保险

货物在陆运过程中，可能遭遇各种自然灾害和意外事故以及各种外来风险，这些风险会使运输途中的货物遭受损失，货主为了转嫁运输途中的风险与损失，就需要办理陆运货物的保险，并酌情选择适当的险别。根据 1981 年 1 月 1 日修订的《中国人民保险公司的陆上运输货物保险条款》，陆上运输货物的基本险可分为陆运险（Overland Transportation Risks）和陆运一切险（Overland Transportation All Risks）两种。此外，还有适用于陆运冷藏货物的专门保险——陆上运输冷藏货物险（也属基本险性质）以及附加险：陆上运输货物战争险（火车）。

陆上运输保险责任的起讫也采用“仓至仓”责任条款。即自被保险货物离开保险单所载明的启运地发货人的仓库或储存处时生效，包括正常陆运和与其有关的水上驳运在内，直至该项货物运交保险单所载明的目的地收货人仓库时为止。但被保险货物到达最后卸载的车站后的60天，保险责任即终止。陆上运输货物险的索赔时效为：从被保险货物在最后目的地车站全部卸离车辆后起算，最多不超过两年。

二、航空运输货物保险

货物在航空运输过程中，可能遇到各种风险和损失，例如，由于飞机碰撞、倾覆、坠落和失踪引起的货物损失，或由于遭受恶劣气候、火灾、雷电、爆炸、风暴、台风或其他危难事故引起的货物损失，以及由于外来原因造成的损失（如偷窃、短少等）。

空运货物保险的基本险别有航空运输险（Air Transportation Risks）和航空运输一切险（Air Transportation All Risks）。这两种基本险都可单独投保，在投保其中之一的基础上，经投保人与保险公司协商可以加保战争险等附加险，加保时须另付保险费。

航空运输险和航空运输一切险的责任起讫也采用“仓至仓”条款。航空运输货物战争险的责任期限，是自货物装上飞机时开始至卸离保险单所载明的目的地的飞机时为止。

三、邮包运输保险

邮包运输通常需经海、陆、空辗转运送，实际上属于“门到门”运输，在长途运送过程中遭受自然灾害、意外事故以及各种外来风险的可能性较大。寄件人为了转嫁邮包在运送过程中的风险损失，需办理邮包运输保险，以便在发生损失时能从保险公司取得承保范围内的经济补偿。

邮包保险的基本险可分为邮包险和邮包一切险两种。此外，还有附加险：邮包战争险。

邮包运输保险责任的起讫，是被保险货物经邮局收讫并签发邮包收据时开始生效，直至该项货物到达保险单所载明的目的地邮局送交给收件人为止。但保险货物到达目的地后在邮局保管的最长保险责任期限，以邮局发出通知书给收件人的当日午夜起算满 15 天为止。

5.6　国际货物运输保险实务

在进出口业务中，被保险人在选定保险人和投保险别、确定保险金额后，就要开始办理投保手续、交付保险费、领取保险单，必要时向保险人索赔，这就是货物运输保险业务。

一、保险险别的选择

保险公司对其承保的各类风险和由此造成的各种损失的赔偿责任，都在其各种不同的险别条款中加以规定。保险公司并不是对一切风险都予以承保，也不是对一切损失都予以赔偿。一般保险公司都制定了多种保险险别供投保人选择。不同的险别意味着货物在运输中受损后得到保险公司赔偿的结果是不同的，其保险的费率也不相同。

投保人应根据货物运输的实际情况正确选择投保险别，既要考虑使货物得到充分的保障，又要尽量节约保险费的支出，降低贸易成本，提高经济效益，做到该保的不漏保、不该保的不保。选择险别时，一般应考虑货物的性质特点、包装、用途和价值、运输方式、运输工具、运输路线、运输季节和港口以及政治、经济形势变化等因素。如：一般低价值散装货可投保平安险；价值较高货物投保水渍险或一切险；茶叶、烟草易吸潮，玻璃器皿易破碎等货物特性在选择险别时都要考虑。表 5 -6 为部分商品保险险别。

表 5-6 部分商品保险险别

货物种类	主要商品	容易遭受的损失	应保险别	备注
粮谷类	粮食、籽仁、豆类、花生仁、饲料等	常因水分蒸发或洒漏、散失而短量，或因受热受潮而产生霉变	在一切险或水渍险的基础上加保短量险、受潮受热险	这类商品都有免赔率的规定，如投保人要求按 IOP 则要相应地增加保费
食品类	铁皮罐头、玻璃罐头、坛装食品	被偷窃；铁皮罐头易沾水、受潮而使外皮生锈，或因碰撞而凹瘪；玻璃罐头、坛装食品容易破碎	一切险或在平安险、水渍险的基础上加保破碎、碰损险，锈损险和偷窃、提货不着险等	
油脂类	桶装或散装动、植物油	桶装油往往因容器破裂而渗漏或玷污。散装油会因黏附舱壁或装卸时漏耗而短量	在水渍险的基础上加短量和玷污险	散装油有免赔率的规定
毛绒类	羊毛、羊绒、羽毛等	易遭玷污而影响质量	在平安险或水渍险的基础上加保混杂、玷污险	
玻璃制品类	热水瓶、灯泡、灯管、玻璃瓶、玻璃板、玻璃器皿等	易破碎	在平安险或水渍险的基础上加保破碎险	有免赔率的规定
家用电器和相机类	无线电、半导体收音机，电视机，收录机，电扇，电冰箱和各种照相机等	常见损失为碰损和被偷窃	在平安险或水渍险的基础上加保破损险和偷窃、提货不着险	对一些高级收录机、电视机、照相机运往不安全港口，有时保险公司拒绝承保或只负责到卸离海轮时为止
杂货类	仪表、金属餐具、文体用品和鞋等	被偷窃、碰损、破碎	水渍险加偷窃、提货不着险，碰损、破碎险或淡水雨淋险	
雕刻制品类	玉、石、木、牙、竹料雕刻、贝壳制品、盆景等	破碎、碰损、被窃	要加保碰损、破碎险	包装不当，保险公司不愿承保
首饰类	金、银、珠宝、钻翠等首饰	遭碰挤后容易脱瓷、凹瘪、弯曲	在平安险基础加碰损险	

二、确定保险金额和交付保险费

保险金额是被保险人对保险标的实际投保金额，是保险人承担保险责任的标准和计算保险费的基础，在被保险货物发生保险责任范围内的损失时，保险金额就是保险人赔偿的最高限额。按照国际惯例，保险金额应按发票上的 CIF 价另加 10% 计算，这增加的 10% 叫作保险加成，也就是买方进行这笔交易所付的费用和预期利润。

保险金额的计算公式是：保险金额 = CIF 货价 ×(1 + 加成率)

保险费是保险公司经营业务的基本收入，是损失赔偿的主要来源。保险费是根据保险费率表按保险金额计算的，保险费率（Premium Rate）是由保险公司根据一定时期、不同种类的货物的赔付率，按不同险别和目的地确定的。

保险费的计算公式是：保险费 = 保险金额 × 保险费率

在我国出口业务中，CFR 和 CIF 是两种常用的术语。鉴于保险费是以 CIF 货值为基础计算的，CFR 与 CIF 的换算方式如下：

CIF = CFR/[1 − 保险费率 ×(1 + 加成率)]

公式说明：CFR = CIF − I = CIF − CIF ×[(1 + 加成率) × 保险费率](若加成是 10%)

= CIF − CIF ×110% × 保险费率

= CIF ×(1 − 1.1 × 保险费率)

所以：CIF = CFR/(1 − 1.1 × 保险费率)

在进口业务中，按双方签订的预约保险合同承担，保险金额按进口货物的 CIF 货值计算，保费率按“特约费率表”规定的平均费率计算；如果是 FOB 进口货物，则按平均运费率换算为 CFR 货值后再计算保险金额，其计算公式如下：

FOB 进口货物：保险金额 = [FOB 价 ×(1 + 平均运费率)]/(1 − 平均保险费率)

CFR 进口货物：保险金额 = CFR 价/(1 − 平均保险费率)

例 5 − 10：某出口公司按 CIF 条件出售一批儿童玩具，根据交易双方约定，成交金额为 100 000 美元，保险费率为 0.4%，按 CIF 价加成 10% 投保平安险，试计算该批货物的保险金额和保险费各为多少？

参考答案：保险金额 = CIF 价 ×(1 + 加成率) = 100 000 ×(1 + 10%) = 110 000（美元）

保险费 = 110 000 × 0.4% = 440（美元）

例 5 − 11：一批出口货物 CFR 价为 2 680 美元，现客户来电要求按 CIF 价加成 20% 投切险，如保险费率为 0.8%，我方应向客户收多少保险费？

参考答案：

CIF 价 = CFR 价/(1 − 加成率 × 保险费率)

= 2 680/(1 − 120% × 0.8)

= 2 705.98（美元）

保险费 = CIF 价 × 加成投保 × 保险费率

= 2 705.98 × 120% × 0.8%

= 25.98（美元）

保险费取整为 26 美元。

三、取得保险单据

交付保险费后，投保人即取得保险单（Insurance Policy）。保险单实际上已构成保险人与被保险人之间的保险契约，是保险人对被保险人的承保证明。在发生保险范围内的损失或灭失时，投保人可凭保险单向保险人要求赔偿。

在国际贸易业务中，保险单据主要有：

（一）保险单（Insurance Policy 或 Policy）

保险单又称大保单，它是保险人和被保险人之间成立保险合同关系的正式凭证，是被保险人向保险人索赔或对保险人上诉的正式文件，也是保险人理赔的主要依据，是使用最广泛的一种保险单据，具备法律效力，对保险双方当事人均有约束力。保险单可转让，通常是被保险人向银行进行押汇的单证之一。在 CIF 合同中，保险单是卖方必须向买方提供的单据。其内容除载明被保险人、保险标的、运输工具、险别、起讫地点、保险期限、保险价值和保险金额等项目外，还附保险人责任范围以及保险人和被保险人的权利及义务等方面的详细条款。保险单样本见表 5－7。

表 5－7　保险单

中保财产保险有限公司

The people's Insurance（Property）Company of China，Ltd.

No. of Original，one

发票号码　　　　　　　　　　　　　　　　保险单号次

Invoice No.　　　　　　　　　　　　　　　　Policy No.

海洋货物运输保险单

MARINE CARGO TRANSPORTATION INSURANCE POLICY

被保险人

Insured：________________

中保财产保险有限公司（以下简称本公司）根据被保险人的要求，及其所缴付约定的保险费，按照本保险单承保险别和背面所载条款与下列条款承保下述货物运输保险，特签发本保险单。

This POLICY OF Insurance witnesses that The People's Insurance（Property）Company of China，Ltd.（hereinafter called "The Company"），at the request of the Insured and in consideration of the agreed premium paid by the Insured，undertakes to insure the under-mentioned goods in transportation subject to the conditions of this Policy as per the Clauses printed and other special clauses attached hereon.

运输标志 Marks and Nos	保险货物项目 Description of Goods	包装 单位 数量 Packing Unit Quantity	保险金额 Amount Insured

总保险金额

Total Amount Insured：________________

续表

保费 Premium：as arranged	运输工具 Per conveyance S. S. ________	开航日期 Slg. On or abt. ________
起运港 From ________________		目的港 To ________________
承保险别： Conditions		

所保货物，如发生本保险单项下可能引起索赔的损失或损坏，应立即通知本公司下述代理人查勘。如有索赔，应向本公司提交保险单正本（本保险单共有____份正本）及有关文件。如一份正本已用于索赔，其余正本则自动失效。

In the event of loss or damage which may result in a claim under this Policy, immediate notice must be given to the Company's Agent as mentioned here under. Claims, if any, one of the Original Policy which has been issued in original together with the relevant documents shall be surrendered to the Company, If one of the Original Policy has been accomplished, the others to be void.

赔付地点　　　　　　　　　　　　　　中保财产保险有限公司

Claim payable at ____________ THE PEOPLE'S INSURANCE（PROPERTY）COMPANY OF CHINA, LTD.

日期　　　　在

Date ________ at ________

地址

Address ________________

（二）保险凭证（Insurance Certificate）

保险凭证又称小保单，是一种简化的保险单据，是保险人签发给被保险人证明货物已经投保和保险合同已经生效的文件。除其背面不载明保险人与被保险人双方的权利与义务等保险条款外，其余内容与保险单相同。保险凭证与保险单一样，都可以转让，且具有与保险单同等的效力，但在信用证规定提交保险单时，一般不能用保险单的简化形式。

（三）预约保险单（Open Policy）

预约保险单又称预约保险合同，它是被保险人（进口人）与保险人之间订立的总合同。它一般适用于经常有相同类型货物需要陆续装运的保险。它是保险公司与投保人双方，在没有确定船名、航次的条件下，预先签订的不规定保险总金额，只规定其他一些保险条件的保险合同。订立这种合同是为了简化保险手续，使货物一经装运，保险公司即自动承保。

预约保险单适用于我国进口货物的保险。凡属预约保险单规定范围内的进口货物，一经起运，我国保险公司即自动按预约保险单所订立的条件承保。

（四）联合凭证（Combined Certificate）

联合凭证又称联合发票，是一种发票和保险相结合的单证，是比保险凭证更为简化的保险单据。保险人将承保的保险险别、保险金额等加注在出口公司签发的出口发票上或承运机构的运单上，并加盖保险人的印章来证明保险人承保并按有关的险别承担保险责任。联合凭证不能转让，目前只限于在我国对某些特定国家或地区的出口业务中使用。

（五）保险批单（Endorsement）

保险单开立后，投保人如需补充或者变更保险内容，可根据保险公司的规定，向保险公司提出修改申请，保险公司同意后开立批单，注明更改或补充的内容。批单是变更保险合同内容的一种书面证明，一般附贴在原保险单或保险凭证上。保险单一经批改，保险公司即按批改后的内容承担责任。批单样式见表5－8。

表5－8 批单

中国太平洋保险公司北京分公司
China Pacific Insurance Company Limited Beijing Branch

ORIGINAL
批单

批单号：B07007101000001
保险单号：A07007101B00002
被保险人：北京凯必盛自动门技术有限公司

兹经被保险人申请，上述保险单项下所列保险产品名称：旋转门、平滑门、圆弧门（电动、手动），更改为：旋转门、平滑门、圆弧门（以上产品均有电动门、手动门）。

除本条款规定的外，本保险单所载其他条件不变。

中国太平洋保险公司
北京分公司
2014. 8. 29

四、保险索赔

保险索赔是指保险货物在保险责任期内发生了属于保险责任范围的损失，投保人按保险单的规定向保险人提出赔偿损失的要求。保险人受理投保人的索赔要求称为保险理赔。

索赔应当在保险有效期内提出并办理，否则保险公司可以不予办理。

相关阅读

我国的保险机构

目前我国的保险集团控股公司有8家：中国人民保险集团股份有限公司、中国平安保险（集团）股份有限公司、中国人寿保险（集团）公司、中国太平洋保险集团公司、中国再保险（集团）股份有限公司、阳光保险集团股份有限公司、中国太平洋保险（集团）股份有限公司、中华联合保险控股股份有限公司。

中国保险监督管理委员会（简称中国保监会）是国务院直属事业单位。根据国务院授权履行行政管理职能，依照法律、法规统一监督管理全国保险市场，维护保险业的合法、稳健运行。

资料来源：中国保监会网站

项目小结

国际货物运输保险是国际货物贸易中不可缺少的重要环节，也是国际货物买卖合同条款中一项很重要的内容。由于国际货物运输方式不同，国际货物运输保险相应地分为海洋运输保险、陆上运输保险、航空运输保险和邮包运输保险。其中，海洋运输货物保险的发展历史最长，在整个货物运输保险中所占份额最大，本项目重点阐述了海洋运输货物保险。在海洋运输货物保险中，对保险公司承保的风险、损失和保险费用，进行了详细的说明，并分别介绍了我国海洋运输货物保险条款和伦敦协会海洋运输货物保险条款的基本内容。

此外，分别就陆上运输货物保险、航空运输货物保险以及邮包运输保险的承保范围、承保险种等内容也做了简要的介绍。本项目还就交易双方如何约定买卖合同中的保险条款等保险实务，做了具体说明。

课后习题

一、选择题

1. 在保险人承保的海上风险中，雨淋、渗漏属于（　　）。

A. 自然灾害　　B. 意外事故　　C. 一般外来风险　　D. 特殊外来风险

2. 在海运过程中，被保险物被海盗劫持造成的损失属于（　　）。

A. 实际全损　　B. 推定全损　　C. 共同海损　　D. 单独海损

3. 我公司按 CIF 条件出口棉花 300 包，货物在海运途中因货舱内水管渗漏，致使 50 包棉花遭水渍受损，在投保下列哪种险别时，保险公司负责赔偿（　　）。

A. 平安险　　B. 水渍险　　C. 战争险　　D. 一切险

4. 我公司按 FOB 进口一批玻璃器皿，在运输途中的装卸、搬运过程中，部分货物受损。要得到保险公司赔偿，我公司应该投保（　　）。

A. 平安险　　B. 一切险　　C. 破碎险　　D. 一切险加破碎险

5. 按我国海运货物保险条款的规定，投保一切险后还可以加保（　　）。

A. 偷窃、提货不着险　　B. 卖方利益险

C. 战争、罢工险　　D. 淡水雨淋险

6. “仓至仓”条款是（　　）。

A. 承运人负责运输责任起讫的条款　　B. 保险人负责运输责任起讫的条款

C. 出口人负责运输责任起讫的条款　　D. 进口人负责运输责任起讫的条款

7. 按照国际保险市场的惯例，投保时的保险加成率一般为（　　）。

A. 2%　　B. 5%　　C. 10%　　D. 没有惯例

8. 共同海损牺牲和费用应该由（　　）共同按最后获救的价值的比例分摊。

A. 船舶和运费两方　　B. 货物和运费两方

C. 船舶、运费和货物三方　　D. 船舶和货物两方

9. 根据现行伦敦保险协会《海运货物保险条款》的规定，承保风险最大的险别是（　　）。

A. ICC（A）　　B. ICC（B）　　C. ICC（C）　　D. ICC（D）

10. 根据现行伦敦保险协会《海运货物保险条款》的规定，下列险别中，不能单独投保的是（　　）。

A. ICC（A） B. 战争险 C. ICC（C） D. 恶意损害险

11. 根据“仓至仓”条款的规定，从货物在目的港卸离海轮时起满（ ），不管货物是否进入保险单载明的收货人仓库，保险公司的保险责任均告终止。

A. 15 天 B. 30 天 C. 10 天 D. 60 天

12. 根据我国《海洋货物运输保险条款》规定，“一切险”包括（ ）。

A. 平安险加 11 种一般附加险 B. 一切险加 11 种一般附加险

C. 水渍险加 11 种一般附加险 D. 11 种一般附加险加特殊附加险

13. 在海洋货物保险业务中，共同海损（ ）。

A. 是部分损失的一种 B. 是全部损失的一种

C. 有时为部分损失，有时为全部损失 D. 是推定全损

14. 我公司以 CIF 条件出口一批货物，按《2010 年国际贸易术语解释通则》的规定，我方应替国外客户投保的险别是（ ）。

A. 一切险 B. 水渍险 C. 平安险 D. 一切险加战争险

15. 下列（ ）不适用“仓至仓”条款。

A. 一切险 B. 偷窃、提货不着险

C. 水渍险 D. 战争险

16. 航空运输货物险的两种基本险的保险责任采用（ ）条款。

A. “门到门” B. “桌到桌” C. “仓至仓” D. “港到港”

17. 下列不属于基本险的是（ ）。

A. 平安险 B. 水渍险 C. 一切险 D. 战争险

18. 拒收、舱面等风险所致的损失是指（ ）。

A. 自然灾害 B. 意外事故 C. 一般外来风险 D. 特殊外来风险

19. 下列（ ）属于全部损失。

A. 货物遭遇大火被全部焚毁

B. 船舶遇难，货物随同船舶沉入海底灭失

C. 水泥被海水浸泡成硬块

D. 战时货物被敌国捕获或没收

E. 载货船舶在海上航行中遭遇暴风巨浪，海水进入船舱致使部分货物受损构成货物实际全损的情况

20. 构成共同海损的条件包括（ ）。

A. 导致共同海损的危险必须是真实存在的、危及船货共同安全的

B. 共同海损措施必须是人为的、有意的合理措施

C. 共同海损牺牲是特殊性质的，费用是额外支付的

D. 共同海损牺牲或费用必须是共同海损措施的直接的、合理的后果

E. 共同海损牺牲或费用必须是有效果的

二、判断题

1. 买卖双方以 CIF 条件成交，若双方未规定具体的险别，则卖方只需要投保最低险别。（ ）

2. 保险单和保险凭证具有同等的法律效力。（ ）

3. 伦敦保险协会的货物保险条款有六种险别，其中 ICC（A）、ICC（B）、ICC（C）三种险别能单独投保，其余险别不能单独投保。（　）

4. 如果投保了一切险，就不需要再加保任何附加的险别，因为保险公司对各个附加险险别的责任已经包含在一切险的责任范围内。（　）

5. 托运出口玻璃制品时，被保险人在投保一切险后，不需要再加保破碎险。（　）

6. 被保险货物在运输途中由于偷窃、短量、雨淋等外来原因造成的风险属于意外事故。（　）

7. CIC 条款中，附加险不能单独投保，水渍险的责任范围大于平安险。（　）

8. 保险金额的确定一律按发票价值的 10% 加成。（　）

9. 部分损失包括单独海损和共同海损。（　）

10. 平安险与水渍险的重要区别在于：前者保险公司不承保自然灾害造成的部分损失，后者则承保此项损失。（　）

三、简答题

1. 什么叫共同海损？它与单独海损的区别是什么？

2. 什么叫实际全损？什么叫推定全损？请举例说明。

3. 请用实例说明施救费用与救助费用的区别。

4. 采用 CIF 条件成交时，按国际惯例，保险金应如何确定？并说出理由。

四、计算题

1. 出口到欧洲的松节油成本为人民币 1 000 元，运费为人民币 100 元，保险费率为每百元 0.85 元，后客户要求加成投保，试计算保险费是多少？

2. 一批出口货物 CFR 价为 1 980 美元，现客户来电要求按 CIF 价加 20% 投保海上一切险，我方照办，如保险费率为 2% 时，我方应向客户补收多少保险费？

五、案例分析

1. 我国某出口商曾按 CIF 纽约港向美国进口商出售一批货物，卖方投保了一切险。该批货物从卖方仓库运至码头装船之前，发生了承保范围内的风险损失。当美国进口商凭卖方提供的保险单向保险公司索赔时，保险公司以买方在货物受损时对该批货物没有保险利益为由，拒绝赔偿。双方因此引起争议。你认为保险公司拒绝赔偿是否有理？试具体分析说明。

2. “明西奥”轮装载着散装亚麻子，驶向美国的纽约港。不幸在南美飓风的冷风区内搁浅被迫抛锚。当时，船长发现船板有断裂危险，一旦船体裂缝漏水，亚麻子受膨胀有可能把船板胀裂，所以船长决定迅速脱浅。于是，该船先后 4 次动用主机，超负荷全速后退，终于脱浅成功。抵达纽约港后，对船体进行全面检修，发现主机和舵机受损严重，经过理算，要求货方承担 6 451 英镑的费用。货主对该项费用发生异议，拒绝付款。试分析本案。

3. 某远洋运输公司的“顺风轮”在 6 月 28 日满载货物起航，出公海后由于风浪过大偏离航线而触礁，船底划破长 1.5 米的裂缝，海水不断渗入。为了船货的共同安全，船长下令抛掉 A 舱的所有钢材并及时组织人员堵塞裂缝，但无效果。为使船舶能继续航行，船长请来拯救队施救，共支出 5 万美元施救费。船修好后继续航行，不久又遇恶劣气候，入侵海水使 B 舱底层货物严重受损，甲板上的 1 500 箱货物也被风浪卷入海里。请问：以上损失各属什么性质的损失？

项目六

价格核算

学习目标

通过本项目的学习，掌握国际贸易商品单价和总价的构成及价格条款的表示方法；会选择合适的计价货币；理解佣金和折扣的含义；了解出口商品价格的构成，并学会不同贸易术语之间的换算方法；能够独立地进行出口成本核算。

导入案例

1. 业务员小张向美国客户就自行车对外报价如下：CIFC3 纽约 USD120.00/套，数量 20 000 套。美国客户接到报价后要求业务人员报出 CIFC5 纽约价，小张核算后报给客户 CIFC5 纽约 USD122.40，客户收到报价后，立即表示接受。小张后来一核算，按照他的算法一共损失 2 520 美元。出口价格核算是外销人员应当具备的基本技能和业务素质，一个好的报价蕴含着业务员对作价原则和方法、货币的选择、汇率的折算以及价格整体核算的深刻领会，作价出错会导致无法挽回的损失。

2. 我国某出口公司出口小麦到美国，正好该国中间商主动来函与该出口商联系，表示愿意为推销小麦提供服务，并要求按照每笔交易的成交额提取 4% 的佣金。不久，经该中间商介绍与当地进口商达成了一笔业务，成交条件为 USD 200 PER M/T CIFC4% NEWYORK，总金额 60 000 美元。装运期为订约后两个月内从中国北海港装运，并签订了销售合同。合同签订后，该中间商即来电要求我方公司立即支付佣金 2 400 美元，我方出口公司回复称，佣金需要待货物装运并收到全部货款后才能支付。于是，双方发生了争议。请分析此案例中存在的问题及预防措施。

6.1 货物的价格

在国际货物买卖中，货物的价格是买卖双方争论的焦点，是决定货物能否进入市场的重要因素，关系着买卖双方的切身利益，因此，成为合同的主要交易条件。

一、货物的单价与总价

（一）国际贸易商品单价

国际贸易商品单价，通常是指单位商品的价格，简称单价（Unit Price）。在进出口业务中使用的单价，比国内贸易中使用的单价复杂，它包括四项内容：计量单位、单位价格金额、计价货币和贸易术语。例如，单价：每公吨100美元CIF伦敦（Unit Price：at USD100 Per Metric Ton CIF London）。

国际贸易商品单价的四个部分，顺序不能任意颠倒。一般情况下，在国际贸易合同中，表示商品单价的时候应该注意以下几个方面：

1. 计量单位

由于各国的度量衡制度不同，故在国际贸易合同中的计量单位必须明确规定清楚。如：长吨、公吨、千克等。

2. 单位价格金额

单位价格金额是表示一个单位商品的价格，必须按照贸易双方谈判时达成一致的价格写入国际贸易合同。

3. 计价货币

计价货币是指国际贸易商品成交时用以计算价格或价值的货币种类。国际货币的种类很多，如：美元、欧元、日元、人民币等（表6－1）。在书写各种货币名称时，应该采用国际货币标准名称或习惯标法，以便于识别。

表6－1　主要货币种类及其缩写

币种	缩写
人民币	RMB
美元	USD
日元	JPY
欧元	EUR
英镑	GBP
加拿大元	CAD
卢布	SUR
港元	HKD
澳门元	MOP
新加坡元	SGD
澳大利亚元	AUD
新西兰元	NZD

相关阅读

美元是如何在世界货币中占主导地位的？

1859—1918 年，美国工业总产值从不到 20 亿美元上升到 840 亿美元；黄金储备从占全球储备总量的 17% 上升到 59%，到 1949 年，美国的黄金储备为 246 亿美元，占当时整个资本主义世界黄金储备总额的 73.4%；贸易量则从 4% 上升到 39.2%。随着贸易量的大幅增加，美元取代英镑，成了当时使用量最大的国际货币。

20 世纪 40 年代后，经历了两次世界大战的欧洲各国满目疮痍，德国、意大利、日本等轴心国遭受了毁灭性打击，英国、法国等同盟国也受到了严重的战争创伤。而远离战争的美国本土从战争中获得巨大利益，大发战争财，美国一跃成为全球经济实力最强的国家。美国的国内生产总值占当时全球生产总值的 48% 左右，一半左右的工业品来自美国制造，贸易量占全球贸易的三分之一左右。

1944 年 7 月，西方主要国家的代表在美国新罕布什尔州布雷顿森林举行的联合国国际货币金融会议上确立了布雷顿森林体系，该体系的核心内容包括：成立国际货币基金组织（IMF），在国家间就货币事务进行共同商议；为成员国的短期国际收支逆差提供信贷支持；美元与黄金挂钩，成员国货币和美元挂钩，实行可调整的固定汇率制度（即 35 美元兑换 1 盎司黄金）；取消经常账户交易的外汇管制等。至此，美元初步确立了在国际货币体系中的霸主地位。

布雷顿森林会议后，美元虽然取代英镑成了最主要的世界货币，但是英镑仍然有在部分地区使用的权利，此后的数年间，英镑和英镑区仍然是美元霸权的最大障碍。1946 年，英国战后经济困难，不得不寻求美国的援助，这为美国扫除障碍提供了机会。那一年，美国政府一次性借给了英国 37.5 亿美元的贷款，但提出了苛刻的条件，包括英国必须承认美国在国际货币体系的领导权，并恢复英镑和美元的自由兑换。结果导致英镑区各国纷纷提取存款兑换美元，不到一个月的时间，英国的黄金储备就流失了 10 亿美元，英国因此元气大伤，英镑彻底失去了与美元抗衡的能力。

1947 年，时任美国国务卿的马歇尔提出“欧洲复兴计划”，史称马歇尔计划，开始对被战争破坏的西欧各国进行经济援助、协助重建。西欧各国通过参加经济合作发展组织总共接受了美国包括金融、技术、设备等各种形式的援助合计 130 亿美元。若考虑通货膨胀因素，那么这笔援助相当于 2006 年的 1 300 亿美元。这些国家需要大量的美元来填补财政赤字，又得不到充足的美元，造成了当时普遍的美元荒，这种状态持续了整整十年，在这期间，美国保持着头号世界强国的地位，美元是那时唯一可自由兑换的货币，在国际上的地位如日中天，世界货币开始进入美元世纪。

资料来源：https：//zhidao. baidu. com/question/1500177433014528019. html

4. 贸易术语

贸易术语代表了交易双方各自要承担的风险、责任和费用。贸易术语也称价格条件，不同的贸易术语的价格构成各不相同。在书写商品价格时，要确保贸易术语书写的正确性。当贸易术语后面的港口名称有重名的情况时，需加注国名，以防货物错运至其他地方，造成经济上的损失。表 6 - 2 所示为世界部分主要同名港口。

表 6－2　世界部分主要同名港口

Boston	波士顿	美国、英国
Baltimore	巴尔的摩	美国、爱尔兰
Georgetown	乔治敦	圣文森特、格林纳丁斯、美国、加拿大、马来西亚
Hamilton	哈密尔顿	百慕大群岛、加拿大
Liverpool	利物浦	英国、加拿大
Newcastle	纽卡斯尔	英国、美国、加拿大、澳大利亚
Perth	珀 斯	澳大利亚、美国
Portland	波特兰	美国、英国
Portsmouth	朴次茅斯	英国、美国
San Francisco	旧金山	美国、巴西
Sydney	悉 尼	澳大利亚、加拿大
Vancouver	温哥华	加拿大、美国
Victoria	维多利亚	喀麦隆、加拿大、巴西、几内亚、智利、马耳他

（二）国际贸易商品总价

国际贸易商品总价，又称为国际贸易商品总值，是指一笔交易的货款总金额，它等于商品单价与商品数量的乘积。即：总价＝单价× 数量。比如，购买某商品 2 000 件，每年 100 美元，则商品总价为：2 000×100＝200 000（美元）。

二、货物的作价原则及作价方法

（一）货物的作价原则

在确定进出口商品成交价格时，需要注意贯彻下列三项原则：

1. 按照国际市场价格水平作价

国际市场价格是以商品的国际价值为基础并在国际市场竞争中形成的，它是交易双方都能接受的价格，是我们确定进出口商品价格的客观依据。因此，我国对外成交的价格，一般都参照国际市场价格水平来确定。

2. 要结合国别、地区政策作价

在参照国际市场价格水平的同时，也可适当考虑国别、地区政策，即在平等互利的基础上，双方约定按比较优惠的价格成交。

3. 要结合购销意图作价

进出口商品价格在国际市场价格水平的基础上，可根据购销意图来确定，即可略高或略低于国际市场价格。

（二）货物的作价方法

1. 固定价格

固定价格在交易磋商过程中，买卖双方将价格确定下来之后，任何一方不得擅自改动。这是业务中常见的做法，它意味着双方都要承担从订约到交货付款期间国际市场价格变动的风险。

2. 非固定价格

在国际货物贸易中，为了减少价格变动的风险、促成交易和提高履约率，在合同价格的规定方面，往往采用一些灵活变通的做法，即按非固定价格成交，这种定价办法可分为下述几种。

（1）待定价格。

待定价格有两种做法，一是规定定价时间和定价方法（例如，装运月份前45天，参照当地及国际市场价格水平，确定正式价格）；二是只规定作价时间（例如，由双方在×××××年×月×日协商确定价格）。

（2）暂定价格。

在合同中先约定一个初步价格，作为开立信用证和初步付款的依据，待双方确定最后价格后，再进行最后清算，多退少补。例如，"单价暂定CIP大阪，每公吨1 000美元，定价方法：按装船月份月平均价加5美元计算。"

（3）部分固定价格，部分非固定价格。

近期交货的商品采取固定价，远期交货的商品采取非固定价，正式价格可以在交货前一定期限内由双方另行商定。这种方法由于是先签约后定价，不可避免地会给合同带来较大的不稳定性，存在着双方在定价时不能达成一致意见而使合同无法执行的可能。

3. 价格调整条款

在国际货物贸易中，有的合同除规定具体价格外，还规定有各种不同的价格调整条款。例如："如卖方对其他客户的成交价高于或低于合同价格5%，对本合同未执行的数量，双方协商调整价格。"这种做法的目的是，把价格变动的风险限定在一定范围之内，以增强客户经营的信心。

三、计价货币的选择

（一）计价货币的含义

国际贸易中，国际货物的买卖价格或价值需要通过一定的货币来实现，也就是计价货币。计价货币（Money of Account）是指买卖双方约定用来计算价格的货币。一般情况下，一笔国际贸易交易业务的计价货币同时也是支付货币。

（二）计价货币的选用原则

影响国际贸易的因素很多，其中，汇率风险是一个非常重要的影响因素。当国际金融市场上的汇率变动风险较大时，交易双方就应考虑如何有效地避免汇率风险的影响，减少因此产生的经济损失。那么，在国际贸易中，选择哪一种抗风险能力较强的币种作为计价货币更重要呢？

一般来说，计价货币的选用要根据实际情况，可以是进口国货币、出口国货币，也可以是进出口双方同意的第三国货币，还可以是买卖双方协商同意的某种记账单位，比如特别提款权（Special Drawing Right，SDR）。通常计价货币的选择原则是：优先选用可自由兑换的货币作为计价货币，以利于转移汇率风险。在出口交易中采用硬币计价对卖方有利，因为这样可以在出口商品时增加出口收入；而在进口交易中，采用软币计价对买方比较划算，因为这样可以在进口商品时减少支出（硬币是指在实行浮动汇率的情况下具有上浮趋势的货币；

软币则是指具有下浮趋势的货币)。

在实际业务中，以哪种货币作为计价货币，还应视双方的交易习惯、经营意图和具体价格而定。

例如，中国和美国有两公司进行交易，若计价货币选用美元，货物价值为400美元/千克，共2 000千克，当时USD1 =8（元），在交货时，USD1 =7（元），若中国是出口商，美国是进口商，则最初T（总价格）=2 000×400×8 =6 400 000（元），而T' =2 000×400×7 =5 600 000（元），这样我国出口商品的公司就受到了损失。若以人民币为计价单位则不会如此。因此，如何选择合同的计价货币就具有重大的经济意义，是买卖双方在确定价格时必须注意的问题。

相关阅读

特别提款权

特别提款权是国际货币基金组织创设的一种储备资产和记账单位，亦称“纸黄金（Paper Gold)”。它是基金组织分配给会员国的一种使用资金的权利。会员国在发生国际收支逆差时，可用它向基金组织指定的其他会员国换取外汇，以偿付国际收支逆差或偿还基金组织的贷款，还可与黄金、自由兑换货币一样充当国际储备。但由于其只是一种记账单位，不是真正的货币，使用时必须先换成其他货币，不能直接用于贸易或非贸易的支付。因为它是国际货币基金组织原有的普通提款权以外的一种补充，所以称为特别提款权。

资料来源：百度网站 baidu. com/view/9782. htm

欧　元

欧元（Euro）是欧洲货币联盟（Emu）国家单一货币的名称，是Emu国家的统一法定货币。欧元（€；代码EUR）是欧盟中13个国家的货币，这13个国家是：奥地利、比利时、芬兰、法国、德国、希腊、爱尔兰、意大利、卢森堡、荷兰、葡萄牙、斯洛文尼亚和西班牙，他们合称为欧元区（Eurozone)。欧元在我国香港一般称为欧罗。1999年1月1日起，欧元在奥地利、比利时、法国、德国、芬兰、荷兰、卢森堡、爱尔兰、意大利、葡萄牙和西班牙11个国家（以下称为“欧元区内国家”）开始正式使用，并于2002年1月1日取代上述11国的货币。希腊于2000年加入欧元区，成为欧元区第12个成员国。斯洛文尼亚于2007年1月1日加入欧元区，成为第13个成员国。塞浦路斯于2008年1月1日零时与马耳他一起加入了欧元区，从而使欧元区成员国从之前的13个增至目前的15个。

1欧元 =100欧分

欧元是欧洲15国的基本货币单位，2002年1月1日正式在欧洲使用。国际标准化组织的ISO 4217标准代码是EUR，惯用符号是€。

欧元的15个会员国是爱尔兰、奥地利、比利时、德国、法国、芬兰、荷兰、卢森堡、葡萄牙、西班牙、希腊、意大利、斯洛文尼亚、塞浦路斯、马耳他，都是欧洲联盟的会员国。

根据欧盟的规定，欧元现钞于2002年1月1日起正式进入流通，欧元区的各成员国原流通货币从2002年3月1日起停止流动。如今欧盟27个成员国中已有超过半数的国家加入了欧元区。

欧元是自罗马帝国以来欧洲货币改革最为重大的结果。欧元不仅仅使欧洲的单一市场得以完善，欧元区国家间的自由贸易更加方便，而且更是欧盟一体化进程的重要组成部分。

尽管摩纳哥、圣马力诺和梵蒂冈并不是欧盟国家，但是由于他们以前使用法国法郎或者意大利里拉作为货币，所以现在也使用欧元并授权铸造少量的他们自己的欧元硬币。一些非欧盟国家和地区，比如黑山、科索沃和安道尔，也使用欧元作为支付工具。

欧元由欧洲中央银行（European Central Bank，ECB）和各欧元区国家的中央银行组成的欧洲中央银行系统（European System of Central Banks，ESCB）负责管理。总部坐落于德国法兰克福的欧洲中央银行有独立制定货币政策的权力，欧元区国家的中央银行参与欧元纸币和欧元硬币的印刷、铸造与发行，并负责欧元区支付系统的运作。

资料来源：腾讯问问网 . www. wenwen. soso. com/z/q95130779. htm

四、佣金和折扣

佣金和折扣是国际贸易中用以促进交易达成的重要手段，在各国的进出口业务中，进口方为了购买某种商品和出口方为了推销库存的商品、减少积压、争取最大的交易量或者鼓励对方经营某种商品等，有时会利用佣金和折扣这两种办法。佣金和折扣直接关系到国际贸易商品的价格，因此，在国际贸易中正确运用佣金和折扣，对扩大国际贸易商品的成交数量、确保国际贸易收入的稳定增长意义重大。

（一）佣金（Commission）

1. 佣金的含义

中间代理商因介绍生意代买代卖而需收取一定的酬金，就叫佣金。它具有劳务费的性质。佣金直接关系到商品的价格，货价中是否包括佣金和佣金比例的大小，都影响着商品的价格。

2. 佣金的分类

买卖双方在洽谈交易时，如果将佣金明确表示出来并写入价格条款中，称为“明佣”。如果买卖双方对佣金虽然已经达成协议，但约定不在合同中表示出来，约定的佣金由一方当事人按约定另行支付，则称为“暗佣”。国外中间商为了赚取“双头佣”（即中间商从买卖双方都获取佣金），或为了达到逃汇或逃税的目的等，往往要求采取“暗佣”的做法。

3. 佣金的规定方法

在价格条款中，对于佣金的规定，有下列几种方法：

（1）价格中包括佣金的，即为“含佣价”。例如：每公吨 1 000 美元，CIF 伦敦，包括佣金 3%。

（2）用英文字母“C”代表佣金，并注明佣金的百分比。例如：每公吨 1 000 美元，CIFC3%，伦敦。

（3）用绝对数表示。例如：每公吨支付佣金 60 美元。

4. 佣金的计算方法

常见的佣金的计算方法是以买卖双方的成交额或发票金额为基础进行计算的。佣金的计算公式为：

$$单位货物佣金额 = 含佣价 \times 佣金率$$

净价的计算方法为：

净价 = 含佣价 - 单位货物佣金额

例 6-1：卖方报价为某货物每公吨 1 000 美元，CIFC2%，则每公吨货物应支付的佣金是多少？卖方每公吨实际收入是多少？

参考答案：每公吨货物应支付的佣金 = 1 000 ×2% = 20（美元）；

每公吨实际收入 = 1 000 - 20 = 980（美元）。

如果已知净价，则含佣价的计算公式为：

含佣价 = 净价/(1 - 佣金率)

例 6-2：我方公司向外商报价每公吨 1 000 美元 CFR 曼谷，而外商来电要求改报 CIF 曼谷含 5% 佣金价。我方应报 CIFC5% 曼谷为多少？（注：保险费率合计为 0.85%）

参考答案：CIF 价 = CFR/(1 - 投保加成 × 保险费率)

= 1 000/(1 - 110% ×0.85%) = 1 010.1（美元）

CIFC5% = 净价/(1 - 佣金率) = 1 010.1/(1 - 5%) = 1 063.26（美元）

5. 佣金的支付

佣金的支付要根据中间商提供服务的性质和内容而定，通常有三种支付方法：

（1）出口企业收到全部货款后再支付佣金给中间商或代理商。

（2）中间商在付款时直接从货价中扣除佣金。

（3）买卖双方达成交易后就支付佣金给中间商。

我国出口业务中通常采用第一种方法支付佣金。第二种方法通常是在货款经中间商结算时使用。第三种方法由于不能保证交易的顺利履行而较少使用。

相关阅读

国家外汇管理局关于海外业务佣金的规定

汇综发〔2006〕73 号

国家外汇管理局于 2006 年第 73 号文件中，对海外业务佣金做了如下规定：

对外支付出口贸易项下佣金，按以下规定办理：对出口项下单笔不超过合同总金额 10% 或者虽超过上述比例但未超过等值 10 万美元的佣金售付汇，可凭相关单证直接到外汇指定银行办理，外汇指定银行进行真实性审核后办理售付汇手续；对超过上述比例和金额的佣金售付汇，应持相关单证向国家外汇管理局各分支局申请，由所在地各分支局审核真实性后，凭核准件到外汇指定银行办理购付汇手续。国家外汇管理局和外汇指定银行办理佣金售付汇手续时，应审核佣金协议（出口合同）、收账通知（结汇水单）。

资料来源：国家外汇管理局

（二）折扣（Discount）

1. 折扣的含义

折扣是指卖方给予买方一定的价格减让。从性质上看，它是一种价格上的优惠。在我国对外贸易中，使用折扣主要是为了照顾老客户、确保销售渠道与扩大销售。

2. 折扣的分类

折扣也有明折和暗折之分。一般来说，在合同的价格条款中对折扣加以明确规定，即所谓的明折。但也有交易双方私下就折扣问题达成协议而不在合同中表示出来的做法，即所谓的暗折或回扣。

3. 折扣的表示方法

（1）用百分比表示折扣。

例如："USD 300 per M/T CIF New York less 2% discount（每公吨300美元CIF纽约减折扣2%）。"

"USD 1 000 per M/T CIF London including 2% discount（每公吨1 000美元CIF伦敦折扣2%）。"

（2）用绝对数表示折扣。

例如："per M/T less USD10 discount（每公吨折扣10美元）。"

4. 折扣的计算与支付方法

折扣通常是以成交额或发票金额为基础计算出来的。其计算方法如下：

单位货物折扣额 = 原价（或含折扣价）× 折扣率

卖方实际净收入 = 原价 − 单位货物折扣额

例 6－3：一批商品的价格为每箱200港元，现给予3%的折扣，此时买方实际应每箱支付多少港元？

参考答案：实际支付 = 200 − 200 × 3% = 194（港元）

折扣一般在买方支付货款时预先予以扣除。也有的折扣金额不直接从货价中扣除，而按双方当事人暗中达成的协议，由卖方以给"暗扣"或"回扣"的方式另行支付给买方。这种做法在实际业务中也常被采用。

6.2 货物的价格核算

一、出口商品的价格构成

（一）实际进货成本

实际进货成本是指出口企业为出口产品进行生产、加工或采购时实际支付的生产成本、加工成本或采购成本。如果为生产、加工或采购该出口产品而支付的进货价格中包含出口退税收入，则还要从该进货价格中扣除退税收入。

（二）费用

出口货物价格中的费用主要是指商品流通费，比重不大，但内容繁多，是价格核算中较为复杂的因素。业务中经常出现的费用有如下几种：

（1）包装费：通常包括在进货成本中，如果客户有特殊要求，则须另加。

（2）仓储费：提前采购或另外存仓的费用。

（3）国内运输费：装货前发生的内陆运输费用。如卡车运输费、内河运输费、路桥费、过境费及装卸费等。

（4）认证费：出口商办理出口许可、配额、产地证以及其他证明所支付的费用。

（5）港区港杂费：货物装运前在港区码头支付的各种费用。

（6）商检费：出口商品检验机构根据国家有关规定或出口商的请求对货物进行检验所发生的费用。

（7）捐税：国家对出口商品征收、代收或退还的有关税费，通常有出口关税、增值税等。

（8）垫款利息：出口商买进卖出期间垫付资金支付的利息。

（9）业务费用：出口商经营过程中发生的有关费用，也称经营管理费，如通信费、交通费、交际费等。

（10）银行费用：出口商委托银行向国外客户收取货款、进行资信调查等所支出的手续费。

（11）出口运费：货物出口时支付的海运、陆运、空运及多式联运费用。

（12）保险费：出口商向保险公司购买货运保险或信用保险支付的费用。

（13）佣金：出口商向中间商支付的报酬。

（三）预期利润

预期利润是出口商的收入，是经营好坏的主要指标。

根据上述价格构成可知 FOB、CFR 和 CIF 价格的构成分别是：

FOB 价 = 实际进货成本 + 国内费用 + 预期利润

CFR 价 = 实际进货成本 + 国内费用 + 国外运费 + 预期利润

CIF 价 = 实际进货成本 + 国内费用 + 国外运费 + 国外保险费 + 预期利润

二、常用贸易术语价格之间的换算

在各种贸易术语的价格之间，存在着相互转换的关系。这里也主要介绍 FOB、CFR、CIF 等贸易术语间的价格换算。

1. 以 FOB 价为基础换算为其他价格

CFR = FOB + F

CIF = (FOB + F) ÷ [1 − (1 + 投保加成率) × 保险费率]

2. 以 CFR 价为基础换算为其他价格

FOB = CFR − F

CIF = CFR ÷ [1 − (1 + 投保加成率) × 保险费率]

3. 以 CIF 价为基础换算为其他价格

FOB = CIF × [1 − (1 + 投保加成率) × 保险费率] − F

CFR = CIF × [1 − (1 + 投保加成率) × 保险费率]

下面以 FOB、CFR 和 CIF 为例来说明出口报价的步骤及使用的公式。如上所述，我们可以得知：

FOB 价 = 实际进货成本 + 国内费用 + 预期利润

其中，实际进货成本是不含税成本，是进货价中扣除退税收入后的采购成本，可用以下公式计算：

实际进货成本 = 进货价（即含税成本）− 出口退税收入

出口退税收入 = 进货价 × 出口退税率/(1 + 增值税率%)

实际进货成本 = 进货价 × [1 − 出口退税率/(1 + 增值税率%)]

预期利润 = 报价 × 预期利润率

FOB 价 = (实际进货成本 + 国内费用)/(1 − 预期利润率)

如果所报 FOB 价是含佣价的话，由于佣金 = 含佣价 × 佣金率，因此：

FOBC 价 =（实际进货成本 + 国内费用）/（1 - 佣金率 - 预期利润率）

根据 FOB、CFR 和 CIF 之间的换算公式，可以得出：

CFR 价 =（实际进货成本 + 国内费用 + 国外运费）/（1 - 预期利润率）

CFRC 价 =（实际进货成本 + 国内费用 + 国外运费）/（1 - 佣金率 - 预期利润率）

CIF 价 =（实际进货成本 + 国内费用 + 国外运费）/
（1 - 预期利润率 - 投保加成 × 保险费率）

CIFC 价 =（实际进货成本 + 国内费用 + 国外运费）/（1 - 佣金率 -
预期利润率 - 投保加成 × 保险费率）

例 6-4：2008 年 6 月 16 日，江苏镕术有限公司外贸业务员李荣收到瑞士 All Chamege AG 公司经理 Andreas Kurz 先生的电子邮件，欲购防弹轮胎（Bullet Proofing Tires）。

Dear Mr. Li,

It has been a long time since our last talk in the International Rubber Exhibition of Shanghai last October. We are interested in buying Bullet Proofing Tires Art. No. 205/55R16 and 205/60R15.

We would be appreciated if you would give us a quotation in Euro/pc CFR Hamburg, Germany. The payment will be made by L/C at sight.

As we are in a position to handle large quantities, we hope you will make an effort to quote us the most competitive prices.

We look forward to hearing from you by return E-mail soon.

Best regards,

Andreas Kurz

Manager

All Chamege AG

Add：Hauptstrasse 1029378 Staad Switzerland

Tel：0041 - 071 - 8554646

Fax：0041 - 071 - 8554649

E - mail：kurz@ allchamegeag. com

外贸业务员李荣立即通知供应商江苏立远轮胎厂万民厂长报价，次日收到其报价如下：防弹轮胎，规格号 205/55R16 和 205/60R15，最低起订量为 100 条/规格，月生产能力 1 000 条，RMB ¥444. 60/条（含税价），增值税率为 17%；8 条轮胎装 1 个木箱，每个木箱的毛重为 88 千克，体积为 1 立方米，25 箱装 1 个 20′FCL；交货时付款；工厂交货。

若 2008 年 6 月 17 日的欧元牌价按 EUR1 = RMB ¥10. 60/10. 71 计；经查询，该轮胎的海关监管证件代码为 B，出口退税率为 5%；国内运费为 RMB ¥1 600/20′FCL，工厂付款到出口收汇预计 2 个月，资金占用年利息按 6. 93% 计；其他国内费用为采购成本的 5%；由中国上海至德国汉堡的海运费为 EUR480/20′FCL；预期出口成本利润率为 20%（按采购成本计算）。核算 CFR 德国汉堡的出口报价是多少。

参考答案：出口退税额 = 采购成本 ÷（1 + 增值税率）× 出口退税率

= 444. 60 ÷（1 + 17%）× 5% = 19（元/条）

出口成本 = 采购成本 - 出口退税额 = 444. 60 - 19 = 425. 6（元/条）

国内费用 = 1 600 ÷ 200 + 444. 60 × 2 ÷ 12 × 6. 93% + 444. 60 × 5% = 35. 365（元/条）

国外运费 =480 ÷200 =2.40 欧（元/条）

预期出口利润 = 采购成本 × 成本利润率 =444.60 ×20% =88.92（元/条）

FOB =(425.6 +35.365 +88.92)÷10.60 =51.88 欧（元/条）

CFR =51.88 +2.40 =54.28（欧元/条）

三、出口成本核算

出口成本的核算工作涉及三个主要的数据，即出口总成本、出口外汇净收入和出口人民币净收入，根据这三个数据，可以计算出出口商品换汇成本和出口盈亏率。

（一）出口总成本

出口总成本是指进出口企业为了出口商品而支付的国内总成本，其中包括进货成本、国内费用。如果商品需要缴纳出口税，则其出口总成本中还应该包括出口税。其计算公式为：

出口总成本 = 出口商品进货成本 + 国内费用 - 出口退税额

（二）出口外汇净收入和出口人民币净收入

出口外汇净收入是指出口外汇总收入扣除劳务费用（比如运费）、保险费和佣金等非贸易外汇后的外汇收入，即以 FOB 价格成交所得到的外汇收入。如果是按照 CIF、CFR 价格成交，则在扣除国外运费和保险费等费用支出后，即为外汇净收入。如果是按照含佣价成交的，则还需扣除佣金。

出口人民币净收入是指出口外汇净收入按当时外汇牌价（银行外汇买入价）折算的人民币总额。

（三）出口商品换汇成本

出口商品换汇成本是指出口商品净收入一个单位的外汇所需的人民币成本。在我国，一般是指出口商品每净收入一美元所耗费的人民币成本，即用多少元人民币换回一美元。计算公式为：

出口换汇成本 = 出口总成本（人民币元）/出口外汇净收入（美元）

出口商品换汇成本是衡量外贸企业出口盈亏状况的重要指标。出口商品换汇成本高于银行外汇牌价，说明企业该笔出口业务为亏损；出口商品换汇成本低于银行外汇牌价，则说明企业该笔出口业务是盈利的。

例 6 -5：出口某商品一批，出口总价为 75 000 美元 CIF 旧金山，其中运费为 1 500 美元，保险费为 440 美元。国内进价总计 450 000 元人民币。当时外汇牌价为 1 美元折 6.62 元人民币，请计算该批货物的出口换汇成本是多少？出口该批货物是否盈利？

参考答案：出口换汇成本 = 出口总成本（人民币元）/出口外汇净收入（美元）

=450 000/(75 000 - 1 500 - 440) =6.16（人民币/美元）

该商品的出口换汇成本为 6.16 元人民币/美元；当时外汇牌价为 1 美元折 6.62 元人民币，所以出口该批货物能够盈利。

（四）出口盈亏额和出口盈亏率

出口盈亏额是指出口人民币净收入与出口总成本的差额。如差额是正数，为盈余额；如差额是负数，则为亏损额。计算公式为：

出口盈亏额 = 出口人民币净收入 - 出口总成本

出口盈亏率是盈亏额与出口总成本的比例，用百分比表示。它是衡量出口盈亏程度的一项重要指标。其计算公式为：

出口盈亏率 = 出口盈亏额/出口总成本 × 100%

= (出口人民币净收入 - 出口总成本)/出口总成本 × 100%

例 6-6：某企业向新加坡 A 公司出售一批货物，共计 500 套，出口总价为 10 万美元 CIF 新加坡，其中从大连港运至新加坡的海运运费为 4 000 美元，保险按 CIF 总价的 110% 投保一切险，保险费率为 10%。这批货物的出口总成本为 72 万元人民币。结汇时，银行外汇买入价为 1 美元折合人民币 8.30 元。试计算这笔交易的换汇成本、盈亏额、盈亏率。

参考答案：换汇成本 = 出口总成本/出口外汇净收入

= 720 000/(100 000 - 4 000 - 100 000 × 110% × 0.1)

= 720000/94900 = 7.59（人民币/美元）

盈亏额 = 出口销售外汇净收入 × 银行买入价 - 出口总成本

= 94 900 × 8.3 - 720 000 = 67 670（元）

盈亏率 = 出口盈亏额/出口总成本

= 67 670/720 000 ≈ 9.40%

6.3 合同中价格条款的约定

一、价格条款的主要内容

（一）价格条款的构成

国际贸易合同中的价格条款，主要包括商品的单价及其作价方法、总值等基本内容，除此之外，还包括佣金和折扣的运用。

（二）合同中的价格条款举例

1. 单价：每打 200 美元 FOB 上海

总值：46 000 美元

UNIT PRICE：USD 200 PER DOZEN FOB SHANGHAI

TOTAL VALUE：USD 46 000（SAY US DOLLARS FORTY SIX THOUSAND ONLY）

2. 单价：每公吨 100 英镑 CIFC3 伦敦

总值：120 000 英镑

UNIT PRICE：GBP 100 PER METRIC TON CIFC3 LONDON

TOTAL VALUE：GBP 120 000（SAY POUNDS STERLING ONE HUNDRED AND TWENTY THOUSAND ONLY）

3. 单价：每套 3 000 日元 CIFD2% 东京

总值：5 880 000 日元

UNIT PRICE：JPY 3 000 PER SET CIF TOKYO INCLUDING 2% DISCOUNT

TOTAL VALUE：JPY 5 880 000（SAY JAPANESE YEN FIVE MILLION EIGHT HUNDRED AND EIGHTY THOUSAND ONLY）

二、约定价格条款的注意事项

（一）根据商品质量和档次合理定价

应在充分调查研究的基础上，根据国际市场供求状况和价格走势，并遵循我国进出口商品作价原则和每笔交易的经营意图，合理约定适当的成交价格，防止盲目定价导致成交价格偏离国际市场价格的情况出现。

（二）选择适当的贸易术语

贸易术语是商品单价中的组成部分，且同交易双方有直接利害关系，因此，应根据运输市场情况、运价水平，并结合自身条件和经营意图，酌情选择对自己有利的贸易术语。

（三）选择有利的计价货币

根据金融货币市场情况，争取选择对自己有利的计价货币，必要时可酌情增加外汇保值条款，以免承担汇率变动的风险。

（四）佣金与折扣的使用

参照国际贸易的习惯做法，注意佣金与折扣的合理运用，以便有效地利用中间代理商的购销渠道和扩大交易。

相关阅读

出口成本预算表样本

出 口 成 本 预 算 表

编号：________
日期：________

商品名称及规格：____________
供货单位：__________________　　出口国家/地区：________________
买　　方：__________________　　出口报价：______________________
成交数量：__________________　　当日汇率：______________________
装卸口岸/地点：从________至________经由____________

类别	具体项目
成本	收购价（含税进货价款） 含增值税率：________% 消 费 税率：________% 扣除出口退税收入：________ 退税率：________%
	A. 实际采购成本（本币/外币）：________

续表

类别	具体项目
费用	采购入库物流费用：________ 运保费：________ 仓储费：________ 其他：________ 出口前物流费用：________ 运杂费：________ 包装费：________ 商品损耗费：________ 仓储费： 采购入库物流费用：指制造商或供货商至外贸公司指定仓库或地点之间的内陆运输、保险等费用 出口前物流费用：特指外贸公司在出口商品采购入库之后至出口启运前一段时间所发生的物流费用
	认证费：________ 商检报关费：________ 税金：________ 业务招待费：________ 经营管理费：________ 贷款利息：________ 银行费用：________ 其他：________ 或：国内费用率：________% 经营管理费：指应分摊未单列的经营费用和管理费用，包括邮电费、广告费、展览费、差旅费、样品宣传费、水电费、佣金、人员工资及福利费等。国内费用率：指应分摊的经营费用、管理费用和财务费用占出口商品进价的百分比，一般为 8% ~ 10%，属需要不断修正的经验估计值，明细项目无法计算和单列时代替使用。
	B. 国内费用合计（本币/外币）：________
	出口国内总成本 C（FOB 成本，本币/外币，C = A + B）：________
	出口运费 F（外币/本币）：________ 包装：________ 毛重：________ 尺码：________ 计算标准和费率：________
	C&F 成本（外币/本币）：(C + F)
	出口保费 I：（外币/本币）________ 投保险别及相应保费率：________ 总保费率：________ 加____成投保金额：________
	CIF 成本（外币/本币）：(= C + F + I)
	佣金 C：（外币/本币） 佣金率：________% 计佣基数：________
	CIFC 成本（外币/本币， = C + F + I + 佣金 C）：________
	其他按报价一定比例应计入的费用：________ 如：银行手续费率________

续表

类别	具体项目
报价	预期盈利或亏损额：________ 预期盈亏率：________% 对外报价（即期）：________ 即期收汇天数：________天 对外报价（远期）：________ 银行放款利率：________% 远期收汇天数：________天
	换汇成本：________

制表： 复核： 主管部门意见： 财务部门意见： 总经理审批：

相关阅读

人民币国际使用概况

一、跨境人民币收付业务

2016 年，跨境人民币收付金额合计 9.85 万亿元，同比下降 18.6%，占同期本外币跨境收付总额的比重为 25.2%，比上年下降 3.5 个百分点，其中收款 3.79 万亿元，付款 6.06 万亿元，净支出 2.27 万亿元，收付比为 1∶1.6。

二、人民币作为储备货币

根据国际货币基金组织（IMF）“官方外汇储备货币构成”（COFER）季度数据，截至 2016 年 12 月月末，人民币储备约合 845.1 亿美元，占标明币种构成外汇储备总额的 1.07%。据不完全统计，截至 2016 年年末，60 多个国家和地区将人民币纳入外汇储备。

三、人民币国际债券

2016 年中国债券市场共发行人民币债券 36.1 万亿元，同比增长 54.2%；截至 2016 年年末，债券托管余额 63.7 万亿元，同比增长 33%；全市场共成交结算 829.4 万亿元，同比增长 22.9%，其中，现券交易 132.2 万亿元，交投活跃度大幅提升。截至 2016 年年末，共有 407 家境外机构获准进入中国境内银行间债券市场，债券托管余额为 8 000.3 亿元。

按照国际清算银行（BIS）狭义统计口径，截至 2016 年年末，以人民币标价的国际债券余额为 6 987.2 亿元，其中境外机构在离岸市场上发行的人民币债券余额为 5 665.8 亿元，在中国境内发行的人民币债券余额为 1 321.4 亿元。

四、非居民持有境内人民币金融资产

截至 2016 年年末，非居民持有境内人民币金融资产余额为 3.03 万亿元，其中，境外机构持有的股票市值和债券托管余额分别为 6 491.9 亿元和 8 526.2 亿元；境外机构对境内机构的贷款余额为 6 164.4 亿元；非居民在境内银行的人民币存款余额为 9 154.7 亿元，包括同业往来账户存款、境外机构和境外个人存款。

截至 2016 年年末，18 个国家和地区获得人民币合格境外投资者（RQFII）额度，共计人民币 1.51 万亿元。

据不完全统计，截至 2016 年年末，中国港澳台地区和新加坡、英国等主要离岸市场人

民币存款余额约为1.12万亿元（不含存款证）。其中，中国香港人民币存款余额为5 467.1亿元，同比下降35.8%；新加坡人民币存款余额为386亿元，同比下降43.1%；英国人民币存款余额为510亿元，同比增长17.2%。

五、人民币外汇交易

2016年，中国境内人民币外汇市场（含银行间市场和银行代客市场）日均交易量832亿美元。全年银行间市场人民币外汇即期成交折合5.93万亿美元，同比增长21.9%；人民币外汇掉期交易成交折合10万亿美元，同比增长19.8%；人民币外汇远期市场成交折合0.15万亿美元，同比增长311%。银行间外汇市场先后推出人民币对南非兰特、韩元等12个货币的直接交易。

2016年，人民币对外币（不含美元）直接交易即期共成交1.13万亿元人民币，在银行间外汇市场即期交易中占比为2.9%，而2010年前银行间外汇市场人民币对外币（不含美元）直接交易成交量占比不到0.5%。

六、人民币现钞境外流通

2016年，银行跨境调运人民币现钞业务金额总计638.09亿元，同比增长6.66%。其中调运出境103.63亿元，调运入境534.46亿元，净调入430.83亿元。通过银行体系流入的境外人民币现钞持续较快增长。中银香港代保管库继续发挥境外人民币现钞供应回流的辐射带动作用，为中国港澳台地区以外的境外参加行办理人民币现钞提存业务金额总计10.48亿元，同比下降44.1%。其中人民现钞提取0.9亿元，存入9.58亿元，净存入8.68亿元，业务范围涵盖亚洲、欧洲、美洲、非洲。

七、双边本币互换

2016年，人民银行先后与摩洛哥央行、塞尔维亚央行、埃及的中央银行签署双边本币互换协议，总金额为295亿元人民币；与新加坡金管局、匈牙利央行、欧央行、冰岛的中央银行续签双边本币互换协议，总金额为6 635亿元人民币。截至2016年年末，人民银行已与36个国家和地区的中央银行或货币当局签署了双边本币互换协议，协议总金额超过3.3万亿元人民币。2016年，在人民银行与境外中央银行或货币当局签署的双边本币互换协议下，境外中央银行或货币当局动用1 278亿元人民币，人民银行动用外币折合664亿元人民币。截至2016年年末，境外中央银行或货币当局累计动用3 655.31亿元人民币，余额为221.49亿元人民币；人民银行累计动用外币折合1 128.41亿元人民币，余额折合77.58亿元人民币。

八、人民币跨境使用基础设施

（一）人民币跨境支付系统

2016年，人民银行进一步推动人民币跨境支付系统（CIPS）建设和直接参与者扩容。2016年7月，中国银行（香港）有限公司作为直接参与者接入CIPS，中国银行（香港）有限公司是CIPS首家境外直接参与者，其的成功接入使CIPS业务量有了大幅提升。

截至2016年年末，CIPS共有28家直接参与者，512家间接参与者，覆盖六大洲80个国家和地区。系统累计运行312个工作日，共处理支付业务722 849笔，金额48 427亿元。

（二）境外人民币业务清算行

2016年，人民银行先后与美联储、俄央行签署了在美国、俄罗斯建立人民币清算安排的合作备忘录，在美国、俄罗斯、阿联酋指定了人民币业务清算行。截至2016年年末，人民银行已在23个国家和地区建立了人民币清算安排，覆盖东南亚、欧洲、中东、美洲、大洋洲和非洲。人民币清算安排的建立，有利于上述国家和地区的企业和金融机构使用人民币进行跨境交易，进一步促进贸易投资便利化。

资料来源：《2017人民币国际化报告》

项目小结

价格条款是涉及买卖双方利益关系的一项核心条款，它与合同中的其他相关条款有着密切的联系，其涵盖的内容很广泛，包括作价原则的贯彻、成交价格的核算、贸易术语的选用、计价货币的选择，以及佣金和折扣的合理运用等。在成交价格问题上，更需要权衡利弊，根据市场供求状况与价格变动趋势、自身经营意图、成交商品质量的优劣与数量的多少、交货时间与地点的不同，确定适当的价格，从而体现品质差价、数量差价、季节性差价、地区差价和公平合理的原则。

课后习题

一、选择题

1. 支付给中间商的酬金叫（　　）。

A. 预付款　　B. 折扣　　C. 佣金　　D. 定金

2. 合同中采用固定价格作价法一般适用于（　　）的商品。

A. 价格波动小　　B. 价格波动大　　C. 交货期长　　D. 初级

3. 以下（　　）国际贸易商品的单价表示方式是最规范的。

A. CIF London US \$1010/MT　　B. CIF London \$1010.00/MT

C. CIF London US \$1010.00/MT　　D. CIF London US \$1010.00/TON

4. 卖方按照原价给予买方一定百分比的减让，即在价格上给予适当的优惠。这种优惠叫（　　）。

A. 佣金　　B. 折扣　　C. 预付款　　D. 订金

5. （　　）是指价格中不包括佣金和折扣。

A. 参考价格　　B. 含佣价　　C. 净价　　D. 推算价

6. 一笔业务中，若出口人民币净收入与出口总成本的差额为正数，说明该笔业务为（　　）。

A. 盈利　　B. 亏损

C. 不盈利也不亏损　　D. 可能盈利，可能亏损

7. 在我国进出口业务中，计价货币选择应（　　）。

A. 力争采用硬币收付

B. 力争采用软币收付

C. 进口时采用软币计价付款，出口时采用硬币计价收款

D. 出口时采用软币计价收款，进口时采用硬币计价付款

8. 出口换汇成本高于当时的外汇牌价时，说明该次出口（　　）。

A. 亏损　　B. 盈利

C. 盈亏平衡　　　　　　　　　　　D. 可能盈利，可能亏损

9. 在我国向英国出口商品过程中，使用的货币最好是（　　）。

A. 币值稳定，汇率保持持续攀升的货币，即硬货币

B. 币值不稳定，汇率保持持续下跌趋势的货币，即软货币

C. 双方未同意采用的第三国货币

D. 不可自由兑换的货币

10. （　　）是含佣价。

A. FOBS　　B. FOBT　　C. FOBC　　D. FOB

11. 在进出口合同中，单价条款包括的内容是（　　）。

A. 计量单位　　B. 单位价格金额　　C. 计价货币　　D. 贸易术语

12. 国际货物贸易中，作价的方法主要有（　　）。

A. 固定价格　　B. 价格调整条款　　C. 非固定价格　　D. 预付款

13. 在国际贸易中，含佣价的计算公式是（　　）。

A. 单价×佣金率　　　　　　　　B. 含佣价×佣金率

C. 净价×佣金率　　　　　　　　D. 净价/(1－佣金率)

14. 以下出口商品的单价，只有（　　）的表达是正确的。

A. 250 美元/桶　　　　　　　　B. 250 美元/桶 CIF 伦敦

C. 250 美元/桶 CIF 广州　　　　D. 250 美元

15. 出口总成本是指（　　）。

A. 进货成本

B. 进货成本＋出口前一切费用

C. 进货成本＋国内费用－出口退税额

D. 对外销售价

二、判断题

1. 佣金和折扣都可分为明佣（扣）和暗佣（扣）两种。（　　）

2. 一笔交易的出口换汇成本反映的是出口商品换取外汇的能力，从中可以看出在这笔交易中出口商换回一单位外汇需多少元人民币，从而得出这笔交易为盈利还是亏损。（　　）

3. 在商品价格中包括佣金时，必须以文字来说明。（　　）

4. 在实际业务中，较常用的作价方法是固定作价法。（　　）

5. 出口外汇净收入是指出口商品的 FOB 价按当时外汇牌价折成人民币的数额。（　　）

6. 计价货币和支付货币必须是同一种货币。（　　）

7. 正确使用折扣，可以调动买方的购买积极性，从而扩大销路。（　　）

8. 一国货币对外升值，有利于该国增加出口、减少进口。（　　）

三、简答题

1. 在我国进出口合同中为什么要正确选择计价货币？

2. 我国进出口商品作价的原则是什么？

四、计算题

1. 某公司对外报价 330 美元 FOB 天津新港，而外国商人要求报 CIF 伦敦价，假设运费

每箱40美元，保险费率为0.6%，试计算我方应报的CIF伦敦价。

2. 我方公司向外商报价每公吨1 000美元CFR曼谷，而外商来电要求改报CIF曼谷含5%佣金价。我方应报CIFC5%曼谷为多少？（注：保险费率合计为0.85%）

3. 上海某公司向美国一公司出售一批货物，出口总价为2万美元CIF纽约，其中从上海到纽约的海运运费为2 500美元，按CIF总值的120%投保一切险，保险费率为5%，这批货物的国内进价及各种费用加总为10万元人民币。试计算这笔货物贸易的出口换汇成本。

五、案例分析

我国出口商曾向美国某中间商（买方）出售一批货物，合同规定佣金为3%。卖方按合同规定将货物装运出口后，收到了买方全部货款。卖方经办人员误将全部货款当作佣金开具付佣的传票，以便公司财会人员向中国银行开立汇票，该传票虽先后经另一业务员复核，但均未发现差错。后财会人员核对后，疑有差错，要求重新审核。而复核员答复并无差错。随后中国银行便按原货款金额向国外中间商开出了支付佣金的汇票。外商收到该汇票后，吃惊地发现金额过大，于是将原汇票退回。由于中间商的诚实，才未造成巨大的经济损失。试分析出现该事件的原因，以及我们应从中吸取哪些教训。

项目七

国际货款的收付

学习目标

通过本章的学习，了解国际贸易中货款收付涉及的支付工具、支付方式以及不同支付方式的选用，熟悉汇票、支票、本票的概念、当事人和内容，掌握各种支付方式的含义、种类及相关业务操作。

导入案例

2009 年 5 月 18 日，国内 A 公司（卖方）与香港 B 商社（买方）签订了一份金额为 10 万美元的贸易合同，合同规定：由买方开出即期不可撤销的信用证向卖方付款。但过了合同约定的开证日期仍未见买方开来信用证，卖方多次查询，对方才告知“因开证行与卖方银行并无业务代理关系，故此证已开往有代理关系的某地银行转交”。此时，船期已到，因合同规定货物需直接运抵加拿大，而此航线每月只有一班船，若错过这一次船期，则要推迟至下一个月才能装船，这样将造成利息和费用的损失。这时，港商提出改用电汇方式把货款汇来，以促成该笔生意。鉴于以上情况，卖方只好同意并要求对方提供汇款凭证传真件，确认后马上发货。次日，港商便传来了银行的汇款凭证，卖方财务人员持该汇款传真件到银行核对签字无误后以为款项已汇出，便放心地安排装船。但出运后 10 多天，卖方才发觉货款未到账，大呼上当。原来，该港商资信甚差，经营作风恶劣，瞄准卖方急于销货的心理，先购买一张小额汇票，涂改后，再传真过来，冒充电汇凭证，蒙骗卖方，使卖方遭受重大的经济损失。

在国际贸易中，货款的收付是买卖双方的基本权利和义务之一。《联合国国际货物销售公约》规定，卖方交货后，按照合同规定支付货款是买方的基本义务。货款的收付主要涉及使用的支付工具、支付时间、支付地点和支付方式等问题。其中，①支付工具主要包括货币和票据，货币用于计价、结算和支付，票据用于结算和支付。②支付时间有预付（随订单付现）、现付（交货付现、交单即付）和迟付（交单付款）。③支付地点：可分为在出口地支付、在进口地支付或在第三国某银行支付。④支付方式：汇付、托收和信用证付款。此外，也可通过银行开保函或将各种支付方式结合使用。

7.1　支付工具

支付工具是实现经济活动的一种交易方式，它是随着商品赊账买卖的产生而出现的。最初的支付工具是货币。支付工具是用于资金清算和结算过程中的一种载体，可以是记录和授权、传递支付指令和信息发起者的合法金融机构账户证件，也可以是支付发起者合法签署的可用于清算和结算的金融机构认可的资金凭证。它是加快资金周转、提高资金使用效率的保障。而在国际贸易中，由于买卖双方所处地域的限制，直接交接货币不大可能，因此多以货币载体——票据的形式收付国际货款。

一、货币

在国际买卖合同中使用货币通常有三种情况：使用出口国的货币，使用进口国的货币，或者使用第三国的货币。不管使用哪一种货币，都是为了有效规避国际汇率变动可能带来的风险。

另外，在合同规定的货币中还要清楚地区分计价货币和支付货币。前者是双方当事人用来计算债权债务的货币；后者是双方当事人约定用来清偿债务的货币。如果合同中的价格是用一种双方约定的货币表示的，没有规定用其他的货币支付，则该约定的货币既是计价货币，又是支付货币。如果在计价货币之外又规定了其他货币支付，则这种货币就是支付货币。按照国际上的一般做法，如果没有相反的规定，通常是按付款日两货币的汇价，把一种货币表示的价款折成等值的另一种货币进行支付。如果双方国家订有贸易协定和支付协定，而交易本身又属于上述协定规定的贸易，则必须按规定的货币清算。在出口业务中，应争取采用比较稳定、趋于上浮的货币，即所谓“硬币”比较有利；而进口则相反。若使用了相反的货币，则应考虑采取保值条款。

在汇率不稳定的情况下，若合同中采用的计价货币对其中一方不利，这一方可通过在合同中订立合适的保值条款，把所承担的汇率风险考虑进去。货币保值条款主要是确定一个价值稳定的“参照物”（如黄金、硬货币或一篮子货币），然后将商品价值折算成参照物，最后在支付时再以参照物的数量折算回所需要的货币。

二、票据

票据是指按照一定形式制成、写明有付出一定货币金额义务的证件，是出纳或运送货物的凭证。广义的票据泛指各种有价证券，如债券、股票、提单等；狭义的票据仅指以支付金钱为目的的有价证券，即出票人根据票据法签发的，由自己无条件支付确定金额或委托他人无条件支付确定金额给收款人或持票人的有价证券。《中华人民共和国票据法》于 1996 年 1 月 1 日施行，在国际贸易中使用的票据主要有汇票、本票和支票，其中以使用汇票为主。

（一）汇票（Bill of Exchange/Draft）

汇票是一个人向另一个人签发的，要求即期或定期或在将来可以确定的时间，对某人或其指定人或持票人支付一定金额的无条件的书面支付命令。

1. 汇票的基本事项

下列汇票基本内容，一般为汇票的要项，但并不是汇票的全部内容。按照各国票据法的规定，汇票的要项必须齐全，否则受票人有权拒付。汇票不仅是一种支付命令，而且是一种可转让的流通证券。

1）基本内容。

各国票据法对汇票内容的规定都有所不同，但一般认为应包括：“汇票”字样、出票人、受票人、收款人、汇票金额、付款日期、出票日期和地点、付款地点、出票人签字、无条件的支付命令。

2）当事人。

（1）出票人（Drawer）：签发票据并将票据交付给他人的人。出票人是票据的主债务人。持票人或收款人提示票据要求付款或承兑时，出票人应该立即付款或承兑。

（2）受票人（Payer）：也称付款人，指支付给持票人或收款人票面金额的人，即接受支付命令付款的人。其并不一定是出票人，也可以是出票人的债务人。进出口业务中，通常是进口人或其指定银行。

（3）收款人（Payee）：即受领汇票所规定金额的人，收款人有权要求持票人或付款人付款或承兑。在进出口业务中，通常是出口人或其指定的银行。

汇票中的收款人通常有三种写法：① 限制性抬头 Pay to × × × co.（记名抬头，此种汇票不能转让）。② 指示式抬头 Pay to the order of × × ×（此种汇票经抬头人背书后，可以自由转让）。③ 持票来人抬头 Pay to bearer（空白抬头，无须背书即可转让）。

3）付款期限。

在汇票中常见的付款期限写法有：

（1）见票即付（at sight）。

（2）见票后××天付（at × × days after sight）。

（3）出票后××天付（at × × days after date of draft）。

（4）提单日后××天付（at × × days after B/L date）。

（5）指定日期付。

实际业务中，汇票上还需列明付款日期、付款地点和出票地点等内容。对于见票后或出票后或提单后固定日期付款的汇票，其时间的计算，均不包括见票日、出票日或提单日，但须包括付款日，即“算尾不算头”。

2. 汇票种类

1）按出票人不同。

银行汇票（Banker’s Bill）：是银行应汇款人的请求，在汇款人按规定履行手续并交足保证金后，签发给汇款人由其交付收款人的一种汇票。银行汇票的基本当事人只有两个，即出票银行和收款人，银行既是出票人，又是付款人。在国际结算中，银行汇票签发后，一般交汇款人，由汇款人寄交国外收款人向指定的银行取款。出票行签发汇票后，必须将付款通知书寄给国外付款行，以便付款行在收款人持票取款时进行核对。一般为光票，不随附货运单据。银行汇票具有票随人到、方便灵活、兑付性强的特点，因此银行汇票深受广大企事业单位、个体经营户和个人的欢迎，其使用范围广泛、使用量大，对方便异地采购起到了积极的作用，银行汇票已成为使用最广泛的支付工具之一。

商业汇票（Commercial Draft）：是企事业单位等签发的，委托付款人在付款日期无条件支付确定金额给收款人或持票人的一种汇票。商业汇票一般有三个当事人，即出票人、付款人和收款人。出票人是商号或个人，付款人可以是商号、个人，也可以是银行。国际贸易中，通常由出口人开立，向国外进口人或银行收取货款时使用。商业汇票大都附有货运单据。商业汇票是适用于企业单位先发货后付款或双方约定延期付款的商品交易。这种汇票经过购货单位或银行承诺付款，承兑人负有到期无条件支付票款的责任，对付款人具有较强的约束力。购销双方根据需要可以商定不超过6个月的付款期限。购货单位在资金暂时不足的情况下，可以凭承兑的汇票购买商品。销货单位急需资金时，可持承兑的汇票向银行申请贴现。销货单位也可以在汇票背面背书后将其转让给第三者，以支付货款。

例7－1：银行汇票的有效期限是自出票日起2年。（　　）

参考答案：对

2）按有无随附单据。

光票（Clean Bill）：净票、白票，指不附带货运单据的汇票。银行汇票多是光票。出票人可以是工商企业、个人或银行。付款人也可以是工商企业、个人或银行。

跟单汇票（Documentary Bill）：指附带有货运单据的汇票。跟单汇票的付款以附交货运单据为条件，汇票的付款人要取得货运单据提取货物，必须付清货款或提供一定的担保。在国际贸易中，大多采用跟单汇票。商业汇票一般为跟单汇票。

3）按付款时间。

即期汇票（Sight Draft）：指在提示或见票时立即付款的汇票。

远期汇票（Demand Draft）：指在一定期限或特定日期付款的汇票。

4）按承兑人。

商业承兑汇票（Commercial Acceptance Draft）：是企业或个人承兑的远期汇票，建立在商业信用的基础之上，其出票人也是工商企业或个人，如出口企业。托收中使用的远期汇票即属于此种汇票。

银行承兑汇票（Banker's Acceptance Draft）：是银行承兑的远期汇票，通常由出口人签发，银行对汇票承兑后即成为该汇票的主债务人，而出票人则成为从债务人。银行承兑汇票建立在银行信用的基础之上，便于在金融市场上流通。信用证中使用的远期汇票即属于此种汇票。银行承兑汇票是一种商业汇票。

一张汇票往往可同时具备几种性质。如一张商业汇票可以是即期的跟单汇票；一张远期的商业跟单汇票，同时又是银行承兑汇票。目前流通中的商业汇票大多是银行承兑汇票，商业承兑汇票使用较少。

例7－2：由出口商签发的要求银行在一定时间内付款的汇票不可能是（　　）。

A. 商业汇票　　B. 银行汇票　　C. 即期汇票　　D. 跟单汇票

参考答案：B

3. 汇票的行为及其使用

汇票的使用有出票、提示、承兑、付款等，如需转让，通常经过背书行为转让，汇票遭到拒付时，还要涉及做成拒绝证书和行使追索等法律权利。汇票的使用如图7－1所示。

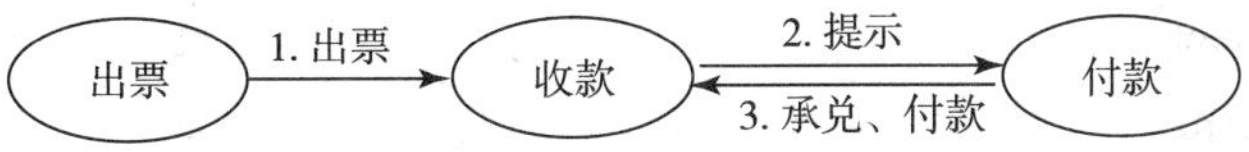

图7－1　汇票的使用

1）出票（Issue）。

出票指出票人在汇票上填写付款人、付款金额、付款日期和地点以及收款人等项目，经签字交给收款人的行为。出票包括两个动作：一是写成书面汇票，出票人在汇票上签字；二是将汇票交付给收款人。

值得注意的是，出票人签发汇票后，即承担保证该汇票必然会被承兑和/或付款的责任。另外，国际贸易中的商业汇票通常需签发一式二份，但只对其中的一份承兑或付款。

2）提示（Presentation）。

提示指持票人将汇票提交付款人要求承兑或付款的行为。付款人见到汇票叫作见票。提示可以分为两种：

（1）付款提示：汇票的持票人向付款人（或远期汇票的承兑人）出示汇票要求付款人（或承兑人）付款的行为。

（2）承兑提示：远期汇票持票人向付款人出示汇票，并要求付款人承诺付款的行为。

远期汇票的承兑和即期汇票的提示付款均应在法定期限内进行。

3）承兑（Acceptance）。

承兑指远期汇票的付款人明确表示同意按出票人的指示付款的行为。付款人应当自收到提示承兑的汇票之日起3日内承兑或者拒绝承兑。付款人在汇票上写明“承兑”字样，注明承兑日期，并由付款人签字交还持票人。付款人对汇票做出承兑，即成为承兑人，并成为汇票的主债务人，而出票人便成为汇票的从债务人（或称次债务人）。承兑人有在远期汇票到期时付款的责任。承兑可分为两种：一是一般承兑；二是限制承兑。

4）背书（Endorsement）。

背书是将票据权利转让给他人的行为。在国际市场上，汇票还是一种流通工具，可以在票据市场上流通转让。背书是转让汇票权利的一种法定手续，就是由汇票持有人在汇票背面签上自己的名字，或再加上受让人的名字，并把汇票交给受让人的行为。经背书后，汇票的收款权利便转移给受让人。汇票可以经过背书不断转让下去。对于受让人来说，所有在他以前的背书人以及原出票人都是他的“前手”；而对于出让人来说，所有在他让与以后的受让人都是他的“后手”。“前手”对“后手”负有担保汇票必然会被承兑或付款的责任。

背书方式有三种：

（1）限定性背书（Restrictive Endorsement）：即不可转让背书，指背书人对支付给被背书人的指示带有限制性的词语。只能由指定的被背书人凭票取款，而不能再行转让或流通。

（2）特别背书、记名背书（Special Endorsement）：汇票被背书人可以再作背书将汇票权利再转让给他人。汇票背面既有背书人签名又有被背书人签名。这种背书受让人可继续背书将汇票转让。

（3）空白背书、不记名背书（Blank Endorsement）：无须背书可转让。持票人也可将其变成特别背书汇票，票据背面只有背书人名称而无受让人签名。此类背书只凭交付即可转让。根据我国票据法，票据不能采用空白背书。

5）付款（Payment）。

对即期汇票，在持票人提示汇票时，付款人应即付款；对远期汇票，付款人经过承兑后，在汇票到期日付款。持票人获得付款时，应当在汇票上签收，并将汇票交给付款人作为收据存查。付款后汇票的一切债务即告终止。

6）拒付（Dishonour）。

持票人提示汇票要求承兑时，遭到拒绝承兑；或要求付款时，遭到拒绝付款、付款人逃避不见汇票、死亡或宣告破产等均称为拒付，也称退票。

如汇票在合理时间内提示，遭到拒绝承兑，或在到期日提示，遭到拒绝付款，对持票人立即产生追索权，它有权向背书人和出票人追索票款。按照有些国家的法律，持票人为了行使追索权应及时做出拒付证书。所谓追索权是指汇票遭到拒付，持票人对其前手有请求其偿还汇票金额及费用的权利。拒付证书是由付款地的法定公证人或其他依法有权做出证书的机构如法院、银行、公会、邮局等，做出证明拒付事实的文件，是持票人向前手追索的法律依据。如拒付的汇票已经承兑，出票人可凭此向法院起诉，要求承兑汇票的承兑人付款。此外，汇票的出票人或背书人为了避免承担被追索的责任，可在出票时或背书时加注“不受追索”字样。凡加注“不受追索”字样的汇票，在市场上难于贴现。持票人遭到退票后追索，为了行使追索权应及时做出拒付证书。

行使追索权应具备以下条件：①票据遭到拒付或拒绝承兑。②持票人已在法定期限内向付款人提出承兑或提示付款。③在票据遭到拒付后的法定期限内做出拒付证书，并通知前手。

在实际业务中，持票人可以不按照票据债务人的先后顺序，对其中一个人、数人或者全体行使追索权。被追索人清偿债务后，可向其他汇票债务人进行追索。

7）贴现（Discount）。

国际市场上一些承兑后尚未到期的远期汇票，由银行或贴现公司或金融公司从票面金额中扣减一定贴现率计算的贴现息后，将票款金额付给持票人，这种以未到期的票据换取现金的做法叫贴现。

例7－3：下列哪种行为是使汇票退出流通领域的票据行为（　　）。

A. 出票　　B. 背书　　C. 保证　　D. 付款

参考答案：D

（二）支票（Cheque/Check）

支票是以银行为付款人的即期汇票，即出票人对银行签发的无条件支付一定金额的委托或命令。出票人在支票上签发一定的金额，要求受票的银行于见票时立即支付一定金额给特定人或持票人。

1. 支票基本事项

支票出票人在签发支票后，应负票据上的责任和法律上的责任。前者是指出票人对收款人担保支票的付款；后者是指出票人签发支票时，应在付款银行存有不低于票面金额的存款。如存款不足，支票持有人在向付款银行提示支票要求付款时，就会遭到拒付。这种支票叫作空头支票。开出空头支票的出票人要负法律上的责任。支票都是即期，如果支票上另行记载付款日期的，该记载无效。

支票的基本当事人有三个：出票人、付款人和收款人。支票是在中国使用最普遍的非现金支付工具，用于支取现金和转账。在同一城市范围内的商品交易、劳务供应、清偿债务等款项支付，均可以使用支票。

2. 支票的种类

根据《中华人民共和国票据法》的规定，支票可分为：普通支票（既可提现，又可转

账)、现金支票（只能提现，不能转账)、转账支票（只能转账，不可提现）

（1）记名支票（Cheque Payable to Order)：是出票人在收款人栏中注明“付给某人”“付给某人或其指定人”的支票。这种支票转让流通时，须由持票人背书，取款时须由收款人在背面签字。

（2）不记名支票（Cheque Payable to Bearer)：空白支票，不指定收款人，抬头一栏注明“付给来人”。这种支票无须背书即可转让，取款时也无须在背面签字。

（3）划线支票（Crossed Cheque)：主要是委托银行代理收款。在支票的票面上划两条平行的横向线条，此种支票的持票人不能提取现金，只能委托银行收款入账。

（4）保付支票（Certified Cheque)：出票人签发，由银行付款，以保证支票能够收到钱。为了避免出票人开空头支票，收款人或持票人可以要求付款行在支票上加盖“保付”印记，以保证到时一定能得到银行付款。支票经保付后身价提高，有利于流通。

（5）银行支票（Banker's Cheque)：由银行签发，由银行付款的支票。发票人或持票人在普通支票上载明“转账支付”，以对付款银行在支付上加以限制。

3. 支票与汇票的区别

（1）基本性质不同：都是无条件的支付委托，但汇票的付款人可以是银行、企业或个人；而支票的付款人一定是银行。

（2）即期汇票与支票的出票人，自始至终都承担主债务人的责任；而远期汇票在承兑后就由承兑人承担主债务人的责任，出票人退居为从债务人。

（3）支票是即期付款的票据，见票即付，没有远期支票；汇票有即期付款和远期付款之分，有到期日。

（4）汇票的出票人与付款人之间，不必事先有资金关系；而支票的出票人与付款人之间则必须先有资金关系，才能签发。

（5）汇票有一式两张或多张，在实际业务中可以成套签发；而支票只有一张正本。

（6）为避免出票人开出空头支票，可以做成保付支票使商业信用转为银行信用；而汇票没有保付的做法。

例7-4：关于支票的表述，下列哪些选项是正确的？（　　）

A. 现金支票在其正面注明后，可用于转账。

B. 支票出票人签发的支票金额不得超过其付款时在付款人处实有的存款金额。

C. 支票上不得另行记载付款日期，否则该记载无效。

D. 支票上未记载人名称的，该支票无效。

参考答案：BC

（三）本票（Promissory Note）

1. 本票的基本事项

本票是一个人向另一个人签发的保证即期或定期或在可能确定的将来时间，对某人或其指定人或持票人支付一定金额的无条件书面承诺。即本票是出票人对收款人承诺无条件支付一定金额的票据。

本票的基本当事人有两个，即出票人和收款人。目前，在我国流通并使用的本票只有银行本票一种。银行本票是1988年中国人民银行全面改革银行支付结算制度后推出的一种新的支付结算工具，目前在一些经济比较发达的城市和小商品市场比较发达的地区使用比较多。

拿到一张本票后，这张本票是否生效，根据《日内瓦统一法》规定，这张本票要求具备以下的必要项目：写明“本票”字样；无条件支付承诺；收款人或其指定的人；出票人签字；出票日期和地点；付款日期；一定金额；付款地点。

2. 本票的种类

一般本票（Promissory Note）：出票人为工商企业或个人，票据可以是即期本票，也可以是远期本票。可分为定日付款本票、签票日后定期付款本票、见票后定期付款本票和见票即付本票。

银行本票（Casher's Order）：出票人是银行，只能是即期本票。《中华人民共和国票据法》规定：本票是指银行本票，本票出票人的资格由中国人民银行审定。自出票之日起，付款期限不超过 2 个月。

在国际贸易结算中使用的本票，大多数是银行本票。有的银行发行见票即付、不记载收款人的本票或是来人抬头的本票，它们的流通性与纸币相似。

3. 本票和汇票的主要区别

（1）本票是无条件的支付承诺；而汇票是无条件的支付命令。

（2）本票有两个当事人，即出票人和收款人；而汇票有三个当事人，即出票人、付款人和收款人。

（3）本票的出票人就是付款人，远期本票无须办理提示承兑和承兑手续；远期汇票则需要办理承兑手续。

（4）本票在任何情况下出票人都是主债务人，一旦拒付，持票人可以立即要求法院裁定，命令出票人付款；而汇票在承兑前出票人是主债务人，在承兑后承兑人是主债务人，出票人则处于从债务人的地位。

（5）本票只能开出一张，而汇票可以开出一套，多为一式两份，甚至数份。

（6）《英国票据法》规定外国本票退票时不需做出拒绝证书；外国汇票退票时必须作出拒绝证书。

7.2　支付方式

国际贸易中经常采用的支付方式有汇付、托收、信用证、银行保函等。汇付和托收方式下，银行在整个过程中只起到代理和中介作用，一般不会承担任何风险，都是属于商业信用；信用证和银行保函是银行保证付款的一种凭证，属于银行信用。在国际贸易中具体采用哪种支付方式，需要认真研究各种支付方式的流程及相应的收汇风险等问题。

一、汇付

（一）汇付的含义及性质

汇付（Remittance）又称汇款，是指付款人主动通过银行或其他途径将款项汇交收款人，对外贸易的货款如采用汇付，一般是由买方按合同约定的条件和时间，将货款通过银行汇交给卖方。汇款主要用于贸易中的货款、预付款、佣金等方面，是支付货款最简便的方式。

其中付款人（通常为进口人）与汇出行（委托汇出货款的银行）之间订有合约关系，汇出行与汇入行（汇出行的代理行）之间订有代理合约关系。在办理汇付业务时，需要由汇款人向汇出行填交汇款申请书，汇出行有义务根据汇款申请书的指示向汇入行发出付款书；汇入行收到付款委托书后，有义务向收款人（通常为出口人）解付货款。但汇出行和汇入行对不属于自身过失而造成的损失（如付款委托书在邮递途中遗失或延误等致使收款人无法或延期收到货款）不承担责任，而且汇出行对汇入行工作上的过失也不承担责任。

在汇付业务中通常有四方当事人：

（1）汇款人（Remitter）：即汇出款项的人，在国际贸易中，通常为进口人。

（2）收款人（Payee or Beneficiary）：即收取款项的人，通常为出口人。

（3）汇出行（Remitting Bank）：受汇款人委托汇出款项的银行，通常是进口地银行。

（4）汇入行（Paying Bank）：解付行，受汇出行委托解付汇款的出口地银行。

汇款人在委托汇出行办理汇款时，要出具汇款申请书。此申请书在资本主义国家被称作汇款人和汇出行之间的一种契约。汇出行一经接受申请就有义务按照汇款申请书的指示通知汇入行。汇出行与汇入行之间，事先订有代理合同，在代理合同规定的范围内，汇入行对汇出行承担解付汇款的义务。汇付流程详见图 7－2。

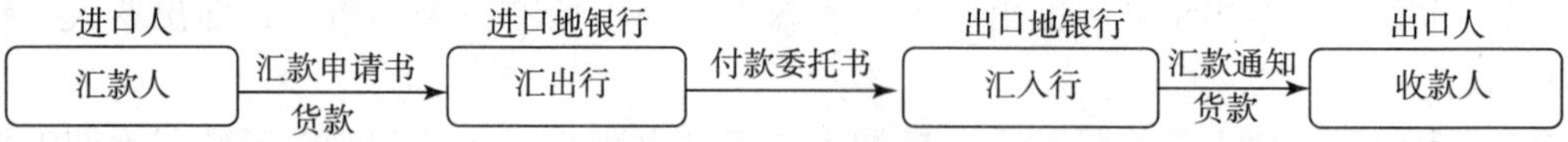

图 7－2　汇付流程

（二）汇付的种类

1. 电汇（Telegraphic Transfer，T/T）

汇出行接受汇款人委托后，以电传方式将付款委托通知收款人当地的汇入行，委托它将一定金额的款项解付给指定的收款人的一种汇款方式。其业务流程如图 7－3 所示。

（1）汇款人将汇付申请书、款项及有关费用交给汇出行。

（2）汇出行电汇委托通知汇入行。

（3）汇入行向收款人付款。

（4）汇入行向汇出行发出付讫借记通知。

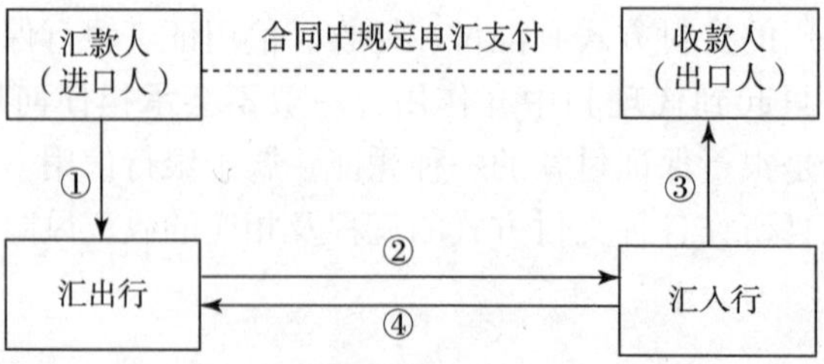

图 7－3　电汇流程图

电汇因其交款迅速，在三种汇付方式中使用最广。但因银行利用在途资金的时间短，所以电汇的费用比下述信汇的费用高。电子化的高速发展，使得现在汇款主要使用电汇方式。

2. 信汇（Mail Transfer，M/T）

汇出行应汇款人的申请，将信汇委托书寄给汇入行，授权解付一定金额给收款人的一种汇款方式。信汇的特点是费用较低，但收款人收到汇款的时间较迟。信汇和电汇的区别在于汇出行向汇入行航寄付款委托，所以汇款速度比电汇慢。因信汇方式人工手续较多，目前欧洲银行已不再办理信汇业务。

3. 票汇（Demand Draft，D/D）

票汇是以银行即期汇票为支付工具的一种汇付方式，是汇出行应汇款人的申请，在汇款人向汇出行交款并支付一定费用的条件下，代替汇款人开立的以其分行或代理行为解付行支付一定金额给收款人的银行即期汇票，寄交收款人，由收款人凭以向汇入行取款。其流程如图7－4所示。

（1）汇款人交付汇付申请、款项及有关费用。

（2）银行即期汇票。

（3）寄送票汇通知。

（4）寄交银行即期汇票。

（5）汇入行凭银行即期汇票向收款人付款。

（6）付讫借记通知。

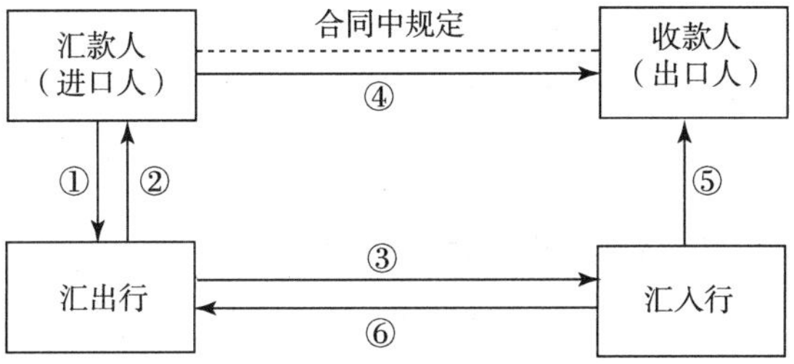

图7－4　票汇流程图

票汇与电汇、信汇有两点不同：

（1）票汇的汇入行，即汇票的付款行无须通知收款人取款，而由收款人自行持票上门取款。

（2）电汇、信汇的收款人不能将收款权转让，所以涉及的当事人较少；而票汇除有限制转让和流通的规定外，收款人可以通过背书转让汇票，可能涉及的当事人较多。

T/T、M/T、D/D均为顺汇（结算工具传送方向与资金流动方向相同）。

（三）汇付方式的性质和在国际贸易中的使用

汇付方式虽然通过银行来办理，但它是由买卖双方根据贸易合同互相提供信用的，因此属于商业信用。在国际贸易中，汇付方式通常用于预付货款、随订单付款和赊销等业务，采用预付货款和订货付现时，对卖方来说，就是先收款，后交货，资金不受积压，这样对卖方最为有利。反之，采用赊销贸易时，对卖方来说，就是先交货，后收款，卖方不仅要占压资金，而且要承担买方不付款的风险，因此它对卖方不利，而对买方最为有利。此外，汇付方式运用于支付订金、分期付款、代付货款尾数以及佣金等费用。

1. 预付货款（Payment in Advance）

进口人将货款的全部或部分汇交出口人，出口人收款后发货的结算方式。此方式有利于出口人，不利于进口人。

2. 货到付款（Payment After Arrival of the Goods）

出口人先发货，进口人后付款，对出口人不利，实际是赊账业务。

3. 凭单付款（Cash Against Documents）

进口人先通过当地银行（汇出行）将货款以电汇或信汇方式汇给出口地银行（汇入行），并指示汇入行在出口人提供某些指定单据和装运凭证时付款给出口人，汇入行将汇出行的指示汇款通知，作为汇款依据。

二、托收

（一）托收的含义及性质

托收（Collection）是指债权人（出口人）出具汇票，委托银行向债务人（进口人）代收款项的一种结算方式。其基本做法如下：出口人先行发货，然后备妥包括运输单据（通常是海运提单）在内的货运单据并开出以进口人为付款人的汇票，向出口地银行提出托收申请，把全套跟单汇票交出口地银行（托收行），委托其通过进口地的分行或代理行（代收行）向进口人收取货款。图 7－5 所示为托收流程图。

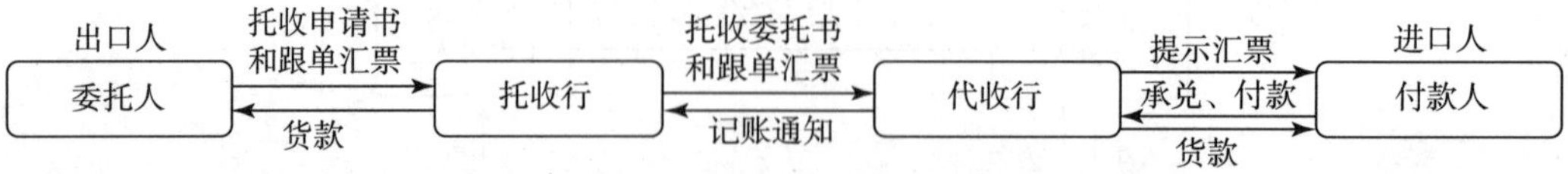

图 7－5 托收流程图

1. 托收基本当事人

（1）委托人（Principal）：也称出票人，一般是出口人，主要履行与进口人签订的合同以及与银行签订的委托收款合同上的条款。

（2）托收行（Remitting Bank）：寄单行，接受委托人的委托，转托国外银行向国外付款人代为收取款项的银行。主要是按照委托人的要求和国际惯例进行处理业务。

（3）代收行（Collecting Bank）：接受托收行的委托向付款人收取货款的进口地银行。通常是托收银行的国外分行或代理行。

（4）提示行（Presenting Bank）：向付款人做出提示汇票和单据的银行，可以是代收行本身，也可以是与付款人有往来账户关系的其他银行。

（5）付款人（Drawee）：受票人，通常为进口人。

（6）需要时的代理：在托收业务中，如发生拒付，委托人可指定付款地的代理人代为料理货物存仓、转售、运回等事宜，称为“需要时的代理”。

根据托收的定义，委托人与托收行、托收行与代收行之间都只是委托代理关系。按照大部分国家银行的做法，委托人在委托银行办理托收时，须附具一份托收委托书，在委托书中明确提出各种指示。银行接受委托后，则按照委托书的指示内容办理托收。

2. 当事人之间的关系

（1）委托人与付款人的关系。（买卖关系，受买卖合同的约束）

（2）委托人与托收行的关系。（委托代理关系，受托收申请书的约束）

（3）托收行与代收行的关系。（委托代理关系，受托收委托书的约束）

（4）代收行与付款人的关系。（不存在任何关系）

（二）托收的种类

托收可根据所使用的商业单据的不同，分为跟单托收和光票托收。国际货款的收取大多采用跟单托收。

1. 跟单托收（Documentary Collection）

跟单托收是指汇票连同商业单据向进口人收取款项的一种托收方式，有时为了避免印花税，也有不开汇票，只拿商业单据委托银行代收的。在跟单托收情况下，根据交单条件的不同，可分为：

1）付款交单（Documents against Payment，D/P）。

出口人在委托银行收款时，指示银行只有在付款人（进口人）付清货款时，才能向其交出货运单据，即交单以付款为条件。

付款交单按付款时间的不同分为：

（1）即期付款交单（Documents against Payment at sight，D/P at sight）：出口人按合同规定日期发货后，开具即期汇票（或不开汇票）连同货运单据，通过银行向进口人提示，进口人见票后立即付款，进口人在付清货款后向银行领取货运单据。其业务流程如图 7－6 所示。

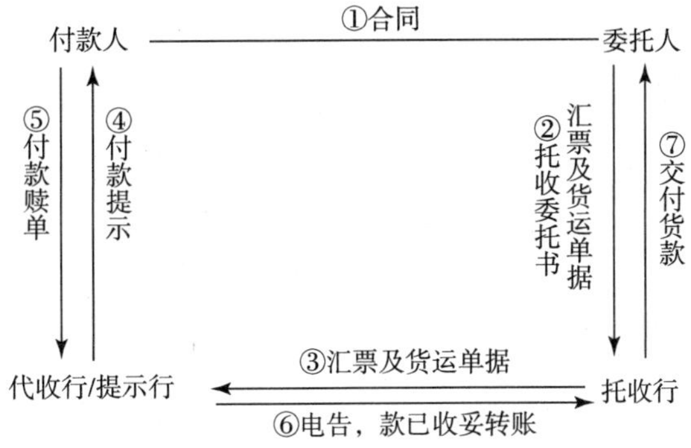

图 7－6　即期付款交单流程图

（2）远期付款交单（Documents against after sight，D/P after sight）：出口人发货后，开具远期汇票连同货运单据，通过银行向进口人提示，进口人审核无误后，即在汇票上进行承兑，于汇票到期日付清货款后，再领取货运单据。其业务流程如图 7－7 所示。

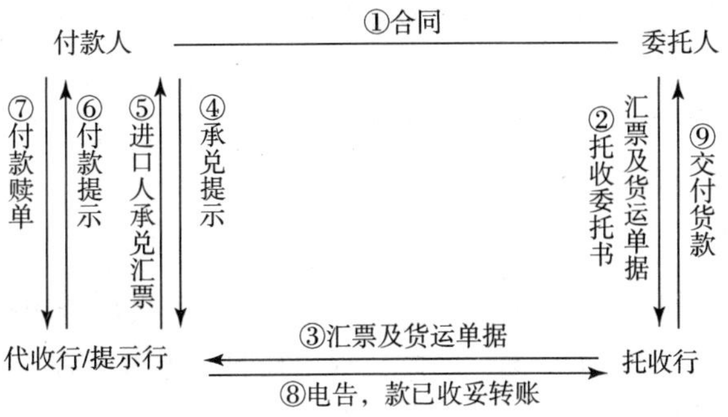

图 7－7　远期付款交单流程图

远期付款交单和即期付款交单的交单条件是相同的：买方不付款就不能取得代表货物所有权的单据，所以卖方承担的风险责任基本上没有变化。远期付款交单是卖方给予买方的资金融通，融通时间的长短取决于汇票的付款期限，通常有两种规定期限的方式：一种是付款日期和到货日期基本一致，买方在付款后，即可提货；另一种是付款日期比到货日期推迟许多。如果付款日期晚于到货日期，买方可以采取两种做法取得货物：

①在付款到期日之前提前付款续单，扣除提前付款日至原付款到期日之间的利息，作为买方享受的一种提前付款的现金折扣。②凭买方信托收据借单。信托收据（Trust Receipt）是买方借单时提供的一种书面信用担保文件，用来表示愿意以代收行的受托人的身份代为提货、报关、存仓、保险、出售并承认货物的所有权仍属银行。

2）承兑交单（Documents against Acceptance，D/A）。

出口人发运货物后开具远期汇票，连同货运单据委托银行办理托收，并明确指示银行，进口人在汇票上承兑后即可领取全套货运单据，待汇票到期日再付清货款。出口人的交单以进口人在汇票上承兑为条件。其业务流程如图7－8所示。

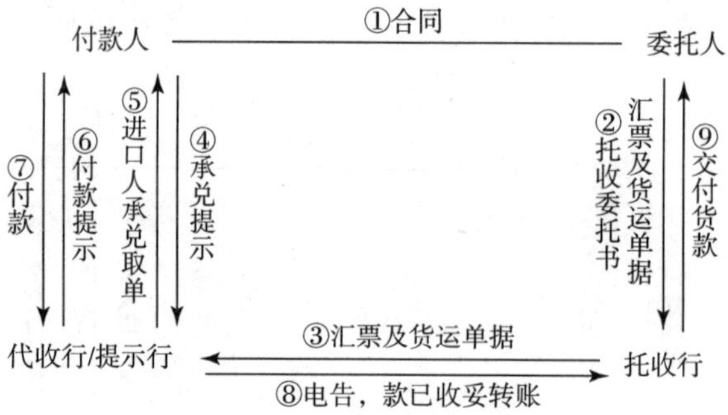

图7－8　承兑交单流程图

远期付款交单和承兑交单虽然都适用于远期汇票的托收，但对进口人而言，承兑交单更有利。因为进口人只需承兑就能获得单据、提取货物，可以尽早投入生产或销售。而对于出口人而言，承兑交单要冒相当大的风险，因为承兑毕竟不等于付款，一旦交了单就失去了物权，丧失了约束进口人付款的手段。

2. 光票托收（Clean Collection）

光票托收是指汇票不附带货运票据的一种托收方式，主要用于货款的尾数、样品费用、佣金、代垫费用、贸易从属费用、索赔以及非贸易的款项。

光票托收并不一定不附带任何单据，有时也附有一些非货运单据，如发票、垫款清单等，这种情况仍被视为光票托收。光票托收的汇票，在期限上也应有即期和远期两种。但在实际业务中，由于一般金额都不太大，所以即期付款的汇票较多。

（三）托收的利弊

托收的性质为商业信用。银行有“三不管”：一是不负责审查单据；二是不负责买方是否付款；三是不负责货物的真实情况。因此，跟单托收对出口人有一定风险，但对进口人很有利，不但可以免去其申请开立信用证的手续，不必预付银行押金，从而减少费用开支，而且有利于其资金融通和周转。由于托收对进口人有利，所以在出口业务中采用托收，有利于调动进口人采购货物的积极性，从而有利于促进成交和扩大出口，故出口人都把采用托收作为推销库存货物和加强对外竞销的手段。就出口人而言，使用托收应注意下列事项：

（1）要切实了解进口人的资信情况和经营作风，成交金额不宜超过其信用额度。

（2）了解进口国家的贸易管制和外汇管制条例，以免货到目的地后，由于不准进口或收不到外汇而造成不应有的损失。

（3）了解进口国家的商业惯例，以免由于当地习惯做法，影响安全迅速收汇。

（4）应争取 CIF 条件成交，除办理货运保险外，还应投保卖方利益险。

（5）对托收方式的交易，要建立健全管理制度，定期检查，及时催收清理，发现问题应迅速采取措施，以避免或减少可能发生的损失。

（四）托收的国际惯例

为了适应国际贸易发展的需要，国际商会在吸收了多年实践经验的基础上，修订了《托收统一规则》，于1996 年1 月1 日正式实施。《托收统一规则》自公布实施以来，被各国银行广泛采纳和使用，但该规则本身不是法律，因而对当事人一般没有约束力。只有在有关当事人事先约定的条件下，才受该规则的约束。

三、信用证

信用证支付方式是随着国际贸易的发展，在银行与金融机构参与国际贸易结算的过程中逐步形成的。信用证支付方式把由进口人履行付款责任，转为由银行付款，保证出口人安全迅速地收到货款，进口人按时收到货运单据。因此，在一定程度上解决了进出口人之间互不信任的矛盾；同时，也为进出口双方提供了资金融通的便利。所以，自出现信用证以来，这种支付方式发展很快，并在国际贸易中被广泛应用。当今，信用证付款已成为国际贸易中普遍采用的一种主要的支付方式。

（一）信用证的含义和性质

根据国际商会《跟单信用证统一惯例》（即 UCP600）的解释，信用证（Letter of Credit）是指一项不可撤销的安排，无论其名称或描述如何，该项安排均构成开证行对相符交单予以承付的确定承诺。简而言之，信用证是进口人委托银行开立的一种有条件的承诺付款的书面文件，也是开证银行对受益人的一种保证，只要受益人履行信用证规定的条件，即受益人只要提交符合信用证规定的各种单据，开证行就保证付款。因此，在信用证支付方式下，开证行成为首要付款人，故属于银行信用。

（二）信用证特点

1. 开证银行负首要付款责任

信用证支付方式由开证银行以自己的信用作为保证，所以，作为一种银行保证文件的信用证，开证银行付首要的即第一性的付款责任。信用证开证银行的付款责任，不仅是首要的而且是独立的，即使进口人在开证后丧失偿付能力，只要出口人提交的单据符合信用证条款，开证银行就要负责付款。

例7－5：某出口公司收到一份国外开来的信用证，出口公司按信用证规定将货物装出，但在尚未将单据送交当地银行议付之前，突然接到开证行通知，称开证申请人已经倒闭，因此开证行不再承担付款责任。请问出口公司应该如何处理？

参考答案：由于信用证业务是银行信用，所以不管进口人是否付款，在出口人提交单证相符、单单一致的单据情况下，开证行必须付款。

2. 信用证是一项自足文件

信用证虽然是根据买卖合同开立的，但信用证一经开立，它就成为独立于买卖合同以外的约定。信用证的各当事人的权利和责任完全以信用证所列条款为依据，不受买卖合同的约束，出口人提交的单据即使符合买卖合同要求，但若与信用证条款不一致，仍会遭银行拒付。信用证虽以买卖合同为基础，但一经开出就成为独立于合同之外的另一种契约，开证银行只受信用证的约束而与该合同完全无关。

例7-6：A公司从德国进口一批钢材，货物分两批装运，每批分别由中国银行开立一份信用证。第一批货物装运后，德方在有效期内向银行交单议付，国外议付行审单后，即向卖方议付货款，然后中国银行对议付行做了偿付。A公司收到第一批货物后，发现货物品质与合同不符，因而要求开证行，即中国银行对第二份信用证项下的单据拒绝付款，但遭到开证行拒绝。请问开证行这样做是否有道理？

参考答案：信用证业务中开证行的付款是不管货物的，只要单据无误就要付款。至于货物与合同不符，进口人只能根据合同直接与出口人协商，追究其责任。信用证与合同的当事人和法律约束力都是独立分开的。

3. 信用证方式是纯单据业务

银行处理信用证业务时，只凭单据，不问货物，它只审查受益人所提供的单据是否与信用证条款相符，以决定其是否履行付款责任。在信用证业务中，只要受益人提交符合信用证条款的单据，开证行就应承担付款责任，进口人也应接受单据并向开证行付款赎单。如果进口人付款后发现货物有缺陷，则可凭单据向有关责任方提出损害赔偿要求，而与银行无关。

银行对单据的审核用于确定单据表面上是否符合信用证条款，要求单据同信用证对单据的叙述完全相符（仅是对于单据的文字叙述，而并非指质量、正确性或有效性）。虽然银行只根据表面上符合信用证条款的单据承担付款责任，但这种符合的要求十分严格，在表面上绝不能有任何差异，必须“单证一致”“单单一致”。信用证是一种单据的买卖：在信用证方式之下，实行的是凭单付款的原则，不问货物、服务或其他行为，实行严格相符原则，不仅要做到“单证一致”，还要做到“单单一致”。

（三）信用证业务相关人

1. 开证申请人（Applicant）

开证申请人指向银行申请开立信用证的人，即进口人或实际买主，在信用证中又称开证人。如银行自己主动开立信用证，此种信用证则没有开证申请人。

2. 开证行（Opening Bank，Issuing Bank）

开证行指接受开证申请人的委托，开立信用证的银行，它承担保证付款的责任，开证行一般是进口人所在地的银行。

3. 通知行（Advising Bank，Notifying Bank）

通知行指受开证行的委托，将信用证转交出口人的银行。它只证明信用证的真实性，并不承担其他义务。通知行通常是出口人所在地的银行。

4. 受益人（Beneficiary）

受益人指信用证上指定的有权使用该证的人，即出口人或实际供货人。

5. 议付行（Negotiating Bank）

议付行指愿意买入受益人交来的跟单汇票的银行。它可以是指定的银行，也可以是非指定的银行，由信用证的条款来决定。

6. 付款行（Paying Bank，Drawee Bank）

信用证上指定的付款行一般是开证行，也可以是指定的另一家银行，根据信用证的条款来决定。

7. 保兑行（Confirming Bank）

保兑行指根据开证行的请求在信用证上加以保兑的银行。保兑行在信用证上加具保兑后，即对信用证独立负责，承担必须付款或议付的责任。

8. 偿付行（Reimbursing Bank）

偿付行指接受开证付款行在信用证中的委托，代开证行偿还垫款的第三国银行，即开证行指定的对议付行或付款行进行偿付的代理人。偿付行的偿付不视为开证行终局性的付款，因为偿付行不审查单据。若开证行见单后发现单证不符，可向议付行或付款行追索货款。

例 7－7：信用证体现了（　　）之间的契约关系。

A. 开证申请人与开证行

B. 开证行与受益人

C. 开证申请人与开证行，以及开证行与受益人

参考答案：B

（四）信用证业务的一般程序

采用信用证方式结算货款，从进口人向银行申请开证，到开证行付款后又向进口人收回垫款，经过许多环节，并需办理各种手续。加上信用证种类不同，信用证条款也有不同规定，这些环节和手续繁简不一。其基本流程如图 7－9 所示：①买卖双方在合同中约定凭信用证付款。②开证申请人填写开证申请书，申请开立信用证。③开证银行根据开证人的申请向受益人开立信用证，并通过通知行交给受益人，所开信用证的条款必须与开证申请书所列一致。④受益人接到信用证通知或收到信用证原件后，审查和修改信用证。⑤出口人向寄单行交单，受益人接受信用证后须严格按照信用证条款办事，在规定的装运期内装货，取得运

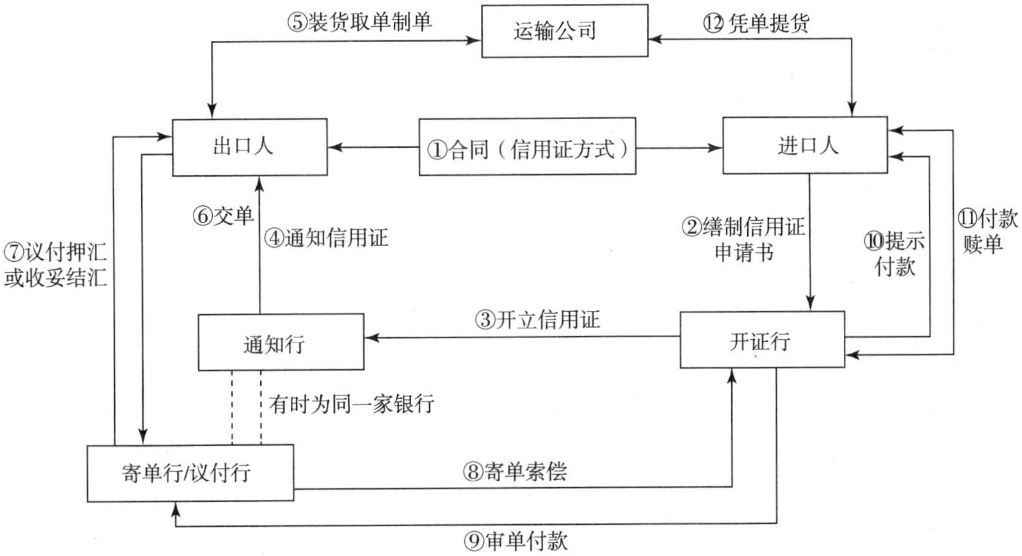

图 7－9　信用证流程图

输单据并备齐信用证要求的其他单据，并开出汇票一起送交当地银行（议付银行）。⑥银行垫付货款，主要是议付银行按信用证条款对受益人提供的单据进行审核，审核无误后按照汇票金额以及扣除应付利息后垫付货款给受益人。⑦寄单行寄单，即由议付银行将汇票和有关单据寄交给开证银行（或者开证银行指定的付款银行），以索取货款。⑧审单付款，即开证银行（或开证银行指定的付款银行）审核有关单据后，认为符合信用证要求的，即向议付银行偿付垫付款项。开证行一旦付款，则信用证业务结束。

另外，图中的第五步和第十二步，是买卖双方在执行合同里面对货物的规定。而图中的第十步和第十一步是进口人和开证行在执行开证申请书的条款。由此也可以看出来，信用证业务中银行是不管货物的；信用证的付款人是开证行而不是买方。

例7-8：某公司与欧洲某客户达成一笔圣诞节应季礼品的出口交易。合同规定的交货期为2015年12月1日前，但未对买方的开证时间予以规定。卖方于2015年11月上旬开始向买方催开信用证，经多次催证，买方于11月25日将信用证开抵卖方。卖方于12月5日将货物装运完毕，当卖方向银行提交单据时遭到银行拒付。请问：①银行拒付有无道理？为什么？②此案例中，卖方有哪些失误？

参考答案：①银行拒付是合理的，信用证业务是单据买卖业务，所以银行只看单据上的时间是否符合信用证的规定，不一致即为单证不符，理应拒付。②在此案例中，卖方应在合同中规定买方开立信用证的时间期限，以保证有足够的时间装运。另外，在买方迟开信用证后，卖方可拒绝信用证并要求修改信用证上的交货期。

（五）信用证的种类

1. 以信用证项下的汇票是否附有货运单据分

跟单信用证（Documentary Credit）：指开证行凭跟单汇票或仅凭单据付款的信用证。国际贸易使用的信用证，绝大部分是跟单信用证。

光票信用证（Clean Credit）：指开证行仅凭不附单据的汇票付款的信用证。在采用信用证方式预付货款时，通常是用光票信用证。

2. 以开证行所负的责任为标准分

不可撤销信用证（Irrevocable Credit）：指信用证一经开出，在有效期内，未经受益人及有关当事人的同意，开证行不得片面修改和撤销，只要受益人提供的单据符合信用证规定，开证行就必须履行付款义务。这种信用证对受益人较有保障，在国际贸易中，使用最为广泛。凡是不可撤销信用证，在信用证中应注明“不可撤销”字样，并载有开证行保证付款的文句。

可撤销信用证（Revocable Credit）：指开证行对所开信用证不必征得受益人或有关当事人的同意，有权随时撤销的信用证。

凡是可撤销信用证，应在信用证上注明“可撤销”字样，以资识别。这种信用证对出口人极为不利。因此，出口人一般不接受这种信用证。需要指出的是，只要可撤销信用证已被受益人利用，则开证行的撤销或修改通知，即不发生效力。鉴于国际上开立的信用证，绝大部分都是不可撤销的，因此，《跟单信用证统一惯例》（UCP600）规定：不注明“不可撤销”或“可撤销”的信用证，应视为不可撤销信用证。

3. 以有没有另一家银行加以保兑分

保兑信用证（Confirmed Letter of Credit）：指开证行开出的信用证，由另一家银行保证对符合信用证条款规定的单据履行付款义务。保兑行的付款责任是以规定的单据在到期日或以前向保兑行提交并符合信用证的条款为条件。保兑行通常是通知行，有时也可以是出口地的其他银行或第三国银行，与开证行一样承担第一性的付款责任。

不保兑信用证（Unconfirmed Letter of Credit）：开证行开出的信用证没有经过另一家银行保兑。当开证银行资信好和成交金额不大时，一般都是用这种不保兑的信用证。

例 7－9：某公司收到国外开来的不可撤销信用证，由设在我国的某外资 A 银行通知并加以保兑。我方在货物装运后，正拟将有关单据交银行议付时，忽接 A 银行通知，由于开证银行宣布破产，该行不再承担对信用证的付款责任。请问我方应如何处理？

参考答案：此案例中 A 银行是该信用证的保兑行，而保兑行是承担跟开证行一样的第一性付款责任的，他们对受益人的付款是没有先后顺序的，而且是独立的。所以，即使开证行不付款了，只要受益人提交的单据符合要求，保兑行就必须付款。

4. 以付款时间的不同分

即期信用证（Sight Letter of Credit）：指开证行或付款行收到符合信用证条款的跟单汇票或装运单据后，立即付款的信用证。此种信用证一般不需要汇票，也不需要领款收据，付款行或开证行只凭货运单据付款。

远期信用证（Usance Credit）：指开证行或付款行收到信用证的单据时，在规定期限内履行付款义务的信用证。包括银行承兑远期信用证和延期付款信用证。

假远期信用证（Buyer's Usance L/C）：指开证行规定受益人开立远期汇票，由付款行负责贴现，并规定一切利息和费用由进口人负担。

5. 以受益人对信用证的权利可否转让分

可转让信用证（Transferable Credit）：指信用证的受益人（第一受益人）可以要求授权付款、承担延期付款责任、承兑或议付的银行（统称转让银行），或当信用证是自由议付时，可以要求信用证中特别授权的银行，将信用证全部或部分转让给一个或数个受益人（第二受益人）使用的信用证。可转让信用证只能转让一次，即只能由第一受益人转让给第二受益人，第二受益人不得要求将信用证转让给其后的第三受益人，但若再转让给第一受益人，不属被禁止转让的范畴。

不可转让信用证（Non-transferable Credit）：受益人不能将信用证的权利转让给他人的信用证。凡信用证中未注明“可转让”的，就是不可转让信用证。

例 7－10：A 与 B 两家食品进出口公司共同对外成交出口一批货物，双方约定各交货 50%，各自结汇，由 B 公司对外签订合同。事后，外商开来以 B 公司为受益人的不可撤销信用证，证中未注明“可转让”字样，但规定允许分批装运。B 公司收到信用证后，及时通知了 A 公司，两家按照信用证的规定各出口了 50% 的货物并以各自的名义制作了有关的结汇单据。请问两家公司的做法是否妥当？他们能否顺利结汇？

参考答案：两家公司的操作是不能顺利结汇的，因为信用证未规定“可转让”字样，则该信用证为不可转让的。不可转让的信用证只有信用证规定的受益人才能到银行交单结汇。A 公司不是信用证规定的受益人，所以 A 公司的单据银行会拒付。而 B 公司虽然是信用证中的受益人，但其单据显示只出口了一半货物，造成单证不符，银行也会拒付。

6. 循环信用证（Revolving Credit）

循环信用证是指信用证被全部或部分使用后，其金额又恢复到原金额，可再次使用，直至达到规定的次数或规定的金额为止。

按时间循环信用证：受益人在一定的时间内可多次支取信用证规定的金额。

按金额循环信用证：在信用证金额议付后，仍恢复到原金额可再使用直至用完规定的金额为止。

7. 对开信用证（Reciprocal Credit）

对开信用证指两张信用证的开证申请人互以对方为受益人而开立的信用证。对开信用证的特点是第一张信用证的受益人（出口人）和开证申请人（进口人）就是第二张信用证的开证申请人和受益人，第一张信用证的通知行通常就是第二张信用证的开证行。

8. 对背信用证（Back to Back Credit）

对背信用证指受益人要求原证的通知行或其他银行以原证为基础，另开一张内容相似的新信用证。对背信用证的开立通常是中间商转售他人货物，从中图利，或两国不能直接办理进出口贸易时，通过第三者以此种方法来沟通贸易。

9. 预支信用证（Anticipatory Credit）

预支信用证指开证行授权代付行（通常是通知行）向受益人预付信用证金额的全部或一部分，由开证行保证偿还并负担利息。

10. 备用信用证（Standby Letter of Credit）

备用信用证又称商业票据信用证、担保信用证或保证信用证，是指开证行根据开证申请人的请求对受益人开立的承诺承担某项义务的凭证。开证行保证在开证申请人并未履行其应履行的义务时，受益人只要凭备用信用证的规定向开证行开具汇票（或不开汇票），并提交开证申请人未履行义务的声明或证明文件，即可取得开证行的偿付。

（六）《跟单信用证统一惯例》

随着国际贸易的发展，信用证方式逐渐成为国际贸易中通常使用的一种支付方式。但国际上对跟单信用证有关当事人的权利、责任以及信用证所用条款和术语的定义等缺乏统一的解释和公认的准则，各国银行根据各自的习惯和利益自行其是，导致信用证各有关当事人之间的争议和纠纷经常发生。国际商会为了减少因解释不通而引起的争端，调和各当事人之间的矛盾，修订了《跟单信用证统一惯例》（国际商会第 600 号出版物）（Uniform Customs and Practice for Documentary Credits，2007 revision，I. C. C. Publication No. 600），简称“UCP600”。该惯例经过多次修订，内容日益充实和完善，故为当前大多数国家的银行采用。《跟单信用证统一惯例》并不是国际性的法律，但它已成为世界上各国银行普遍接受和使用，并公认为一种国际惯例。

（七）合同中的信用证条款

在进出口合同中，如约定凭信用证付款，买卖双方应将开证日期、信用证的类别、付款时间、信用证金额、信用证的有效期和到期地点等事项做出明确具体的规定。

1. 即期信用证支付条款

买方应通过卖方所接受的银行于装运月份前 60 天开立并送达卖方不可撤销即期信用证，有效期至装运月份后 15 天在中国议付。The Buyer shall open through a bank acceptable to the Seller an Irrevocable Sight Letter of Credit to reach the Seller 60 days before the month of shipment. Valid for negotiation in China until the 15th day after the month of shipment.

买方应于 2017 年 10 月 10 日前通过银行开出以卖方为受益人的不可撤销的即期信用证。

信用证有效期延至装运日期后 15 天在中国到期。The Buyer shall open an Irrevocable Sight Letter of Credit in favor of the Seller to reach the Seller not later than Oct. 10th, 2017. Valid for negotiation in China until 15th days after the date of shipment.

2. 远期信用证支付条款

买方应于 2017 年 10 月 10 日前通过中国银行开立以卖方为受益人的不可撤销的见票后 30 天付款的银行承兑信用证。信用证议付有效期延至装运期后 1 5 天在中国到期。The Buyer shall open an Irrevocable Letter of Credit at 30 days after sight through Bank of China in favor of Seller not later than Oct. 10th, 2017. Valid for negotiation in China until 15th days after the date of shipment.

附：信用证样本

2015AUG10 09:18:00

ISSUE OF A DOCUMENTARY CREDIT

BASIC HEADER　F 01 CMBCCNBS351 0416 135864

APPLICATION HEADER　O 700 1830 150809 FCBTTWTH092 94614 150810 0601 N

* FIRST COMMERCIAL BANK

* KAOHSIUNG, TAIWAN

27:　SEQUENCE OF TOTAL
1/1

40A:　FORM OF DOCUMENTARY CREDIT
IRREVOCABLE

20:　DOCUMENTARY CREDIT NUMBER
7754821LM

31C:　DATE OF ISSUE
150809

40E:　APPLICABLE RULES
UCP LATEST VERSION

31D:　DATE AND PLACE OF EXPIRY
151125 IN BENEFICIARY'S COUNTRY

51D:　APPLICANT BANK
FIRST COMMERCIAL BANK
1F, 85 CHUNG HSIAO E., SEC. Q
KAOHSIUNG, TAIWAN

50:　APPLICANT
KAOHSIUNG IMPORT CORPORATION
4F－3. 79 HSINTAIWU RD., SEC. 1,
HSICHIH 221, KAOHSIUNG, TAIWAN

59:　BENEFICIARY
HEFEI I/E CO., LTD
NO. 64 YUXIA MANSION, ZHUXIA ROAD,

HEFEI, P. R. CHINA

32B: CURRENCY CODE, AMOUNT
USD100000, 00

39A: PERCENTAGE CREDIT AMOUNT TOLERANCE
10/10

41D: AVAILABLE WITH/BY
ANY BANK IN BENEFICIARY'S COUNTRY BY NEGOTIATION

42C: DRAFT AT...
SIGHT

42D: DRAWEE
FIRST COMMERCIAL BANK, KAOHSIUNG

43P: PARTIAL SHIPMENT
ALLOWED

43T: TRANSSHIPMENT
ALLOWED

44E: PORT OF LOADING/AIRPORT OF DEPARTURE
NINGBO, CHINA

44F: PORT OF DISCHARGE/AIRPORT OF DESTINATION
KAOHSIUNG, TAIWAN

44C: LATEST DATE OF SHIPMENT
151110 IN CHINA

45A: DESCRIPTION OF GOODS AND/OR SERVICES
20000PCS ROLLING BEARING
PRICE TERMS: FOB NINGBO, CHINA

46A: DOCUMENTS REQUIRED
1. SIGNED COMMERCIAL INVOICE IN 3 COPIES.
2. FULL SET OF ORIGINAL CLEAN ON BOARD BILLS OF LADING MADE OUT TO THE ORDER OF FIRST COMMERCIAL BANK, KAOHSIUNG MARKED "FREIGHT COLLECT" NOTIFY APPLICANT WITH FULL ADDRESS AND INDICATING L/C NO.
3. PACKING LIST IN 3 COPIES.

47A: ADDITIONAL CONDITIONS
1. L/C NO. MUST BE INDICATED ON ALL DOCS.
2. ALL DOCS MUST BE IN ENGLISH.
3. A SPECIAL HANDING CHARGE OF USD 60. 00 WILL BE DEDUCTED IF DOCS ARE PRESENTED WITH DISCREPANCY.
4. SHIPMENT MUST EFFECTED BY A FAMOUS SHIPPING COMPANY.

71B: CHARGES
ALL BANKING CHARGES EXCEPT L/C ISSUING CHARGE ARE FOR ACCOUNT OF

BENEFICIARY.

48： PERIOD FOR PRESENTATION
WITHIN 21 DAYS AFTER B/L DATE BUT NOT LATER THAN VALIDITY OF L/C.

49： CONFIRMATION INSTRUCTIONS
WITHOUT

78： INSTRUCTION TO THE PAYING/ACCEPTING/NEGOTIATING BANK
ALL DOCUMENTS MUST BE COURIERED TO FIRST COMMERCIAL BANK，1F，85 CHUNG HSIAO E.，SEC. Q，KAOHSIUNG，TAIWAN IN ONE LOT. UPON RECEIPT OF YOUR DOCS IN STRICT CONFORMITY WITH CREDIT TERMS，WE SHALL REMIT THE PROCEEDS AS PER YOUR INSTRUCTION.

57D："ADVISE THROUGH" BANK
CHINA MERCHANTS BANK，HEFEI

72： SENDER TO RECEIVER INFORMATION
THIS CREDIT IS SUBJECT TO UCP 2007 REVISION PUBLICATION 600.

7.3　不同支付方式的选用

一笔交易的顺利完成，在某种程度上也仰仗于结算方式的合理选用。在选择具体的结算方式时，要考虑买卖双方各自承担的风险及所能承受的能力；要确保安全收汇，资金得以活化融通；要树立信用管理观念，对客户的信用状况及其代理行的信用等级进行分析和调查。在实际业务中，除采用某一种支付方式外，有时也可以将各种不同的支付方式结合起来使用，如将信用证与汇付、托收以及备用信用证、银行保证书等结合使用。在成交金额大、交货时间长的成套设备、飞机、船舶等运输工具的交易中，还可以结合使用分期付款、延期付款的支付方式。

一、信用证与汇付相结合

这是指主要货款用信用证支付，余额用汇付方式结算。针对某些发货数量与到货数量不易吻合的货物，例如矿砂等初级产品的交易，通常采用信用证规定凭装运单据先付发票金额90%，剩余10%的货款需货物到达后根据检验的结果，按照实到数量采用汇付方式支付。

二、信用证与托收相结合

这是指部分货款用信用证支付，余数用托收方式结算。一般做法是，信用证规定出口人开立两张汇票，属于信用证部分的货款凭光票付款，而全套单据附在托收部分汇票项下，按即期或远期付款交单方式托收，并在信用证上注明"在发票金额全部付清后才可以交单"的条款。这种做法对进口人来说，可减少开证金额，少付开证押金，少垫资金；对出口人来说，因有部分信用证的保证，且信用证规定货运单据跟随托收汇票，开证行须待全部货款付清后才能向进口人交单，所以收汇比较安全。

三、托收与银行保函相结合

跟单托收对出口人来说，有一定风险。如在使用跟单托收时，结合使用银行保函，由开证行进行保证，则出口人的收款就能基本得到保障。具体做法是，出口人在收到符合合同规定的银行保函后，就可凭光票与声明书向银行收回货款。

采用这种方式时，通常应在出口合同中订入相应的支付条款。例如，“即期付款交单，并以卖方为受益人的总金额为×××的银行保函担保。银行保函应载有以下条款：如×××号合同项下跟单托收的汇票付款人不能在预定日期付款，受益人有权在本银行保证书项下凭其汇票连同一份列明×××号合同的款项已被拒付的声明书支款”。

四、备用信用证与跟单托收相结合

出口人采用跟单托收方式收款，同时要求进口人开立以卖方为受益人的备用信用证作为付款担保。一旦进口人拒付货款，出口人可凭进口人违约证明向开证行要求偿付。备用信用证的到期日应晚于托收付款期限后一段时间，以便卖方有时间办理追偿手续。

采用此种方式，通常会在合同中订立相应条款：“凭即期付款交单方式支付全部发票价值。代收银行须无迟延地用电传向托收银行发出付款通知。装船前，需由一家信誉卓著的银行开立一份金额为×××美元以卖方为受益人的不可撤销备用信用证，规定凭光票和随附的一份书面声明付款；在该声明中注明买方在代收银行提出跟单汇票后5天内按××××年×月×日第××号合同履行付款义务。”

五、汇付、保函、信用证三者相结合

在成套设备、大型机械产品和交通工具的交易中，因为成交金额较大，产品生产周期较长，往往要按工程进度和交货进度分若干期付清货款，即分期付款和延期付款的方法，一般采用汇付、托收和信用证相结合的方式。

（一）分期付款（Pay by Instalment）

它是指买方预付部分定金，其余货款根据商品制造或交货进度分若干期支付，在货物交付完毕时付清货款。即买方付清最后一期货款时才取得货物所有权。在分期付款中，产品投产前，买方可采用汇付方式，先交部分货款作为定金，付出定金之前，买方往往要求卖方提供银行保函以保证其按时交货，否则退回定金。其余货款分期支付，卖方开立不可撤销信用证，即期付款。

（二）延期付款（Deferred Payment）

在成套设备和大宗交易的情况下，由于成交金额较大，买方一时难以付清全部货款，可采用延期付款的办法。其做法是，买卖双方签订合同后，买方一般要预付一小部分货款作为订金。有的合同还规定，按工程进度和交货进度分期支付部分货款，但大部分货款是在交货后若干年内分期摊付的，即采用远期信用证支付。延期支付的那部分货款，实际上是一种赊销，等于是卖方给买方提供的商业信贷，因此，买方应承担延期付款的利息。在延期付款的条件下，货物所有权一般在交货时转移。

（三）分期付款与延期付款的区别

采用延期付款，其做法虽与分期付款类似，但两者有所不同，主要区别是：

1. 货款清偿程度不同

采用分期付款，其货款是在交货时付清或基本付清；而采用延期付款时，大部分货款是在交货后一个相当长的时间内分期摊付。

2. 所有权转移时间不同

采用分期付款时，只要付清最后一笔货款，货物所有权即行转移；而采用延期付款时，货物所有权一般在交货时转移。

3. 支付利息费用不同

采用分期付款时，买方没有利用卖方的资金，因而不存在利息问题；而采用延期付款时，由于买方利用卖方的资金，所以买方需向卖方支付利息。

延期付款是买方利用外资的一种形式，一般货价较高。因此，在按延期付款条件签订合同时，应结合利息、费用和价格等因素进行考虑，权衡得失，然后做出适当抉择。

附：国际贸易结算方式的支付性质和收汇风险比较（卖方角度）

支付方式	支付性质	收汇风险
前 T/T	先款后货	由小到大
L/C	先证后货，货到付余款	
前 T/T 和后 T/T 交叉	预付定金，货到付余款	
D/P 即期	先货，后付款交单	
D/A 远期	先货，后承兑交单，再付款	
后 T/T	先货后款	
O/A	先货后款	

附：篇头案例引入分析

本案例中本来是预定采用信用证的支付方式，这种方式对出口人较为有利，可是出口人在进口人迟迟未开信用证，且对进口人的资信没有仔细调查的情况下没有坚持采用信用证的支付方式，接受了进口人提出的采用电汇——这种有极大风险的支付方式，而且出口公司财务人员在收到修改后的电汇凭证后立即持该汇款传真件到银行核对，确定签字无误后以为款项已汇出，便马上安排装船，没有等款项完全到账，从而将预付货款变成了货到付款，又一次向高风险迈进。总而言之，出口人的大意与急于争取客户导致了其重大损失。

案例启示：一笔交易双方按货到付款或赊销交易时，出口人面临着进口人收到货物后迟付或不付货款的风险。这种结算方式相当于出口人给进口人提供了信用和资金融通，进口人没有承担任何风险，而出口人自己则面临着进口人经营作风不佳、迟迟不付货款、长期占压资金的风险，而且可能因为货物已经掌握在进口人手中，出口人失去对其的制约，最终导致钱货两空，遭受巨大损失。因而，出口人在对进口人的资信情况不了解的情况下应该尽量使用信用证这种支付方式。如果一定要采用货到付款的汇付方式，可采用以下方式来降低风险：①投保出口信用险，转嫁出口收汇风险。②加强资信调查，建立客户信息数据库。③尽可能争取提高预付金额的比例。④大单采取“分批发货、分批收汇”来降低收汇风险。⑤采用海运方式。

项目小结

本项目讨论了进出口贸易中的主要支付工具、结算方式以及不同结算方式的选用和相关的支付条款制定问题。

票据是以支付金钱为目的的证券，是由出票人签发的约定由自己或另一人无条件地支付确定金额的可流通转让的证券。在国际贸易中主要涉及的支付工具有汇票、支票和本票，重点是汇票及其使用。

主要结算方式有汇付、托收和信用证。

每一种结算方式都有其利弊，如何采用有利于出口人的结算方式，需要考虑商品、客户、市场、价格、双方各自承担风险的能力和安全收汇等诸多因素。

买卖合同支付条款的订立涉及双方相互提供信用的程度及要价的高低，绝不是单一和孤立的一项条款，必须结合贸易谈判中的各项贸易条件进行综合考虑。

课后习题

一、选择题

1. 根据 URC522，D/A 180 天远期，代收行应在（　　）交单。

A. 收到单据后 7 个工作日内　　B. 承兑后

C. 船到港后　　D. 承兑后付款

2. 在使用票汇付款方式时，汇出行应汇款人的申请，向其分行或代理行所开立的票据是（　　）。

A. 商业汇票　　B. 本票

C. 银行即期汇票　　D. 银行远期汇票

3. 以下支付方式对出口人的风险而言从小到大的排列顺序是（　　）。

A. D/A < 30% 装运前 T/T + 70% L/C at sight < D/P at sight < 装运前 T/T

B. D/A < D/P at sight < 30% 装运前 T/T + 70% L/C at sight < 装运前 T/T

C. 装运前 T/T < D/P at sight < 30% 装运前 T/T + 70% L/C at sight < D/A

D. 装运前 T/T < 30% 装运前 T/T + 70% L/C at sight < D/P at sight < D/A

4. D/P · T/R 意指（　　）。

A. 付款交单　　B. 承兑交单

C. 付款交单凭信托收据借单　　D. 承兑交单凭信托收据借单

5. 属于顺汇方法的支付方式是（　　）。

A. 汇付　　B. 托收

C. 信用证　　D. 银行保函

6. 承兑是（　　）对远期汇票表示承担到期付款责任的行为。

A. 付款人　　B. 收款人

C. 出口人　　D. 议付银行

7. 货到付款的支付方式，是由（　　）承担了风险。

A. 进口人　　B. 出口人　　C. 进口银行　　D. 出口银行

8. D/P 付款条件下，出口商业汇票上的受票人应是（　　）。

A. 代收行　B. 托收行　C. 出口人　D. 进口人

9. 以下关于托收指示说法错误的是（　　）。

A. 是根据托收申请书缮制的　B. 是代收行进行托收业务的依据

C. 是托收行制作的　D. 是托收行进行托收业务的依据

10. 以下哪种汇款方式的速度最快又最安全？（　　）

A. T/T　B. M/T　C. D/D　D. B/L

11. 以下关于汇付陈述正确的是（　　）。

A. 由于汇付方式涉及两家银行之间的资金支付，因此汇付属于银行信用

B. 汇付属于顺汇性质

C. 汇付方式比托收方式更安全、更迅速

D. 汇付只能是预付货款

12. 跟单托收业务中，即期 D/P、远期 D/P、D/A 做法步骤不同主要发生在（　　）之间。

A. 委托人与托收行　B. 委托人与代收行

C. 托收行与代收行　D. 代收行与付款人

13. 信用证和托收项下的汇票抬头一般做成（　　）。

A. to bearer　B. pay to ××× only

C. pay to the order of ×××　D. open

14. 对出口人来说，支付方式采用即期 L/C 比 D/P 即期（　　）。

A. 承担的风险更大　B. 承担的风险更小

C. 承担的风险一样　D. 无法比较

15. 托收方式下 D/P 和 D/A 的主要区别是（　　）。

A. D/P 属于跟单托收，D/A 属于光票托收

B. D/P 是付款交单，D/A 是承兑交单

C. D/P 是即期付款，D/A 是远期付款

D. D/P 是银行信用，D/A 是商业信用

16. 在国际贸易中，常用于中间商转售货物交易的信用证是（　　）。

A. 对背信用证　B. 对开信用证

C. 可撤销信用证　D. 可转让信用证

17. 下列对可转让信用证说法正确的是（　　）。

A. 可转让信用证只能转让一次

B. 可转让信用证可转让无数次

C. 信用证上必须有“transferable”字样

D. 第二受益人可将信用证再转回给第一受益人

E. 若信用证没有注明是否可转让则认为该信用证可转让

18. 以下属于银行信用的有（　　）。

A. 信用证　B. 银行托收

C. 汇付　D. 备用信用证

E. 银行保证书

19. 银行保函的当事人包括（ ）。

A. 委托人　　B. 受益人

C. 担保行　　D. 议付行

20. 信用证支付方式的特点有（ ）。

A. 信用证是一种银行信用　　B. 信用证是一种商业信用

C. 信用证是一种自足文件　　D. 信用证是一种单据的买卖

E. 以上都对

三、判断题

1. 托收项下，汇票的出票人是出口人或卖方，付款人是进口人或买方。（ ）

2. 信汇、票汇、电汇三种汇款方式中解付行查验汇款真实性的方法相同，都是查验汇出行的签字。（ ）

3. 对出口商而言，通常采用 D/A 30 天比采用 D/P 30 天承担的风险大。（ ）

4. 光票托收中没有货运单据，只有金融单据。（ ）

5. 托收指示书与托收申请书是一回事。（ ）

6. 在采用托收方式结算时，如发现进口人财务恶化，应采取承兑交单的方式。（ ）

7. 托收必须借助银行才能实现货款的收付，所以，托收属于银行信用。（ ）

8. 根据《托收统一规则》（URC522）规定，未经银行事先同意，货物不能直接发给银行，也不能做成以银行为收货人的记名提单。否则，由发货人自行承担货物的风险和责任。（ ）

9. 在票汇的情况下，买方购买银行汇票径寄卖方，因采用的是银行汇票，故这种付款方式属于银行信用。（ ）

10. 电汇或者信汇需通知收款人取款，收款人经过背书可以转让汇票。（ ）

11. 出口公司在收到对方开出的信用证后，应严格按照信用证的有关条款发货、装运、制单、结汇。不管发生什么情况，都无权要求开证行修改信用证。（ ）

12. 在进口业务中，我方对外开证时，一般不主动开出“可转让信用证”，以免被动。（ ）

13. 信用证业务中，开证行负第一性付款责任，保兑行负第二性付款责任。（ ）

14. 信用证是一种银行开立的无条件承诺付款的书面文件。（ ）

15. 买卖合同与信用证的内容有差别时，卖方应按合同履行义务，这样才能保证按期得到足额货款。（ ）

三、简答题

1. 何谓汇票？汇票有哪几种？汇票在市场上是怎样流转使用的？

2. 何谓托收？其性质、特点与作用如何？采用托收应注意什么事项？

3. 信用证的性质、特点和作用如何？为什么它在国际贸易中被广泛采用？

四、案例分析题

1. 某跟单信用证结算业务中，提单开立日期为某年 5 月 8 日，信用证规定受益人需要在运输单据开立后 15 天之内向银行结算，信用证有效期为 5 月 16 日。请问，汇票需要在哪一天之前开立？

2. 某公司从国外某商进口一批钢材，货物分两批装运，支付方式为不可撤销即期信用证，每批分别由中国银行开立一份信用证。第一批货物装运后，卖方在有效期内分别向中国银行交单议付，议付行审单后，即向该商议付货款，随后中国银行对议付行做了偿付。买方在收到第一批货物后，发现货物品质不符合合同要求，因而要求开证行对第二份信用证的单据拒绝付款，但遭到开证行拒绝。你认为开证行这样做是否合理?

3. 某公司向日本某商以D/P见票即付方式推销某商品，对方答复：如果同意D/P见票后90天付款，并通过其指定银行代收则可接受。试分析，日方提出此项要求的出发点是什么?

项目八

贸易纠纷的预防与处理

学习目标

通过本项目的学习，要求了解国际贸易中争议、索赔、不可抗力和仲裁的含义，掌握处理国际贸易争议的一般原则和解决争议的方法，并懂得在订立买卖合同中，加入相关的争议、索赔、不可抗力和仲裁条款。

导入案例

1. 我国某公司出口一批货物给加拿大客商，加拿大客商又将货物转售给美国商人。货抵加拿大后，加拿大商人已发现货物存在质量问题，但还是将货物经另一艘船运往美国。美国商人收到货物后，除发现货物质量问题外，还发现50包货物包装破损，货物短少严重，因而向加拿大商人索赔，加拿大商人据此又向我方提出索赔。请思考，在此案中我方是否应负责赔偿？为什么？

2. 日本A公司向马来西亚M公司出售一批圆铁2 000公吨，然而M公司在收到货后发现有不少圆铁尺寸与合同不符，包装参差不齐，货物售给客户后，当地用户向M公司提出严重的道德上的抗议和对以后交易的警告。马来西亚M公司是否有权向日本A公司提出索赔？原因何在？

8.1 商品检验

商品检验（Commodity Inspection）是指商品的生产方、买方或者第三方在一定条件下，借助于某种手段和方法，按照合同、标准或国内外有关法律、法规、惯例，对商品的质量、规格、重量、数量、包装、安全及卫生等方面进行检查，并做出合格与否或通过验收与否的判定或为维护买卖双方合法权益，避免或解决各种风险损失和责任划分的争议，便于商品交接结算而出具各种有关证书的业务活动。

一、商品检验的内容

商品检验的内容主要包括包装检验、品质检验、卫生检验和安全性能检验。

（一）包装检验

包装检验是根据外贸合同、标准和其他有关规定对商品外包装和内包装以及包装标志进行检验。对进出口商品的外包装检验首先应核对外包装上的商品包装标志（标记、号码等）是否与进出口贸易合同相符。对进口商品主要检验外包装是否完好无损，包装材料、包装方式和衬垫物等是否符合合同规定的要求。对外包装破损的商品，要另外进行验残，查明货损责任方以及货损程度。对发生残损的商品要检查其是否由于包装不良所引起。对出口商品的包装检验，除包装材料和包装方法必须符合外贸合同、标准规定外，还应检验商品内外包装是否牢固、完整、干燥、清洁，是否适于长途运输和保护商品质量、数量的习惯要求。

（二）品质检验

品质检验亦称质量检验，是对进出口商品的品质、规格、等级等进行检验，以确定其是否符合外贸合同（包括成交样品）、标准等的规定。品质检验的手段包括感官检验、化学检验、仪器分析、物理测试、微生物学检验等。

品质检验的范围很广，大体上包括外观质量检验与内在质量检验两个方面。外观质量检验主要是对商品的外形、结构、花样、色泽、气味、触感、疵点、表面加工质量、表面缺陷等的检验；内在质量检验一般指对有效成分的种类含量、有害物质的限量、商品的化学成分、物理性能、机械性能、工艺质量、使用效果等的检验。同一种商品根据不同的外形、尺寸、大小、造型、式样、定量、密度、包装类型等，制定不同的品质检验规格。

（三）卫生检验

卫生检验主要是指对进出口食品进行检验，以确定其是否符合人类食用卫生条件，以保障人民的健康和维护国家的信誉。根据《中华人民共和国食品卫生法（试行）》规定："进口的食品、食品添加剂、食品容器、包装材料和食品用工具及设备，必须符合国家卫生标准和卫生管理办法的规定。进口上款所列产品，由国家食品卫生监督检验机构进行卫生监督检验。进口单位在申报检验时，应当提供输出国（地区）所使用的农药、添加剂、熏蒸剂等有关资料和检验报告。海关凭国家卫生监督检验机构的证书放行。""出口食品由国家进出口商品检验部门进行卫生监督、检验。海关凭国家进出口商品检验部门的相关证书放行。"

（四）安全性能检验

安全性能检验是根据国家规定和外贸合同、标准以及进口国的法律要求，对进出口商品有关安全性能方面的项目进行的检验，如易燃、易爆、易触电、易受毒害、易受伤害等，以保证生产使用和生命财产的安全。目前，除进出口船舶及主要船用设备材料和锅炉及压力容器的安全监督检验根据国家规定分别由船舶检验机构和劳动部门的锅炉、压力容器安全监察机构负责监督检查外，其他进出口商品涉及安全性能方面的项目，由商检机构根据外贸合同规定和国内外的有关规定及要求进行检验，以维护人身安全，确保经济财产免遭侵害。

商品检验除上述内容外，还包括船舱检验、残损鉴定、监视装载、签封样品、签发产地书和价值证书、委托检验等项内容。

二、检验时间和地点

商品检验的时间和地点是指在何时、何地行使对商品或货物的检验权。确定检验时间和地点，实际上就是确定买卖双方中的哪一方行使对商品或货物的检验权，也就是确定检验结果以哪一方提供的检验证书为准。因此，如何规定检验时间和地点是交易双方商定检验条款的核心所在，它直接关系到交易双方的切身利益。在国际贸易中，根据买卖合同使用的贸易术语和商品或货物本身的性质，主要有以下几种规定方法。

（一）在出口国检验

此种方法又包括产地（工厂）检验和装运港（地）检验两种。

1. 产地（工厂）检验

货物在离开生产地点（如工厂、农场或矿山）之前，由卖方或其委托的检验机构人员或买方的验收人员对货物进行检验或验收。在货物离开产地之前的责任由卖方承担，对于货物在运输途中发生的一切变化，卖方概不负责。

2. 装运港（地）检验

装运港（地）检验又称“离岸品质、离岸重量”（Shipping Quality and Weight），在装运港或装运地装运前，由双方约定的检验机构对货物进行检验，该机构出具的检验证书作为决定交货质量、重量或数量的最后依据。按此做法，货物运抵目的港，如对货物进行检验，即使发现质量、重量或数量有问题，也无权向卖方提出异议和索赔。

（二）在进口国检验

此种方法又分为目的港（地）检验和买方营业处所（最终用户所在地）检验。

1. 目的港（地）检验

目的港（地）检验又称为“到岸品质、到岸重量”（Landed Quality and Weight），是指货物运达目的港或目的地时，由合同规定的检验机构在规定的时间内，就地对货物进行检验，并以该机构出具的检验证书作为卖方所交货物质量、重量或数量等检验内容的最后依据。

2. 买方营业处所（最终用户所在地）检验

对于一些需要安装调试的成套设备、机电产品以及在卸货口岸开件检验后难以恢复原包装的货物，双方可约定将检验时间和地点延伸和推迟至货物运抵买方营业处所或最终用户所在地后的一定时间内进行，并以该地约定的检验机构所出具的检验证书作为决定交货质量、重量或数量的依据。

（三）出口国检验、进口国复验

出口国检验、进口国复验是指卖方在出口国装运货物时，以合同规定的装运港或装运地检验机构出具的检验证书，作为卖方向银行收取货款的凭证之一，货物运抵目的港或目的地后，由双方约定的检验机构在规定的地点和期限内对货物进行复验。复验后，如果货物与合同规定不符，而且属于卖方责任所致，则买方有权凭该检验机构出具的检验证书，在合同规定的期限内向卖方索赔。由于这种做法兼顾了买卖双方的利益，较为公平合理，因而它是国际货物买卖中最常见的一种规定检验时间和地点的方法，也是我国进出口业务中最常用的一种方法。

三、检验机构

在国际货物买卖中，买卖双方除了自行对货物进行必要的检验外，通常还要委托独立于买卖双方之外的第三方对货物进行检验。有时，虽然买卖双方未要求对所交易的商品进行检验，但根据有关法律或法规的规定，必须由某机构进行检验，经检验合格后方可出境或入境。这种根据客户的委托或有关法律、法规的规定对进出境商品进行检验、鉴定或监督管理的机构就是进出口商品检验机构，简称检验机构或商检机构。

（一）商品检验机构的类型

1. 官方检验机构

官方检验机构是指由国家或地方政府投资，按照国家有关法律法令对出入境商品实施检验、鉴定和监督管理的机构。例如，我国的国家质量监督检验检疫总局和美国的美国食品药物管理局（FDA）。

2. 半官方检验机构

半官方检验机构是指一些有一定权威的由国家政府授权、代表政府行使某项商品检验或某一方面检验管理工作的民间机构。例如，美国保险人实验室（Underwriter's Laboratory）。

3. 非官方检验机构

非官方检验机构主要是指由私人创办且具有专业检验、鉴定技术能力的公证行或检验公司。如瑞士通用公证行（SGS）、日本海事鉴定会（NKKK）、加拿大标准协会（CSA）。

瑞士通用公证行与我国进出口商检公司签订有委托业务协议，如国外客户来证要求提供SGS证书，可与当地商检公司联系，并争取在信用证上打上“Certificate issued by SGS or its correspondent”条款，便可由我国商检公司签发“清洁报告书（Clean Report of Findings）”。此外，还有工矿企业、科研单位、大专院校、用货单位等设立的化验室、试验室和检验室等，也可以进行检验和鉴定。

（二）我国的商品检验机构

中华人民共和国成立后设立了中华人民共和国商品检验局（CISS），1982 年更名为“中华人民共和国进出口商品检验局”，并在各省、市、自治区设立了进出口商品检验局。在主要海运和重点空运口岸、陆运发货站、进出口商品的主要集散地或产地设立了商品检验分支机构，并设立了专业性的商检机构如动植物检疫所、船舶检验局、药品检验所、食品卫生检验所、国家计量总局等专职检验部门。1980 年经国务院批准成立了中国进出口商品检验公司（CCIC）。它以民间第三方的地位承办国外贸易、运输、保险部门、制造厂商以及检验机构委托的进出口商品检验和公证鉴定业务，它所签发的检验、鉴定证书具有法律效力。1998 年国家进出口商品检验局、国家动植物检疫局和国家卫生检疫局合并组建中华人民共和国出入境检验检疫局（China Entry and Exit Inspection and Quarantine Bureau，CIQ）。2001 年 4 月 10 日原国家出入境检验检疫局和国家质量技术监督局合并成立国家质量监督检验检疫总局，原国家出入境检验检疫局设在各地的检验检疫机构，管理体制及业务不变。

四、检验证书

检验证书（Inspection Certificate）是检验机构对进出口商品进行检验后签发的书面文件。在进出口贸易中，经双方约定由生产单位或使用单位出具的检验证书也可起到检验证书的作用。

（一）检验证书的种类

国际货物买卖中的检验证书种类繁多，卖方需要提供哪些证书，要根据商品的种类、特性、贸易习惯及政府的有关法令而定。在实际业务中，常见的检验证书主要有下面几种：

1. 品质检验证书（Inspection Certificate of Quality）

品质检验证书是证明商品质量、规格、等级等实际情况是否符合贸易合同或有关规定的文件。品质检验证书样本详见表 8－1。

表 8－1　品质检验证书样本

ENTRY-EXIT INSPECTION AND QUARANTINE

正　本
ORIGINAL

编号 No.: 1010000477

QUALITY INSPECTION CERTIFICATE

发货人
Consignor　AIGE IMPORT & EXPORT COMPANY

收货人
Consignee　RIQING EXPORT AND IMPORT COMPANY

品名 Description of Goods　CANNED LITCHIS	标记及号码 Mark & No.
报检数量/重量 Quantity/Weight Declared　1,000 CARTONS/20,400 KGS(N.W.)	CANNED LITCHIS JAPAN
包装种类及数量 Number and Type of Packages　1,000/CARTONS	C/NO.1-1000 MADE IN CHINA
运输工具 Means of Conveyance　TBA	

检验结果：
RESULTS OF INSPECTION:

IN ACCORDANCE WITH THE RELEVANT STANDARD, THE REPRESENTATIVE SAMPLE WERE DRAWN AT RANDOM AND INSPECTED WITH RESULTS AS FOLLOWS:

THE QUALITY OF THE GOODS IS IN CONFORMITY WITH THE RELEVANT REQUIREMENTS.

印章　　签章地点 Place of Issue　SHANGHAI,CHINA　　签章日期 Date of Issue　Jun.24th,2010

Official Stamp

授权签字人 Authorized Officer　GUO DAYE　　签名 Signature

2. 重量或数量检验证书（Inspection Certificate of Weight or Quantity）

重量或数量检验证书是证明进出口商品的重量或者数量是否符合合同规定的证明文件。

3. 卫生检验证书（Sanitary Inspection Certificate）

卫生检验证书又称健康检验证书，是证明可供人类食用或者使用的动物产品、食品等经过卫生检验或检疫合格的证明文件。

4. 兽医检验证书（Veterinary Inspection Certificate）

兽医检验证书是用于证明动物产品在出口前已经过兽医检验、符合检疫要求的证书。

5. 熏蒸证书（Inspection Certificate of Fumigation）

熏蒸证书是用于证明出口谷物、油籽、豆类等商品，以及包装木材与植物性填充物等已经经过熏蒸灭虫的证书。

6. 植物检疫证书（Plant Quarantine Certificate）

植物检疫证书是用于证明植物或植物产品经过检验未发现病虫害的证书。见表 8 – 2。

表 8 – 2　植物检疫证书样本

中华人民共和国出入境检验检疫　　正　本

ENTRY-EXIT INSPECTION AND QUARANTINE OF THE PEOPLE' S REPUBLIC OF CHINA　　ORIGINAL

植物检疫证书　　编号 No.: 370100214012321

PHYTOSANITARY CERTIFICATE

发货人名称及地址
Name and Address of Consignor　SHANDONG FOREST WOOD CO.,LTD.
CAOHE VILLAGE OF CAOHE TOWN IN YANZHOU,JINING,SHANDONG,CHINA

收货人名称及地址
Name and Address of Consignee　KRAUS FLOORING
1551 CHURCHAVENUE WINIPEG,MB,R2X1G7

品名
Name of Produce　ENGINEERED WOOD FLOORING

植物学名
Botanical Name of Plants　***

报检数量
Quantity Declared　21,000.00 KGS

标记及号码
Mark & No.　PO NO.:KR013/680023-TOR

包装种类及数量
Number and Type of Packages　16 PACKAGES

产地
Place of Origin　P.R. OF CHINA

到达口岸
Port of Destination　TORONTO,CANADA

运输工具
Means of Conveyance　BY SEA

检验日期
Date of Inspection　JAN.23th,2014

兹证明上述植物、植物产品或其他检疫物已经按照规定程序进行检查和/或检验，被认为不带有输入国或地区规定的检疫性有害生物，并且基本不带有其他的有害生物，因而符合输入国或地区现行的植物检疫要求。

This is to certify that the plants, plant products of other regulated articles described above have been inspected and/or tested according to appropriate procedures and are considered to be free from quarantine pests specified by the importing country/region,

续表

and practically free from other injurious pests; and that they are considered to conform with the current phytosanitary requirements of the importing country/region.

杀虫和/或灭菌处理 DISINFESTATION AND/OR DISINFECTION TREATMENT

日期 Date ***	药剂及浓度 Chemical and Concentration *** .
处理方法 Treatment ***	持续时间及温度 Duration and Temperature *** .

附加声明 ADDITIONAL DECLARATION

***

印章 Official Stamp　签证地点 Place of Issue HARBIN　签章日期 Date of Issue AUG.19th,2013

授权签字人 Authorized Officer GUOD AYE　签 名 Signature ______

7. 产地证明书（Inspection Certificate of Origin）

产地证明书是用于证明出口商品原产地的证书。比如一般原产地证、普惠制产地证、野生动物产地证等，详见表 8－3。

表 8－3　一般原产地证书样本

ORIGINAL

1.Exporter SHANDONG IMPORT&EXPORT CORP. 7 ZHANSHAN ROAD, QINGDAO, CHINA	Certificate No. xxx **CERTIFICATE OF ORIGIN** **OF** **THE PEOPLE'S REPUBLIC OF CHINA**
2.Consignee SAMIEH TEXTILE&BLANKET CO. LTD. P. O. BOX 299934, SAFAT, KUWAIT	
3.Means of transport and route SHIPMENT FROM QINGDAO, CHINA TO KUWAIT, KUWAIT PER M/V	5.For certifying authority use only
4.Destination KUWAIT， KUWAIT	

续表

6.Marks and numbers of packages	7.Description of goods No. and kind of packages	8.H.S.Code	9.Quantity or weight	10.Number and date of invoices
ABUZIAD –KUWAIT CTF/CH-33/93 MADE IN CHINA NO.1-12	12 (TWELVE) CARTONS OF MIXED SUITING FABRICS *** ***	MANUFACT-URER/EXPORTER:SHAN DONG IMPORT&EX-PORT CORP.,7 ZHANSHAN ROAD QINGDAO, CHINA	G.W 1,398KGS	20MSF43 May. 12th, 2000 EXPORTING COUNTRY: CHINA

11.Declaration by the exporter	12.Certification
The undersigned hereby declares that all the above details and statements are correct; that all the goods were produced in China and that they comply with the rules of origin of the People's Republic of China. QINGDAO, CHINA MAY 20th, 2000 Signature 盖章 Place and date, signature and stamp of authorized signatory	It is hereby certified that the declaration by the exporter is correct. CCPIT QINGDAO, CHINA, MAY 20th, 2000 Place and date,signature and stamp of certifying authority

8. 包装检验证书（Inspection Certificate of Packing）

包装检验证书是用于证明进出口商品包装情况的证书。

9. 验残检验证书（Inspection Certificate on Damaged Cargo）

验残检验证书是用于证明商品残损情况、残损程度、残损原因证书，主要供进口商品发生残、短、渍、毁时，办理索赔、理赔。

（二）签发商品检验证书的有关事项

（1）商品检验证书是官方机构签发的文件，不能擅自涂改、补充。如遗失，应按有关规定办理。

（2）信用证指定的商品检验机构出具检验证书，非必检商品，客户又无要求提供证书的，在结汇时可不提供。

（3）商品检验证书的种类要符合信用证的要求，检验要求要与信用证相符。证书所列明的货物规定、品质、数量等应与发票一致。

（4）证书要有适当的标题、签字和日期。商品检验证书的申报必须在装运之前办理，证书日期应早于运输单据日期。

例 8－1：进口方委托银行开出的信用证规定，卖方须提交“商品净重检验证书”。进口方在收到货物后，发现除质量不符外，卖方仅提供了重量单。买方立即委托开证行向议付行提出拒付，但货款已经押出。事后，议付行向开证行催付货款，并解释卖方所附的重量单即为商品净重检验证书。问：①重量单与净重检验证书一样吗？②开证行能否拒付货款给议付行？

参考答案：①商品净重检验证书是由商检机构签发的关于货物重量的公证文件，而重量单为发货人出具的货物重量说明文件，二者是不同的。②信用证中要求卖方提供商品净重检验证书，而议付行误以为重量单即商品净重检验证书，则议付行必须为此过失承担责任。按《跟单信用证统一惯例》的规定，开证行有权对议付行拒付，而议付行可向出口方追索押汇款项。

五、检验标准与方法

（一）检验标准

检验标准，是指进出口商品检验的根据，即据此衡量进出口商品是否合格的标准。

根据《中华人民共和国商检法》规定，凡列入目录的进出口商品，按照国家技术规范强制性要求进行检验；没有国家技术规范强制性要求的，可以参照国家商检部门指定的国外有关标准进行检验。法律、行政法规规定由其他检验机构实施检验的进出口商品或者检验项目，依照有关法律、行政法规的规定办理。此外，买卖合同中规定的质量、数量和包装条款通常也是进出口商品检验的重要依据。

例 8－2：我国某公司以 FOB 广州出口 2 000 公吨油籽产品，合同规定含油量最低为 28%，杂质最高为 3%，未规定检验方法、检验时间和地点以及检验权事宜。我国某公司装运前取得我国商检局出具的品质检验证书，证明货物含油量为 29.3%，卖方在买方指派的船只到达广州港时即装运出口。货到目的港后不久，卖方收到买方索赔函件，声称货物到港后复验结果是含油量只有 27.2%，与合同规定不符，从而产生纠纷。卖方对此提出异议，坚持交货品质合格，双方争执不下。请问合同中关于商检的规定有何不妥？

参考答案：合同中应规定以我国商检局出具的品质检验证书为准，这样便能避免纠纷的产生。

（二）检验方法

商品检验的方法主要有感官检验、化学检验、物理检验、微生物检验等。

六、合同中的商品检验检疫条款

订立货物检验条款的目的在于确定商品的质量、数量（重量）和包装等是否符合贸易合同规定的要求，凭以验证卖方是否履行了合同规定的交货义务，如发现卖方所交货物与合同规定不符时，买方可以拒收货物、拒付货款或提出索赔要求。因此，在进出口贸易中，订好商品检验条款，做好进出口商品检验工作，对维护贸易双方权益，保证交易的顺利进行意义重大。

（一）**货物检验条款的主要内容**

进出口双方商定货物检验条款时应把货物检验工作与进出口货物本身的特点、各国的相关法律法规及国际贸易惯例等因素结合起来，综合确定。一般货物检验条款的主要内容包括以下方面。

（1）检验的时间与地点。

（2）检验机构。

（3）检验标准与方法。

（4）复验的期限、地点和机构。

（5）检验证书的种类。

（二）**出口合同检验条款的规定**

我国出口贸易中一般采用在出口国检验、进口国复验的办法。即货物在装船前，由我国口岸质检局进行检验，并签发检验证书，作为出口人向银行议付货款的凭证；货到目的港后允许进口人有复验权，并以目的港检验机构检验后出具的检验证明作为其索赔的依据。

出口合同中检验条款举例：

我国的出口贸易中，一般在合同中可做如下规定："双方同意以装运港（地）中国出入境检验检疫局签发的品质和重量（数量）检验证书作为信用证项下议付单据的一部分。买方有权对货物的品质和重量（数量）进行复验。复验费用由买方负责。如发现品质或重量（数量）与合同不符时，买方有权向卖方索赔，但须提供经卖方同意的公证机构出具的检验报告。索赔为货到目的港（地）后××天内。"

It is mutually agreed that the Certificate of Quality and Quantity (Weight) issued by the China Exit and Entry Inspection and Quarantine Bureau at the port/place of shipment shall be part of the documents to be presented for negotiation under the relevant L/C. The Buyers shall have the right to reinspect the quality and the quantity of the cargo. The reinspection fee shall be borne by the Buyers. Should the quality and/or weight (quantity) be found not in conformity with that of the Contract, the Buyers are entitled to lodge with the Sellers a claim which should be supplied by survey reports issued by a recognized surveyor approved by the Sellers. The claim, if any, shall be lodged within ×× days after arrival of the cargo at the port/place of destination.

（三）**进口合同检验条款的规定**

进口合同检验条款常见的规定方法如下：

双方同意以检验机构出具的品质和重量（数量）检验证书作为在信用证项下付款的单据之一，但货物品质和重量（数量）的检验按下列规定办理：货物到达目的港××天内经国家出入境检验检疫机构复验，如发现品质或重量（数量）与本合同不符时，除属于保险公司或船公司责任外，买方可凭中国进出口商品检验局出具的检验证书，向卖方提出索赔或退货。因索赔或退货引起的一切费用（包括检验费）及损失，均由卖方承担。在此情况下，凡货物适于抽样的，买方可应卖方要求，将货物的样品寄交卖方。

进口合同中检验条款举例：

进口合同中的商检条款可订为：双方同意以制造厂或××公证行出具的品质和重量（数量）检验证书作为有关信用证项下付款的单据之一。但货物的品质和重量（数量）的检验应按下列规定办理：货到目的港××天内经中国出入境检验检疫局复验，如发现品质或重量（数量）与本合同规定不符时，除属保险公司或船公司负责外，买方可凭中国出入境检验检疫局出具的检验证明书，向卖方提出退货或索赔。退货或索赔引起的一切费用（包括检验费）及损失均由卖方负担。在此情况下，如抽样是可行的话，买方可应卖方要求，将有关货物的样品寄交卖方。卖方收到买方的索赔通知后，如在30天内不答复则视为卖方同意买方提出的一切索赔。

Inspection：It is mutually agreed that the Certificate of Quality and Quantity or Weight issued by the Manufacturer（or ××× Surveyor）shall be part of the documents for payment under the relevant L/C. However，the Inspection of Quality and Quantity or weight shall be made in accordance with the following：

In case the quality，quantity or weight of the goods be found not in conformity with those stipulated in this Contract after reinspection by the China Exit and Entry Inspection and Quarantine Bureau within ×× days after arrival of the goods at the port of destination，the Buyers shall return the goods to or lodge claims against the Sellers for compensation of losses upon the strength of Inspection Certificate issued by the said Bureau，with the exception of those claims for which the insurers or the carriers are liable. All expenses（including insurers fees）and losses arising from the return of the goods or claims should be borne by the Sellers. In such case，the Buyers may，if so requested，send a sample of the goods in question to the Sellers，provided that the sampling is feasible. Any and all claims shall be regarded as accepted if the Sellers fail to reply within 30 days after receipt of the Buyers claim.

（四）订立商品检验检疫条款应注意的问题

1. 检验条款应与合同中其他条款的内容相一致，不能互相矛盾

例如合同中的品质条款应订得具体明确，不能接受目前我方难于办到或过于烦琐的项目，如“猪肉不准带毛”“胶合板不得有虫蛀”等。又如在采用信用证支付方式时，检验条款中有关商检机构、检验证书等的规定必须与支付条款中有关议付单据的规定相一致。

2. 检验条款的规定要明确具体

凡以商品地名、品牌、商标表示品质时，同时要有具体的质量指标作为检验的根据；凡按样品成交的商品，交货品质应与样品相同；样品与文字说明并用的，应明确以哪个为检验标准，并向商检局提供样品。

3. 检验条款应明确检验标准和方法

我国出口商品的检验标准，一般应按中国有关标准规定和商检部门统一规定的方法办理。当双方检验标准不一致时，应先征得商检部门的同意再对外签约，同时在合同中具体订明以哪种检验方法为准。我国出口商品的抽样和检验方法，一般应按我国有关标准规定和商检部门统一规定的方法处理。

例8-3：某年5月我国某公司以CIF对德国出口一批小五金工具，合同规定货到目的港后30天内检验，买方有权凭检验结果提出索赔。我公司按期发货，德国客户也按期凭单支付了货款。可半年后，我公司收到德国客户的索赔文件，称：上述小五金工具有75%锈损，并附有德国某内地一检验机构出具的检验证书。对德国客户的索赔要求，我方在研究完整个贸易过程后，拒绝了德方的要求，我方的依据是，根据国际惯例，按CIF条件成交，买

卖双方的风险界点在装运港，货物在装上船以前的风险由卖方承担，货物装上船之后的风险由买方承担；索赔是有期限的，超过索赔期限的索赔，对方有权拒绝；索赔是要有索赔依据的，索赔的商检证书的开出地点机构应符合合同规定，否则有权拒绝。

参考答案：结合本案例：①德国公司按期议付了货款，表示我公司产品到目的港后本身没有问题，也即说明产品的锈损发生在内地，这风险已超过了装运港的船舷，应由买方承担。②德国公司出具的商检证书是内地的，并未按合同规定在目的港检验，这不符合合同的规定。③合同中明确规定货到目的港后30天内检验，而德方公司在半年后才发来检验证书。凭以上3点，我公司可拒绝德国客户的索赔要求。

8.2 争议的预防与处理

在国际货物贸易的履约过程中，如市场情况发生变化或某一环节出了问题，就可能导致合同一方当事人违约或毁约，而给另一方当事人造成损害。受损害的一方，为了维护自身的利益，势必向违约方提出异议，并要求赔偿其损失。为了解决这类问题，在国际货物买卖合同中，通常都应订立争议与索赔条款。订立此条款，一方面有利于促使合同当事人认真履约，另一方面也便于依约处理合同争议。

一、争议、违约与索赔

（一）争议

1. 争议

争议（Disputes）是指交易一方认为另一方未能全部或部分履行合同的责任而引起的纠纷。在进出口交易中，因彼此间的权利和义务问题而引起争议导致索赔、仲裁，甚至诉讼的情况屡见不鲜。

2. 争议产生的原因

（1）合同或违约行为是否成立，双方国家和国际贸易惯例解释不一。

（2）合同条款规定欠明确，造成一方违约，例如“立即装运”“即期装运”，国际贸易中对此并无统一的解释，双方对此理解不一致，或从自身利益出发各执一词。

（3）买方违约，不履行或不完全履行合同义务。

（4）卖方违约，不履行或不完全履行合同义务。

3. 争议的解决办法

当争议产生时，应首先采用友好协商方式解决。如协商无法解决，则视情况采取第三者调解（Conciliation）、提交仲裁（Arbitration）或进行司法诉讼（Litigation）等方式进行处理。

《中华人民共和国合同法》规定：“当事人可以通过和解或调解解决合同争议。当事人不愿和解、调解或者和解、调解不成的，可以根据仲裁协议向仲裁机构申请仲裁。涉外合同的当事人可以根据仲裁协议向中国仲裁机构或者其他仲裁机构申请仲裁。当事人没有订立仲裁协议或者仲裁协议无效的，可以向人民法院起诉。当事人应当履行发生法律效力的判决、仲裁判决、调解书；拒不履行的，对方可以请求人民法院执行。”

（1）协商。交易双方进行磋商，双方都做出一定的让步，在彼此都认可的基础上达成和解协议。此方法无须经过法律程序，不必支付相应的司法费用，可以避免双方陷入关系紧张的局面，有利于今后的继续合作。此法是解决争议的最好途径。

（2）调解。争议发生后，纷争各方无法自行协商解决，由无利害关系的第三方出面从中斡旋，促成纷争各方之间达成和解。与仲裁和诉讼相比，其优点是时间快、费用低、程序少，但有一定的局限性。如不是在法院或仲裁机构的主持下进行的调解不具有司法强制力。当然，实践证明，这也是解决争议的一种好办法。

（3）诉讼。交易双方发生争议后，通过协商和调解均不能解决，或争议涉及的金额巨大或后果严重，合同中又没有签订仲裁条款，则双方当事人的任何一方都可以向有管辖权的法院起诉，申请判决。法院做出的判决具有强制约束力，败诉方必须无条件地履行。

一般而言，除非绝对必要，交易双方应尽量避免选择诉讼来解决争议，尤其是在海外诉讼，这主要是由于：诉讼时间漫长，易造成存货的堆积与交易的中断；诉讼会造成重大的成本负担，不仅是诉讼费用，而且荣誉和公共关系的损失更是难以计量；难以收到所判决的罚款；在外国法院可能会受到不公正的待遇。

（4）仲裁。国际贸易中的争议，如友好协商、调解都未成功且不愿意诉诸法院解决，可采用仲裁办法。其优势在于程序简便、结案较快、费用开支较少，能独立、公正和迅速地解决争议，给予当事人充分的自治权。它还具有灵活性、保密性、终局性和裁决易于得到执行等优点，从而为越来越多的当事人所选择并采用。

我国历来提倡以仲裁的方式解决国际商事争议。早在 1956 年，中国的涉外商事仲裁机构便已宣告成立。60 多年来，该机构在审理案件中坚持根据事实、依照法律和合同规定、参照国际惯例，公平合理地处理争议和做出裁决，其裁决的公正性得到国内外的一致公认。中国已成为当今世界上主要的国际商务仲裁中心之一。在中国进出口合同中一般都订有仲裁条款，以便在发生争议时，通过仲裁方式解决争端。

（二）违约

1. 违约

违约（Breach of Contract）是指买卖双方中的一方违反合同的行为。违约产生的原因，一种是由于买卖双方中的一方的故意行为而造成的违约；一种是买卖双方中的一方因疏忽、过失而造成的违约。买卖合同是对当事人双方都具有约束力的法律文件，任何一方违约都应承担违约的法律责任，受损方有权根据合同和有关法律规定提出损害赔偿要求。

2. 违约的分类

（1）美国法律从违约的性质和带来的结果，将违约划分为轻微的违约（Minor Breach of Contract）和重大的违约（Material Breach of Contract）两种。

轻微的违约是指债务人尽管在履约中有些缺陷（轻微的违约），但债权人已从履约中得到了该交易的主要利益，在此情况下受损方可要求赔偿损失，但不能拒绝履行合同义务或解除合同。重大的违约是指债务人没有履约或履约有缺陷，致使债权人不能得到该交易的主要利益，在此情况下，受损方可解除合同，同时还可要求损害赔偿。

（2）大陆法系国家一般将违约分为不履行合同（又称给付不能）和延迟履行合同（又称给付延迟）。

不履行合同是指债务人因种种原因不可能履行其合同。延迟履行合同是指债务人履行期已届满且是可能履行的，但其没按期履行其合同义务。违约方是否要承担违约责任，要看其是否有归责于他的过失。违约方若有过失则承担违约责任，只要他能证明自己无过错就可以不承担任何责任。

(3)《联合国国际货物销售合同公约》把违约区分为根本性违约（Fundamental Breach）和非根本性违约（Non-Fundamental Breach）。

根本性违约，是指“一方当事人违反合同的结果，例如一方当事人使另一方当事人蒙受损失，以致实际上剥夺了他根据合同规定有权期待得到的东西，即为根本性违约”。它是由于当事人的主观行为给另一方当事人造成实质性的损害（Substantial Detriment），如卖方完全不交付货物，或买方无理由拒收货物、拒付款，即为根本性违约。那么，受损方就可以宣布合同无效或要求损害赔偿。所谓非根本性违约，是指如果当事人不能预知，而且处于相同情况的另外一个通情达理的人也不能预知会发生这种结果，那么就不构成根本性违约。因此，就不能解除合同，而只能要求损害赔偿。上述的这种区分是从违约的后果及其严重性出发来判断的。

(4)《中华人民共和国合同法》的规定。

《中华人民共和国合同法》既没有根本性违约，也没有违反要件，或与之对应的概念。根据《中华人民共和国合同法》第94条，有下列情形之一的，当事人可以解除合同：①因不可抗力致使不能实现合同目的。②在履行期限届满之前当事人一方明确表示或者以自己的行为表明不履行主要债务。③当事人一方延迟履行主要债务，经催告后在合理期限内仍未履行。④当事人一方延迟履行债务或者有其他违约行为致使不能实现合同目的。⑤法律规定的其他情形。

（三）索赔

1. 索赔

索赔（Claim）是指合同中遭受损害的一方在争议发生后向违约的一方要求赔偿的行为，而理赔（Settlement of Claim）是违约方受理受损方提出的赔偿要求。

2. 索赔的证据

在争议与索赔条款中，一般都规定：货到目的地卸货后，若发现交货质量、数量或重量与合同规定不符，除由保险公司或承运人负责者外，买方应凭双方约定的某商检机构出具的检验证明向卖方提出异议与索赔。但货物在运输途中发生品质和重量上的自然变化，不在索赔之列。

3. 索赔期限

在争议与索赔条款中，一般都规定守约方向违约方索赔的期限，如超过约定时限索赔，违约方可不予受理。在约定索赔期限时，对该期限的起算时间，也应一并做出具体规定，比如：

(1) 货到目的地后××天起算。

(2) 货到目的地卸离运输工具后××天起算。

(3) 货到买方营业处所或用户所在地后××天起算。

(4) 货到检验后××天起算。

除此之外，凡有质量保证期的商品，合同中应加订质量保证期限，若在质量保证期内出现质量问题，买方有权凭相关证明向卖方提出索赔。

4. 索赔金额

一般来说，一方违约给对方造成损失的，索赔金额应相当于违约造成的损失，其中包括合同履行后可以获得的利益，但不得超过违约方订立合同时能预见到或应当预见到的因违约可能造成的损失。

若买卖合同中约定了损害赔偿的金额或损害赔偿额的计算方法，则按约定的赔偿金额或根据约定的损害赔额的计算方法计算出的赔偿金额提出索赔。

5. 索赔方法

在有的争议与索赔条款中，对守约方如何索赔和违约方如何理赔都分别做了具体规定。例如，有的进口合同规定："货到目的港后，买方如发现质量及/或数量/重量与合同规定不符，除属于保险公司及/或船公司的责任外，买方可以凭双方同意的检验机构出具的检验证书向卖方提出异议。质量异议，须于货到目的港之日起 30 天内提出；数量/重量异议，须于货到目的港之日起 15 天内提出。卖方收到异议后，20 天内答复。"

（四）约定争议、违约与索赔条款的注意事项

1. 注重实际，查明责任

应根据公平合理、实事求是的原则，查明是否对方确实违约，使我方遭受损失。如确属对方责任，则可向对方提出索赔；如是船运公司或保险人的责任，则应向船运公司或保险人索赔。提出索赔时，要认真做好索赔方案。

2. 索赔期限的长短应合理

索赔必须在合同规定的期限内提出，合同未规定索赔期限的，则按有关法律规定办理。《联合国国际货物销售合同公约》第 39 条第 2 款规定："如果买方不在实际收到货物之日起两年内将货物不符合合同的情形通知卖方，就丧失了声称货物不符合合同的权利。"

3. 正确确定索赔项目和金额

提出索赔的金额一定要有根据，如合同预先规定有约定的损害赔偿金额，应按约定的金额提出索赔；如预先未约定损害赔偿金额的，则应根据实际损失情况，确定适当的金额。

4. 备齐索赔所需单证

索赔证件不齐，对方可以拒赔。索赔证件一般包括提单、发票、保险单、装箱单及检验机构出具的货损检验证书或由船长签署的短缺残损证明，以及索赔清单，并列明索赔的根据和索赔金额。

例 8-4：2017 年 4 月，某外贸公司与加拿大进口商签订一份茶叶出口合同，并要求采用合适的包装运输，成交术语为 CIF 渥太华，向中国人民保险公司投保一切险。生产厂家在最后一道工序将茶叶的湿度降低到了合同规定值，并用硬纸筒盒作为容器装入双层纸箱，在装入集装箱后，货物于 2017 年 5 月到渥太华。检验结果表明：全部茶叶变质、湿霉，总共损失价值达 10 万美元。但是当时货物出口地温度与湿度适中，进口地温度与湿度也适中，运输途中并无异常发生，完全为正常运输。试问以上货物的损失该由谁来赔偿，为什么？

参考答案：尽管茶叶变质属于一切险的赔偿范围，但是由于运输过程正常，因此船方并无责任。案例中的货物存在本质缺陷，采用的包装方式不符合货物长距离运输防潮的需要，而且这种缺陷在货物装运之前就存在，不属于保险公司的除外责任。所以，责任应当是在生产厂家，货物损失应当由出口厂家赔偿。

二、不可抗力

（一）不可抗力的含义

不可抗力（Force Majeure）是指当事人在订立合同后，不是由于合同当事人的过失或疏忽，而是由于发生了合同当事人不能预见、对其发生和后果不能避免且无法克服的客观情况，以致不能履行或不能如期履行合同，发生意外事件的一方可以免除履行合同的责任或推迟履行合同，对方无权要求赔偿。

（二）不可抗力条款的主要内容

1. 不可抗力事件的性质与范围

不是任何一种意外事件都可称作不可抗力事件。不可抗力事件的范围较广，它包括自然力量引起的，如水灾、旱灾、冰灾、雪灾、雷电、暴风雨、地震、海啸等；社会原因引起的，如战争、暴动、骚乱、政府禁令等。关于不可抗力事件的性质与范围，交易双方商定合同时应达成共识，并具体写明，以免事后引起争议。

2. 不可抗力事件的处理

发生不可抗力事件后，应按约定的处理原则和办法及时进行处理。不可抗力的后果有两种：

（1）解除合同。

（2）延期履行合同。

鉴于在实践中可能会出现一旦发生不可抗力事件一方就提出解除合同的问题，而合同是否延期执行或解除直接关系到交易双方的经济利益，故在不可抗力条款中，应就不可抗力引起的法律后果做出明确规定，以利于执行。

我国进出口合同一般有规定，合同因不可抗力事件的影响而不能履行时，可根据实际所受影响的时间延迟履行合同的期限；因不可抗力事件延迟履行合同达到若干天（如60天或90天），双方应就履行合同的相关问题进行协商。

按照这样的规定，当发生不可抗力事件时，应先延迟履行合同的期限；只有当不可抗力事件持续下去超过合同规定的期限以后，才能通过双方协商，最后决定是否解除合同。

（三）约定不可抗力条款的注意事项

（1）发生事故的一方当事人应按约定期限和方式将事件情况通知对方，对方也应及时答复。

（2）双方当事人都要认真分析事件的性质，确定是否属于不可抗力事件的范围。

（3）发生事件的一方当事人应出具有效的证明文件，作为发生事件的证据。

（4）双方当事人应就不可抗力的后果，按约定的处理原则和办法进行协商处理。

例8－5：我方进口企业按FOB条件向欧洲某厂商订购一批货物。当我方派船前往西欧指定港口接货时，正值埃及与以色列发生战争，埃及被迫关闭苏伊士运河。我方所派轮船只得绕道南好望角航行，由于绕道而增加航程，致使船只延迟到达装货港口。欧洲厂商要求我方赔偿因接货船只迟到而造成的仓租和利息，我方拒绝了对方的要求，因此引起争议。请问欧洲厂商的要求合理吗？为什么？

参考答案：欧洲厂商的要求不合理。我方轮船绕道延迟到达装货港口是因为埃及与以色列发生战争，埃及被迫关闭苏伊士运河。战争属于不可抗力范围。

例8－6：买卖双方签订了一份CIF条件的合同。合同规定用不可撤销的信用证支付。合同订立后买方通过银行向卖方开出了信用证，其内容与合同相符。信用证中的装运条件规定为：数量7 000箱，1—7月等量装运。卖方按信用证规定在1—5月每月装运了1 000箱，银行已分批议付了货款。对于第六批货物，原订于6月28日装运出港。但由于台风影响，该批货物延至7月2日装运出港。卖方凭7月2日的装运提单向银行要求议付货款时，遭到拒绝。卖方又以不可抗力为由要求再次议付也遭到拒绝。试问：①本案涉及哪些法律关系？②银行有无拒绝付款的权利？为什么？③卖方能否援引不可抗力要求银行议付货款？为什么？④本案应当如何处理？

参考答案：①本案涉及如下几种法律关系：国际货物买卖法律关系；信用证支付法律关系；海上货物运输法律关系。②银行有权拒付货款。信用证支付法律关系是在买卖法律关系的基础之上产生的。但它具有相对独立性，一旦产生就独立于买卖合同。信用证各关系人受信用证约束。信用证交易的规则是严格相符原则，即“单单相符，单证相符”。信用证的受益人（卖方）必须提交与信用证内容完全一致的单据，才能由银行向其议付货款。本案提单中所载的装运时间与信用证所载的时间不一致，故银行有权拒绝议付货款。③受益人无权援引不可抗力条款，要求银行议付货款。因为台风发生在运输法律关系中，根据信用证独立性原则，信用证支付法律关系一旦产生就相对独立，不再受包括买卖合同在内的任何法律关系的约束。银行只对信用证本身负责，不受运输或保险等法律关系的约束。因此，本案中卖方无权援引不可抗力条款要求银行再次议付货款。④本案可能采取由受益人提出修改信用证的要求，由开证行按实际装运日期，重新开立信用证。银行可以按新开立的信用证议付货款。

例8-7：国内某研究所与日本商人签订一份进口合同，欲引进一精密仪器，合同规定9月份交货。9月15日，日本政府宣布该仪器为高科技产品，禁止出口。该禁令自公布之日起15日后生效。日本商人来电以不可抗力为由要求解除合同。日本商人的要求是否合理？我方应如何妥善处理？

参考答案：不合理。该禁令自公布之日起15日后生效，即到9月30日后才生效，而合同规定在9月份交货，所以日本商人不能以不可抗力为由要求解除合同。

三、仲裁

在国际贸易中，因种种原因产生争议是不可避免的。在实际业务中，当发生争议时，首先应由双方友好协商解决。如协商无法解决时，则可视情况采取通过第三方调解、提交仲裁机构仲裁或进行司法诉讼等方式解决争议。其中，仲裁是解决对外贸易争议的一种重要方式。

（一）仲裁的含义

仲裁（Arbitration）是指买卖双方在争议发生之前或发生之后，签订书面协议，自愿将争议提交双方都同意的第三方予以裁决，以解决争议。仲裁是依照法律允许的仲裁程序裁定争端，仲裁裁决对当事各方具有法律上的约束力。如果败诉方不能自行执行该裁决，胜诉方可以请求法院强制执行。

（二）仲裁的特点

仲裁作为解决争议的一种方式，主要有以下三个方面的特点：

1. 当事人的自愿性

当事人的自愿性是仲裁最突出的特点。仲裁以当事人的自愿为前提，即是否将纠纷提交仲裁，向哪个仲裁委员会申请仲裁，仲裁庭如何组成，仲裁员的选择，以及仲裁的审理方式、开庭形式等，都是在当事人自愿的基础上，由当事人协商确定的。

2. 仲裁以不公开审理为原则

当事人及其代理人、证人、翻译、仲裁员、仲裁庭咨询的专家和指定的鉴定人、仲裁委员会有关工作人员也要遵守保密义务，不得对外界透露案件实体和程序的有关情况。因此，可以有效地保护当事人的商业秘密和商业信誉。

3. 仲裁裁决是终局性的

仲裁结果对双方当事人均有约束力，败诉方不得上诉。

（三）仲裁协议的形式和作用

1. 仲裁协议的形式

仲裁协议从表现形式上来看，有书面仲裁协议和口头仲裁协议。其中书面仲裁协议又有两种形式，一种是独立的仲裁协议，即当事人为了仲裁而专门订立一份协议；一种便是当事人在其商业合同中就仲裁事宜专门做一条约定。

2. 仲裁协议的作用

仲裁协议的作用，包括三个方面：第一，约束双方当事人在协商调解不成时，只能以仲裁方式解决争议，不得向法院起诉。第二，使仲裁机构取得对争议案件的管辖权。任何仲裁机构都无权受理没有仲裁协议的案件。第三，排除法院对有关案件的管辖权。如果一方违背仲裁协议，自行向法院起诉，另一方可根据仲裁协议要求法院不予受理，并将争议案件退交仲裁庭裁断。其中，最关键的是排除法院对争议案件的管辖权。

（四）仲裁条款

仲裁条款主要包括仲裁地点、仲裁机构、仲裁程序、仲裁裁决的效力、仲裁费用的负担等。

1. 仲裁地点

除非仲裁协议另有规定，否则仲裁一般都适用审判地法律，即在一国仲裁，适用该国的仲裁法规。仲裁地点不同，适用的法律可能不同，对买卖双方的权利、义务的解释就会有差别，其结果也会不同。因此，交易双方都力争在自己比较了解和信任的地方仲裁，尤其是力争在本国进行仲裁。在实际业务中，多数合同规定在我国仲裁，有时也规定在被告国仲裁，或规定在双方同意的第三国仲裁。

2. 仲裁机构

仲裁机构有常设仲裁机构和临时仲裁机构之分。我国的常设仲裁机构是设在北京的中国国际经济贸易仲裁委员会及其分别设在深圳和上海的分会。这些仲裁委员会不仅可以受理国内仲裁案件，也可以受理涉外仲裁案件。临时仲裁机构指临时仲裁庭，是为审理某一具体案件而组成的，案件处理完毕，仲裁庭即自动解散。双方应在合同中就指定仲裁员的办法、人数及采用的仲裁规则等问题做出明确规定。

3. 仲裁程序

仲裁程序是指进行仲裁的手续、步骤和做法，主要包括仲裁申请、仲裁庭的组成、仲裁审理及做出裁决等。各国仲裁法和仲裁机构的仲裁规则对仲裁程序都有明确的规定。

4. 仲裁裁决的效力

仲裁裁决的效力是指由仲裁庭做出的裁决，对双方当事人是否具有约束力，是否是终局性的，能否向法院起诉要求变更裁决。

5. 仲裁费用的负担

仲裁费用由谁负担，应在仲裁条款中订明。通常由败诉方承担，有的也规定由仲裁庭酌情决定。我国仲裁规则规定，败诉方承担的费用不得超过胜诉方所得胜诉金额的10%。

例8－8：我国某公司与外商订立一项出口合同，在合同中明确规定了仲裁条款，约定在履约过程中如发生争议，在中国仲裁。后来，双方对商品品质发生争议，对方在其所在地法院起诉我公司，法院发来传票，传我公司出庭应诉。对此，你认为我公司该如何处理？简述理由。

参考答案：仲裁是终局性的，具有法律的强制性，对双方均有约束力。若对方不执行裁决，另一方有权向法院起诉，要求予以强制执行。仲裁具有排除法院对有关争议案件的管辖权的特点，即只要双方订立了仲裁条款或仲裁协议，就不能把有关争议案件提交法院审理，如果任何一方违反协议，自行向法院提起诉讼，对方可根据仲裁协议要求法院停止司法诉讼程序，把有关争议案件发还仲裁庭审理。在本案中，由于买卖双方在合同中已经明确规定了仲裁条款，因此，外商在其所在地法院起诉我公司是不成立的。

例8－9：中国A公司（申请人、买方）与澳大利亚B公司（被申请人、卖方）于2016年3月21日订立了5 000公斤羊毛的买卖合同，单价为315美元/公斤，CIF张家港，规格为型号T56FNN，信用证付款，装运期为2016年6月，申请人于5月31日开出信用证。7月9日被申请人通过传真告知申请人，货已装船，但要在香港转船，香港的船名为Beauty，预计到达张家港的时间为8月10日。但直到8月19日Beauty轮才到港，申请人去办理提货手续时发现船上根本没有合同项下的货物，后经多方查找，才发现合同项下的货物已在7月22日由另一条船运抵张家港。但此时已造成申请人迟报关和迟提货，被海关征收滞报金16 000元人民币。买方向卖方提出索赔，卖方拒赔，买方提起仲裁，问仲裁庭该怎样裁决？

参考答案：根据公约的规定，卖方有义务将转船的变化情况及时通知买方，以便买方能采取通常必要的措施来提取货物。而上述案例中被申请人在转船后没有及时充分准确地通知申请人，造成申请人额外产生16 000元的滞报金，这个责任应由被申请人承担。所以仲裁庭应当裁决被申请人赔偿申请人16 000元。

相关阅读

中国海事仲裁委员会

中国海事仲裁委员会（China Maritime Arbitration Commission，CMAC）是根据中华人民共和国国务院1958年11月21日的决定，于1959年1月22日设立于中国国际贸易促进委员会内受理国内外海事争议案件的常设仲裁机构，设立时名为中国国际贸易促进委员会海事仲裁委员会，1988年改为现在名称，2017年5月正式独立运营，主要以仲裁的方式，解决海事、海商和物流争议，以及其他契约性和非契约性争议。

中国海事仲裁委员会的总部设于北京，只在上海、天津、重庆设有分会。

2017年12月16日，中国海事仲裁委员会航空争议仲裁中心、航空争议调解中心在北京正式成立。

中国海事仲裁委员会由中国国际贸易促进委员会/中国国际商会组织设立。下设机构有专家咨询委员会、案例编辑委员会、资格审查考核委员会、仲裁委员会办事处、香港仲裁中心。

其主要业务包括：

（1）受理平等主体的公民、法人和其他组织之间的国际/涉外及国内海事、海商、物流、渔业等争议仲裁案件，包括香港特别行政区、澳门特别行政区或台湾地区的仲裁案件。

（2）提供当事人约定由仲裁委员会处理的其他争议解决服务。

（3）根据当事人的约定和请求，为境外进行的非机构仲裁指定仲裁员。

（4）宣传推广和研究仲裁及其他非诉讼解决争议的方式方法。

（5）开展国内外业务交流，参加相关的国内外组织。

资料来源：百度百科 https：//baike. baidu. com/item/% E4% B8% AD% E5% 9B% BD% E6% B5% B7% E4% BA% 8B% E4% BB% B2% E8% A3% 81% E5% A7% 94% E5% 91% 98% E4% BC% 9A/363080？ fr = aladdin

相关阅读

司法管辖权

司法管辖权，或称为审判权，是指法院或司法机构对诉讼进行聆讯和审判的权力。在大部分地区，不同法院的司法管辖权是不同的，通常以区域和类别划分。例如区域法院只能聆讯在该地区发生的诉讼，钱债法院只能聆讯和金钱纠纷有关的诉讼，军事法庭只能聆讯和军人有关的诉讼，等等。司法管辖权亦和法院级别有关，例如上级法院可聆讯不服下级法院判决的上诉案件，反之则不可以。

管辖权的分类有以下几种：

（1）属人管辖权。凡具有某国国籍或护照的公民，某国对其即有司法管辖权。

（2）属地管辖权。凡在某国的国境之内，该国即有司法管辖权。

（3）保护管辖权。凡刑事案件中被害人为某国公民的，该国即有司法管辖权。实际操作上，在国外对本国公民实施犯罪，而未能引渡的，则无法对其进行司法管辖。

（4）普遍管辖权。对国际社会上一切犯罪皆有司法管辖权。普遍管辖一般比较难执行，但随着国际犯罪的增多，各国往往通过缔结共同的国际条约来打击这些犯罪，缔结或参与国际条约的国家，对条约中规定的犯罪即可行使普遍管辖权。

资料来源：百度百科 https：//baike. baidu. com/item/% E5% 8F% B8% E6% B3% 95% E7% AE% A1% E8% BE% 96% E6% 9D% 83/11068131？ fr = aladdin

项目小结

在国际货物贸易中，由于各种原因，可能在履约过程中出现意外情况而影响合同的正常履行，也可能因一方当事人违约或毁约而损害另一方当事人的合法权益。为了维护国际贸易的正常秩序和合同当事人的合法权益，为了预防和减少贸易纠纷以及依约妥善处理合同争议，交易双方应在买卖合同中约定争议与索赔、不可抗力和仲裁条款。约定上述条款，一方面，体现了合同的严肃性，有利于促使合同当事人认真履约；另一方面，若出现合同因故未能履行或发生当事人违约情况，也有利于有关方面根据事实分清是非、明确责任和依法妥善处理履约过程中发生的争议。

课后习题

一、选择题

1. 我方与德商签订一笔进口机器零件的合同。合同签订以后，德商安排两间工厂同时投入生产。在生产过程中，其中一间工厂由于意外事故发生火灾，完全丧失了生产能力，德商（　　）。

A. 因遇不可抗力事件，可要求解除合同

B. 因遇不可抗力事件，可要求延期履行合同

C. 因遇不可抗力事件，可要求延期履行合同，但我方有索赔的权力

D. 不属于不可抗力的范围，我方应要求德商按期履行合同

2. 根据《联合国国际货物销售合同公约》的规定，买方向卖方提出索赔的最后期限是（　　）。

A. 货物在装运港装运完毕即提单签发日期后两年

B. 货物到达目的港卸离海轮后两年

C. 经出口商品检验机构检验得出检验结果后两年

D. 买方实际收到货物起两年

3. 仲裁裁决的效力是（　　）。

A. 终局的，对争议双方具有约束力

B. 非终局的，对争议双方不具有约束力

C. 有时是终局的，有时是非终局的

D. 一般还需法院最后判定

4. 以下（　　）不是检验证书的作用。

A. 作为证明卖方所交货物的品质、重量（数量）、包装以及卫生条件等是否符合合同规定及索赔、理赔的依据

B. 确定检验标准和检验方法的依据

C. 作为卖方向银行议付货款的单据之一

D. 作为海关验关放行的凭证

5. 发生（　　），违约方可援引不可抗力条款要求免责。

A. 战争　　B. 世界市场价格上涨

C. 生产制作过程中的过失　　D. 货币贬值

6. “出口国检验、进口国复验”这种检验条款的规定方法（　　）。

A. 对卖方有利

B. 对买方有利

C. 比较公平合理，它照顾了买卖双方的利益

D. 对保险公司有利

7. 在我国的进出口合同中，关于仲裁地点的规定，我们应力争（　　）。

A. 在中国仲裁　　B. 在被告国仲裁

C. 在双方同意的第三国仲裁　　D. 在对卖方有利的国家仲裁

8. 仲裁与诉讼的区别有（　　）。

A. 仲裁以争议双方当事人自愿为基础，而诉讼具有强制性
B. 仲裁的手续较为简单，而诉讼的手续比较复杂
C. 仲裁对双方的关系影响较小，而诉讼较伤和气
D. 仲裁的费用较低，而诉讼的费用较高

9. 在国际贸易中，争议产生的原因主要有（　　）。
A. 在履行合同过程中，遭遇不可抗力事件
B. 缔约双方中的一方故意不履约
C. 当事人一方的过失或疏忽，导致合同不能履行
D. 缔约双方对合同条款理解不一

10. 仲裁协议的作用，主要表现在（　　）。
A. 约束双方当事人解决争议的方式
B. 排除法院对该案件的管辖权
C. 授予仲裁机构对争议案件的管辖权
D. 仲裁解决不了问题，还可提请上诉

11. 在国际贸易中，解决争议的方法主要有（　　）。
A. 友好协商　B. 调解　C. 仲裁　D. 诉讼

12. 在国际货物买卖中，较常采用的不可抗力事件范围的规定方法是（　　）。
A. 概括规定　B. 不规定　C. 具体规定　D. 综合规定

13. 异议与索赔条款适用于品质、数量、包装等方面的违约行为，它的赔偿金额（　　）。
A. 一般预先规定　B. 一般不预先规定
C. 由第三方代为规定　D. 由受损方确定

14. 按《联合国国际货物销售合同公约》的解释，如违约的情况尚未达到根本性违反合同的程度，则受损害的一方（　　）。
A. 只可宣告合同无效，不能要求赔偿损失
B. 只能提出损害赔偿的要求，不能宣告合同无效
C. 不但有权向违约方提出损害赔偿的要求，而且可宣告合同无效
D. 可根据违约情况选择以上答案

15. 在对外索赔和理赔工作中，除妥善保护好受损货物外，（　　）是很关键的问题。
A. 保护好受损货物　B. 想法核实对方的财产
C. 收集好索赔的依据　D. 掌握好索赔的期限

二、判断题

1. 仲裁协议必须在双方争议发生之前签订，否则仲裁机构将不予置理。（　　）

2. 若买方没有利用合理的机会检验货物，就是放弃了检验权，从而就丧失了拒收货物的权力。（　　）

3. 若合同中规定以离岸重量为准，则以双方约定的商检机构，在出口货物装船前出具的品质、数量、包装等检验证明，作为决定品质和重量的最后依据。（　　）

4. 凡属法定检验范围的商品，在办理进出口清关手续时，必须向海关提供商检机构签发的检验证书，否则，海关不予放行。（　　）

5. 若合同中未规定索赔条款，买方便无权提出赔偿。 (　　)

6. 只要支付了罚金，即可不履行合同。 (　　)

7. 商检证书的主要作用之一是通过对商品进行检验，以确定卖方所交货物的品质、数量、包装是否符合合同的规定。 (　　)

8. 引起不可抗力事件的原因包括由于“自然力量”和“社会力量”引起的所有灾害和意外事件。 (　　)

9. 某公司进口一台设备，到货后发现其质量与合同规定不符，但卖方及时进行了修理，并使设备达到了原定标准。在此情况下，买方就不能提出任何损害赔偿要求。 (　　)

10. 如进口人收货后发现货物与合同规定不符，他在任何时候都可以向供货方提出索赔。 (　　)

三、简答题

1. 关于进出口商品的检验时间和地点通常有哪几种规定办法?

2. 国际贸易合同仲裁条款一般须包括哪些内容?

3. 何谓不可抗力? 在国际货物买卖合同中规定不可抗力条款应注意哪些事项?

四、案例分析

1. 中国从阿根廷进口普通豆饼2万吨，交货期为8月月底，拟转售欧洲。然而，4月份阿商原定的收购地点发生百年未见洪水，收购计划落空。阿商要求按不可抗力处理，免除交货责任，问中方怎么办?

2. 我国某公司与外商订立一项出口合同，在合同中明确规定了仲裁条款，约定在履约过程中如发生争议，在中国仲裁。后来，双方对商品品质发生争议，对方在其所在地法院起诉我公司，法院发来传票，传我公司出庭应诉。对此，你认为我公司该如何处理?

3. 我国某出口企业以CIF纽约与美国某公司订立了200套家具的出口合同。合同规定某年12月交货。11月月底，我国企业出口商品仓库发生雷击火灾，致使一半左右的出口家具烧毁。我国企业以发生不可抗力事件为由，要求免除交货责任，美方不同意，坚持要求我方按时交货。我方无奈经多方努力，于次年1月月初交货，美方要求索赔。试分析：①我方要求免除交货责任的要求是否合理? 为什么? ②美方的索赔要求是否合理? 为什么?

项目九

交易准备

学习目标

通过本项目的学习，了解交易前有哪些准备工作；认识交易前准备工作的重要性和必要性；掌握进行市场调查和资信调查的内容和方法；知道如何建立贸易关系；学会撰写经营方案。

导入案例

中国某厂的绣花鞋和韩国某厂的绣花鞋同时在美国的市场上销售，两者质量上相差无几，且中国鞋的价格仅为韩国鞋的1/8。但出人意料的是：韩国鞋畅销而中国鞋不但没有占领这一市场，反而滞销，并被挤到地摊上去了。试问是何原因？

9.1 选择目标市场

开展国际贸易，首先要进行国际市场调研，进而选择目标市场。国际市场调研就是以国外市场为对象，用科学的方法，系统、客观地收集、分析和整理有关市场营销的信息和资料，为选择目标市场提供参考和为制订经营策略提供依据。它是成功开拓国际市场的基础。

世界各国政治、经济、贸易情况千差万别，对商品的需求和贸易习惯各不相同，政府的政策措施也不一样；市场情况错综复杂、千变万化；交易的客户更是形形色色、鱼龙混杂。因而选好销售市场和销售对象就显得十分重要，否则就进不了市场；即使进了市场也站不稳，又会被挤出市场，而市场调研则是选好市场和客户、搞好交易的前提和基础。

一、市场调研的内容

国外市场调研包括国别调研、商品市场调研和商品销售调研。这三者相互联系，但应以商品市场调研为重点。

（一）国别调研

国别调研是对某国政治、经济、外贸和运输等情况的调查。国别调研必须以商品市场和客户资信调研为基础。某一国政治、经济、贸易等方面情况的变化，必然会影响商品市场和客户。只有对国别进行调研后，才能正确选择市场和客户。国别调研一般是以政府部门为主来进行的。这类信息一般可从外国的报纸、杂志、有关出版物、国际组织、外国银行、驻外领事馆和国内的对外经贸主管部门以及报纸杂志和有关出版物获得。

（二）商品市场调研

商品市场调研主要是获取供给信息、需求信息和价格信息等三方面的信息，调研相关商品在国际市场的生产、销售、价格等情况，包括市场适销商品、市场竞争情况和市场消费特点等内容。

通过调研，了解市场对不同商品的适销情况，各国同类商品的品种、品质、规格、包装、用途及其对市场的适销情况，产品价格及变化趋势，市场供求关系，等等。国际商品市场的供求关系是经常变化的，应根据市场的供求变化规律，结合我国货源的供应情况，选择合适的市场。

（三）商品销售调研

商品销售调研包括产品销售渠道、广告宣传、选择计价货币、售前售后服务和制订发展规划的调研。

二、市场调研的方法

（一）案头调研

案头调研是指查询并研究与调研项目有关资料的过程。这些材料又叫二手资料，是指经他人收集、整理过的或者是已经发表过的材料和数据。

二手资料的来源主要有两个渠道：一是内部资料，包括企业营销信息系统中储存的各种统计数据，如企业历年销售情况、主要竞争对手的销售和利润状况、有关市场的各种数据等；二是外部资料，主要是政府的各类出版物，公开出版的各类报刊、书籍，各类咨询公司、信息中心提供的有关数据。

（二）实地调研

实地调研是指调研人员通过发放问卷、面谈、电话调查等方式收集、整理并分析第一手资料的过程。第一手资料的最大特点是真实、快捷，便于企业针对市场变化和消费者的反应及时调整营销决策。但相对案头调研而言，实地调研的成本很高，所以企业在采用这种方法收集信息时应谨慎行事。常用的实地调研方法有：

1. 询问调查法

询问调查法是指调查者直接向被调查人提出问题，并以所得到的答复为调查结果。这是最常见和最广泛采用的一种方法，它包括面谈调查（最常见的是个人访问和开小组座谈会）、电话询问、邮寄调查等。询问调查法可深入了解被调查者的动机态度等，调查内容广泛。

2. 观察调查法

观察调查法是指通过观察有关人员的行为及现场情况来搜集原始资料。比如，调研人员可到零售店中观察本企业产品的购买和销售情况。通过这种观察，可了解到购买者在选择各种品牌时的表现，也可了解到零售商陈列、介绍和推销各种品牌的情况。

调研人员采用观察调查法主要是为了获得那些被观察者不愿或不能提供的信息，如有些购买者不愿透露他们某些方面的行为，通过观察调查法就可轻松地了解到。

但观察调查法有时不能得到另一些信息，如人们的情感、态度等。因此，调研人员通常应将观察调查法与其他方法结合起来使用。

3. 实验调查法

该方法是搜集因果关系方面信息最适当的方法，如研究包装和广告对产品销售的影响。在其他因素不变的情况下，某种包装或广告使用前后销售量的变化就可看作该包装或广告的效果。

例如，企业进行国外市场环境、商品及营销情况调查，一般可通过下列渠道、方法进行：

派出国推销小组深入国外市场以销售、问卷、谈话等形式进行调查（一手资料）；

通过各种媒体（报纸、杂志、新闻广播、计算机数据库等）寻找信息资料（二手资料）；

委托国外驻华或我国驻外商务机构进行调查。

通过以上调查，企业基本上可以解决应选择哪个国家或地区为自己的目标市场、企业应该出口（进口）哪些产品以及以什么样的价格或方法进出口。

三、市场调研的步骤

（一）确定问题

在此阶段，调研人员应首先确定营销中存在的问题。这一阶段对整个营销调研甚至营销决策都至关重要。例如，某企业一个时期内的销售额直线下降，管理人员以为是由于广告做得不好造成的，于是开始营销调研，寻找改进广告的途径。但调研结果表明，原来的广告宣传并没有问题。再经仔细了解，才发现导致销售额下降的真正原因是产品质量下降，售后服务也不够好。可见，如果该企业的管理人员能够在调研之前弄清营销中存在的实际问题，就可避免由不必要的调研项目造成的浪费，而把精力集中在必要的调研项目上去。

（二）制订调研计划

营销调研过程的第二个步骤是制订调研计划。在这一步骤中，首先要明确营销决策需要哪些信息，其次确定如何有效地收集这些信息，最后提交书面调研计划。

1. 确定所需要的信息

营销决策需要哪些信息，是调研计划所要解决的首要问题。例如，某公司拟向国际市场推出一种三轮摩托车，这种摩托车的特点是可乘坐三人，速度不是很快，但噪声小、节油、较安全，而且价格适中。

研究这种摩托车究竟能否占有市场，至少需要获得下列信息：

（1）居民收入水平。

（2）居民的交通工具使用情况。

（3）政府部门是否限制。

（4）销售量和利润的预测。

（5）竞争者的状况等。

上述资料是该公司做出决策所必不可少的依据。

2. 收集二手资料

调研人员在开始一个调研项目之初，一般先收集二手资料，即进行案头调研。但是，仅仅有二手资料有时还不能满足决策的需要，因此，还要进行实地调研。

（三）执行调研计划

调研计划的实施主要包括收集、整理和分析信息等工作。收集信息的过程可由企业内部的营销调研人员完成，也可委托外部的调研公司完成。企业自己收集信息的好处是：可加强对调研过程和信息质量的控制。但专业调研公司可更客观地完成调研工作，而且成本较低。收集来的信息必须经过分析和处理。直接来自问卷或其他调研工具的原始资料往往杂乱无章，无法直接使用，调研人员应协助营销人员利用标准的计算程序和表格将这些数据整理好。

（四）解释并报告调研结果

营销调研的最后一步是对调研结果做出解释，得出结论，提交调研报告。调研报告不能只是一系列的数据和统计公式，而应是简明扼要的结论和说明，并且这些结论和说明应当对营销决策有直接意义。

调研结果的工作也不是单靠调研人员来完成的，调研人员只是调查和统计方面的专家，而营销人员熟悉企业面临的营销问题及需要做出的决策，二者应该密切配合，共同研究成果。

四、国际市场调研面临的问题

国际市场调研的内容不仅广泛，而且极其复杂，因而比国内市场调研遇到的问题更多、更特别。从总体上讲，国际市场调研面临三方面的问题：

（一）必须收集多个市场的信息情报

有时收集的信息涉及一百多个国家，而且每一个国家的营销情报需求都千差万别，这样会导致调研成本和调研难度增加。由于对各国的调研不能采取统一的模式，在做各国替代性研究时，调研人员可能会出现各种偏差。

（二）必须利用二手资料

有些国家的二手资料较多，而大多数国家的二手资料普遍缺乏，又由于统计概念在各国的解释口径不一样，再加上收集到的数据的精确性程度不同，以及二手资料提供者的态度客观公正不同，这些都影响了二手资料的有限性与不可比性。

（三）必须收集和利用原始资料

国际市场调研人员在收集原始资料时经常会遇到诸如语言、各个国家社会组织多样化、市场有效反映率低、商业及通信的基础设施局限等问题，而且收集费用昂贵，其难度则不言自明。

五、目标市场的选择

国际市场庞大而复杂，一个企业再大也无法满足每个消费者的需求，而只能满足某一消费层次的消费者的要求，这个消费层次的市场便称为目标市场。为了选择目标市场，必须将国际市场细分，从细分后的市场中选择一个或数个对企业最有利的细分市场作为企业进入的目标市场。

（一）选择目标市场的要求

（1）体现我国对外贸易的方针政策和战略意图，注意出口经营的经济效果。

（2）要根据各个商品的具体情况和经营意图，从长远和目前的销售市场出发进行全面考虑，合理布局，做到既有主销市场，也有辅销市场，两个市场互相补充，灵活掌握。

（3）目标市场的选择标准。国外市场必须具备下列三个条件：①市场具有一定的购买力。②市场容量大，具有各种要求的广大买主。③产品竞争力强，适销对路，现有产品和未来发展的产品应具有发展潜力。

（二）选择目标市场需要的信息

（1）市场潜量。除市场销量外，还包括该国的经济发展速度、人口、人均收入、文化素质因素。

（2）市场竞争情况。市场上的主要竞争者是谁，来自哪个国家，各占有多少市场份额；竞争者的成本、生产能力如何；在关税、运输、销售渠道等方面有哪些优势和劣势？如何对未来竞争形势进行分析和估计。

（3）市场国的政治状况。政治制度、政局是否稳定；政策法规有无连续性；政府对外来产品或投资的态度和政策倾向性如何。

（三）进入国际市场的主要方式

进入国际市场的主要方式有间接出口、直接出口和国外生产三种。

1. 间接出口

间接出口是指企业将其产品卖给国外的中间商，由其负责产品进入东道国市场。间接出口的渠道很多，包括：专业进出口公司、国际贸易公司、出口管理公司、合作出口公司、外企驻本国采购处等。其优点是投资少，企业承担的风险小；缺点是企业不能控制国外营销或控制有限，始终处于被动地位。

2. 直接出口

直接出口就是企业将产品出售给国外市场上独立的经销商或进口商。企业的直接出口可以有四种方式：设立国内出口部、国外经销商和代理商、设立驻外办事处、建立国外营销子公司。严格来说，直接出口意味着企业要花费一定的资金和精力来从事出口管理工作。生产企业刚进入国际市场时倾向于使用这一方式，较有实力的大企业可通过其自设的国外营销机构出口，但中小企业或对市场把握不大的企业最好慎用。

3. 国外生产

国外生产包括组装业务、合同制造、许可贸易、合营企业和独资企业等。

9.2　建立贸易关系

世界上的企业、公司成千上万，怎样选择客户和建立贸易关系，并把贸易关系建立在可靠的基础上，是交易活动中至关重要的一步。

一、建立业务关系的途径

（一）电子商务及主要商务网站

1. 电子商务

在进入网络时代的今天，最具效率的寻找贸易信息和拓展业务的方法是利用互联网搜索货源信息和潜在的客户资源。通过互联网可迅速地获取客户的有关信息，并且通过 Internet 与客户联系的费用不高，大大地降低了先期的成本和缩短了建立客户关系的时间。电子商务通常是指在全球各地广泛的商业贸易活动中，在互联网开放的网络环境下，基于浏览器/服务器应用方式，买卖双方不谋面地进行各种商贸活动，实现消费者的网上购物、商户之间的网上交易和在线电子支付以及各种商务活动、交易活动、金融活动和相关的综合服务活动的一种新型的商业运营模式。

电子商务的主要模式是 B2B = Business to Business，指商家（泛指企业）对商家的电子商务，即企业与企业之间通过互联网进行产品、服务及信息的交换。通俗的说法是指进行电子商务交易的供需双方都是商家，他们使用了互联网的技术或各种商务网络平台，完成商务交易的过程。这些过程包括：发布供求信息，订货及确认订货，支付过程及票据的签发、传送和接收，确定配送方案并监控配送过程，等等。有时写作 B to B，但为了简便干脆用其谐音 B2B。

2. 主要商务网站

（1）主要 B2B 商务网站：http：//www. alibaba. com
http：//www. made-in-china. com
http：//www. hc360. com
http：//www. cycbiz. com. cn
http：//www. tradekey. com
http：//www. globalsources. com
http：//www. tradeeasy. com
http：//www. ec21. com

（2）主要搜索引擎：http：//www. google. com
http：//search. aol. com
http：//www. altavista. com
http：//www. lycos. com
http：//search. msn. com
http：//search. netscape. com
http：//www. europages. com
http：//www. baidu. com

（3）中华人民共和国商务部（http：//www. mofcom. gov. cn），网站设新闻发布、外经贸动态、外经法规、国际经贸动态、中国对外经贸统计等。

（4）中华人民共和国外交部（http：//www. fmprc. gov. cn），网站上公布有外交部驻各国大使馆网站及联系方式、世界各国介绍及各国际组织相关内容。

（二）商品交易展览会

作为进出口企业，参加商品交易会是除电子商务外，寻找客户和货源的另一大主要渠道。目前商品交易会主要分为国内展览会和国外展览会。

1. 国内展览会

在国内举办进出口展览会，主要方式有：政府部门搭台、行业协会协办和展览公司参与的各类博览会、展览会；企业自行组织的各类展览会、展示会、新产品发布会和看样订货会；企业常设展示厅、陈列室展览。在国内展览会期间，不同国家的企业向潜在顾客展示自己的产品或服务。

中国进出口商品交易会又称广交会（Canton Fair），创办于1957年春季，每年春秋两季在广州举办，迄今已有50多年历史，是中国目前历史最长、层次最高、规模最大、商品种类最全、到会客商最多、成交效果最好的综合性国际贸易盛会。

其他国内展览会有国际纺织品展览会、国际礼品工艺品展览会、国际建筑材料展览会、中国电子展、酒店设备用品展览会、印刷包装工业展览会、国际食品饮料展览会、国际机电产品展览会、鞋业皮具展览会、纺织品服装跨国采购交易会、医疗器械进出口交易会、国际物流展览会、国际化工展览会、国际包装材料展览会、国际玩具用品展等。

2. 国外展览会

目前，我国企业出国展览已形成了一些热点，如法兰克福春秋季消费品博览会、科隆五金制品展览会、米兰马契夫展览会、芝加哥五金展览会、迪拜春秋季国际博览会等，其中机械、电子类展览参展比例最高，取得的贸易效果也最明显。在我国企业出国展览的60个国家和地区中，德国是参展项目最多的国家，欧洲、北美、日本是我国出国经贸展览的传统市场，目前正是开拓亚洲、非洲、拉美、东欧和独联体市场的黄金时期。

企业到国外参加展览之前，必须由经国家批准的有出展权的主办单位来组织。这样的主办单位全国有200家，包括贸促会系统（地方分会与行业分会），各地经贸委，大型外贸，工贸总公司，大型商会等。一般单位可通过这些主办单位的全年组展计划了解可出国参加哪些展会，并向这些单位交费参加。

在国外选择参展地点时，应注意：企业选择展览会应和自身的营销、出口目标结合起来；一般参加专业性的大型展览会比综合性的博览会效果好些；由于现代专业展专业细分化程度越来越高，企业参展的展品应注意和展览会的主题相一致；参展人员应为懂外语的业务人员，以利于谈判；应将样品、样本、货单及宣传材料准备齐全，如有条件，应在参展前邀请目标客户来参观自己的展台，以取得更好的展示与贸易效果。

相关阅读

中国进出口商品交易会

中国进出口商品交易会（The China Import and Export Fair）即广州交易会，简称广交会，英文名为Canton Fair。创办于1957年春季，每年春秋两季在广州举办，自2007年4月第101届起，广交会由中国出口商品交易会更名为中国进出口商品交易会，由单一出口平台变为进出口双向交易平台。2012年10月15日，第112届广交会开幕，尽管受全球市场仍处于持续降温状态影响，但中国外贸发展的传统优势并未根本削弱。

中国进出口商品交易会由48个交易团组成，有数千家资信良好、实力雄厚的外贸公司、生产企业、科研院所、外商投资/独资企业、私营企业参展。

中国进出口商品交易会的贸易方式灵活多样，除传统的看样成交外，还举办网上交易会（Virtual Expo，Online Exhibition）。广交会以出口贸易为主，也做进口生意，还可以开展多种形式的经济技术合作与交流，以及商检、保险、运输、广告、咨询等业务活动。来自世界各地的客商云集广州，互通商情，增进友谊。

广交会展馆坐落于广州琶洲岛，总建筑面积110万平方米，室内展厅总面积33.8万平方米，室外展场面积4.36万平方米。2014年6月19日，琶洲国际会展中心四期扩建规划通过，四期建设后，展览面积达50万平方米，超过德国汉诺威的47万平方米；整个琶洲地区会展面积达66万平方米，规模世界第一。

广交会分三期举行，每期都有不同的参展范围。

第一期：大型机械及设备、小型机械、自行车、摩托车、汽车配件、化工产品、五金、工具、车辆（户外）、工程机械（户外）、家用电器、电子消费品、电子电气产品、计算机及通信产品、照明产品、建筑及装饰材料、卫浴设备、进口展区。

第二期：餐厨用具、日用陶瓷、工艺陶瓷、家居装饰品、玻璃工艺品、家具、编织及藤铁工艺品、园林产品、铁石制品（户外）、家居用品、个人护理用具、浴室用品、钟表眼镜、玩具、礼品及赠品、节日用品、土特产品（109届新编入）。

第三期：男女装、童装、内衣、运动服及休闲服、裘革皮羽绒及制品、服装饰物及配件、家用纺织品、纺织原料面料、地毯及挂毯、食品、医药及保健品、医疗器械、耗材、敷料、体育及旅游休闲用品、办公文具、鞋、箱包。

资料来源：百度百科

中国（北京）国际服务贸易交易会

中国（北京）国际服务贸易交易会是经国务院批准，由中华人民共和国商务部、北京市人民政府主办的大型交易会，简称京交会，源于近年来全球服务贸易快速发展，已成为世界经济增长的新动力、搭建全球服务贸易的交易平台，自2012年起每年5月28日在北京举行，会期5天。

京交会定位于国家级、国际性、综合型服务贸易交易会，是迄今为止全球唯一涵盖世贸组织界定的服务贸易12大领域（包括商务服务，通信服务，建筑及相关工程服务，金融服务，旅游与旅行相关服务，娱乐、文化与体育服务，运输服务，健康与社会服务，教育服务，分销服务，环境服务，其他服务）的综合型服务贸易交易平台。

京交会旨在成为国际服务贸易的洽谈交易平台、国际服务贸易政策的研讨发布窗口、各国服务贸易企业的交流合作桥梁。

首届京交会以“服务贸易：新视野、新机遇、新发展”为主题，于2012年5月28日至6月1日在北京国家会议中心举办。

总体定位：

京交会致力于成为中国服务业“引进来”和“走出去”的重要渠道，权威服务贸易政策和信息的发布窗口，各国服务贸易企业的交流合作桥梁，具有持续发展力和国际影响力的国际盛会。

首届京交会已于2012年5月28日至6月1日在北京国家会议中心成功举办，围绕服务贸易12大领域开展了开幕式暨高峰论坛、高层论坛、综合展示、推介洽谈、主题日活动、权威发布等6大板块、130多场活动，共有中外参展企业1 721家，全球83个国家和地区的注册客商2.4万人，到会专业观众累计超过10万人次，总成交额601.1亿美元，其中国际服务贸易交易112亿美元。

资料来源：百度百科

相关阅读　中国积极筹办中国国际进口博览会

2017 年 5 月 14 日，国家主席习近平在“一带一路”国际合作高峰论坛上宣布，中国将从 2018 年起举办中国国际进口博览会。6 月 26 日，中央全面深化改革领导小组第三十六次会议审议通过了《中国国际进口博览会总体方案》。中国国际进口博览会将坚持政府引导、市场运作、企业经营，加强同世界各国和国际组织的合作，调动部门、地方、企业的积极性，努力办成国际一流的博览会。举办国际进口博览会是中国主动向世界开放市场的重大举措，也是中国外贸转型升级的一个重要标志。从 1957 年举办第一届中国出口商品交易会，到 2007 年中国出口商品交易会更名为中国进出口商品交易会、由单一出口平台转变为进出口双向交易平台，再到 2018 年举办首届中国国际进口博览会，中国对外贸易走过了辉煌的历程，外贸政策从出口导向朝着注重进出口平衡发展的方向转变。举办中国国际进口博览会，有利于中国扩大进口、促进对外贸易平衡发展，有利于改善供给结构、引导国内企业走创新驱动发展之路。中国是世界第一出口大国、第二进口大国，是全球最大的市场之一。国际金融危机爆发以来，中国进口额增量占全球增量的近 20%，成为全球贸易复苏的重要动力。未来 5 年，中国将进口超过 8 万亿美元的商品，这将为世界各国带来巨大商机。中国将在稳定出口市场的同时主动扩大进口，鼓励国内各类企业根据市场需求积极进口适销商品，为满足人民日益增长的美好生活需要做出更大贡献。举办中国国际进口博览会，有利于推动经济全球化，促进开放型世界经济发展。中国国际进口博览会不仅为世界各国扩大对华出口提供新的机遇，也为各国之间开展国际贸易搭建合作平台，将为全球贸易和世界经济联动增长贡献“中国力量”。据商务部估计，将有 100 多个国家和地区参加首届中国国际进口博览会。中国将加强与世界各国和国际组织的合作，汇聚各方力量，不断提升中国国际进口博览会的吸引力和影响力，在服务中国经济社会发展、对外开放和外交大局的同时，为世界各国加强交流合作提供国际公共产品。

资料来源：中华人民共和国商务部综合司

（三）通过组织或公司介绍

1. 国内外银行介绍

资讯服务也是银行的业务范围之一，中国银行、国际信托投资公司、商务部咨询公司都办理介绍国外客户业务，提供有关国家的经济趋势、政策及前景、重要产业及贸易等方面的信息，以及国外公司资信报告及各国有关信贷期限、支付方式和外汇汇率等方面的最新情报等。世界银行、亚洲银行、欧洲银行等能提供丰富的经济贸易信息。

2. 联合国贸易发展组织介绍

联合国为促进发展中国家的出口贸易，在英国、法国、德国、瑞士、瑞典等十多个国家内设有“促进进口办公室”，帮助发展中国家推销产品，除可提供当地进口商名单（包括零售商和批发商），还可提供进口统计数字、市场销售概况、商标注册手续等资料及代为联系在当地举办展览会的工作。

3. 利用国内外的专业咨询公司介绍客户

国外有些专门出售客户名单的公司，以“出售邮寄名单方式（Direct Mailing List Approach）”，把在计算机上打印好的客户名单出售给进出口商，客户名单可按买方不同要求编制，如工厂按产品专业，商业按经营性质、零售、批发、连锁商店，贸易按代理、咨询、进出口等。这种方式价格低廉，代价不高。

4. 驻外使馆商务处和外国驻华使馆介绍

我国驻外使馆对当地主要厂商的经营范围、能力、资信较为熟悉了解，联系时应将产品规格、质量、数量、交货期等介绍清楚，以便物色客户。有的外国驻华使馆和领事馆也可以介绍商务关系。

5. 资本家集团、财团及工商团体行业组织

各国首都和大城市设立的资本家集团、财团及工商团体行业组织（如商会、工商联合会、企业主联合会或同业公会等）等机构都专为其会员介绍关系，沟通业务。商会可提供其成员名单、有关成员的资信及贸易习惯和当地商业状况以及贸易条例的信息等。行业协会则经常发表和保存详细的有关行业销售情况、经营特点、增长模式及类似信息的资料等。

二、资信调查

（一）调查步骤

（1）获悉客户的最初信息（地址及电话等通信资料）后，我方可主动要求对方提供有关资料，如法人成立地注册登记证明、法人所属资格证明等。

（2）再通过一定手段和途径（如政府注册部门），证明其所提供资料的真伪；确定后再查清其组织性质、法定名称及营业场所等。

（二）调查途径

1. 通过银行调查

这是最常用的一种方法。调查客户资信情况，属于银行业务范围，其资信报告内容有繁有简，一般能提供资本（如有几位数的存款）及其负责人情况等，其信用方面多属一般情况，且大多不做肯定结论，如“信用一般”“信用良好”“能如期清偿债务”“尚未发现不满意的情况”等，其资信报告有一定的参考作用。在我国，一般委托中国银行办理（中国银行通过其在国外的分支机构或往来银行在当地调查），只收很少费用。若客户提供不出往来银行或不愿提供，则不宜与其往来，也不用再去调查，因为稳健的、信用好的客户都会积极主动地提供往来银行。

2. 通过我国驻外机构和在业务活动中调查

我国驻外大使馆、领事馆及有关机构、企业、公司的驻外机构在当地对客户通过实际考察所得的材料，我国政府机关、出国团队、贸易小组出访调查收集的材料，各种展览会、交易会、报告会、洽谈会的有关资料、谈判资料、市场报告及海关资料等，一般都比较具体可靠，对业务的开展有较大的参考价值。

3. 通过各国的工商团体和专业性征信机构调查

各国的工商团体（如商会、贸易协会等）一般都接受委托，代国外厂商调查所在地厂商的情况。征信所是国外专门办理这种业务的企业，广泛接受委托事项，并收取一定的费用。通过这种途径得到的资料，必须经认真分析，不能轻信，只能作为一般参考。

4. 国外出版的行名录、厂商年鉴等刊物

国外出版的行名录、厂商年鉴等刊物对了解客户的经营范围、活动情况、商业信誉等都具有一定的参考价值。

（三）资信调查的内容

1. 组织情况（Organizational Conditions）

组织情况包括企业、公司的中英文全称、详细地址、电话、传真、组织性质、创建历史、主要负责人及其担任的职务、机构设置及其分支机构等。企业的英文名称必须准确无误，企业的组织性质必须弄清。有限公司是作为法人存在的，不受人事更换的影响；而无限公司是作为自然人存在的，主事人更换就涉及公司的生存问题。

2. 经营范围（Business Range/Scope）

经营范围主要指企业经营（生产）的产品和从事的业务；经营性质（如代理商、零售商、批发商、专营商、兼营店等）。

3. 经营能力（Managing Capacity，Business Activity）

经营能力主要指企业活动能力的强弱，包括每年经营金额、销售渠道、贸易关系、经营做法是否灵活、业务专长、社会地位及经验等。

4. 资信情况（Capital and Credit；Financial Standing）

资信情况包括企业的资金和信用两方面。资金情况，指注册资本、实交资本、公积金、其他资产及资本负债等情况；信用情况，指企业的经营作风、履约守信的商业信誉、商业道德和服务态度等情况。这些情况在客户做经销、代理、独家包销、寄售等业务时十分重要。

5. 政治情况（Political Condition）

政治情况主要指企业的政治背景、与政界的关系、企业负责人参加的党派及对我方政治的态度等。

对客户进行资信调查后应建卡立档，并随时增补新材料和查阅参考，立档的客户资信卡由正页和附页组成。正页记载有客户的一切基本情况，附页记载每年业务往来及履约等变动情况。

三、选择合适的客户

首先要对客户资信进行咨询调研或联系，然后在初步掌握客户基本资料和动态资料后，进行系统的整理和科学的分析，并对客户予以评定，以决定是否建立贸易关系。对已有业务往来的客户，则要分析评定其在一段时间内的表现，淘汰信用度差、经营能力差、作风不良的客户，而保留经营作风正派、有一定资力和经验、信用可靠的客户作为基本客户。可按客户规模、资金的大小和经营能力的强弱把客户分为大、中、小客户。大客户资金雄厚、经营能力强，但垄断性也强；中小客户的资金不如大客户，但做法灵活，推销新、小商品的积极性高。也可按客户的业务范围、推销业绩、活动能力分为主要客户、基本客户和一般往来客户。主要客户是推销的主要力量，有的可作为某项或某类商品的包销或独家代理；基本客户是推销商品的基本力量，一般都是专业厂商，常作为我方的经销或代理；一般往来客户则是推销中随时可使用的后备力量，一般都是小客户或中间商。我们要善于使用不同类型客户的力量，发挥他们的长处，根据不同的情况，为我方扩大推销服务。

9.3 制订营销方案

出口营销方案规定所经营的出口商品在一定时期内的发展趋势和实现出口销售计划的目

标，反映商品在一定时期内的推销意图、方法、时间、数量、地区、价格和业务措施的全面安排。不同的出口商品应制订不同的营销方案，而且方案必须随着时间、地点、条件等情况的变化而随时调整。

一、出口营销方案的内容

出口营销方案是进出口公司开拓某项商品的设想、计划和做法，一般包括：

（一）计划概要

计划概要说明计划目标和建议，使管理部门能迅速了解计划的主要内容。

（二）市场营销现状分析

1. 国内货源情况

分析国内生产厂家、产量、可供出口的数量、出口商品的品种、规格、包装、质量、价格、交货时间及存在的问题，从而确定产品在目标市场上的竞争地位。

2. 国外市场情况

分析当前国际市场的综合情况以及各个市场的基本特点、销售渠道、发展趋势、存在的问题及注意事项等，从而掌握市场需求情况和价格变动趋势。

3. 出口经营情况

考查前一时期的销售情况和存在的问题，并进行综合分析，提出具体经营意见。

4. 宏观环境情况

主要说明影响我方产品未来销售的宏观环境趋势，即人口统计、经济、技术、政治法律及社会文化的趋向等。

（三）推销计划安排

首先对企业进入海外市场的获益和面临的困难与障碍进行客观分析并找出企业面临的主要机会和威胁，对本企业正确定位，从而正确制订企业的目标（财务目标和市场目标）、策略和战术；其次分国别、地区乃至客户，列明推销的品种、数量、金额、进度和方法、进入国际市场的方式、销售渠道和促销手段。

（四）预计盈亏核算

主要核算出口换汇成本、出口盈亏率、出口创汇率等。

（五）出口交易条件和措施

佣金、折扣、支付方式和贸易方式的运用和掌握；大小客户、新老客户的选择和使用；运输条款、检验和保险办法等。

（六）制订行动方案和控制措施

按时间顺序安排好计划要做的事，合理选派人员，将预计的开支安排到位。为保证方案的实施，必须对整个计划进程进行监督。通常情况下，目标和预算是按月/季来制订的，以便检查各阶段的执行情况，及时发现问题。出现问题应由相关部门做出解释并说明完成计划应采取的措施，甚至应急方案。

二、出口营销方案举例

ABC 进出口公司 1996 年小五金制品出口经营方案

ABC 公司小五金制品出口已有 40 多年历史，主要销往东南亚地区，使用“金杯牌”注册商标，在当地享有一定的知名度，并拥有相当数量的固定客户。2016 年向该地区出口 5 000 吨产品，销售额 450 万美元，纯利润 22 万美元，在该地区市场占有率为 8%。2017 年出口 5 500 吨产品，销售额 500 万美元，纯利润 25 万美元，市场占有率为 8.8%。

（一）产品情况

小五金制品属于零散性出口商品，主要用于人们的日常生活，产品包括门锁及各种锁具、门把及各种拉手、合页、金属链条、插销五金工具等，包装以结实、不散为主，以利于中间商转口。其经营特点是：

（1）品种多，达上百个；规格复杂，约上千种；产品尺寸大小相差很大，小到螺丝帽，大到金属链条，外商每次订货批量小、零散。

（2）该产品应用范围广泛，市场需求量大。目前国际市场上分两个档次：一是高档商品，附加值高，售价高，市场潜在需求量大，但因我国目前生产加工水平所限，本公司还尚未经营出口，海外市场还未打开；二是档次较低的大路货，附加值低，售价也低。这是本公司长期经营的传统出口商品，因其采用老工艺生产，企业无须太多投入，故仍可保持现有市场销量，公司出口已成规模，出口渠道稳定。

（二）公司经营情况

1. 经营优势

本公司是专业经营外贸的公司，产品远销世界各地，东南亚是本公司传统出口市场，公司在客户中享有良好的信誉，并创出了自己的“金杯牌”品牌商标，在当地注册，并获得独家经营权，多年来一直有较好的经济效益。国内虽有多家出口公司经营，但客户仍愿意购买本公司价格略高的产品。

2. 外部环境

国内生产企业之间竞争激烈。该产品生产不属于高精尖技术，又无须进行大规模投资，国内生产厂家有很多，特别在南方城市，有许多合资企业加工设备先进，产品档次较高。

我国该产品出口经营单位较多，相互间价格竞争十分激烈，出口报价混乱。由于各公司出口成本核算构成不同，货源渠道不同，同类产品出口作价相差较大。

随着人们消费水平的不断提高，原有档次产品大大落后，不能满足消费者的需求。如本公司的门锁、拉手还是老品种、老颜色、老样式，产品单调，包装简单，远远不能适应现代化房屋装修的要求，低档次大路货面临被淘汰的威胁。

3. 公司目前主要问题

（1）最大的问题是资金不足。

原公司的出口货源采购采取托收形式，故资金不成问题。现为了出口产品的生产，工厂要求外贸公司先交付一定金额的预付款，这就造成了公司资金方面的困难。

（2）公司的出口成本高于小型出口企业。

公司出口成本核算公式为：（出口商品成本 + 外贸企业商品流通费 + 国内运输费用）×

汇率。公司的商品流通费为10%～14%，而小型出口企业只有2%左右，因而在出口成本、运输费用和汇率大致相同的情况下，大公司在出口价格的竞争中明显处于不利地位。

（3）东南亚市场竞争激烈。

小五金制品在东南亚市场销售的主要特点是需求量大、部分转口、市场复杂。该产品向东南亚市场的出口占本公司同类产品出口量的一半以上，其中一部分是通过当地中间商转口到中南美地区国家。而大多数中间商为华人，他们对国内情况较为了解，往往货比三家后才肯签约。再加上近几年来，东南亚厂家纷纷到大陆设厂，直接经营小五金制品的生产和贸易。因此本公司遇到了一些困难，但依靠老客户，出口量仍略有增加。

（三）具体措施

公司计划及方案为完成公司今年的目标，必须做到以下两点：

第一，继续发挥公司的出口优势，保持原来大路货商品的出口市场份额，并可获得一定的经济效益。

第二，大力开辟和发展东南亚地区高档次小五金制品出口，为今后公司出口产品的更新换代打下基础，逐年提高高档次产品的出口比例，直至成为主打产品，从而为公司获取较高的利润。为达到以上目标，可分两步进行：

第一步，保持原有销售渠道，维持现有出口规模，利用老客户出口大路货产品。

第二步，开拓东南亚地区高档次小五金制品的出口市场，并将此作为公司2017年出口工作的重点。具体措施是：

（1）广泛联系国内有能力的生产企业，收集适合出口商品的样品。

（2）搞好出口市场调研，按进口商要求组织生产，使商品适销对路。

（3）计划投入一部分资金，进行高档次小五金制品的样品和样本的宣传，抓紧样本的印制工作，以尽早将样本邮寄给公司的老客户。

（4）可与南方地区合资企业建立供货关系，稳定出口货源。

（5）对东南亚地区高档次小五金制品出口渠道可以利用原来的老渠道，通过进口国当地的小五金批发商代理出口。

（6）可以利用2017年的两次广交会向外商展示高档次小五金制品，以获取市场反馈信息，为公司以后的出口产品升级换代做准备，以保证企业在国际市场竞争中处于有利地位。

9.4 商标注册与广告宣传

一、商标注册

（一）商标

商标（Trade Mark），是商品生产者和经营者用来区别各自生产或销售的产品的一种标志，它由一定的文字、图形、数字或符号等组成，印刷在商品或包装上。经过注册的商标称为注册商标。

商标是识别产品的标志，有利于购销活动和方便消费者挑选；表现商品的出处，使商品成为有利的竞争工具；是商品质量的表示，可以起到宣传产品的作用，提高产品的竞争力。按照各国有关法律的规定，商标和牌号（Brand）必须注册，才能得到法律的承认和保护。

各国对商标权的取得的规定，大致有四种：

1. 使用在先原则

因其流弊较大，大多数国家不采取这种做法。

2. 注册在先原则

日本、法国、德国、意大利、比利时、荷兰、卢森堡、希腊、伊朗、埃及、墨西哥、秘鲁等大多数拉丁美洲国家，俄罗斯及一些东欧国家均采取这种做法。商标的所有权完全属于该商标的首先注册人所有。如果商标的首先使用人未及时办理注册手续而被他人抢先注册，则该商标的首先使用人就无法取得该商标的所有权。

3. 混合原则

即原则上以注册在先，来确定商标的所有权。但申请注册时，须公告一段时间，无人提出异议，才给予承认和保护。美国、澳大利亚、加拿大、新西兰、印度、巴基斯坦、奥地利、西班牙、叙利亚、科威特等国均采取这种做法，但对提出反对意见的年限，各国规定不一，如美国、奥地利为五年，西班牙为三年。

4. 双重原则

即当首先注册者和首先使用者分属两人时，商标所有权属首先注册者，首先使用者仍可继续使用，但不得转让。英国、斯里兰卡、沙特阿拉伯、冰岛等国均采取这种做法。我国采取上述第三种做法，公告期为三个月。

（二）商标注册申请

各国商标法关于申请商标注册手续的规定基本相同。一般都要求申请人提交书面申请，具体说明申请人的名称、国籍、居住地址和使用该商标的商品名称及商品分类的类别等，并随附一定尺寸的商标图样和印版一式数份及交纳规定的申请费用。

1. 申请途径

申请注册商品商标或服务商标有三条途径：

（1）委托国家认可的商标代理机构办理（如北标知识产权代理有限公司等）。

（2）申请人直接到商标局的商标注册大厅办理。

（3）网上申请。

2. 申请注册商标的步骤

（1）委托商标代理机构办理的，申请人可以自愿选择任何一家国家认可的商标代理机构办理。所有在商标局备案的商标代理机构都公布在“代理机构”一栏中。

（2）申请人直接到商标局的商标注册大厅办理的，申请人可以按照以下步骤办理：

商标注册申请前查询（非必须程序）→ 准备申请书件 → 在商标注册大厅受理窗口提交申请书件 →在打码窗口打收文条形码→ 在交费窗口交纳商标注册规费 →三个月左右商标局发出《受理通知书》→商标注册申请补正（非必须程序）。

商标注册流程如图 9－1 所示。

二、广告宣传

（一）广告及其作用

广告，即广而告之之意。广告是为了某种特定的需要，通过一定形式的媒体，公开而广泛地向公众传递信息的宣传手段。广告有广义和狭义之分，狭义的广告称为经济广告或商业

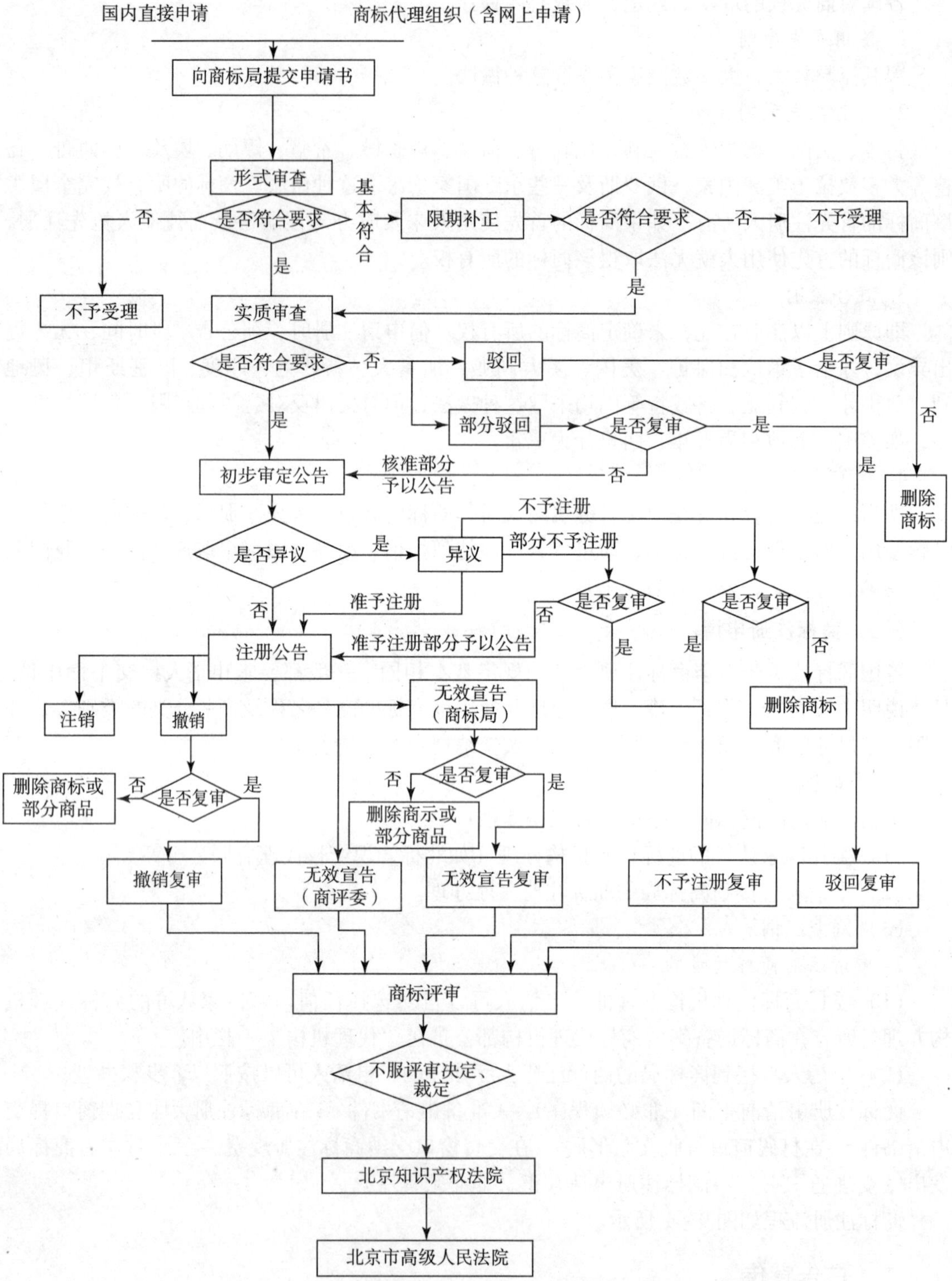

图9－1　商标注册流程图

广告。出口商品广告就是商业广告。

出口商品广告在我们的经济生活中起着重要的作用，主要是起到沟通产销双方的桥梁作用，促进商品销售的作用，指导消费、为消费服务的作用。广告的内容必须突出主题，如实宣传商品（如商品的质量、用途、性能、特点、效能）；设计要图文并茂，构思精巧，文字言简意赅、通俗易懂、易记，符合当地风俗习惯，掌握顾客心理，使用当地通用文字。

（二）广告的宣传方式

1. 报刊广告

报刊广告，包括报纸广告（适用于大多数生活消费品和少数工业品）和杂志广告（接近专业消费者）。

2. 视听广告

视听广告，包括广播广告（价格低廉，一般只有电视广告的十分之一，适用于大多数生活消费品和少数工业品）、电视广告（适用于消费人群很广的消费品和服务，但在法国、比利时、挪威、丹麦、希腊等国电视广告被禁止）、电影广告和网络广告等。

3. 印刷品广告

印刷品广告，其对象主要为固定和事先确定的用户和消费者，免费派发。主要形式有商品目录（它通常包括简单的说明、规格、技术资料、销售条件等。这是出口商向国外市场介绍产品的主要方式，特别是机器、成套设备贸易以及邮售贸易的广告方式）、商品说明书（一般以小册子、广告单、单页等形式印刷，介绍商品各类型号、规格等的简短资料及与其他同类产品相比较的质量、结构特点、优点和使用方法，并附有图纸、插图、照片等）、广告单（单页印刷品，介绍商品的质量、规格、用途、优缺点和外形等的资料，主要使用户对产品有所了解）、广告邮件（作为邮件邮寄给用户和消费者的订货单、明信片、日历及信函等，包括有商品价格的明信片、季节性商品到货通知、新商品上市通知）和其他宣传品。

4. 实物广告

实物广告，指给用户、买主、消费者免费寄送样品、广告礼品、赠品等，以宣传推销某种商品。样品主要是给潜在的用户寄送。广告礼品通常是些价格便宜的物品，如笔记本、日历、原子笔、打火机、证章等，有的还印上公司地址和业务范围。赠品，指在完成一定的交易数量或购买量或金额后，赠给顾客家庭的日用品、化妆品、食品、玩具等；也有赠送价格昂贵的耐用消费品，如电视机、小汽车或一定价值的礼券等。赠品通常在购买某种商品达到一定金额/数量时给予，或以摸彩、抽奖的方式赠送。

5. 户外广告

户外广告，包括路牌广告、车身广告、灯光广告、墙壁招贴和街头广告等。路牌广告一般选择在闹市、交通要道、车站、码头、机场等地树立醒目的广告牌。车身广告是在各种运输工具外面涂上一定标志符或悬挂宣传招贴画。灯光广告是用专门的灯光或活动的灯光效果显示广告内容。

6. 商品实展广告

商品实展广告，指在博览会、交易会、样品陈列室、国外寄售商店、分配中心、谈判室等处所展出商品，使买主和用户看到实物，加深对商品的了解和印象，促成其采取购买行动或当场洽谈签约，达成交易。

企业可自行设立广告部门，自行设计广告或委托广告公司代为策划广告宣传，也可合理使用国外代理商、经销商和包销商；要制订好广告计划，确定做广告的地区、商品以及时间安排；确定传播的内容及对象，须明确产品的竞争者、购买者和消费者；对市场做全面分析，确定宣传重点，确定宣传措施；针对不同商品采取不同做法，广告形式、宣传工具、内容都不可千篇一律；广告宣传内容应符合当地市场要求和风俗习惯以及消费者的爱好，应避免与直接竞争商品或劳务进行比较；刊登广告的时间、地点和范围要与广告商品的销售相配合，并要考虑季节性。

项目小结

在正式开展国际贸易活动前，贸易各方都需要做好准备工作。本项目主要介绍了出口商在开展国际贸易前的准备工作。比如，如何选择目标市场，与贸易对手建立贸易关系，在国际贸易中制订什么样的出口营销方案，以及商标的注册与广告宣传的开展。

课后习题

简答题

1. 商标的申请途径和申请步骤是什么？
2. 实地调研中，常用的调研方式有哪几种？
3. 广告的宣传方式有哪些？

项目十

交易磋商与合同签订

学习目标

通过本项目的学习，了解交易磋商的内容、形式和主要环节；学会识别实盘，掌握发盘和接受的条件与技巧，熟悉发盘的撤回、撤销、逾期接受等有关规定；掌握合同成立的条件、书面合同内容的构成。

导入案例

某外贸企业向国外询购某商品，不久接到外商6月20日的发盘，有效期至6月26日。我方于6月22日电复："如果把单价降低3美元，可以接受。"对方没有答复。后因要货急切，又鉴于该商品行市看涨，且认为对方的发盘有效期尚未到期，随即于6月25日又去电表示同意对方6月20日发盘提出的各项条件，并且通过银行向对方开立了信用证。但外商以合同不成立为由拒绝履行合同。外商拒绝履行合同的做法是否合理?

10.1 交易磋商概述

交易磋商（Business Negotiation），是指交易双方就买卖商品有关条件进行协商以达成交易的过程，通常又称为贸易谈判。磋商的目的是订立合同，其结果直接影响到合同的签订及以后的履行，关系到双方的经济利益。在国际贸易中，这是一个十分重要的环节。

一、交易磋商的形式

交易可以采取书面、口头和网络磋商的形式进行。有时一笔交易的达成，也采取口头和书面形式交叉进行的方式。交易双方通过口头、书面和网络磋商，对交易条件达成一致意见后，都可建立合同关系。

（一）口头磋商（Desk Negotiation）

口头磋商主要指面对面的谈判，如参加各种交易会、贸易洽谈、出访或来访面谈以及通过国际长途电话进行的磋商。这种形式可以根据进展状况来及时调整策略，它对谈判内容复杂、涉及问题较多的交易尤其适合。

1. 电话磋商

通过电话进行磋商时，因国际长途电话花费昂贵，所以应该事先写好通话提纲，掌握通话时间，做好通话记录和录音；同时应选择好通话时间，考虑世界各地的时差因素，应选择对方适当的时间进行通话。为达成交易，接着要去信确认，谈话记录归入客户档案或业务档案以备查考。

2. 洽谈会

如通过洽谈会当面洽谈达成交易，则首先要制订谈判方案，内容包括谈判日期、时间、地点、对象、我方主谈人员、谈判内容、目的和要求等。谈判时要认真做好谈判记录。谈判结束，达成交易，双方可在整理的谈判记录上签字确认，原始的谈判记录归入客户档案或业务档案以备查考。

（二）书面磋商（Letter Negotiation）

书面磋商是指通过信件、电报、电传、电子邮件、EDI 等通信方式进行洽谈交易。国际贸易中 80% 是通过函电方式成交的。即使通过当面或电话洽谈成交的贸易，事后也往往再以信函确认，以充任书面依据。国际贸易中的往来函电具有法律效力。

撰写商业信函的要求：

（1）文字含义确切，内容清晰，措辞严谨，语气得体。

（2）一事一信，以便加快业务洽谈进程，同时便于归档查考。

（3）重视信函的处理和管理。一般情况下，对国外来信应该在三天内做出回复，有些情况不能立即答复或表态的，应该先复函说明，待弄清情况或者研究后再继续复函。

（4）加强对信函的科学管理，来信去信均应登记编号，按照具体交易的先后顺序立卷。

（5）为提高效率、节约时间，要根据实际情况，选择使用印就格式的信件或内容大致相同的通函，寄发给一些客户。

（三）网络磋商（Net Negotiation）

电子商务交易磋商完全不同于传统的磋商方式，它的整个磋商过程可以在网络和系统的支持下完成，原来的贸易磋商中的单证交换过程，在国际电子商务中演变成为记录、文件和报文在网络中的传递过程。各类贸易单证文件，如价目表、报价单、询盘、发盘、还盘、订单、发票等在国际电子商务中都变成了标准的报文形式。

交易各方事先在规定的网络认证中心进行有效性和合法性的注册，才能从事网上交易。这类业务常在交易频繁、买卖关系相对固定的贸易伙伴之间进行。

在 EDI 方式下，具体模型和交换的报文如下：

（1）由卖方向买方提供价格或销售目录报文（PRICAT），它相当于产品销售目录。

（2）由买方向卖方提出报价请求报文（REQUOTE），它相当于买方的询价。买方还可通过报价请求报文索取卖方的支付条款和文件，提出所需的数量、日期和交货地点。

（3）卖方向买方提供报价报文（QUOTES），内容包括交货条款、支付条款、价格或费用等，它是卖方对买方提出报价请求报文的响应，是卖方向买方提供的详细资料。这是业务环节中不可缺少的报文，买方可根据其中的信息直接签发订购单。

（4）买方向卖方传送订购单报文（ORDERS），提出订购的商品、数量、日期和交货地点等。

（5）卖方向买方传送订购单应答报文（ORDRSP），通知买方所订购的产品事宜已确认或不确认。订购单应答报文也可用于响应订购单变化请求报文。订购单变化请求报文（ORDCHG）是由买方向卖方传送的报文，用以明确先前发送的订购单报文修改的相关细节，买方可以请求更改或取消一个或多个物品项目。

关于订购单、订购单应答报文和订购单变化请求报文，实际发送的信息流可以改变。买卖双方所遵循的变更程序应在交换协议中规定。如在有些协议中，对原订购单没有修改，就无须提供订购单应答报文。

在电子商务系统中，交易磋商和签约的过程被称为支持交易系统，它支持交易双方完成交易磋商直到合同签订为止的整个过程。这一系统中签订的合同不再要求以书面文件形式来确定磋商的结果，而可以采用电子合同的形式，利用 EDI 进行签约，也可通过数字签字等方式签订合同。有的国家规定要用书面合同的，在完成上述步骤后还需手签书面合同。

二、交易磋商的内容

交易磋商的内容，涉及拟签订的买卖合同的各项条款，其中包括品名、品质、数量、包装、价格、装运、保险、支付以及商检、索赔、仲裁和不可抗力等。从理论上讲，只有就以上条款逐一达成一致意见，才能充分体现“契约自由”的原则。然而，在实际业务中，并非每次洽商都需要把这些条款一一列出、逐条商讨。这是因为，在普通的商品交易中，一般都使用固定格式的合同，而上述条款中的商检、索赔、仲裁、不可抗力等通常作为一般交易条件印就在合同中，只要对方没有异议，就不必逐条重新协商，这些条件也就成为双方进行交易的基础。在许多老客户之间，事先已就“一般交易条件”达成协议，或者双方在长期的交易过程中已经形成一些习惯做法，或者双方已订有长期的贸易协议。在这些情况下，也不需要在每笔交易中一一重新协商各项条款。这对于缩短洽商时间和节约费用开支都是有益的。

三、交易磋商前的准备

为使谈判顺利进行，达到预期目的，双方都应做好充分的准备。准备工作包括思想准备、组织准备、业务准备。准备是否充分是决定谈判是否成功的关键。准备越充分就越主动，谈判就越顺利，效果就越好。准备充分还可以弥补经验和技巧的不足，而仓促上阵、准备不足，就难以达到预期目的，甚至不能取得成功。

谈判的准备工作具体来说包括：

（一）组建谈判班子，选定谈判人员

首先要选择一个机智敏捷的首席谈判。经理或老板并不一定是理想的谈判者。作为首席谈判，他必须有能力让对方明白怎样做才能达到最佳效果，他必须具有较强的组织能力、适应能力、表达能力、应变能力、社交能力、沟通技巧以及耐心和耐力。其次要选配好谈判人员。谈判班子里必须有谈判相关的生产、技术、财务、法律、翻译、营销等方面的专业人才。谈判人员的性格应多方面、可互补，具有团队精神。他们应该懂得贸易知识、生产知识、财务知识，能熟练掌握和运用外语进行谈判，能够灵活运用各种谈判技巧，善于审时度势，具有极强的应变能力和应战本领。谈判人员的规模要合适，一般以 4 ~ 6 人为宜，最好能多于对方。

（二）信息的搜集、整理

通过正式渠道和非正式渠道了解市场信息、科技信息、政策法规信息、财政信息，了解与双方实际相关的政治、社会和结构因素（即环境因素），了解目标，了解对方人员特别是首席代表的背景、嗜好和家庭状况。为了做好准备工作，双方应当考虑环境因素（包括政治、宗教信仰、法律制度、商业习惯、社会习惯、财政状况、基础设施及气候）和信息的采集（包括市场信息、科技信息、政策法规信息及财政信息的收集），在了解客户背景和兴趣的基础上，选择正确的交流形式。

（三）制订谈判方案和进行模拟谈判

通过多方面信息的分析，选择目标对象，并通过对谈判环境因素的分析，评估形势和谈判人员，估计对手的可能目标，结合自身的优势和弱点，制订谈判方案，确定谈判策略。

1. 制订谈判方案的要求

谈判方案是对谈判目标、具体内容和步骤所做的安排，是谈判者的行动指南，其要求是：

（1）简明扼要。用简单明了、高度概括的文字进行表述，能给人以深刻印象。

（2）具体明确。列出谈判的主要目标、步骤和措施。

（3）灵活。对可控因素和常规事宜可安排细些，对无规律可循的事宜可安排粗些。

2. 谈判方案的主要内容

（1）确定谈判目标。应结合己方需要、对方目标和客观可能制订谈判方案，一般设定三个目标：一是基本目标，即必须达到的目标，这个目标是不可放弃的、必须坚持的；二是中间目标，即力争达到的目标，这个目标对双方来说都是比较合理的，它在谈判中占有极为重要的地位；三是最高目标，即争取达到的目标，这个目标的提出和放弃是为了换取其他目标的实现，放弃它也不会带来实质性的损失。

（2）确定谈判议程。谈判议程就是谈判程序。设计和控制谈判，集中在制订谈判议程和会议的程序。谈判议程包括谈判的问题、谈判事项的顺序安排和主要的谈判方法。比如先谈判什么、后谈判什么、怎么谈以及最后要达到的目标等。议程制订得合理与否决定谈判的效率。议程可由一方提出，也可由双方共同准备，或每一方都准备两个议程：大概议程和详细议程。

（3）制订谈判日程。根据双方具体的谈判内容和谈判所需时间的估计，结合双方时间的充裕程度，对谈判进度做出具体安排。如谈判为期多长、分几次谈、什么时候谈、谈什么问题、谈多长时间、在什么地方谈。

10.2 交易磋商的程序

交易磋商的程序可概括为四个环节：询盘、发盘、还盘和接受。其中，发盘和接受是每笔交易必不可少的两个基本环节或法律步骤。

一、询盘

询盘（Inquiry/Enquiry），又称询价，是指贸易的一方探寻对方对交易的诚意，以及询问有关某商品的交易条件的一种洽商邀请。询盘可以是出口方向进口方发出，也可以是进口方向出口方发出。

（一）买方发出的询盘

习惯上叫“邀请发盘”（Invitation to Offer）。

例 10 –1：Please quote lowest price CIF Singapore for 600 pcs Flying Pigeon Brand bicycles May shipment cable promptly.

请报 600 辆飞鸽牌自行车成本加运费、保险费至新加坡的最低价，5 月装运，尽速电告。

例 10 –2：Please cable offer Northeast Soya bean most favorable price.

请报东北大豆最优惠价。

（二）卖方发出的询盘

习惯上叫“邀请递盘”（Invitation to Bid）。

例 10 –3：Can supply aluminum ingot 99 pct June shipment please cable if interested.

可供 99% 铝锭，6 月份装运，如有兴趣请电告。

例 10 –4：Can supply Northeast Soya bean. Please bid.

可提供东北大豆，请递盘。

询盘内容可以涉及某种商品的品质、规格、数量、包装、价格和装运等成交条件，也可以索取样品，其中多数是询问成交价格。如果发出询盘的一方只是想探询价格，并希望对方开出估价单（Estimate），则对方根据询价要求所开出的估价单只是参考价格，并不是正式的报价，因而也不具备发盘的条件。

询盘只是表示一种愿望，没有必要购买或出售的义务。但它可以作为了解市场动态、联系客户的一种手段，对询盘人和被询盘人均无法律上的约束力。但它往往是一笔交易的起点，并非交易磋商所必需的步骤。如交易双方彼此都了解情况，不需要向对方探询成交条件或交易的可能性，则不必使用询盘，可直接向对方做出发盘。

（三）询盘的注意事项

（1）询盘应经过缜密考虑后，有针对性、有目的性地发出，才能达到预期的目的，切不可乱发询盘。询盘前应仔细考虑好向哪些国家或地区发出询盘、与哪几家供货人联系。

（2）询盘可向几处发出，以便从答复中进一步磋商，择优成交，但不宜过多；不要同时向所有供货人发出询盘，以免使其产生需求量大的错觉而抬高售价。

（3）询盘要简洁、具体，用词得体，不必使用过分客气的词句。

（4）询盘不要发给私人，应寄给公司。

（5）对大宗敏感商品的询盘，内容一般都较简单，仅表示有兴趣。对询盘对象要严加控制，无成交可能或可能性不大的，不应向其发出询盘。

（6）对垄断性较强的商品，询盘时一般要提出较多的品种，要其一一报价，以防其乘机抬价。

（7）一般大路货商品，多向不同地区、国家的厂商分别询盘，来促进其相互竞争。

（8）规格复杂或项目繁多的商品，如设备项目、仪器、机器及其零部件等，一般都发询价信，列出详细规格、数量，以免往返磋商，费时费事。

（9）对方主动发盘的，应予以详细登记，需要时先行联系磋商。要掌握世界市场行情和商品动态，争取主动。

磋商函电举例：买方询盘

发件人：kurz@ allchamegeag. com

收件人：lirong@ rs. com

日　期：2017 -6 -16　17：09：43

主　题：Enquiry on Bullet Proofing Tires

Dear Mr. Li,

It has been a long time since our last talk in the International Rubber Exhibition of Shanghai last October. We are interested in buying Bullet Proofing Tires Art. No. 205/55R16 and 205/60R15.

We would be appreciated if you would give us a quotation in Euro/pc CFR Hamburg, Germany.

As we are in a position to handle large quantities, we hope you will make an effort to quote us the most competitive prices.

We look forward to hearing from you by return E-mail soon.

Best regards,

Andreas Kurz

Manager

All Chamege AG

Add：Hauptstrasse 1029378 Staad Switzerland

Tel：0041 -071 -8554646

Fax：0041 -071 -8554649

E-mail：kurz@ allchamegeag. com

二、发盘

发盘（Offer），又称报盘或报价，指交易的一方向另一方提出买卖该商品的具体交易条件并愿意按此条件达成交易的一种口头或书面的表示。发出这种建议的一方叫作发盘人。发盘可以是应对方邀请询盘做出的答复，也可以是在没有邀请的情况下直接发出的。

例 10 -5：Offer 5, 000 dozen sport shirts sampled March 15th USD 84. 5 per dozen CIF New York export standard packing May/June shipment irrevocable sight L/C subject reply here 20th.

兹发盘 5 000 打运动衫，规格按 3 月 15 日样品，每打 CIF 纽约价 84. 50 美元，标准出口包装 5 至 6 月装运，以不可撤销信用证支付，限 20 日复到。

例 10 -6：Pearl Barley without Husk Washed price USD 900/MT CFR N. Y. shipment during February 2017 and All the other Terms and Conditions Unchanged.

水洗去壳薏仁米价格 CFR 纽约每公吨 900 美元，2017 年 2 月装船，其他所有条件条款不变。

（一）发盘的构成条件

根据《联合国国际货物销售合同公约》（以下简称《公约》）第 14 条第 1 款解释：“向一个或一个以上特定的人提出的订立合同的建议，如果十分确定，并且表明发盘人在得到接受时承受约束的旨意，即构成发盘。一个建议如果写明货物并且明示或默示地规定数量和价格或者规定如何确定数量和价格，即为十分确定。”《公约》第 15 条第 1 款规定：“发盘于送达被发盘人时生效。”由此可见，一项发盘的构成必须具备以下四个条件：

1. 表明订约旨意

发盘应该表明发盘人在得到接受时，仅按发盘的条件承担与受盘人订立合同的法律责任。这种宗旨可以用“发盘”“递盘”等术语和语句来表达，也可以根据当时的谈判情况、当事人之间以往业务交往情况或习惯做法来确定。如由卖方发出，可用“发盘”（Offer）、“可供”（Can Supply）等字样；如由买方发出，可用“订货”（Order）、“购买”（Book）、“递盘”（Bid）等字样。

如果发盘中没有表明订约旨意，或表示了发盘人不受其发盘的约束，该项发盘就不是真正的发盘，而只能被看作发盘邀请（Invitation to Offer）。例如，“以我方确认为准”（Subject to Our Confirmation）、“以货物未售出为准”（Subject to Prior Sale）、“不受约束”（Without Engagement）等。

2. 向一个或一个以上特定的人提出

发盘的对象可以是一个，也可以是一个以上的人；可以是自然人，也可以是法人，但必须是特定的对象，即发盘要注明受盘者的公司、企业或个人的名称。这项规定的目的是把发盘与发广告、商品目录、价目单等相互区别开来。后者是向广大公众发出的，而不是特定的人。因此，一方在报纸杂志或电视广播中做商业广告，即使内容明确完整，由于没有特定的受盘人，也不能构成有效的发盘，而只能被看作发盘邀请。

3. 发盘必须有肯定、明确、完整的内容

（1）肯定（Definite），指发盘条件是肯定性的、终局性的，不能有任何保留和限制性的条款。保留的条款如：以我方最后确认为有效（Subject to our final confirmation）；以获得进出口许可证为有效（Subject to import/export license）；以货优先售出为有效（Subject to prior sale）；本发盘不受约束（Offer without engagement）。限制性条款如：以认可装船样品为有效（Subject to approval of shipping sample）；货物须由美国总统轮船公司承运（Goods must be shipped through APL）。

（2）明确（Clear），指提出的交易条件清楚、具体、不含糊、不模棱两可，即不能有“大概”“大约”“预计”“可能”“参考”等字样。如：大约 100 吨（about 100 tons）；参考价每公斤 5. 50 美元 CIF 纽约（Reference price USD 5. 5 per kilo CIF New York）。

经双方商定，数量、规格、价格可以有增减，如果对如何确定的办法做了明确规定时，发盘仍然是有效的。

（3）完整（Complete），一项交易条件完整的发盘，通常应包括货物的品质、数量、包装、价格、交货期和支付方式等重要交易条件。但是在实际业务中，一切发盘并不是都以上述所有主要交易条件的完整形式出现，而且在法律上也并不认为没有完整交易条件的发盘就一定不是实盘。这种表面上不完整而实际上完整的情况主要发生在：

①买卖双方事先对一般交易条件已协商一致。②援引最近来往函电或先前合同中某些相同的交易条件，以省略发盘的内容。这种情况多见于重新发盘和重复发盘。③买卖双方在先前业务交往中已形成的习惯性做法，如起运港、目的港、包装、佣金和计价单位等。

4. 发盘必须送达受盘人才能生效

（二）发盘的有效期

实盘一般都规定有效期，发盘人在有效期内受发盘的约束。发盘的有效期是指可供受盘人对发盘做出接受的期限。在出口业务中常见的规定发盘有效期的方法有：

1. 规定最迟接受的时限

例如，“发盘限15日复”（offer subject reply fifteenth）。但是，这种方法有一个问题，即截止期15日是指发出的15日，还是送达发盘人的15日。在使用信件或电报表示时，这两个15日之间有一段时间间隔，那么，接受应于何时生效，各国法律对此的解释不同。

英美法系的国家采用“投邮生效”原则。信件投邮或电报交发，接受即告生效，即使接受的函电在邮途中延误或遗失，发盘人未能在有效期内收到，甚至根本没有收到，也不影响合同的成立。也就是说，传递延误或遗失的风险由发盘人承担。但是，如果发盘人在发盘中规定，接受必须于有效期内传达到发盘人，则接受的函电传达到发盘人时，接受才能生效。

大陆法系的国家则采用“到达生效”原则。接受的函电只有在发盘有效期内到达发盘人时才生效。如果接受的函电在邮递过程中延误或遗失，则合同不能成立。也就是说，传递延误或遗失的风险由受盘人承担。

《公约》采用了“到达生效”原则，接受在到达发盘人时生效。如果接受超过发盘的有效期，或发盘没有规定有效期，而在合理时间内未到发盘人，接受即为无效。

为了明确发盘的截止期，在规定最迟接受期时，可以同时明确以哪方的时间为准。例如：“发盘限15日复，我方时间为准”（offer subject reply fifteenth our time）；“发盘有效至我方时间星期五”（offer valid until Friday our time）。

2. 规定一段时间

例如：“发盘3天有效”（offer valid three days），“发盘5天内复”（offer reply in five days）。但是，这种方法也有一个如何计算“一段时间”的起讫时间问题。《公约》第20条规定，发盘人在电报或信件中订立的一段接受时间，从电报交发时刻或信上载明的发信日期起算。如果信上未载明发信日期，则从信封上所载日期起算。发盘人以电话、电传或其他可以传达到对方的通行方法订立的一段接受期间，从发盘到达受盘人日起算。在计算一段接受期间时，这段时间内的正式假日或非营业日应当计算在内。但是，如果因为那天在发盘人的营业所在地是正式假日或非营业日，接受通知在接受期间的最后一天未能送达发盘人的地址，则这段时间应顺延至下一个营业日。

例10-7：H公司有一批羊毛待售，4月2日公司销售部以信件的形式向某市第一纺织厂发出要约，将羊毛的数量、质量、价格等主要条款做了规定，约定若发生争议将提交某仲裁委员会仲裁，并特别注明希望在15日内得到答复。但由于工作人员疏忽，信件没有说明要约的起算日期，信件的落款也没有写日期。

4月4日公司人员将信件投出，4月17日纺织厂收到信件。恰巧纺织厂急需一批羊毛，第二天即拍发电报请其准备尽快发货。邮局于4月19日送达H公司。不料H公司却在4月18日由于未收到纺织厂的回信，已将羊毛卖给另一纺织厂。第一纺织厂几次催货未果，向仲裁委员会提请仲裁，要求H公司赔偿其损失。试对此案例进行分析。

参考答案：根据《公约》第20条的规定，发盘的有效期应从电报交发时刻或信上载明的发信日期起算。如信上未载明发信日期，则从信封上所载日期起算。采用电话、电传发盘时，则从发盘送达受盘人时起算。

本案例中虽然没有约定发盘有效期的起始时间，所以应以发盘到达受盘人时开始，受盘人在4月17日收到发盘，4月19日就表示接受，在发盘人规定的15日以内。故双方合同关系成立，该公司可以向H公司索赔。

（三）发盘的撤回和撤销

1. 发盘的撤回

如果发盘人发现发盘内容有误或因其他原因，想修改或撤回原发盘，可以用更迅速的通信方法，将发盘的撤回或更改通知赶在受盘人收到该发盘之前或同时送达受盘人，则发盘即可撤回。《公约》规定："一项发盘，即使是不可撤销的，也可以撤回。如果撤回，通知于发盘送达受盘人之前或同时送达受盘人。"

2. 发盘的撤销

发盘的撤销是指受盘人收到发盘之后，尚未做出接受表示时，发盘人因各种原因（如市场行情变化或发盘内容错误）而撤销该项发盘。《公约》第16条规定："在未订立合同之前，发盘可以撤销，如果撤销通知于受盘人发出接受通知之前送达发盘人。"《公约》还规定，在下列两种情况下发盘不得撤销：

（1）发盘中明确规定了有效期限或以其他方式表示发盘是不可撤销的。

（2）受盘人有理由信赖该发盘是不可撤销的，并且已本着对该项发盘的信赖行事。

例10－8：某对外工程承包公司于5月3日以电传请意大利某供应商发盘出售一批钢材。我方在电传中声明：要求这一发盘是为了计算一项承造一幢大楼的标价和确定是否参加投标之用；我方必须于5月15日向招标人送交投标书，而开标日期为5月31日。意大利供应商于5月5日用电传就上述钢材向我方发盘。我方据以计算标价，并于5月15日向招标人递交投标书。5月20日意大利供应商因钢材市价上涨，发来电传通知撤销其5月5日的发盘。我方当即复电表示不同意撤盘。于是，双方为能否撤销发盘发生争执。及至5月31日招标人开标，我方中标，随即电传通知意大利供应商我方接受该商5月5日的发盘。但意大利供应商坚持该发盘已于5月20日撤销，合同不能成立，而我方则认为合同已经成立。对此，双方争执不下，遂协议提交仲裁。你认为仲裁庭将如何裁决？

参考答案：仲裁庭会裁决合同已成立，理由是：

①意大利与中国均为《公约》之缔约国，双方当事人交换的电传也未排除《公约》的适用，因此本案应受《公约》制约。

②意大利供应商发盘是不可撤销的：我方询盘中已明确告知对方我方邀请发盘的意图；意大利供应商知悉我方意图后向我方发盘，我方有理由相信该项发盘是不可撤销的，并已本着该项信赖行事，参与了投标；该项发盘未规定有效期，应视为合理时间有效，本案例合理时间应为开标后若干天。

③意大利供应商5月20日来电撤销发盘，我方立即拒绝，撤销不能成立。《公约》规定，一项发盘，受盘人有理由信赖该项发盘是不可撤销的并已本着该项信赖行事，该项发盘不能撤销。

④我方中标后立即通知意大利供应商接受，接受生效，双方合同成立。

（四）发盘的失效

发盘的终止或失效（Termination）是指发盘失去了法律效力，发盘人不再受发盘的约束，受盘人也失去了接受该发盘的权利。对于发盘在什么情况下失去效力的问题，《公约》第17条规定："一项发盘，即使是不可撤销的，也于拒绝通知送达发盘人时终止。"也就是说，当受盘人不接受发盘提出的条件，并将拒绝的通知送到发盘人手中时，原发盘就失去了效力，发盘人不再受其约束。

除此之外，在以下情况下也可造成发盘的失效：

（1）受盘人做出还盘。

（2）发盘人依法撤销发盘。

（3）发盘中规定的有效期届满。

（4）人力不可抗拒的意外事故造成发盘的失效，如政府禁令或限制措施。

（5）在发盘被接受前，当事人丧失行为能力、死亡或法人破产等。

磋商函电举例：卖方发盘

Dear Sir,

Thanks for your inquiry on June 16, 2017. Our offer is as follows:

①Bullet Proofing Tires Art. No. 205/55R16, 205/60R15

②Unit price: EUR53. 02/pc CFR Hamburg

③Minimum Order Quantity is 100 pcs/article; the unit price in the total order quantity from 400pcs to 800pcs will be given 3% discount, the unit price in the total order quantity over 800pcs will be given 5% discount.

④Packing: one piece per poly bag

⑤ Payment: By L/C at sight

⑥ Shipment:

Order Quantity	Time of Shipment
Less than 400pcs	Within 45 days after the receipt of L/C
From 400pcs to 800pcs	Within 60 days after the receipt of L/C
More than 800pcs	Within 75 days after the receipt of L/C

This offer is valid subject to your reply here by June 27, 2017.

Awaiting your early reply.

Yours faithfully,

Li Rong

例 10-9：某公司于 7 月 16 日收到法国某公司发盘："马口铁 500 公吨，单价 545 美元 CFR 中国口岸，8 月份装运，即期 L/C 支付，限 7 月 20 日复到有效。"我方于 17 日复电："若单价 500 美元 CFR 中国口岸可接受，履约中如有争议，在中国仲裁。"法国公司当日复电："市场坚挺，价不能减，仲裁条件可接受，速复。"此时马口铁价格确实趋涨。我方于 19 日复电："接受你方 16 日发盘，L/C 已由中国银行开出。"结果对方退回 L/C。合同是否成立？

参考答案：合同并未成立。我方 19 日电并不是有效的接受，因为 16 日的法商发盘经我方 17 日还盘已经失效，法商不再受约束。

三、还盘

还盘（Counter Offer）是指受盘人对发盘内容不完全同意而提出修改或变更的表示。还盘可以是针对价格，也可以是针对其他条件。也就是说，一方在接到另一方报盘以后，可以就提高或降低价格、改变支付方式、改变交货期等要求更改报盘内容。交易可以多次还盘与反还盘。

需要注意的是，还盘是对原有报盘的拒绝，同时也是受盘人以发盘人地位所提出的新发盘。发盘经受盘人还盘后即失效，除非原发盘人同意，否则受盘人不得在还盘后再接受原发盘。原发盘一经还盘，原发盘人便成了受盘人，他有权接受或拒绝还盘。他若还盘，则构成了再还盘，再还盘也是一种还盘，是对还盘的还盘。有时一单生意不经还盘即可成交，有时要经过往复多次的还盘、再还盘才能达成，双方对已经同意的其他条件，在还盘和再还盘中一般都不再重复列出。

磋商函电举例：买方还盘

Dear Mr. Li

We have received your offer. While appreciating the good quality of your Bullet Proofing Tires, we find your price is rather too high for the market we wish to supply. We also point out that very excellent Bullet Proofing Tires is available in our market from several European manufacturers, all of them are at prices from 5% ~10% below yours. Such being the case, we have to ask you to consider if you can make a 5 % reduction in your price, our order would be around 2, 400pcs. Your concession would be highly appreciated. We are looking forward to your early reply.

Yours sincerely,

Andreas Kurz

例 10 - 10：我出口公司于 11 月 1 日向美商 A 发盘供应某商品，限时 11 月 10 日复到有效。11 月 3 日我方收到美商的电传表示接受，但提出必须降价 5%。当我方正在研究如何答复时，由于该商品的国际市场发生对美商有利的变化，于是该商又在 11 月 7 日来电传表示无条件接受我方 11 月 1 日的发盘。我方未予置理，而是于 11 月 9 日把该批货物卖给另一美商 B，随后，双方就合同是否成立产生了争议。

参考答案：在本案中，美商在 3 日答复时，已经更改了我方发盘中的价格条件，应视为还盘，我方的发盘就此失效，不再受该发盘的约束，我方掌握该交易的主动权，可以选择接受、拒绝或再还盘。因此，该交易不成立。

四、接受

接受（Acceptance）在法律上称为“承诺”，是指交易的受盘人无条件地同意发盘人在发盘或还盘中所提出的交易条件，并愿按这些条件与对方达成交易、订立合同的一种意思表示。按照《公约》的规定，受盘人以做出声明或以其他行为对某一项发盘表示同意，即为接受。发盘一经接受，合同便告成立，发盘人和受盘人任何一方都不得任意更改或撤销。

（一）构成有效接受的条件

根据《公约》的解释，构成有效的接受要具备以下四个条件：

1. 接受必须由特定的受盘人做出

发盘是向特定的人发出的，因此只有特定的人（受盘人）才能对发盘做出接受；特定受盘人以外的其他人对发盘表示接受，不能构成有效的接受，且不具备法律效力，只能作为一项新的发盘。

2. 接受必须是无条件的

受盘人对一项发盘必须无保留地同意，即接受的内容必须同对方发盘的各项条件严格一致，任何添加、更改或限制，都不能成为有效的接受，而是拒绝并构成还盘。

附有条件的接受不是真正的接受，实际上是对发盘的拒绝。有条件的接受，一般是指对发盘的内容做了实质的、重要的变更。所谓实质的变更，按《公约》条款规定，是指“有关货物价格、质量、数量、支付条件、交货地点和时间、一方当事人对另一方当事人的赔偿责任范围或解决争端方式等的添加或不同条件”。

3. 接受必须明确表示

按照《公约》规定，受盘人表示接受有两种方式：一是采取向发盘人发出声明（口头或书面）表示接受该项发盘；二是通过某种行为来表示接受，如按发盘中规定的条件开证、发运货物、支付货款等行为。缄默或不行动本身不等于接受。

4. 必须在发盘的有效期内接受

发盘一般都规定了有效期，发盘应在有效期内做出，如无有效期，则必须在“合理期限内”做出。

例 10－11：A 向 B 发盘，发盘中说：“供应 50 台拖拉机，100 匹马力，每台 CIF 香港 3 500 美元，订立合同后两个月装船，不可撤销即期信用证付款，请复电。”B 收到发盘后，立即电复说：“我接受你的发盘，在订立合同后立即装船。”但 A 未做出任何答复。问双方的合同是否成立，为什么？

参考答案：不成立。接受必须是无条件的接受。接受内容与要约内容一致才能表示要约人与受要约人的意思表达一致。受要约人对要约进行修改或附加条件，则在法律上构成拒绝要约。案例中，A 在要约中称“订立合同后两个月装船”，而 B 的承诺称“订立合同后立即装船”，显然是对要约内容做了修改。

（二）逾期接受

逾期接受又称迟到的接受，是指受盘人发出的接受通知到达发盘人时，已经超过了发盘规定的有效期限，或在发盘未规定有效期时，已超过了合理的期限。

按照各国的法律，逾期接受不能认为是有效的接受，而只是视为一项新的发盘。《公约》第 21 条规定，如果发盘人于收到逾期接受后毫不迟延地以口头或书面通知受盘人，确认其为有效，则该逾期接受仍然有效。另外，如果载有逾期接受的信件或其他书面文件表明，它是在传递正常、能及时送达发盘人的情况下寄发的（但因传递迟延或错误而使该接受逾期），则该接受仍将有效，除非发盘人毫不迟延地用口头或书面通知受盘人，表示其发盘已经失效。

（三）接受的撤回

按照一般惯例和法律规定，接受在传达到发盘人时生效，交易即告成立，接受就不能撤回了。《公约》规定：如果撤回通知于接受送达发盘人之前或同时送达发盘人，接受得以撤回。

（四）重新接受

受盘人接到一项发盘时，首先做出了拒绝和还盘，然后反悔又表示接受。在此情况下，如果受盘人采用更快捷的传递方式将接受通知发出，并使其先于拒绝或还盘送达发盘人，则该项接受有效；如果接受通知于拒绝或还盘同时送达发盘人，或迟于拒绝或还盘送达发盘人则此项接受无效，因为拒绝或还盘一旦送达发盘人，发盘即告失效，受盘人已放弃可接受的权利。

例10－12：某年9月12日，国内A公司向国外新客户B公司发盘，报钢材300公吨，每公吨CIF伦敦850英镑。B公司3天后回电表示接受，但要求按ICC（B）险投保。A公司对商品一直按中国人民保险公司的《海洋货物运输保险条款》投保水渍险，并以此为基础核算报价。收到客户的回电后，业务员觉得如果投保ICC（B）险，重新核算报价太麻烦，且要多加保险费，此外该商品属畅销货，报价又比市场价格低20～30英镑，对方不可能仅为了投保险别这一小事而放弃成交机会，故未多加思索，当即回电表示拒绝按ICC（B）险投保。

第二天，客户来电称："我公司多年来在与中国客户交易时，一直都要求按ICC（B）险投保，从未被拒绝，况且不会给你方造成任何不便，不知你方为何不予同意。对此，我方深表遗憾。"9月17日，A公司回电："我公司在与你国其他客户交易时，一直都是按水渍险投保，他们也从未提出异议。我方产品与市场上的同类商品相比，品质上佳，且价格低20～30英镑，望你方不要固执己见，错过大好机会。"

此后，B公司再未回电。后A公司得知，B公司以同样的价格与另一家公司成交。而A公司这批货物在3个月后才重新觅得客户，但此时市价已跌，成交价只有每吨838英镑。

参考答案：此案例很明显是A公司对有条件的接受处理不当。按《公约》第19条规定："有关货物价格、付款、货物质量和数量、交货地点和时间、一方当事人对另一方当事人的赔偿责任范围或解决争端等的添加或不同条件，均视为实质上变更发盘的条件。"B公司在接受中添加了"按照ICC（B）险投保"这一条件，并未构成实质性变更，而是属于非实质性变更发盘条件。

对于B公司的这一要求，A公司完全不应该拒绝。首先，中国人民保险公司一般接受按ICC条款投保。其次，ICC（B）险与水渍险的费率相差无几，何况，也可要求对方负担超出的保险费。而A公司盲目自大，不但丧失了成交机会，受到价格损失，还丧失了一个客户。

例10－13：下面是甲、乙磋商交易的来往函电，试分析它们分别属于交易磋商的哪个环节。

（1）甲（5月1日电）：兹有5 000打运动衫，规格按3月5日样品，每打CIF纽约价84.5美元，标准出口包装，5至6月装运，以不可撤销信用证支付，限20日复到。

（2）乙（5月3日电）：你方5月1日电收悉，贸易条件对我方不适，请重新报价。

（3）甲（5月4日电）：5 000打运动衫，规格按3月5日样品，每打CIF纽约价80美元，标准出口包装，6月装运，以不可撤销信用证支付，限10日复到有效。

（4）乙（5月10日电）：你方来电我方基本同意，将每打CIF纽约价再降至78美元，限5月20日前复到我方有效。

（5）甲（5月21日电）：你方交易条件我方完全同意。

参考答案：（1）甲的5月1日电属于发盘。因为甲的函电是向乙这一特定人发出的，具备合同的主要条款，内容十分确定完整，而且甲在函电中表明了订立合同的愿望。

（2）乙于5月3日发出的函电属于向甲方做出的邀请发盘。

(3) 甲于5月4日发出的函电属于向乙做出的再发盘，原因同5月1日函电，即符合发盘条件。

(4) 乙于5月10日发出的函电属还盘行为，因为他更改了部分主要贸易条件。

(5) 甲于5月21日发出的函电属于逾期接受，即无效的接受。因为他的接受表示是在发盘规定的有效期之后做出的。

10.3 合同的签订

合同是两个或两个以上的当事人为产生、变更或消除民事法律关系而达成的协议。当事人必须在自愿、真实的基础上达成协议，采取欺诈、胁迫订立的合同无效；当事人必须具备订立合同的行为能力，未成年人和精神病患者等不具备民事行为能力的人订立的合同无效。

一、合同成立的条件

合同的成立应当具体满足三项法律要求：

（一）形式要件

合同的形式必须符合法律规定的要求。法律、行政法规规定采用书面形式的，应当采用书面形式；当事人约定采用书面形式的，应当采用书面形式。我国合同法规定：当事人签订合同，有书面形式、口头形式和其他形式。信件、电报、电传、EDI和电子邮件也可作为书面合同的形式，确认书是书面合同的特殊形式，签章签字是书面合同的证明形式。

（二）实质要件

合同必须有对等或合法的约因，即合同的互惠有偿性和目的的合法性。合同的内容和标的必须合法，合同内容要符合法律法规规定，当事人应遵守法律法规，遵守社会传统，不扰乱社会经济秩序和不损害公共利益。

（三）程序要件

程序要件包括签名程序、确认程序和批准程序。签订书面合同时，双方签章签字的同时合同成立。根据我国法律和行政法规规定，应由国家批准的合同，在获得批准时合同才能成立。

《公约》规定：接受在送达发盘人时生效，接受生效的时间就是合同成立的时间。交易磋商时双方约定合同成立的时间以签订合同时合同上标明的日期为准，或以收到对方确认合同的日期为准时，双方的合同关系即在签订正式合同时成立。

例10-14：英国A公司与美国B公司是老顾客关系。A一直把货物供应给B。美国C公司冒充B的名义，与A签订了进口合同。C从A处取得货物并向A支付了货款，后来A发现C是冒充的，因此A向C追回货物，但遭C的拒绝。请问：在上述情况下，A有无权利向C追回货物？为什么？

参考答案：在此情况下，A有权向C追回货物。因为A与C之间的合同关系是在违背了真实意愿的基础上确立的，不构成有效合同，故A可以向C追回货物。

例10-15：我国某省QG进出口公司就进口食品机械设备交易与某外商DM磋商。经往来多次传真友好磋商，已就买卖合同的基本条款初步达成协议，但在我方最后所发的表示接受的传真中写有“以签署确认书为准”的字样。之后，DM外商拟好合同书传真给我方，要我方确认，但由于对某些条款我方认为需要修改，此时该设备的市场价格有下跌趋势，于是我方并未及时对DM公司予以答复。后来，外商多次来电催促我方开证，我方答复拒绝开证。试分析这一拒绝是否合理？

参考答案：在本案中，我方进出口公司在与外商磋商时，虽就买卖合同的基本条款初步达成协议，但我方在后来所发的表示接受的传真中写有“以签署确认书为准”的字样，等于对合同的订立提出了重要的保留意见，这就导致双方最终并未达成协议。因此，我方公司有理由拒绝开立信用证。

二、书面合同

（一）书面合同的意义

1. 作为合同成立的证据

按照法律要求，凡是合同都必须能得到证明。提供证据包括人证和物证。用函电磋商时，书面证明自然不成问题。通过口头磋商达成的合同，除非有录音或录像，否则举证就难以做到。所以口头磋商达成的合同，若不用一定的书面形式加以确定，就将因为不能被证明而得不到法律保障，并使之在法律上成为无效合同。如果签订书面合同，就可以用合同的书面形式证明合同的存在。双方当事人如对合同内容产生争执，可以查看合同的具体规定，并得到法律的保护。

2. 书面合同有时是合同生效的条件

《公约》和多数国家的合同法规定，只要接受生效，合同即告成立。但在有些情况下，比如交易磋商中有一方曾声明“以签订书面合同为准”，或法律规定必须签订书面合同，书面合同则是合同成立的必备条件。例如，在通过信件、传真、电子邮件等达成协议的情况下，一方当事人要求签订确认书，则签订确认书时合同方成立；如果签订合同需经政府审核批准，则合同的生效就必须是具有一定格式的书面合同。

3. 书面合同可作为履约的依据

合同的履行涉及双方内部和外部的诸多部门以及人员，如果是口头合同则会使很多部门和人员的履约极为困难和不便。即使通过信件、传真和电子邮件等方式达成的交易，如果不归纳成一份统一的书面合同，也将极难履行，因此书面合同对履约是绝对必要的。

（二）书面合同的形式

当事人订立合同，法律法规规定采用书面形式的，应当采用书面形式。当事人约定采用书面形式的，应当采用书面形式。当事人采用信件、电文等形式订立合同的，可以在合同成立前要求签订确认书，签订确认书时合同成立。

对于书面合同的名称和形式，国际上并无特定的限制，通常有正式合同、确认书、协议书和备忘录等。

1. 正式合同（Contract）

正式合同有销货合同（Sales Contract）和购货合同（Purchase Contract）两种。其形式比较正规，内容基本相同，一般都较全面详细，内容主要包括品名、品质、数量、包装、价格、装运保险、支付、商检、索赔、仲裁、不可抗力等条款。大宗、贵重商品或成交金额较大、交易条件较为复杂、履约时间较长的交易，宜采用这种合同形式。我国进口商品大都签订正式合同，出口贸易中有一部分用正式合同。合同有正本和副本之分，正本一式两份，双方签字后各保存一份；副本份数视需要而定，无须签字，亦无法律效力，只供参考。

2. 确认书（Letter of Confirmation）

确认书也称简式合同，是合同的简化形式，分为销货确认书（Sales Confirmation，S/C）和购货确认书（Purchase Confirmation，P/C）。其格式基本一致，内容与合同相同，但比较简单，效力也与合同相同，主要适用于金额不大、批数较多的土特产品和轻工产品，或已订有代理、包销长期协议的交易。确认书一式两份，通常由我方填制后两份寄对方会签，对方留下一份后，将另一份寄回我方保存。确认书无正副本之分。

3. 协议书（Agreement）

协议书也称协定，是国际条约中的一种，是关于某一问题经过谈判后取得一致意见而签署的文书，种类有合作开发协议书、销售代理协议书和专利转让协议书等。按交易方式的不同又有经销协议书、代理协议书和寄售协议书等。国际上对协议书和合同有不同的理解和解释。如果当事人双方对具体条款已协商一致，实质上合同已成立，即使使用“协议”字样，在法律上仍具有合同性质。若是用“协议”名称，不具有合同性质，则应明确无疑地表示协议书是初步的，不是合同，并在协议书中加注“以正式合同为准”的字样。

4. 备忘录（Memorandum）

备忘录是指“用来提醒或引起别人对某事的注意的文件”。换言之，备忘录就是把谈判双方讨论的问题和达成的协议记录下来，若双方对交易条件明确具体地做了规定，经双方签字，则其性质与合同无异；若洽谈后只是对某些事项达成一定程度的理解或谅解，并将其用备忘录形式记录下来，作为今后交易或合作的依据，或作为初步协议供将来进一步洽谈参考，则它在法律上是不具约束力的。备忘录篇幅没有严格的限制，格式也较灵活随便。其格式一般与会议记录相同，可分为三大部分：一是标题，包括事由和类别；二是正文，包括谈判时间、地点、人员和内容；三是双方草签。

上述四种形式中，我国对外贸易业务中常用的是正式合同和确认书。这两种都具有法律效力。

（三）书面合同的内容

书面合同的内容由约首（Head）、本文（Body）和约尾（Tail）三部分组成。如表 10－1 所示。

表 10－1　合同范本

Purchase Contract 合同编号（Contract No）： 签订日期（Date）： 签订地点（Signed at）：
买方： The Buyer： 地址： Address

续表

电话（Tell）：　　　　　　传真（Fax）：
电子邮箱（E-mail）：

卖方：
The Seller：
地址：
Address：
电话（Tell）：　　　　　　传真（Fax）：

买卖双方同意按照下列条款签订本合同：
The Seller and the Buyer agree to conclude this Contract subject to the terms and conditions stated below：
1. 货物名称、规格和质量（Name，Specifications and Quality of Commodity）
2. 数量（Quantity）：允许________的溢短装（________% more or less allowed）
3. 单价（Unit Price）：
4. 总值（Total Amount）：
5. 交货条件（Terms of Delivery）FOB/CFR/CIF
6. 原产地国与制造商（Country of Origin and Manufacturers）：
7. 包装及标准（Packing）：
货物应具有防潮、防锈蚀、防震并适合远洋运输的包装，由于货物包装不良而造成的货物残损、灭失应由卖方负责。卖方应在每个包装箱上用不褪色的颜色标明尺码、包装箱号码、毛重、净重及“此端向上”“防潮”“小心轻放”等标记。
The packing of the goods shall be preventive from dampness，rust，moisture，erosion and shock，and shall be suitable for ocean transportation/multiple transportation. The Seller shall be liable for any damage and loss of the goods attributable to the inadequate or improper packing. The measurement，gross weight，net weight and the cautions such as “Do not stack up side down” “Keep away from moisture” “Handle with care”，shall be stenciled on the surface of each package with fadeless pigment.
8. 唛头（Shipping Marks）：
9. 装运期限（Time of Shipment）：
10. 装运口岸（Port of Loading）：
11. 目的口岸（Port of Destination）：
12. 保险（Insurance）：由________按发票金额110%投保________险和________附加险。
Insurance shall be covered by the ________ for 110% of the invoice value against ________ Risks and Additional Risk.
13. 付款条件（Terms of Payment）：
（1）信用证方式：买方应在装运期前/合同生效后________日，开出以卖方为受益人的不可撤销的议付信用证，信用证在装船完毕后________日内到期。
Letter of Credit：The Buyer shall ________ days prior to the time of shipment/after this Contract comes into effect，open an irrevocable Letter of Credit in favor of the Seller. The Letter of Credit shall expire ________ days after the completion of loading of the shipment as stipulated.
（2）付款交单：货物发运后，卖方出具以买方为付款人的付款跟单汇票，按即期付款交单（D/P）方式，通过卖方银行及________银行向买方转交单证，换取货物。
Documents against payment：After shipment，the Seller shall draw a sight bill of exchange on the Buyer and deliver the document through Sellers bank and ________ Bank to the Buyer against payment，i. e. D/P. The Buyer shall effect the payment immediately upon the first presentation of the bill（s）of exchange.
（3）承兑交单：货物发运后，卖方出具以买方为付款人的付款跟单汇票，付款期限为________后________日，按即期承兑交单（D/P ________日）方式，通过卖方银行及________银行，经买方承兑后，向买方转交单证，买方在汇票期限到期时支付货款。

续表

Documents against Acceptance: After shipment, the Seller shall draw a sight bill of exchange, payable ________ days after the Buyers delivers the document through Seller 's bank and ________ Bank to the Buyer against acceptance (D/A ________ Days). The Buyer shall make the payment on date of the bill of exchange.

(4) 货到付款：买方在收到货物后________天内将全部货款支付卖方（不适用 FOB、CFR、CIF 术语）。

Cash on delivery (COD): The Buyer shall pay to the Seller total amount within ________ days after the receipt of the goods (This clause is not applied to the Terms of FOB, CFR, CIF).

14. 单据（Documents Required）：

卖方应将下列单据提交银行议付/托收：

The Seller shall present the following documents required to the bank for negotiation/collection:

(1) 标明通知收货人/收货代理人的全套清洁的、已装船的、空白抬头、空白背书并注明运费已付/到付的海运/联运/陆运提单。

Full set of clean on board Ocean/Combined Transportation/Land Bills of Lading and blank endorsed marked freight prepaid/to collect.

(2) 标有合同编号、信用证号（信用证支付条件下）及装运唛头的商业发票一式________份。

Signed commercial invoice in ________ copies indicating contract No., L/C No. (Terms of L/C) and shipping marks

(3) 由________出具的装箱或重量单一式____份。

Packing list/weight memo in ________ copies issued by ____.

(4) 由________出具的质量证明书一式____份。

Certificate of Quality in ________ copies issued by ____.

(5) 由________出具的数量证明书一式____份。

Certificate of Quantity in ________ copies issued by ____.

(6) 保险单正本一式________份（CIF 交货条件）。

Insurance policy/certificate in ________ copies (Terms of CIF).

(7) ________签发的产地证一式____份。

Certificate of Origin in ________ copies issued by ____.

(8) 装运通知（Shipping Advice）：卖方应在交运后________小时内以特快专递方式邮寄给买方上述第________项单据副本一式一套。

The Seller shall, within ________ hours after shipment effected, send by courier each copy of the above-mentioned documents No. ________.

15. 装运条款（Terms of Shipment）：

16. 装运通知（Shipping Advice）：

一旦装载完毕，卖方应在________小时内以________方式通知买方合同编号、品名、已发运数量、发票总金额、毛重、船名/车/机号及启程日期等。

The Seller shall, immediately upon the completion of the loading of the goods, advise the Buyer of the Contract No., name of commodity, loading quantity, invoice values, gross weight, name of vessel and shipment date by ________ within ________ hours.

17. 质量保证（Quality Guarantee）：

货物品质规格必须符合本合同及质量保证书之规定，品质保证期为货到目的港________个月内。在保证期限内，因制造厂商在设计制造过程中的缺陷造成的货物损害应由卖方负责赔偿。

The Seller shall guarantee that the commodity must be in conformity with the quality, specifications and quantity specified in this Contract and Letter of Quality Guarantee. The guarantee period shall be ________ months after the arrival of the goods at the port of destination, and during the period the Seller shall be responsible for the damage due to the defects in designing and manufacturing of the manufacturer.

18. 检验（Inspection）（以下两项任选一项）：

(1) 卖方须在装运前____日委托____检验机构对本合同之货物进行检验并出具检验证书，货到目的港后，由买方委托____检验机构进行检验。

续表

The Seller shall have the goods inspected by ____ days before the shipment and have the Inspection Certificate issued by ____ . The Buyer may have the goods reinspected by ____ after the goods arrival at the destination.

（2）发货前，制造厂应对货物的质量、规格、性能和数量/重量做精密全面的检验，出具检验证明书，并说明检验的技术数据和结论。货到目的港后，买方将申请中国商品检验局（以下简称商检局）对货物的规格和数量/重量进行检验，如发现货物残损或规格、数量与合同规定不符，除保险公司或轮船公司的责任外，买方得在货物到达目的港后____日内凭商检局出具的检验证书向卖方索赔或拒收该货。在保证期内，如货物由于设计或制造上的缺陷而发生损坏或品质和性能与合同规定不符时，买方将委托中国商检局进行检验。

The manufacturers shall, before delivery, make a precise and comprehensive inspection of the goods with regard to its quality, specifications, performance and quantity/weight, and issue inspection certificates certifying the technical data and conclusion of the inspection. After arrival of the goods at the port of destination, the Buyer shall apply to China Commodity Inspection Bureau (hereinafter referred to as CCIB) for a further inspection as to the specifications and quantity/weight of the goods. If damages of the goods are found, or the specifications and/or quantity are not in conformity with the stipulations in this Contract, except when the responsibilities lies with Insurance Company or Shipping Company, the Buyer shall, within ____ days after arrival of the goods at the port of destination, claim against the Seller, or reject the goods according to the inspection certificate issued by CCIB. In case of damage of the goods incurred due to the design or manufacture defects and/or in case the quality and performance are not in conformity with the Contract, the Buyer shall, during the guarantee period, request CCIB to make a survey.

19. 索赔（Claim）：买方凭其委托的检验机构出具的检验证明书向卖方提出索赔（包括换货），由此引起的全部费用应由卖方负担。若卖方收到上述索赔后________天未予答复，则认为卖方已接受买方索赔。

The buyer shall make a claim against the Seller (including replacement of the goods) by the further inspection certificate and all the expenses incurred therefrom shall be borne by the Seller. The claims mentioned above shall be regarded as being accepted if the Seller fail to reply within ________ days after the Seller received the Buyer's claim.

20. 迟交货与罚款（Late Delivery and Penalty）：

除合同第 21 条不可抗力原因外，如卖方不能按合同规定的时间交货，买方应同意在卖方支付罚款的条件下延期交货。罚款可由议付银行在议付货款时扣除，罚款率按每________天收________%，不足________天时以________天计算。但罚款不得超过迟交货物总价的________%。如卖方延期交货超过合同规定________天时，买方有权撤销合同，此时，卖方仍应不迟延地按上述规定向买方支付罚款。

买方有权对因此遭受的其他损失向卖方提出索赔。

Should the Seller fail to make delivery on time as stipulated in the Contract, with the exception of Force Majeure causes specified in Clause 21 of this Contract, the Buyer shall agree to postpone the delivery on the condition that the Seller agree to pay a penalty which shall be deducted by the paying bank from the payment under negotiation. The rate of penalty is charged at ________% for every ________ days, odd days less than ________ days should be counted as ________ days. But the penalty, however, shall not exceed ________% of the total value of the goods involved in the delayed delivery. In case the Seller fail to make delivery ________ days later than the time of shipment stipulated in the Contract, the Buyer shall have the right to cancel the Contract and the Seller, in spite of the cancellation, shall nevertheless pay the aforesaid penalty to the Buyer without delay.

The buyer shall have the right to lodge a claim against the Seller for the losses sustained if any.

21. 不可抗力（Force Majeure）：

凡在制造或装船运输过程中，因不可抗力而使卖方不能或推迟交货时，卖方不负责任。在发生上述情况时，卖方应立即通知买方，并在________天内，给买方特快专递一份由当地民间商会签发的事故证明书。在此情况下，卖方仍有责任采取一切必要措施加快交货。如事故延续________天以上，买方有权撤销合同。

The Seller shall not be responsible for the delay of shipment or non-delivery of the goods due to Force Majeure, which might occur during the process of manufacturing or in the course of loading or transit. The Seller shall advise the Buyer immediately of the occurrence mentioned above and within ________ days thereafter the Seller shall

续表

send a notice by courier to the Buyer for their acceptance of a certificate of the accident issued by the local chamber of commerce under whose jurisdiction the accident occurs as evidence thereof. Under such circumstances the Seller, however, are still under the obligation to take all necessary measures to hasten the delivery of the goods. In case the accident lasts for more than ________ days the Buyer shall have the right to cancel the Contract. 22. 争议的解决（Arbitration）: 凡因本合同引起的或与本合同有关的任何争议应协商解决。若协商不成，应提交中国国际经济贸易仲裁委员会深圳分会，按照申请仲裁时该会现行有效的仲裁规则进行仲裁。仲裁裁决是终局的，对双方均有约束力。 Any dispute arising from or in connection with the Contract shall be settled through friendly negotiation. In case no settlement is reached, the dispute shall be submitted to China International Economic and Trade Arbitration Commission (CIETAC), Shenzhen Commission for arbitration in accordance with its rules in effect at the time of applying for arbitration. The arbitral award is final and binding upon both parties. 23. 本合同使用的 FOB、CFR、CIF 术语系根据国际商会《2010 年国际贸易术语解释通则》。 The terms FOB、CFR、CIF in the Contract are based on INCOTERMS 2010 of the International Chamber of Commerce. 买方代表（签字）: Representative of the Buyer (Authorized signature):　　　卖方代表（签字）: Representative of the Seller (Authorized signature):

约首是合同的首部，包括合同的名称、编号、订约日期与地点，以及订约双方当事人的名称、地址、法律关系及序言（订立合同的目的、原因、执行和合同的保证）等。

本文是合同的主体。这是双方通过协商达成一致意见的各项交易条件，包括商品的品名、品质、数量、重量、包装、价格、装运、保险、支付、商检、索赔、仲裁及不可抗力等条款，这部分体现的是双方的权利和义务的主要内容。

约尾是合同的结尾部分。包括文字的效力、合同的份数、附件效力、双方签字及双方的详细地址、电话、传真代号等。

三、国际商务合同的种类

（1）国际货物销售合同（International Goods Sales/Purchase Contract）。
（2）国际技术转让合同（Contracts for International Technology Transfer）。
（3）中外合资经营合同（Contract for Sino-foreign Joint Venture）。
（4）中外合作经营合同（Contract for Sino-foreign Contractual Joint Ventures）。
（5）国际工程承包合同（Contract for International Engineering Project）。
（6）补偿贸易合同（Composition Trade Contract）。
（7）涉外劳务合同（Contract for Foreign Labor Services）。
（8）国际租赁合同（Contract for International Leasing Affairs）。
（9）涉外信贷合同（Contract for Sino-foreign Credit and Loan）。
（10）国际投资合同（Contract for Build-Operate-Transfer）。
（11）投标合同（Bidding Contract）。

项目小结

在洽商交易和订立合同过程中，可能出现询盘、发盘、还盘和接受各环节，其中，发盘和接受是每笔交易达成和订立合同不可缺少的基本环节和必经的法定步骤。因此，了解发盘与接受的含义及其应具备的条件、发盘与接受生效的时间、发盘效力的终止和逾期接受的处理以及发盘与接受的撤回或修改等，都有着重要的法律和实践意义。

交易双方就各项交易条件经洽商达成协议后，即可订立合同。但合同成立是有条件的，一项合同只有符合合同成立的有效条件，才能成为有法律约束力的合同。

采用书面形式订立合同使用最多。合同的名称、内容和模式并无统一规定，究竟如何确定，取决于双方当事人的意愿。

课后习题

一、选择题

1. 按《公约》的规定，接受于（　　）生效。

A. 合理时间　　B. 向发盘人发出时
C. 送达发盘人时　　D. 发盘人收到后以电报确认时

2. 一项发盘，经过还盘后，则该项发盘（　　）。

A. 失效　　B. 仍然有效
C. 对原发盘人有约束力　　D. 对还盘人有约束力

3. 某项发盘于某月12日以电报形式送达收盘人，但在此之前的11日，发盘人以传真告知受盘人发盘无效，此行为属于（　　）。

A. 发盘的撤回　　B. 发盘的修改　　C. 一项新发盘　　D. 发盘的撤销

4. 交易磋商必不可少的两个基本环节是（　　）。

A. 询盘　接受　　B. 发盘　签合同　　C. 接受　签合同　　D. 发盘　接受

5. 英国某买主向某轻工业品进出口公司来电“拟购美加净牙膏大号1 000罗，请电告最低价格、最快交货期”，此来电属交易磋商的（　　）环节。

A. 发盘　　B. 询盘　　C. 还盘　　D. 接受

6. 按《公约》规定，发盘和接受的生效采取（　　）。

A. 投邮生效原则　　B. 签订书面合约原则
C. 口头协商原则　　D. 到达生效原则

7. 下面（　　）不是构成发盘的主要条件。

A. 发盘的内容必须十分确定　　B. 主要交易条件必须十分完整齐全
C. 向一个或一个特定的人发出　　D. 表明发盘人承受约束的意旨

8. 交易磋商中，有条件的接受是（　　）。

A. 接受的一种形式　　B. 发盘的一种形式
C. 还盘的一种形式　　D. 发盘的邀请

9. 以下陈述错误的是（　　）：①合同有两种形式，即口头的及书面的；②只有书面的合同在法律上是有效的；③书面合同中，只有正式合同具有法律效力，确认书无法律效力；④合同既可由买方制作，也可由卖方制作。

A. ①　　B. ②　　C. ①和④　　D. ②和③

10. 指出下列（　）为有效接受。

A. 你17日电接受，但用L/C替代D/P

B. 你17日电接受，如能将装运期改为5月，我方可接受

C. 你17日电接受，但交货时须提供原产地证明、熏蒸证书

D. 受L公司委托，接受你方17日电函条件

二、判断题

1. 交易磋商必须经过询盘、发盘、还盘和接受四个环节，才能达成交易。（　）
2. 交易磋商过程中，发盘是由卖方做出的行为，接受是由买方做出的行为。（　）
3. 受盘人拒绝或还盘之后，原发盘效力终止。（　）
4. 从法律效力来看，正式合同和确认书这两种形式的书面合同没有区别。（　）
5. 逾期接受，只要发盘人立即表示同意，仍可作为有效接受。（　）
6. 询盘是交易的起点，对交易双方均有约束力。（　）
7. 发盘的撤回即为发盘的撤销。（　）
8. 无论任何人对发盘做出的接受，均作为有效接受。（　）
9. 买方来电表示接受卖方发盘。但要求将D/P即期改为D/P远期，卖方缄默，此时合同成立。（　）
10. 如发盘无规定有效期，则受盘人可在任何时候接受。（　）

三、简答题

1. 交易磋商的形式有哪些？
2. 交易磋商的程序是什么？哪些程序是一笔贸易达成必不可少的？
3. 书面合同的形式有哪些？

四、案例分析

1. 香港A商行于9月20日来电向上海B公司发盘出售钢材一批，发盘中列明各项必要条件，但未规定有效期限。B公司于当天（20日）收到来电，经研究后，于22日上午11时整向上海电报局交发对上述发盘表示接受的电报，该电报于22日下午1时整送达，香港A商行22日上午9时15分向香港电报局交发电报，其电文如下："由于木材价格上涨，我9月20日电发盘撤销。"A商行的电报于22日上午11时20分送达B公司。

请分析：（1）根据有关国际贸易法律，A公司是否已成功撤销了9月20日的发盘？（2）A公司与B公司之间是否已订立了合同？

2. 我公司于2017年6月16日收到德国柏林D公司发盘："马口铁500公吨，每吨550美元CIF中国口岸，7月份装运，即期信用证支付，限20日复到有效。"我方于17日复电："若单价为500美元CIF中国口岸可接受500公吨马口铁，履约中如有争议在中国仲裁。"德国D公司复电："市场坚挺，价格不能减，仲裁条件可接受，速复。"此时马口铁价格确实趋涨。我方于19日复电："接受你方16日发盘，信用证已由中国银行开立，请确认。"但德商未确认并退回信用证。

试分析：合同是否成立，为什么？我方有无失误？

3. 我国A公司向美国B公司出口一批热水器，交易磋商过程如下：

1997 年 3 月 8 日去电："可供海尔牌热水器 30 000 件，FOB 大连每件 35 美元，5 月装运，即期信用证付款，3 日内复到有效。"

3 月 10 日 B 公司来电："接受你方 8 日来电，CFR 纽约每件 37 美元。"

3 月 12 日 A 公司去电："我方只接受 CIF 纽约每件 45 美元，请确认。"

3 月 14 日 B 公司来电："你方 12 日来电抱歉，只接受 CIF 每件 40 美元，请速复。"

3 月 16 日 B 公司又来电："经说服批发商同意 CIF 纽约每件 45 美元。"

3 月 18 日 A 公司去电："货已售出，有货再与你联系。"

3 月 28 日 A 公司去电："现在可供海尔热水器 30 000 件，CIF 纽约每件 50 美元，6 月装运，即期信用证付款，5 日复到有效。"

3 月 30 日 B 公司来电："接受你方 28 日电，仲裁地点新加坡。"

4 月 1 日 A 公司去电："抱歉，难以接受仲裁地点新加坡，仲裁地点在中国。"

4 月 3 日 B 公司来电："接受在中国仲裁。"

4 月 5 日 A 公司去电："限即期信用证 4 月 15 日到有效。"

4 月 7 日 B 公司来电："你方 5 日电信用证将由花旗银行驻北京办事处开立。"

经过几个回合磋商，合同即告成立。请判断：

(1) 3 月 10 日 B 公司来电合同是否生效？为什么？

(2) 3 月 16 日 B 公司来电合同是否成立？为什么？

(3) 3 月 18 日 A 公司去电是否为违约？为什么？

(4) 4 月 3 日 B 公司来电合同是否成立？为什么？

(5) 上述往来交易磋商过程中哪些是发盘？哪些是接受？

项目十一

合同的履行

学习目标

通过本项目的学习，了解出口合同履行的货、证、船、款四个环节，熟悉各个环节的工作内容、操作方法、具体要求和注意事项；学会审证，掌握审证的要点，会写催证函和改证函；了解进口合同履行的一般程序；理解进口报关、报验的有关规定；掌握申请开证、租船订舱、报验、投保与装运、审单与付款以及进口索赔等方面的要求与操作。

导入案例

某出口商 A 与进口商 B 按 FOB 条件达成一笔农产品买卖的合同。合同中明确规定了该农产品的品质、数量、包装、价格及交货时间等条款。在支付条款中规定采用即期信用证方式，并规定了买方开证的时间。在交货期前，卖方备妥货物后通知了买方。买方按照交易习惯派人到产地查验货物，结果认为质量不合格，并要求卖方换货。后来，第二次验货仍达不到要求。于是，买方拒绝开具信用证，而且在合同规定的装运期内没有派船到装运港接运货物。结果，合同未能执行，双方发生争执，并提起仲裁。仲裁庭审理后，做出了买方败诉的裁决。

11.1 出口合同的履行

一、备货、报验

备货工作是指卖方根据出口合同的规定，按质、按量地准备好应交的货物，并做好申请报验和领证工作。

（一）备货

备货是进出口企业根据合同或信用证规定，向有关企业或部门采购和准备货物的过程。目前在我国有两种企业：一种是生产型外贸企业，另一种是经营型外贸企业，它们的备货过程各不相同。

生产型外贸企业备货是向生产加工或仓储部门下达联系单（在有些企业称其为加工通知单或信用证分析单等），要求该部门按联系单的要求，对应交的货物进行清点、加工整理、包装、刷制运输标志以及办理申报检验和领证等项工作。联系单是进出口企业内部各个部门进行备货、出运、制单结汇的共同依据。对于经营型外贸企业，如果该企业没有固定的生产加工部门，就要向国内有关生产企业联系货源，订立国内采购合同。无论是哪种类型的企业，在备货工作中，都应注意以下几个问题：

1. 货物的品质、规格

货物的品质、规格应按合同的要求核实，必要时应进行加工整理，以保证货物的品质、规格与合同或信用证的规定一致。

2. 货物的数量

货物的数量应保证满足合同或信用证对数量的要求，备货的数量应适当留有余地，万一装运时发生意外或损失，以备调换和适应舱容之用。

3. 备货时间

备货时间应根据信用证规定，结合船期予以安排，以利于船货衔接。

4. 货物的包装

货物的包装必须符合出口合同和信用证的规定，包括内外包装的方式方法、用料、重量等。由于运输公司按重量或体积计算运费，出口企业应尽量选择重量轻的小体积包装，以节省运输费用。随着技术进步，自动仓储环境处理的货物越来越多，货物在运输和仓储过程中，通常由传送带根据条形码自动扫描分拣。因此，应注意根据仓储要求，严格按统一尺寸对货物进行包装或将货物放置在标准尺寸的牢固托盘上，并预先正确印制和贴放条形码。

（二）报验

在出口货物备齐后，要根据合同或信用证要求向中国进出口商品检验检疫局申请检验，领取出口商品检验证书。报验的方法可根据商品的不同情况采取送样检验和邀请到产地或仓库检验。商品检验的主要内容有：商品的外观和内在质量，如包装、数量、重量、安全性能、卫生等。

报检的程序一般是：

1. 申请

凡需要法定检验出口的货物，应填制“出口商品检验申请书”，向商检局办理申请报验手续。申请报验后，如出口公司发现“出口商品检验申请书”内容填写有误，或因国外进口人修改信用证而使货物规格有变动，应提出更改申请，并更改“出口商品检验申请书”，说明更改事项和更改原因。

2. 检验

商检机构对出口商品进行抽样，应当按照法律或合同规定的检验标准进行检验。检验的内容包括商品的质量、规格、数量、重量、包装以及是否符合安全、卫生要求等。

3. 出证

货物经检验合格，即由商检局发给检验证书，进出口公司应在检验证书规定的有效期内将货物出运。如超过有效期装运出口，应向商检局申请展期，并由商检局进行复验，经复验合格货物才能出口。检验证书的有效期，一般货物是从发证起 2 个月内有效，鲜果、鲜蛋类为 2 ~3 个星期内有效，植物检验为 3 个星期。如果超过有效期，装运前应向商检局申请复验。

二、催证、审证和修改信用证

针对信用证付款的合同，在履行过程中，对信用证的掌握、管理和使用，直接关系到进出口企业的收汇安全。信用证的掌握、管理和使用，主要包括催证、审证和修改信用证等几项内容，这些都是与履行合同有关的重要工作。

（一）催证

催证是指买方不按合同规定及时开立信用证，卖方以书面或口头形式向买方催促开证的情况。在通常情况下，国外客户能按时开证，但如果国外行市发生变化或进口商资金发生短缺，往往会拖延开证或不开证，甚至故意不开证。这对我方极为不利。鉴于此，我们应催促对方迅速办理开证手续。催证可在以下情况进行：

1. 履约期与签约时间间隔太长

当履约期与签约时间间隔太长时，在合同规定的开证期之前催证，以提醒客户注意开证时间即将来临。

2. 客户未按时开证

在客户未按时开证的情况下催证或连续催证，以示必须立即开证，否则会延误装运期。

3. 装运期已到，买方不开证，构成违约

合同规定的装运期已到，买方仍不开证，这一事实已经构成违约。如卖方不希望中断交易，可在保留索赔权的前提下催证。在这种情况下，如果经催证，买方开来了信用证，则应在来证符合合同规定的条件下予以接受，但应注意装运期和信用证有效期必须以我方能接受为条件。

4. 买方资信欠佳

买方资信欠佳，提前去信提示，有利于督促对方履行合同。

5. 货已备妥，准备提前装运

卖方货已备妥，打算提前装运，可去信征求对方同意提前开证。

例 11－1：Contract No. 666 goods ready please rush L/C.

666 号合同下货物已备妥，请即开证。

例 11－2：Contract No. 666 please fax when and through what bank L/C.

请告之 666 号合同下信用证何时通过何银行开立。

例 11－3：Contract No. 12345 please cable L/C to reach us before May 15 to catch as "DONGFANG" sailing May 30.

速于 5 月 15 日前将 12345 号合同信用证开到我处，以赶 5 月 30 日东方轮。

（二）审证

审证是指收到国外客户开来的信用证之后，对来证的各项条款逐一进行核对和审查，这是信用证业务中极其重要的一个环节。从理论上讲，信用证是依据买卖合同开立的，其内容应与合同条款保持一致。但在实际业务中，由于种种原因，如工作的疏忽、电文传递的错误、贸易习惯的不同、市场行情的变化或买方有意利用开证的主动权加列对其有利的条款等，往往会出现合同条款与信用证不符的情况。若在审证中发现"不符点"，应立即要求开证人进行修改，否则会影响出口方收汇的安全。

1. 审证的依据

审证是指对国外进口方通过银行开来的信用证内容进行全面审核，以确定是接受还是修改。审核的依据是货物买卖合同和《跟单信用证统一惯例》。

2. 审证的内容与重点

（1）银行审证的主要范围。审核信用证是银行（通知行）与出口企业的共同责任，只是各有侧重。业务中，银行重点审核开证行的政治背景、资信能力、付款责任、索汇路线及信用证的真伪等。如开证行所在国与我国签有双边或多边贸易协定，则要看开证行、货币名称、记账方法是否符合支付协定等内容。具体包括以下几个方面：

1）从政策上审核。主要看来证各项内容是否符合我方的方针政策以及是否有歧视性内容，有则须根据不同情况与开证行交涉。

2）对开证行的审核。主要对开证行所在国家的政治经济状况、开证行的资信、开证行的经营作风等进行审查。对于资信欠佳的银行应酌情采取适当的保全措施。

3）对信用证性质与开证行付款责任的审核。出口业务中，我方不接受带“可撤销”字样的信用证；对于不可撤销的信用证，如附有限制性条款或保留字句，使“不可撤销”名不副实，应要求对方修改。

（2）出口方审核信用证的基本内容。

1）对信用证金额与货币的审核。即审核信用证金额是否与合同金额一致，大、小写金额是否一致。如合同订有溢短装条款，信用证金额是否包括溢装部分金额；信用证使用的货币是否与合同规定的计价和支付货币一致。

2）对有关货物条款的审核。主要是对商品的品质、规格、数量、包装等依次进行审核，如发现信用证内容与合同规定不一致，不应轻易接受，原则上要求改证。

3）对信用证的装运期、有效期和到期地点的审核。信用证的装运期必须与合同的规定相同；信用证的有效期一般规定在装运期限后 7 ~ 15 天，以方便卖方制单。关于信用证的到期地点，通常要求规定在中国境内，对于在国外到期的信用证，我们一般不接受，应要求修改。

4）对开证申请人、受益人的审核。开证申请人的名称和地址应仔细审核，以防错发错运。受益人的名称和地址也须正确无误，以免影响收汇。

5）对单据的审核。主要对来证中要求提供的单据种类、份数及填制方法等进行审核，如发现有不正常规定或我方难以办到的应要求对方修改。

6）对其他运输条款和保险、商检等条款的审核。即仔细审核信用证对分批装运、转船、保险险别、投保加成以及商检条款的规定是否与合同一致，如有不符，应要求对方修改。

7）审核能否在信用证规定的交单期交单、审核对单据的要求以及信用证的到期地点。

8）对特殊条款的审核。特殊条款一般不轻易接受，但有些是可以办到的，应酌情灵活掌握。如船舶限制条款，有些地区往往在信用证中规定对装运船龄加以限制，有的信用证对装运要求指定某轮船公司或某班轮公会船只等；货到阿拉伯地区，信用证经常要求不装黑名单船和不靠某某的港口等（这种条款应该与轮船代理公司确认后接受）；有的信用证对货物装运船舱的部位加以限制；信用证中规定“开证申请人得到进口许可证才能生效”或“本证仅在受益人开具回头信用证并经本证申请人同意接受后才生效”等。

（三）修改信用证

修改信用证可由开证申请人提出，也可由受益人提出。如由开证申请人提出修改，经开证银行同意后，由开证银行发出修改通知书，通过原通知行转告受益人，经各方接受修改书后，修改方为有效；如由受益人提出修改要求，则应首先征得开证申请人同意，再由开证申请人按上述程序办理修改。其程序为：受益人—开证人—开证银行—通知银行—受益人。

修改信用证的注意事项：

（1）同一信用证上如有多处需要修改的，应当一次提出，避免多次修改。

（2）对于不可撤销信用证中任何条款的修改，都必须取得当事人的同意后才能生效。

（3）收到信用证修改后，应及时检查修改内容是否符合要求，并分情况表示接受或重新提出修改。

（4）对于修改内容要么全部接受，要么全部拒绝，部分接受修改中的内容是无效的。

（5）有关信用证修改必须通过原信用证通知行才真实、有效；通过进口商直接寄送的修改申请书或修改书复印件不是有效的修改。

（6）明确修改费用由谁承担，一般按照责任归属来确定修改费用由谁承担。

例 11－4：中方某公司与加拿大商人在 2017 年 10 月份按 CIF 条件签订了一份出口 10 万码法兰绒合同，支付方式为不可撤销即期信用证。加拿大商人于 5 月通过银行开来信用证，经审核与合同相符，其中保险金额为发票金额的 110%。我方正在备货期间，加拿大商人通过银行传递给我方一份信用证修改书，内容为将保险金额改为发票金额的 120%。我方没有理睬，按原证规定投保、发货，并于货物装运后在信用证有效期内，向议付行议付货款。议付行议付货款后将全套单据寄开证行，开证行以保险单与信用证修改书不符为由拒付。问：开证行拒付是否有道理？为什么？

参考答案：开证行的拒付没有道理。根据《跟单信用证统一惯例》（UCP600）的规定，对于信用证的修改书出口商有保持沉默的权利。也就是说，出口商在交单时，如果按照信用证修改书内容交单，则表示接受了修改，如果按原信用证交单，则表示拒绝了信用证内容的修改。本案例中，出口商对信用证修改书中将保险金额改为发票金额的 120% 的修改不予理会，按照原信用证内容交单，即拒绝了信用证的修改。

例 11－5：信用证修改函实例

Dear Sirs,

While we thank you for your L/C No. 112235, we regret to say that we have found some discrepancies. You are, therefore, requested to make the following amendments:

1. The amount both in figures and in words should respectively read "GBP 14, 550. 00 (Say Pounds Sterling Fourteen Thousand Five Hundred And Fifty Only)";

2. "From Copenhagen to China port" should read "from China port to Copenhagen";

3. The Bill of Lading should be marked " Freight Prepaid" instead of Freight to Collect;

4. Delete the clause " partial shipments and transshipment prohibited" ;

5. "This L/C is valid at our counter" should be amended to read "This L/C is valid at your counter."

Please confirm the amendments by fax as soon as possible.

Yours sincerely.

三、办理货运、报关和投保

出口企业在备货的同时，还必须及时办理运输、报关和投保等手续。

（一）办理货运

按 CIF 或 CFR 条件成交时，由卖方负责租船或订舱。一般如果货物量较少，就采用班轮租订舱位运输；如果货物量较大，足以租下整艘船，就采用租船运输。

办理货运的步骤是：

（1）查看船期表，填写出口货物托运单（B/N）。

（2）船公司或其代理人签发装货单（S/O）或下货纸。

（3）装船完毕，由船长或大副签发大副收据（Mate's Receipt，M/R）或收货单。

（4）托运人凭收货单向船公司或其代理人交付运费并换取正式提单。

（二）出口报关

在进出口货物时，报关人以书面或电子数据交换方式向海关报告其进出口货物的情况，并随附有关货运和商业单据，申请海关审查放行的行为，即为报关。报关是通关程序的第一个环节，也是关键的环节。报关是放行和结关的前提和基础。一般贸易进出口货物的通关可简单地分为申报、查验、征税和放行四个基本环节。

1. 申报

出口货物的发货人除海关特准外，应在装货的 24 小时以前向运输工具所在地的海关申报。除需紧急发运的鲜活商品，以及维修和赶船期的特殊情况之外，在装货前 24 小时以内申报的货物一律暂缓受理。中华人民共和国海关出口货物报关单如表 11 -1 所示。

2. 查验

查验，又称验关。海关接受报关单位的申报并以已经审核的申报单证为依据，对进出口货物进行实际的核查，以确定其报关单申报内容（货物性质、货物状况、数量、价值和原产地等）是否与实际进出口货物相符。通过查验，查实有无瞒报、伪报和申报不实等走私违规行为；通过查验，确定进口货物的税则归类号及适用税率，为征税、统计和后续管理提供可靠的监管依据。

3. 征税

海关征税首先是对进出口货物申报进行审核，然后根据国家有关政策法规对进出口货物征收关税。

为鼓励出口，世界各国一般不征收出口关税或仅对少数商品征收出口关税，我国目前征收的出口关税有从价税和从量税。根据《中华人民共和国进出口关税条例》，适用出口税率的出口货物有暂定税率的，应当适用暂定税率。

目前，我国征收的进口关税有从价税、从量税和复合税。我国海关计征关税的标准主要是从价税。一般情况下不准随意征收进口附加税。

计征税费的一般程序是：①确定税则归类号。②确定适用税率。③审定完税价格。④计算税额。⑤缴纳税费。

4. 放行

海关在接受申报，经审核报关单据，查验实际货物，依法办理税费计征手续并缴纳税款后，在有关单据上签盖放行章或开具放行通知单，海关的监管行为即告结束。出口货物可由发货人装船启运出境，进口货物可由收货人提取和发运。

表 11－1　中华人民共和国海关出口货物报关单

中华人民共和国海关出口货物报关单

预录人编号：　　　　　　　　　　　　海关编号：

出口口岸 上海海关	备案号 G52019200238	出口日期	申报日期 2017. 12. 12	
经营单位 江苏梦之雨卧室用品有限公司	运输方式 水路运输	运输工具名称	提运单号	
发货单位 江苏梦之雨卧室用品有限公司	贸易方式 一般贸易	征免性质 一般征税	结汇方式 付款交单	
许可证号	运抵国（地区） 安哥拉	指运港 卡宾达	境内货源地 安徽芜湖	
批准文号 445042303	成交方式 CIF	运费	保费	杂费
合同协议号 17SH－B211	件数 358	包装种类 纸箱	毛重 9 303kg	净重 8 587kg
集装箱号 SH8996787777/ 20/2260	随附单据	生产厂家 江苏梦之雨卧室用品有限公司		

标记唛码及备注

N/M

项号	商品编码	商品名称、规格型号	数量及单位	最终目的国（地区）	单价	总价	币值	征免
1	6302319990	床上用品三件套	1 789 条	安哥拉	26. 00	46 514. 00	USD	全免
2	6302319990	床上用品四件套	1 789 条	安哥拉	27. 81	49 752. 09	USD	全免

税费征收情况

录入人　　录入单位 兹声明以上申报无讹并承担法律责任 报关员 申报单位（签章） 单位地址 邮编：　　　　电话：　　　　填制日期：	海关审单批注及放行日期（签章） 审单　　　　审价 征税　　　　统计 查验　　　　放行

（三）办理保险

在 CIF 合同条件下，出口单位订妥舱位，货物装船之前，即应向保险公司办理货物运输保险事宜。具体办法是，填制一份“货物运输险投保单”（表 11－2），如果保险公司同意承保，则向投保人发回承保回执，列明保单号码、保单日期和投保日期，并向其收取保险费。出口人凭保险公司的承保回执缮制保险单，并将其送交保险公司确认签署。经保险公司签署后的保险单即成为向银行议付的重要单据之一。

表 11－2　货物运输险投保单

货 物 运 输 险 投 保 单

APPLICATION FOR CARGO TRANSPORTATION INSURANCE

投保单号：MI0001931

注意：请您在保险人明确说明本投保单及适用保险条款后，如实填写本投保单，您所填写的材料将构成签订保险合同的要约，成为保险人核保并签发保险单的依据。除双方另有约定外，保险人签发保险单且投保人向保险人缴清保险费后，保险人开始按约定的险种承保货物运输保险。

投 保 人 Applicant	RIQING EXPORT AND IMPORT COMPANY				
投保人地址 Applicant's Add	P.O.BOX 1589, NAGOYA, JAPAN			邮编 Code	197-0804
联系人 Contact	CHUANBEN	电 话 Tel.	81-3-932-3588	电子邮箱 E-mail	
被保险人 Insured	RIQING EXPORT AND IMPORT COMPANY			电 话 Tel.	
贸易合同号 Contract No.	contract01	信用证号 L/C No.	002/0000398	发票号 Invoice No.	IV0000066

标 记 Marks & Nos	包装及数量 Packing & quantity	保险货物项目 Description of goods
CANNED LITCHIS JAPAN C/NO.1-1000 MADE IN CHINA	1000　CARTONS	CANNED LITCHIS

装载运输工具： Name of the Carrier　TBA	
起运日期： Departure Date　2011-08-29	赔付地点： Claims Payable At　JAPAN

航行路线：自 SHANGHAI,CHINA　经 ______　到达（目的地）NAGOYA, JAPAN

Route　From　Via　To(destination)

包装方式：______

运输方式：______

承保条件　投保人可根据投保意向选择投保险别及条款，并划"√"确认，但保险人承保的险别及适用条款以保险人最终确定并在保险单上列明的险种、条款为准。

Conditions：

进出口海洋运输：☑一切险　☐水渍险　☐平安险　（《海洋运输货物保险条款》）
☐ICC(A)　☐ICC(B)　☐ICC(C)　（《伦敦协会条款》）

进出口航空运输：☐航空运输险　☐航空运输一切险　（《航空运输货物保险条款》）

进出口陆上运输：☐陆运险　☐陆运一切险　（《陆上运输货物保险条款 》）

特殊附加险：☑战争险　☑罢工险

特别约定Special Conditions：

1. 加成　Value Plus About　110　%
2. CIF金额　CIF Value ______　3. 保险金额　Insured Value ______
4. 费率（‰）　Rate ______　5. 保险费　Premium ______

投保人声明：

1. 本人填写本投保单之前，保险人已经就本投保单及适用的保险条款的内容，尤其是关于保险人免除责任的条款及投保人和被保险人义务条款向本人做了明确说明，本人对该保险条款及保险条件已完全了解，并同意接受保险条款的约束。
2. 本投保单所填写项内容均属事实，同意以本投保单作为保险人签发保险单的依据。
3. 保险合同自保险单签发之日起成立。

投保人签字（盖章）RIQING EXPORT AND IMPORT COMPANY　　日期 2011-08-29

四、制单结汇、核销和退税

（一）制单结汇

出口企业在货物装运后，应立即按照信用证的要求，正确缮制各种单据，并在信用证规定的有效期和交单期内，将单据及有关证件送交银行，通过银行收取外汇，并将所得外汇出售给银行换取人民币的过程即为出口结汇。为了确保安全、迅速收汇，缮制单据时必须做到正确、完整、及时、简明、整洁。

结汇在不同的支付方式下，其程序有所差异。信用证支付方式下的结汇，出口企业只需将符合信用证要求的所有单证交给议付行，后续工作均由银行负责。

目前，我国银行采取的出口结汇方式有三种。

1. 收妥结汇

收妥结汇又称“先收后付”，是指议付行收到出口企业的出口单据后，经审查无误，将单据寄交国外付款行索取货款，待收到付款行将货款拨入议付行账户通知书时，即按当时外汇牌价，折成人民币拨给出口企业。

2. 定期结汇

定期结汇是指议付行根据向国外付款行索偿所需时间，预先确定一个固定的结汇期限（7 到 14 天不等），在期限到期后，无论是否已经收到国外付款行的货款，都会主动将票款金额折成人民币付给出口企业。

3. 出口押汇

出口押汇也称“买单结汇”或“议付”，是指议付行在审单无误的情况下，按信用证条款买入受益人（出口企业）的汇票和单据，从票面金额中扣除从议付日到估计收到票款之日的利息，将余款按议付日牌价，折成人民币拨给出口公司。议付行向受益人垫付资金，买入跟单汇票后，即成为汇票持有人，可凭票向付款行索取票款。银行同意做出口押汇，是为了对出口公司提供资金融通，有利于出口公司的资金周转。这是一种广为使用的结汇方式。

（二）核销

出口核销是国家为了加强出口收汇管理，保证国家的外汇收入，防止外汇流失，指定外汇管理等部门对出口企业贸易项下的外汇收入进行监督检查的一种制度。我国的核销工作由国家外汇管理局在海关、银行等部门的配合下具体实施。出口收汇核销单见图 11－1。

核销的操作程序：

（1）出口单位领核销单。

（2）出口单位向海关交验核销单，海关审验后，退回给出口单位。

（3）货物出口后，将有关单据及附有核销单编号的发票交银行收汇，同时，将核销单存根及有关单据送还签发核销单的外汇局。

（4）银行收妥货款后，将结汇水单退出口单位。

（5）出口单位将银行确认货款已经收回的结汇水单和由海关退回的原核销单送外汇局，核销该笔收汇。

（三）退税

出口退税（Export Rebates）是指对出口货物退还其在国内生产和流通环节实际缴纳的

产品税、增值税、营业税和特别消费税。

我国政府为了加强对出口退税的管理，采取了出口退税与出口收汇核销挂钩的办法，即凭“两单两票”（出口货物报关单退税专用联、出口销售发票、出口货物收购增值税发票、出口收汇核销单退税专用联），由出口商填写出口产品退税申请表并附经海关盖有“验讫”章的出口货物报关单退税专用联、出口销售发票、出口货物收购增值税发票、结汇水单、出口收汇核销单退税专用联以及其他有关材料，报所在地的主管税务机关审核，按照出口退税的审批权限逐级上报，办理退税。

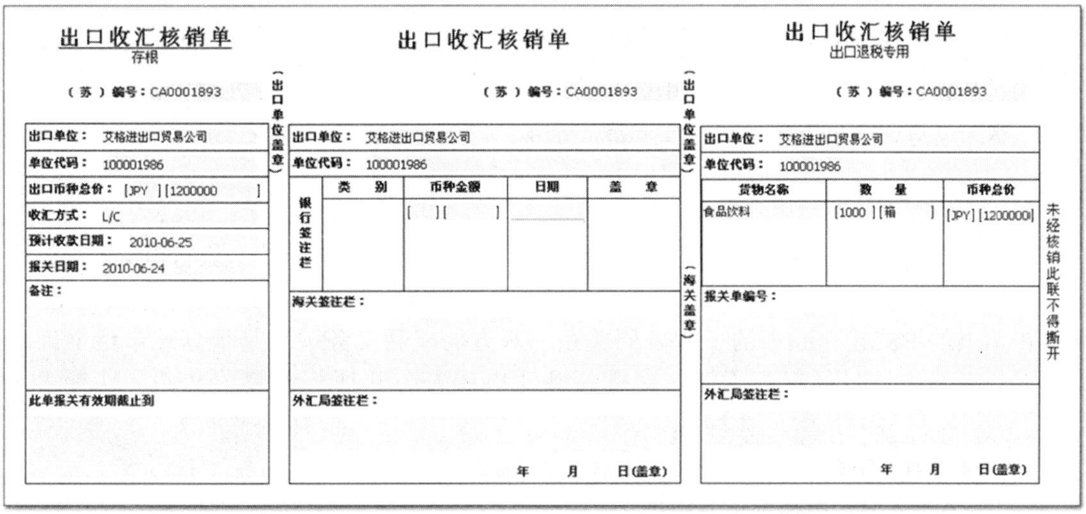
出口收汇核销单
存根
（苏）编号：CA0001893
出口单位：　艾格进出口贸易公司
单位代码：　100001986
出口币种总价：[JPY][1200000]
收汇方式：L/C
预计收款日期：2010-06-25
报关日期：2010-06-24
备注：
此单报关有效期截止到
（出口单位盖章）
出口收汇核销单
（苏）编号：CA0001893
出口单位：　艾格进出口贸易公司
单位代码：　100001986
银行签注栏　类别　币种金额　日期　盖章
海关签注栏：
外汇局签注栏：
年　月　日（盖章）
（出口单位盖章）
（海关盖章）
出口收汇核销单
出口退税专用
（苏）编号：CA0001893
出口单位：　艾格进出口贸易公司
单位代码：　100001986
货物名称　数量　币种总价
食品饮料　[1000][箱]　[JPY][1200000]
报关单编号：
外汇局签注栏：
年　月　日（盖章）
未经核销此联不得撕开

图 11－1　出口收汇核销单

11.2　进口合同的履行

例 11－6：2014 年 3 月，我国南方一家机械进出口公司（简称 A 公司）与某国一家重型汽车制造商（简称 B 厂）签订了一份总值为 200 万美元的自卸车进口合同，设备将用于一项重要水利工程，交货方式为 CIF 中国口岸，付款方式为不可撤销信用证。货物保修期为到货后一年内，在此期限内如果有质量问题，厂家负责维修或更换部件。订约后，中方于 4 月通过中国银行开出以 B 厂为受益人、金额 200 万美元的即期信用证。9 月，外方的 30 辆自卸车按时到货。中方会同商检局检验，未发现问题。第二年 2 月，用户在使用过程中，发现一辆车的底盘有异常响声，随即发现底盘车架的焊接处出现了较大的裂缝。于是，中方组织对其他车辆进行全面检查，发现有 5 台车辆的底盘也出现了不同程度的裂缝。中方便同国外 B 厂取得联系，告知情况并希望对方提出解决意见。B 厂对货物出现的问题表示遗憾，同时表示一定负责维修到底，并在最短时间内派员前来检验维修。中方对此提出异议，认为不能简单修理了事，并提出两点处理意见：一是考虑退货，二是退赔部分货款，然后再负责维修。B 厂答复称，对质量保修范围内的问题负责免费维修到底，但不能接受赔偿意见，更不能接受退货要求，因为这批货物已经由中方商检局检验证明合格，所出问题与车辆使用、路面条件不好都有一定的关系。

双方对此难以取得一致意见，最后将争议提交仲裁。仲裁机构的仲裁结论是：此案不以退货的方式解决，退货理由不够充分。负责维修并进行一定的补偿较为合理，同时延长质量保修期。对此意见，双方均表示接受。使用过程中发现质量问题及时向外方提出了索赔要求，最后经仲裁由外方负责维修并进行补偿，延长了质保期，维护了中方的合法权益。

参考答案：从上述案例可以看出，订立和履行进口合同是比较复杂的，一方面，要坚持订立合同的基本原则；另一方面，在不违背我国法律、政策的前提下也可做一些必要的变通，以利于交易的顺利进行。因此，进口贸易不仅要重视国际惯例，还应重视我国的管理规定，更要重视合同履行的具体情况。

我国进口货物，大多数是按 FOB 条件并采用信用证付款方式成交，按此条件签订的进口合同，其履行的一般程序包括：开立信用证，租船订舱，接运货物，办理货运保险，审单付款，报关提货验收与拨交货和办理索赔，等等。

一、开立信用证

进口合同签订后，进口商应负责按合同规定的时间和合同内容向当地银行申请开立信用证。信用证申请书是进口商自行缮制的一份重要文件。开证申请人与开证行间的关系是以开证申请书的形式建立起来的一种合同关系，双方的权利义务关系是根据该申请书确定的。开证申请书一旦经银行承诺，即成为开证申请人与开证行的契约文件，具有法律效力。

进口商申请开立信用证的程序为：

（一）递交有关合同的副本及附件

进口商在向银行申请开立信用证时，应向银行递交有关的进口合同副本及附件，如进口许可证和进口配额证（进口许可证及配额商品时）、某些部门的批文等。

（二）填写信用证开证申请书

进口商填写银行统一印制的信用证开证申请书，这是进口商申请开立信用证过程中最重要的工作。它是开证银行对外开立信用证的基础和依据。进口商填写开证申请书时，必须按合同条款规定，写明对信用证的各项要求，内容须明确、完整，无词义不清的记载。信用证开证申请书样本见表 11－3。

表 11－3　信用证开证申请书样本

<table>
<tr><td colspan="2">IRREVOCABLE DOCUMENTARY CREDIT APPLICATION
To：THE CHARTERED BANK　　　　DATE：040819</td></tr>
<tr><td>☐ Issue by airmail
☐ with brief advice by teletransmission
☐ Issue by express delivery
☐ Issue by teletransmission (which shall be the operative instrument)</td><td>Credit No. STLCA000001
Date and place of expiry
041015 in the beneficiary's country</td></tr>
<tr><td>Applicant
CARTERS TRADING COMPANY, LLC
P. O. BOX 8935, NEW TERMINAL, LATA, VISTA, OTTAWA, CANADA</td><td>Beneficiary (Full name and address)
GRAND WESTERN FOODS CORP.
ROOM 2501, JIAFA MANSION, BEIJING WEST ROAD, NANJING 210005, P. R. CHINA</td></tr>
</table>

续表

IRREVOCABLE DOCUMENTARY CREDIT APPLICATION

To: THE CHARTERED BANK　　　　DATE: 040819

<table>
<tr><td colspan="2">Advising Bank
NANJING COMMERCIAL BANK
NO. 19 LANE 321 SEN RD., NANING 210014, P. R. CHINA</td><td>Amount
USD11, 200. 00
U. S DOLLARS ELEVEN THOUSAND TWO HUNDRED ONLY</td></tr>
<tr><td>Partial shipments
☐ allowed ☐ not allowed</td><td>Transshipment
☐ allowed
☐ not allowed</td><td rowspan="3">Credit available with
NANJING COMMERCIAL BANK
By
☐ Sight payment ☐ acceptance ☐ negotiation
☐ deferred payment at against the documents detailed herein
☐ and beneficiary's draft (s) for <u>100</u> % of invoice value at <u>* * *</u> sight
Drawn on <u>ISSUING BANK</u></td></tr>
<tr><td colspan="2">Loading on board/dispatch/taking in charge at/from
NANJING, CHINA

not later than 040920 For transportation to: TORONTO</td></tr>
<tr><td colspan="2">☐ FOB ☐ CFR ☐ CIF
☐ or other terms</td></tr>
</table>

Documents required: (marked with X)

1. (X) Signed commercial invoice in <u>3</u> copies
2. (X) Full set of clean on board Bills of Lading made out to order and blank endorsed, marked "freight [ ] to collect/ [ ] prepaid [ ] showing freight amount" notify <u>applicant</u>
   ( ) Airway bills/cargo receipt/copy of railway bills issued by showing "freight [ ] to collect/ [ ] prepaid [ ] indicating freight amount" and consigned to ________
3. (X) Insurance Policy/Certificate in <u>3</u> copies for <u>110</u> % of the invoice value showing claims payable in <u>CANADA</u>
   In currency of the draft, blank endorsed, covering All Risks and War Risks
4. (X) Packing List/Weight Memo in <u>3</u> copies
5. ( ) Certificate of Quantity/Weight in ________ copies issued by ________
6. ( ) Certificate of Quality in ________ copies issued by [ ] Manufacturer/ [ ] public recognized surveyor ________
7. (X) Certificate of Origin in <u>3</u> copies issued by <u>MANUFACTURER</u>
8. ( ) Beneficiary's certified copy of fax/telex dispatched to the applicant within ________ days after shipment advising L/C No., name of vessel, date of shipment, name, quantity, weight and value of goods.

Other documents, if any

Description of goods:
01005 CANNED SWEET CORN, 3060GX6TINS/CTN
QUANTITY: 800CARTON
PRICE: USD14. 00/CTN

Additional instructions:

1. (X) All banking charges outside the opening bank are for beneficiary's account
2. (X) Documents must be presented within <u>15</u> days after date of issuance of the transport documents but within the validity of this credit
3. ( ) Third party as shipper is not acceptable, Short Form/Blank back B/L is not acceptable
4. ( ) Both quantity and credit amount ________% more or less are allowed
5. ( ) All documents must be sent to issuing bank by courier/speed post in one lot
6. ( ) Other terms, if any

（三）交纳押金和开证手续费

按国际惯例，进口商向银行申请开立信用证，应向银行交付一定比例的押金或其他担保金。押金一般为信用证金额的百分之几到百分之几十，根据进口商的资信情况而定。我国开证行根据不同企业和交易情况，要求开证申请人缴付一定比例的人民币保证金，然后开证。此外，银行为进口商开证时，开证申请人（进口商）还必须按规定支付一定金额的开证手续费。

（四）银行开立信用证

开证行收到进口商的开证申请，立即对开证申请书的内容及其与合同的关系、开证申请人的资信状况等进行审核，在确信可以接受开证申请人的申请并收到开证申请人提交的押金及开证手续费后，即向信用证受益人开出信用证，并将信用证正本寄交（有时使用电传开证）受益人所在地分行或代理行（统称通知行），由通知行将信用证通知受益人。

信用证开立后，受益人审核时如果发现内容与合同不符，可要求开证申请人向开证行要求修改信用证。

二、安排运输和保险

（一）租船、订舱与催装

在 FOB 合同下，进口方负责派船只到对方指定口岸接运货物。出口方在收到信用证后，应将预计装船日期通知进口方。进口方接到上述通知后，应及时向国际货运代理公司办理租船订舱手续。在运输手续办妥后，进口方应按规定的期限将船名和船期及时通知国外卖方，以便对方备货装船。

同时，为了防止卖方拖延交货，进口方还要注意做好催促工作，特别是对数量大或重要物资的进口，买方最好委托自己在出口地的代理督促外商履约，或派人员前往出口地点检验监督，以保证船货衔接。

FOB 条件下，进口方为了防止船货脱节的情况，在办妥租船订舱手续后，应在规定的期限内将船名、船期、船籍、船舶、吃水深度、装载重量、到达港口等事项及时通知出口方，并催告出口方如期装船。

（二）办理保险

按 FOB 条件进口，货物在装运港装船后风险即由出口方转移给进口方。为转移货物海上运输风险，进口方一般需向保险公司办理进口货物海上运输保险。对于进口货物运输保险，我国目前有两种做法，即预约保险和逐笔保险。

1. 预约保险

预约保险适用于经常有货物进口的外贸公司或企业。预约保险的做法是：外贸公司或企业同保险公司签订预约保险合同，规定总的保险范围、保险期限、保险种类、总保险限额、运输工具、航程区域、保险条件、保险费率、适用条款、赔偿结算支付办法。只要有属于预约保险合同规定的承保范围内的货物进口，投保单位在接到国外出口商的装船通知后，填写“国际运输预约保险起运通知书”送交保险公司，保险公司签章确认办妥保险手续。

2. 逐笔保险

逐笔保险适用于临时办理进口货物运输保险的单位。办理进口货物逐笔保险时，投保人必须在接到国外出口商的装船通知后，向保险公司索取“进口货物国际运输起运通知书”，填写后，交保险公司。保险公司接受承保后，向投保人签发保险单，保险责任开始。

三、审单付款

进口货物的单据审核，是进口合同履行过程中的一个重要环节。货物单据不仅是进口商付款的依据，也是核对出口商所供货物是否与合同相符的凭证。因此，做好进口货物各项单据的审核工作是至关重要的。

1. 审单付款的做法

进口审单付款一般有两种做法：

（1）开证行审单付款。

在信用证支付方式下，开证行承担第一性的付款责任，因此，开证行收到出口地银行转来的全套单据后，即应根据《跟单信用证统一惯例》（UCP600）的规定，遵循“单单一致，单证一致”的原则，对照信用证条款对单据加以审核，确定单据的种类及份数是否齐全，相关的各项内容如货名、品质、数量、单价及金额等是否正确。审核无误后，开证行不必事先征得开证申请人的同意，就可直接对外办理付款。

（2）开证行与进口方共同审单，然后对外付款。

开证银行在收到国外寄来的单据后，只根据国外议付的寄单索偿通知书，对单据的种类、份数、汇票、发票及索偿通知书所列金额是否正确等内容进行审核。审核无误后，开证行即将全套单据送交进口方。进口方如果审核无误，即对开证行办理付款或承兑，开证行再根据国外议付索偿通知书的要求和信用证的有关规定，对外办理付款或承兑。

2. 审单不符点的处理

如果进口方在审单时发现“不符点”，应根据《跟单信用证统一惯例》或国际银行业务惯例区别不同情况予以处理。一般来说，处理“不符点”的办法有以下几点：

（1）“不符”性质严重。包括所交单据份数或种类与信用证规定不符，货款金额大于信用证金额，单据中重要项目的内容与信用证规定不符，或单据之间相同项目的填写不一致。如出现上述不符，买方可拒绝接受单据并拒付全部货款。

（2）“不符”性质不太严重。如果“不符”性质不太严重可按下列方法处理：

1）部分付款、部分拒付。如果出口方提供单据“不符”性质不太严重，进口方一般不宜全部拒付，此时可采取部分付款、部分拒付的办法解决这种问题。

2）货到检验合格付款。即进口方向银行提出货到后如经检验符合合同规定，再接受单据，支付货款。

3）凭担保付款。即要求出口方或议付行出具货物与合同相符的担保，然后凭此担保付款。

4）更正单据后付款。如“不符”系打印错误，且时间允许，可在出口方更改单据后付款。

四、报关和检验

（一）进口报关

进口报关是指进口货物的收货人或其代理人向海关交验有关单证，办理进口货物申报手续的法律行为。办理报关的程序如下：

1. 填写进口货物报关单

进口货物运到后，由进出口公司或委托货运代理公司或报关行根据进口单据填写“进口货物报关单”向海关申报，并随附发票、提单、装箱单、保险单、许可证及审批文件、进口合同、产地证和所需的其他证件。如属法定检验的进口商品，还须随附商品检验证书。中华人民共和国海关进口货物报关单样本见表 11－4。

表 11－4 中华人民共和国海关进口货物报关单样本

中华人民共和国海关进口货物报关单

预录人编号： 海关编号：

<table>
<tr><td colspan="2">进口口岸
广州新风海关 5101</td><td colspan="2">备案号</td><td colspan="2">进口日期</td><td>申报日期
2017.12.20</td></tr>
<tr><td colspan="2">经营单位
广州晓达贸易发展公司</td><td colspan="2">运输方式
水路运输</td><td colspan="2">运输工具名称</td><td>提运单号</td></tr>
<tr><td colspan="2">发货单位
广州晓达贸易发展公司</td><td colspan="2">贸易方式
一般贸易</td><td colspan="2">征免性质
一般征税</td><td>征税比例</td></tr>
<tr><td>许可证号</td><td colspan="2">起运国（地区）
美国</td><td colspan="2">装运港
波士顿</td><td colspan="2">境内目的地
深圳</td></tr>
<tr><td>批准文号</td><td>成交方式
CFR</td><td colspan="2">运费</td><td colspan="2">保费</td><td>杂费</td></tr>
<tr><td>合同协议号</td><td colspan="2">件数
10</td><td colspan="2">包装种类
木箱</td><td>毛重
1 550kg</td><td>净重
1 440kg</td></tr>
<tr><td>集装箱号
ABTU136898/40/600</td><td colspan="3">随附单据</td><td colspan="3">用途
外贸自行内销</td></tr>
<tr><td colspan="7">标记唛码及备注
VADI
BOSTON U. S. A
C/NO. 1－10</td></tr>
<tr><td colspan="7">项号 商品编码 商品名称、规格型号 数量及单位 原产国（地区） 单价 总价 币值 征免</td></tr>
<tr><td colspan="7">184411000 VIDD 牌切纸机 80 台 德国 6 500.00 52 000.00 USD 照章征税</td></tr>
<tr><td colspan="7">税费征收情况</td></tr>
<tr><td colspan="4">录入人 录入单位
兹声明以上申报无讹并承担法律责任
报关员
申报单位（签章）
单位地址
邮编： 电话： 填制日期：</td><td colspan="3">海关审单批注及放行日期（签章）
审单 审价
征税 统计
查验 放行</td></tr>
</table>

2. 查验

海关接受申报后，对进口货物进行检查，以核对与进口货物报关单及其他单据文件上所列是否一致，查验应在海关规定的时间和场所进行，即在海关监管区域内的仓库、场地进行。

3. 纳税

海关按照《中华人民共和国海关进出口税则》的规定，对进口货物计征进口关税。根据《中华人民共和国海关法》的规定，进口方应在海关签发税款缴款书的次日起 7 天内（星期日和节假日除外），向指定的银行缴纳税款。逾期未缴的，将依法追缴并按滞纳天数征收应缴款额的 0.1 的滞纳金。

进口关税的计算方法是：首先，确定计算税额的价格，即完税价格；其次，按进口货物适应的进口关税税率计算出税额。我国计算进口关税是以货物到达我国口岸的 CIF 价格作为完税价格的。

4. 放行

放行又称“结关”，进口货物经海关查验并纳税后，由海关在报关单和货运单据上签字和加盖“验讫”章，进口企业或其代理人持海关签字并盖有放行章的货物提单提取进口货物。未经海关放行的货物，任何单位和个人都不得将货物提走。但是，对保税货物和加工贸易项下的进口货物，海关放行不等于“结关”，海关还要对货物进行后续监管，直到以后办完海关手续。但在此之前，未经海关许可，任何人不得转让或作他用。

（二）进口报验

根据我国进出口商品检验的规定，凡列入《进口商品检验种类表》的进口商品和其他法律、行政法规规定须经商检机构检验的进口商品，必须经商检机构或者国家商检部门、商检机构指定的检验部门检验。进口商品未经检验的，不准销售、不准使用。因此，进口货物到港后，进口方应及时按规定报验。

1. 进口报验的申请

申请进口商品检验时，报验人必须填写“进口商品检验申请单”。每份申请单只限填报一批商品，一般以同一贸易合同、同一国外发票、同一装运提单填写一份申请单。报验人除提供贸易合同、国外发票、装货清单、提单及进口货物通知书外，还须根据实际情况提供相关资料：

（1）申请品质检验：须附国外品质证书、使用说明书及有关标准和技术资料。凭样成交的，加附成交小样。

（2）残损鉴定：须加附理货签证、残损或溢缺单、铁路商务记录及空运事故记录等有关证明残缺的单证。

2. 进口报验地点

报验地点，按规定一般应为检验地点。报验或检验地点应考虑进口商品的种类和性质，一般有以下四种情况：卸货港检验、使用地点检验、拆箱地点检验、装运前检验。

五、提货（拨交）

进口货物到港后，船公司向进口商发出到货通知。进口货物卸货由港方负责。卸货时，进口商会同港方仔细核对货物，如发现短缺，填写“短卸报告”交船方签字；如发现残损，则应将货存放于海关指定仓库，通知保险公司、商检局等有关单位进行检验，确定残损原因、程度及索赔对象，凭商检机构出具的检验或鉴定证书，向国外有关责任方提出索赔。进口商办理好进口报关手续后，即可凭海关盖有放行章的提单到港口码头办理提货手续。

六、进口索赔

进口索赔是指货物在运输的过程中，由于人为、天灾或其他各种原因，使进口方收到的所购货物不符合合同规定或货物有其他损害，进口方依责任归属，向有关方面提出赔偿要求，以弥补其所受的损失。

（一）索赔的对象

1. 向卖方索赔

卖方的责任导致货物原装数量不足，货物的品质、规格与合同规定不符，包装不良致使货物受损，未按期交货或拒不交货，等等，进口商应要求对方履行合同或采取补救措施，提出损害赔偿条件。

2. 向承运人索赔

在进口业务中，凡属下列情况者，均可向船方索赔：货物数量少于提单所载数量；提单是清洁提单，而货物有残损情况，并且属船方过失所致；货物所受的损失，根据租船合同有关条款，应由船方负责。

3. 向保险公司索赔

如果自然灾害、意外事故或其他外来原因造成了货物在保险人承保范围内的损失，或在承保范围内承运人赔偿金额不足以抵补损失的部分，则进口商应向保险公司索赔，由保险公司对其进行赔偿。

（二）索赔的依据

索赔时应提交索赔清单和有关货运单据，如发票、提单（副本）、装箱单。在向卖方索赔时，应提交商检机构出具的检验证书；向承运人索赔时，应提交理货报告和货差证明；向保险公司索赔时，除上述各项证明外，还应附加保险公司出具的检验报告。

（三）索赔期限

向卖方索赔应在合同规定的索赔期限之内提出。如商检工作确有困难，可能需要较长时间，可在合同规定的索赔有效期内向对方要求延长索赔期限，或在合同规定索赔有效期内向对方提出保留索赔权。按《公约》规定，在合同未明确索赔期限情况下，最长的不得超过的索赔期限为 2 年。

项目小结

本项目主要介绍了出口合同和进口合同的履行过程。

通过本项目的学习，应该了解当出口合同签订后，对于出口方而言一般要经过备货、催证、审证、改证、租船订舱、报检、报关、投保、装船和制单结汇等诸多环节，这些环节中最重要的有 4 个，即备货、落实信用证（催证、审证、改证）、租船订舱和制单结汇，它们也被简称为“货、证、船、款” 4 大环节。出口合同履行的好坏，直接影响到国家对外贸易的声誉和利益。因此，出口合同的顺利履行，在对外贸易交易过程中具有重要的意义。

对于进口合同而言，在开立与修改信用证、安排运输、投保、审单、付款、报关、检验以及进口索赔等内容和环节上不能有任何疏漏，否则不同程度的损失或后果都可能发生。虽然进出口双方执行的是同一份合同，但是在各自履行自己的义务。因此，进口合同的履行有其特殊的内容和行为，这才能分辨进口方的权利、责任和义务，才能真正把进口合同的要求落到实处。

课后习题

一、选择题

1. 出口报关的时间应是（　　）。

A. 备货前　　B. 装船前　　C. 装船后　　D. 货到目的港后

2. 当信用证条款与合同规定不一致时，受益人可以要求（　　）修改。

A. 开证人　　B. 开证行　　C. 通知行　　D. 保兑行

3. 审核信用证的依据是（　　）。

A. 合同及《跟单信用证统一惯例》（UCP600）的规定　　B. 一整套单据

C. 开证申请书　　D. 商业发票

4. 根据《中华人民共和国海关法》的规定，进口方应在海关签发税款缴款书的次日起（　　）天内（星期日和节假日除外），向指定的银行缴纳税款。

A. 5　　B. 7　　C. 9　　D. 10

5. 进口的货物，如发生残损或到货数量少于提单所载数量，而运输单据是清洁的，则应向（　　）提出索赔。

A. 卖方　　B. 承运人　　C. 保险公司　　D. 银行

6. 按照国际保险市场上的一般习惯，保险金额是以发票的（　　）价格为基数，再加上适当的保险加成计算得出的。

A. FOB　　B. CFR　　C. CIF　　D. FAS

7. 按照《公约》规定，如买卖合同中未提及索赔期限，买方的最长索赔期限为自实际收到货物起不超过（　　）。

A. 1 年　　B. 60 天　　C. 2 年　　D. 30 天

8. 买方按时（　　）是卖方履行合同的前提条件。

A. 租船订舱　　B. 开立信用证　　C. 投保　　D. 审单付款

9. 我国对出口商品实行出口退税制度，出口单位在办理出口退税手续时，要向国家税务机关提交（　　）。

A. 一单两票　　B. 两单两票　　C. 三单两票　　D. 三单一票

10. 所谓“单证相符”的原则，是指受益人必须做到（　　）。

A. 单据和信用证相符　　B. 单据和合同相符

C. 信用证和合同相符　　D. 单据和单据相符

二、判断题

1. 审核信用证的依据是开证申请书。（　　）

2. 我国政府为了加强对出口退税的管理，采取了出口退税与出口收汇核销挂钩的办法，即凭“两单两票”。其中，“两票”是指出口销售发票、出口货物收购增值税发票；“两单”是指出口货物报关单退税专用联、出口收汇核销单退税专用联。 ( )

3. 不同类别的商品，其检验证书的有效期各不相同，超出有效期的出口商品，可要求商检机构将检验证书的有效期往后顺延。 ( )

4. 凡迟于信用证有效期提交的单据，银行有权拒付。 ( )

5. 修改信用证时，可不必经开证行而直接由申请人修改后交给受益人。 ( )

6. 买方已经支付货款的情况下，即使买方享有复验权，也无权向卖方提出索赔。 ( )

7. 所有的进出口公司都可以直接向海关办理报关手续。 ( )

8. 凡国外进口商要求我国官方机构签发一般原产地证的既可向商检机构也可向贸促会申请出证。 ( )

三、简答题

1. 履行出口合同的环节有哪些？其中的主要环节是哪几个？

2. 简述出口核销的操作程序。

3. 简述制单结汇的原则及出口结汇的方式。

4. 进口索赔的对象依责任归属的不同有哪些？

四、案例分析

1. A公司出口153型全棉劳动手套5 000打，客户开来信用证中注明商品的名称是“153型全棉劳动手套”，A公司发运货物后持单到银行议付，银行发现发票上写的是“153型全棉劳动手套”，而提单和保险单上仅写为“劳动手套”，就以单单不一致为由拒绝付款。A公司联系客户，客户也不愿接受单据，最后只好降价15%以托收方式收回款项。请分析此案例中A公司的处理是否得当？为什么？

2. A与B两家食品进出口有限公司共同对外成交出口货物一批，双方约定各交50%，各自结汇，由B公司对外签订合同。事后，外商开来以B公司为受益人的不可撤销信用证，证内未注明“可转让”字样，但规定允许分批装运。B公司收到信用证后及时通知了A公司，两家公司都根据信用证的规定各出口了50%的货物并以各自的名义制作了有关结汇单据。请讨论：两家公司的做法是否妥当？能否收到货款？为什么？

3. 一份买卖日用品的CIF合同规定“9月份装运”，即期信用证的有效期为10月15日。卖方10月6日向银行办理议付所提交的单据中，包括9月29日签发的已装船清洁提单。经银行审核，单单相符、单证相符，银行接受单据并支付了货款。但买方收到货物后，发现货物严重受损，且短少50箱。买方因此拒绝收货，并要求卖方退回货款。

请问：(1) 买方有无权利拒收货物并要求退款，为什么？

(2) 此案中的买方应如何处理此事才合理？

项目十二

国际贸易方式

学习目标

通过本项目的学习，了解国际贸易的方式；熟悉期货交易中套期保值的做法；了解进料加工和来料加工的性质、特点、做法及其区别；熟悉经销、包销与代理方式的特点与做法。

导入案例

某年10月20日，A公司同B公司签订了委托代销某种电子元器件的合同书。合同规定：代销产品的价格由A公司确定，开具B公司发票，每季度结算一次，代销费为6%，未售出的货物可以退货，合同期为一年。因当时该元器件销路较好，货物很快就销完了。次年9月4日，B公司与A公司又签订了一份经销合同。该合同规定：A公司向B公司提供2万套元器件，单价86美元，货到付款，10月月底之前交货。签约后不久，市场情况发生变化，该产品由畅销变为滞销。A公司多次催要货款，B公司均以货未售出为由拖延付款，并要求将存货退回。A公司予以拒绝，双方多次协商未果，A公司遂向法院提起诉讼。结果A公司胜诉。

12.1 经销与代理

一、经销

（一）经销的含义及其类型

经销（Distribution）是指进口人与国外出口人订立经销协议，承担在规定的期限和地域内购销指定商品义务的一种方式。

经销的方式有两种：一种是独立经销（Sole Distribution），也称包销（Exclusive Sales），指经销商在协议规定的期限和地域内，对指定的商品享有独家专营权的经销方式；另一种是一般经销，也称定销，指经销商不享有独家专营权，供货商可在同一时间、同一地区内，确定几个商家经销同类商品。

（二）经销的特点

经销业务中的经销商是买方，供货商是卖方，二者是买卖关系。在这种关系下，供货商按照协议规定向经销商供应指定商品，经销商以自己的名义买进商品，自行经销，自负盈亏。如果经销商在协议规定的区域内转售此类商品时，也是以自己的名义进行，接受转售商品的客户与国外供货商不构成合同关系。

（三）经销协议

经销协议是经销商和供货商规定双方权利和义务、确立双方法律关系的契约。

经销协议一般包括如下内容：

（1）经销商品的范围。

（2）经销的区域。

（3）经销数量和金额。

（4）作价方法。

（5）经销期限和终止。

（6）经销商的其他义务，如广告宣传、市场调研和维护供货人权益等。

除此之外，还应规定不可抗力及仲裁等一般交易条件，其规定方法与一般买卖合同大致相同。另外，经销协议也有定销和包销两种，具体要求也要视具体情况而定。

（四）采用经销方式出口应注意的问题

首先，要慎重选择经销商。供货商与经销商之间是一种长期的合作关系。好的经销商即使在市场状况不好的情况下，也能充分利用自己的经验和手段，努力完成推销定额。如选择经销商失当，其经营能力较差或资信不好，则对供货商极为不利。

其次，注意订好经销协议。经销协议是确定供货商和经销商之间权利和义务的法律文件，对双方均有约束力。因此，一定要认真对待，协议的好坏直接关系到这项业务的成败。

例 12－1：我国 A 公司与美国 B 公司签订了一份独家经销协议，A 公司把该公司经营的草制品在美国的独家经营权（购买权）授予 B 公司，期限为一年。一年来，由于 B 公司销售不力，A 公司蒙受很大损失。试分析 A 公司蒙受损失的原因。

参考答案：本案 A 公司蒙受损失的原因可能是：①B 公司还经销其他出口企业商品，不能专心经营 A 公司的商品。②B 公司经营能力较差，虽然努力仍完不成甚至远远不能完成协议规定的最低限额。③B 公司经营作风不正、居心不良，凭借专营权压低价格或包而不销。④签订的包销协议有漏洞，没有在包销协议中规定中止条款或索赔条款。⑤出口商 A 公司对包销协议管理不善，对协议执行情况不做定期检查，没有对协议中规定的最低限额完成进度缓慢及时做出处理。因此，要发挥独家经销方式的作用，关键在于选择恰当的包销商。

二、代理

（一）代理的含义和种类

代理（Agency）是指代理人（Agent）按照委托人的授权，代表委托人与第三人订立合同或实施其他法律行为，而由委托人直接负责由此而产生的权利与义务的贸易方式。

国际贸易中的代理按委托人授权的大小分为总代理、独家代理和一般代理。总代理

(General Agent) 是委托人在指定地区的全权代表，他有权代表委托人从事一般的商务活动和某些非商务性活动。独家代理 (Sole Agent or Exclusive Agent) 是在指定地区和期限内单独代表委托人从事代理协议中规定的有关业务的代理人。一般代理 (Agent)，又称佣金代理 (Commission Agent)，是指不享有独家专营权的代理，即在同一地区和期限内可以有几个代理人同时代表委托人从事有关业务。

代理按照行业性质的不同又可以分为销售代理、购货代理、运输代理、广告代理、诉讼代理、仲裁代理、银行代理和保险代理等。

（二）代理的性质与特点

国际贸易中的代理方式，双方当事人是委托人与代理人的关系，这与经销方式中的经销商与供货商之间的买卖关系有着本质的区别。代理人接受委托人的指定，并根据其指示行事；代理人有积极推销指定商品的义务，但没有购买指定商品的责任；代理人只居间介绍，所获得的酬劳是佣金，并非赚取差价，他对经营上的盈亏不负任何责任。

（三）销售代理协议

销售代理协议是明确规定委托人和代理人之间权利与义务的法律文件。销售代理协议主要包括如下内容：

(1) 订约双方名称、地址及订约的时间、地点。

(2) 定义条款，即对代理人经营的商品种类、地区范围以及商标等项内容予以明确限定。

(3) 代理的委托、受任及法律关系。

(4) 委托人的权利与义务：主要有关于接受和拒绝订货的权利；关于维护代理人权益的义务；关于向代理人提供广告资料，包括样品、样本、目录等推销产品所需资料的义务；关于向代理人代表委托人对当地客户的违约行为进行诉讼所付费用予以补偿的义务；关于保证向代理人支付佣金的义务等。

(5) 代理人的权利与义务：主要有关于代理人的权利范围；关于代理人积极促进产品销售的义务；关于代理人保护委托人财产、权利的义务；关于代理人的推销组织方式；关于代理人对客户资信情况进行调查的义务；关于代理人提供售后服务的义务；关于代理人向委托人汇报市场情况的义务；关于保密问题，等等。

(6) 佣金的支付：主要有佣金率、佣金的计算基础、佣金支付的时间和方法等。

(7) 协议的期限和终止。

(8) 不可抗力和仲裁。

12.2　寄售与拍卖

一、寄售

（一）寄售的含义及性质

寄售 (Consignment) 是一种委托代售的贸易方式，指寄售人 (Consignor) 先将准备销售的货物运往国外寄售地，委托当地代销人 (Consignee) 按照寄售协议规定的条件代为销售后，再由代销人向货主结算货款。

在寄售方式中，寄售人和代销人之间是委托与受托的关系，而非买卖关系。与代理人可以用委托人名义也可以用自己的名义从事授权范围事宜有所不同，代销人只能用自己的名义处理寄售协议中规定的事务，而且代销人同第三方从事的法律行为不能直接对寄售人发生效力。

（二）寄售的特点

（1）寄售由寄售人将货物运至寄售地，再寻找买主，是凭实物进行的现货交易。

（2）寄售人与代销人之间是委托代售的关系，商品售出前所有权属寄售人。

（3）代销人不承担任何风险和费用，货物出售之前的一切费用和风险均由寄售人承担。

（三）寄售的优缺点

（1）寄售的优点：现货交易，有利于寄售人开拓市场和扩大销路；现货交易买主看货成交，节省交易时间；有利于调动代销人的积极性。

（2）寄售的缺点：主要是寄售人承担的贸易风险大，资金周转期长，收汇不够安全。

（四）寄售协议

寄售协议是寄售人和代销人之间就双方的权利、义务及有关寄售条件和具体做法而签订的书面协议。协议的重点是商品价格的确定、各种费用的负担和安全收汇三个问题。

协议一般包括下列内容：

（1）协议名称及双方权利与义务。

（2）寄售区域及寄售商品。

（3）定价方法：一般有寄售人规定最低售价、随行就市、在销售前逐笔证得寄售人同意、规定结算价格四种方法。

二、拍卖

（一）拍卖的含义及范围

拍卖（Auction）是由专营拍卖业务的拍卖行接受货主的委托，在一定的地点和时间，按照一定的章程和规则，以公开叫价竞购的方法，最后由拍卖行把货物卖给出价最高的买主的一种现货交易方式。

以拍卖方式出售的商品，主要有艺术品、烟叶、木材、羊毛、毛皮、纸张、水果、蔬菜及鱼类等品质不易标准化或难以久存的商品。

（二）拍卖的形式

1. 增价拍卖

增价拍卖也称英式拍卖，是由拍卖人（Auctioneer）宣布预定的最低价格，然后由买主竞相加价，直至出价最高时，由拍卖人接受并以击槌动作宣告成交。

2. 减价拍卖

减价拍卖也称卖方叫价拍卖或荷兰式拍卖（Dutch Auction），这种方法先由拍卖人喊出最高价格，然后逐渐减低叫价，直到有某一竞买者表示接受为止。这种方式成交迅速，经常用于拍卖鲜活商品和水果、蔬菜等。

以上两种方法都是公开叫价并当时成交。

3. 密封递价拍卖

密封递价拍卖（Sealed Bids；Closed Bids）也称招标式拍卖。采用这种方法时，先由拍卖人公布拍卖商品的具体情况和拍卖条件，然后由竞买者在规定时间内将自己的出价密封递交拍卖人，拍卖人进行审查比较，将该货物卖给最合适的买者。这种方法不是公开竞买，拍卖人往往要考虑除价格以外的其他因素。有些国家的海关在处理没收货物时采用这种方法。

（三）拍卖的一般程序

拍卖一般分为三个阶段：

1. 准备阶段

参加拍卖的货主将货物运至指定拍卖地点，并与拍卖行签订委托拍卖合同，拍卖行印刷买卖目录，并在买卖前一段时间发布拍卖公告。

2. 正式拍卖阶段

在规定的时间和地点按照拍卖目录进行拍卖。

3. 成交与交货

拍卖完成后，由拍卖行工作人员提供成交确认书，买方签字确认。

12.3　招标与投标

国际贸易中的招标与投标，多被一些国家的政府机构、大型企业和公共事业单位采购物资、设备以及兴建工程项目所采用。

一、招标与投标的含义及特点

招标（Invitation to Tender）是指招标人发出招标通知，说明拟采购的商品名称、规格、数量及其他条件，邀请投标人在规定的时间、地点按照一定的程序进行投标的行为。

投标（Submission of Tender）是指投标人应招标人的邀请，按照投标的要求和条件，在规定的时间内向招标人递价，争取中标的行为。

招标与投标是一种贸易方式的两个方面，而不是两种贸易方式，投标是针对招标而来的。与其他贸易方式相比，招标与投标的特点在于：其一，不经过磋商；其二，没有讨价还价的余地；其三，招标与投标属于竞卖方式，即一个买方对多个卖方，卖方之间的竞争使买方在价格及其他条件上有较多的比较和选择，从而在一定程度上保证了采购商品和工程项目的最佳质量。

二、国际招标的方式

招标有不同的方式和不同的使用范围，也各有优势，须视具体情况选用。国际招标方式主要有以下几类：

（一）国际竞争性招标

它指招标人邀请几个乃至几十个国内外企业参加竞标，从中选择最优投标人的方式。通常有两种做法：一种是公开招标，即招标人通过国内外报刊、电台等发出招标通告，使多个具备投标资格者有均等机会参加投标；另一种是选择性招标，即招标人有选择地邀请某些信誉好、经验丰富的投标人，经资格预审合格后参加投标。

（二）谈判招标

谈判招标又称议标，是由招标人直接同卖方谈判，确定标价，达成交易。

（三）两段招标

两段招标又称两步招标，是在采购某些复杂的货物时，因事先不能准备完整的技术规格而采用的招标方式。第一步，邀请投标人提出不含报价的技术投标；第二步，邀请投标人提出价格投标。

三、招标与投标的基本程序

招标与投标的基本程序包括招标、投标、开标与评标、签订协议等环节。

（一）招标

招标包括三项工作：编制招标文件，发布招标公告，投标资格预审。

招标文件又称标书，也就是招标的贸易条件和技术条件。物资与设备采购的标书，主要应列明商品名称、各种交易条件和投标人须知，如投标人资格、投标时间、投标保证金和投标单寄送方法等；工程项目的标书还应包括项目规范、工程量表、合同条件及图表等。

招标公告要根据招标的种类，选择是公开发布还是在一定范围内发布。

资格预审主要是审核投标人的能力和资信情况，一般包括投标人概况、经验与信誉、财务能力、人员能力和施工设备等，预审合格，方可参加投标。

（二）投标

参加投标时必须做好以下工作：

（1）投标前的准备工作：主要是认真研究招标文件，衡量自身的能力，提出相应的指标和措施。

（2）确定适当的价格：价格一旦报出，便不能随意撤销或撤回。

（3）提供投标保证金：保证金可以是现金，也可以是银行出具的保证书或备用信用证，保证金一般为总价的3% ~10%，未中标的可以在评标后退回。

（4）认真制作投标文件。

（三）开标与评标

开标有公开开标与秘密开标两种方式。公开开标是按照招标人规定的时间、地点，在投标人或其代理出席的情况下，当众拆开密封的投标文件，宣读文件内容。秘密开标是没有投标人参加，由招标人自行开标，并选定中标人。

评标是指招标人在开标后，对各种投标书中的条件进行评审、比较，选择最佳投标人为中标人的过程。

如果招标人认为所有投标均不理想，可以宣布招标失败，并拒绝全部投标。

（四）签订协议

招标人选定中标人之后，要向其发布中标通知书，中标人必须依约与招标人签订协议。

例12－2：安徽省某建设集团下属机械制造厂参加亚洲开发银行贷款本省一级公路养护设备摊铺机的投标。在此次国际招标中，招标文件规定投标语言为英语，具体规定为："投标书和投标人与业主之间有关投标书的来往函电和文件均使用英文。由投标人提供的证明文件和印刷品可为其他语言，但其中相关段落应附有准确的英译文，并且为解释投标书，应以英译文为准。”然而，上述机械制造厂提供的投标文件中，报价表使用了英文，商务资料表使用了中文，技术资料表则使用了法文（该摊铺机生产技术从法国引进），并且其中法文部分没有相应的英译文。结果，该厂因为投标书书写语言与招标文件规定不符而未通过商务审查。

参考答案： 本案的经验教训是，为确保物资采购或工程项目取得预期成效，招标人通常会对投标人进行资格预审，通过预审的投标人才能获得参与投标的资格。在制作投标文件时，要在保证价格具有竞争力的前提下，努力提高其他方面的竞争优势，比如专业人员素质、企业配套能力、售后服务等，争取以最优的组合实现中标。

12.4　期货交易

期货交易是一种特殊的交易方式。早期的期货交易产生于11—14世纪的欧洲，17世纪，最早的期货交易所日本大阪大米交易所成立。而现代期货交易起源于19世纪后期的美国。

由于期货市场价格和现货市场价格变化均受商品供求关系的影响，因此，从事实际商品交易的人士则可以利用期货市场转移实际交易价格波动的风险，避免或减少商品价格波动带来的损失。而从事投机的投机者则自愿承担风险，参与某项交易，期望行情发生对其有利的变化，从而获得巨额利润。

一、期货交易的含义及特征

期货交易（Futures Trading）是指在期货交易所内，按照一定规章制度进行的期货合约的买卖。期货交易具有如下特征：

（一）交易对象是期货合约

买卖的对象是标准化的期货合约，而不是直接的商品交换。期货交易与现货交易有明显区别：现货交易双方必须支付实际货物，转移货物所有权；而期货交易买卖的是标准期货合约，必须在商品交易所内进行，不涉及货物的实际交割，只需在期货合约到期前平仓。

期货合约（Futures Contract）是由期货交易所制定的、由交易双方在指定的交易所中按规定的交易规则达成的在规定时间和地点交割一定期货商品的标准化契约。

（二）交易目的是转移风险或赚取收益

期货交易不是为了获得实物商品，而是为了转移有关商品的价格风险或赚取投机收益。

（三）交易商品特殊

用于期货交易的商品具有一定的特殊性（品质可划分性、可贮藏性、交易量大宗性、价格波动频繁性）。

相关知识阅读

目前，世界上著名的期货交易所：美国芝加哥商品交易所（CBOT）、芝加哥商业交易所（CME）、纽约商品交易所（COMEX）、纽约商业交易所（NYMEX），英国伦敦金属交易所（LME），日本东京工业品交易所、谷物交易所，中国香港的期货交易所，新加坡的国际金融交易所等。

期货交易的品种：

商品期货：(1) 农产品：谷物（玉米、小麦、大米）、油籽油料（大豆、油菜籽）、棉花、生猪、木材；

(2) 矿产品：铜、铝、铅、锌、镍；

(3) 能源期货：石油产品。

金融期货：(1) 外汇期货（Currency Futures）；

(2) 利率期货（Interest Rate Futures）；

(3) 股票指数期货（Stock Index Futures）。

二、期货市场的构成

（一）期货交易所

期货交易所（Futures Exchanges）指法律允许的具体买卖期货合约的场所。

期货交易所是期货市场的重要组成部分。世界上绝大多数国家的法律都规定，期货交易必须在指定的期货交易所进行。任何在期货交易所外进行的期货交易都是非法的。

期货交易所是在早期的商品交易所的基础上演变而来的。早期的商品交易所是进行特定商品买卖的场所，涉及的主要是实际货物的买卖，因此这种有组织的交易所被称为“商品交易所”。但如今，随着期货市场的发展，期货交易的内容不仅限于具体的商品，有些期货合约已经脱离了实物形态，新出现的从事期货交易的场所已经放弃“商品交易所”的名称。故我们将从事期货交易的场所一律统称为期货交易所，把包括期货交易所在内，涉及期货交易及其运行的组织结构，称为期货市场。

期货交易所本身不参加期货交易，也不参与期货价格的确定。期货交易所的主要职能是：

(1) 提供交易场地，确定交易时间。

(2) 制订期货交易规则。

(3) 负责监督和执行交易规则。

(4) 制订标准的期货合约。

(5) 设立仲裁机构，解决交易争议，保证期货合约顺利履行。

(6) 负责收集并向公众传播信息。

（二）清算所

清算所（Clearing House）也称票据交换所，是对期货交易所中交易的期货合约负责对冲、交割和统一清算结算的机构。清算所有两种组织形式：一是独立的清算机构。在英国及欧洲大陆的许多国家，期货交易所不设立自己的清算机构，而是委托财力雄厚的大财务金融机构负责期货合约的清算。二是附属于期货交易所的清算所。期货交易所拥有自己的清算机构，负责在交易所内发生的交易清算和结算。

（三）期货交易的参加者

1. 场内经纪人（Floor Brokers）

场内经纪人主要是指在期货交易所拥有会员资格，按照客户的交易指令进行交易的人员。

2. 套期保值者（Hedger）

一般为实际商品的经营者、加工者和生产者。他们为了保障现货交易的正常合理利润，往往在期货市场上采取适当的套期保值策略来避免或减少价格波动带来的现货交易的损失。

3. 投机者（Speculator）

投机者指在期货市场上通过“买空卖空”或“卖空买空”，希望以较少的资金来博得利润的投资者。

（四）期货佣金商

期货佣金商（Futures Commission Merchants，FCMs）又称为经纪行或者佣金行，是指代表金融、商业机构或一般公众进行期货交易的公司或个人。期货佣金商一般都是期货交易所的会员，有的也是清算所的会员，他们有资格指派或雇用场内经纪人进行期货交易。

三、套期保值

期货交易的做法有多种，最常见的是套期保值和投机交易。

套期保值（Hedging）又称对冲交易。它的基本做法是在买进（或卖出）实货的同时或前后，在期货交易所卖出（或买进）相等数量的合同作为保值。由于期货市场和实货市场的价格趋势一般来说是一致的，涨时同涨，跌时俱跌，所以实货市场的亏（盈），可从期货市场的盈（亏）得到弥补或抵消。套期保值分为卖期保值和买期保值两种。

（一）卖期保值（Selling Hedge）

卖期保值是指套期保值者根据现货交易情况，先在期货市场上卖出期货合约（又称建立空头交易部位），然后再以多头进行平仓的做法。通常生产商在预售商品时，或加工商在采购原料时，为了避免价格波动的风险，经常采用卖期保值的做法。

例 12－3：某粮食批发商在 5 月上旬买入小麦 50 公吨，3 个月后将出售，买进小麦时的现货市场价是人民币 600 元/公吨，期货市场价格是人民币 610 元/公吨，并已存入仓库。该批发商预测 3 个月后，小麦价格将大跌，为避免损失，他遂在芝加哥商品交易所进入期货市场，卖出了单价为人民币 610 元/公吨，交割期为 8 月上旬的小麦期货。其后，小麦价格果然下降。在 8 月月初，此粮食批发商售出小麦，价格为人民币 550 元/公吨，每公吨损失人民币 50 元。但与此同时，芝加哥商品交易所的小麦价格也下降了，该粮食批发商又购买了 8 月上旬的小麦期货合同，对空头交易部位进行平仓，价格为人民币 550 元/公吨，每公吨盈利人民币 60 元。现列表进行说明（表 12－1）：

表 12－1　某粮食批发商采用卖期保值转移价格风险

日期	现货市场	期货市场
5 月上旬	买入现货小麦 50 公吨存仓 价格为每公吨 600 元人民币	出售 8 月上旬小麦期货 50 公吨 价格为每公吨 610 元人民币
8 月上旬	出售小麦 50 公吨 价格为每公吨 550 元人民币	买入 8 月上旬小麦期货 50 公吨 价格为每公吨 550 元人民币
结果	亏损：（600－550）×50＝2 500 元	盈利：（610－550）×50＝3 000 元

从上例可以看出，由于该粮食批发商及时做了卖期保值，期货市场的盈利正好弥补了现货市场由于价格变动所带来的损失，套期保值起到了转移风险的作用。

（二）买期保值（Buying Hedge）

买期保值是指套期保值者根据现货交易情况，先在期货市场上买入期货合约（又称建立多头交易部位），然后再以卖出期货合约进行平仓的做法。中间商在采购货源时，为避免价格波动，经常采用买期保值的做法。

例 12－4：某大米出口商于9月接到一个3个月后交货，每吨1 200元人民币的10万公吨大米定单。该出口商在签订合同时手头并无现货。但为了履行合同，该出口商必须在12月份交货前购进现货。但是他担心在临近交货时大米价格上涨，于是他进入期货市场，购买了10万公吨大米期货合同，价格为人民币1 210元/公吨。到11月月底，该出口商收购大米的价格为人民币1 300元/公吨，与此同时，期货价格也上涨至人民币1 350元/公吨。于是他以出售大米期货在期货市场上平仓。其结果如表12－2所示：

表 12－2　某大米出口商采用买期保值转移价格风险

日期	现货市场	期货市场
9月	出售12月份交货大米10万公吨 价格为每公吨1 200元人民币	购入12月份大米期货10万公吨 价格为每公吨1 210元人民币
11月	购入12月份交货的大米10万公吨 价格为每公吨1 300元人民币	出售12月份大米期货10万公吨 价格为每公吨1 350元人民币
结果	亏损：(1 300－1 200)×10＝1 000元	盈利：(1 350－1 210)×10＝1 400元

上述交易情况表明，由于大米价格上涨使得此出口商在现货交易中亏损1 000元，但由于及时地做了买期保值，在期货市场上盈利1 400元。期货市场的盈利弥补了现货市场的亏损。

四、投机交易

投机交易与套期保值转移价格风险的目的不同，它是要承担风险、追求利润的。其基本原则是低价购进，高价抛出，以获取两次交易的差价。期货市场上主要的投机活动是买空和卖空。

（一）买空（Long）

买空又称多头，指投机商在预计价格将上涨时先买进期货合同，使自己处于多头部位，等价格上涨后再卖出对冲，从中获利。

例 12－5：交易者预计纽约商品交易所的铜期货价格可能会上涨，于是在价格上涨之前以83.5美分/磅的价格买入20张6月份的铜期货合约。由于铜的市场供应量减少，价格上涨，两周后，该交易者以87.5美分/磅的价格卖出20张铜期货合约平仓。如1张合约为10 000磅，则该投机者买空投机共赚8 000美元。见表12－3。

表 12－3　买空

3月10日	买入20张6月份铜期货合约，价格为83.5美分/磅
3月24日	卖出20张6月份铜期货合约，价格为87.5美分/磅

$20 \times 10\ 000 \times (87.5 - 83.5) \div 100 = 8\ 000$（美元）

（二）卖空（Short）

卖空又称空头，指投机商估计行市看跌，所以先抛出期货合约，使自己处于空头部位，等价格下跌到一定程度再补进对冲，同样赚取差价。

例 12－6：某交易者预计纽约期货交易所的 12 月原油期货价格可能会下跌，于是先以 60 美元/桶的价格卖出 10 张 12 月份的原油期货合约（一份合约为 1 000 桶），一周后，原油价格果然下跌，该交易者以 55 美元/桶的价格平仓。这样，该交易者共赚 50 000 美元。见表 12－4。

表 12－4　卖空

10 月 10 日	卖出 10 张 12 月份原油期货合约，价格为 60 美元/桶
10 月 17 日	买入 10 张 12 月份原油期货合约，价格为 55 美元/桶

$10 \times 1\ 000 \times (60 - 55) = 50\ 000$（美元）

相关阅读

期货制度的起源

现代意义的期货起源一般被认为诞生于 19 世纪中后期的美国。19 世纪三四十年代，毗邻美国中西部平原和密歇根湖等独特地理位置的芝加哥发展为美国重要的粮食集散地。由于粮食生产特有的季节性，加之交通不便、库容有限等原因，谷物在短时间内集中上市，供给量大大超过当地市场需求，而且恶劣的交通状况无法使谷物及时疏散，加之仓储设施不足，粮食也无法采取先大量购入再见机出售的办法，所以价格一跌再跌，无人问津。而到次年春季，因谷物短缺，价格飞涨。为解决价格大幅起落带来的经营风险问题，部分粮食商一方面在该地交通要道增设了仓库、扩大上市季节采购量；另一方面又与粮食加工商、销售商签订次年春季的供货合同。这样通过联产联销，基本锁定了预期利润。至此，尚属远期交易的范畴。远期交易经常会碰到一些问题，比如：合同内容通常包括商品品质、等级、价格、数量、交货时间等众多方面，当双方情况或价格发生变化时，很难将合同转手其他人；能否执行合同要视对方信誉而定；确保执行合同的成本较高、执行风险较大等。为保证远期合同交易的顺利进行，1848 年由 82 位商人成立的商会组织——芝加哥期货交易所提供统一的平台为市场提供远期合同交易，并推出了标准化的远期交易合同，而且执行保证金制度，向签约双方收取不超过合约价值 10% 的保证金，作为履约保证；1882 年芝加哥期货交易所允许对冲解除履约；1883 年结算协会为交易所会员提供对冲工具；1925 年芝加哥期货交易所结算公司成立，所有交易通过结算公司结算。至此，统一的交易场所、标准化合约、保证金制度及结算制度等一系列交易制度的确立标志着期货交易完成了重要的制度创新，现代意义上的期货交易真正诞生。

资料来源：约翰赫尔．期权、期货和衍生金融工具［M］．第 6 版．张陶伟，译．北京：清华大学出版社，2009.

12.5 补偿贸易和加工贸易

一、补偿贸易

（一）补偿贸易的概念

补偿贸易（Compensation Trade）又称产品返销（Product Buyback），指交易的一方在对方提供信用的基础上，进口技术设备，然后以该技术、设备所生产的产品，分摊抵付进口技术、设备的价款及利息。

（二）补偿贸易的种类

1. 直接产品补偿

由设备供应方向设备进口方承诺购买一定数量或金额的由该设备直接生产出来的产品。

2. 间接产品补偿

当所交易的设备本身不生产物资产品，或设备所生产的直接产品非对方所需时，经双方协商，可回购其他产品来代替。

3. 劳务补偿

由对方代我方购进所需的技术、设备。货款由对方垫付。我方按照对方要求加工生产后，从应收的工缴费中分期扣还所欠款项。

例12－7：2016年10月，甲公司与乙公司签订了《补偿贸易合同》，合同规定，乙公司向甲公司出口某设备，以甲公司用进口设备生产出的产品返销给乙公司的方式分三年偿还全部设备款，每年50万欧元。合同生效后，乙公司按照合同规定交付了设备。第一年，甲公司依照合同规定用设备生产的产品向乙公司偿还了设备款50万欧元。到了第二年，甲公司用于返销的产品的国际市场价格上涨了30%。甲公司认为，原合同对返销产品的作价不合理，要求修改合同或签订补充协议，提高返销产品的价格，乙公司不同意。于是，甲公司擅自将产品直接出口，在国际市场销售，并用所得外汇向乙公司偿还设备款50万欧元。为此，双方发生争议，乙公司于2017年年底提起仲裁，要求甲公司交付产品或按130%支付设备款，并按合同规定支付5%的违约金。甲公司认为，它已如数支付了设备价款，因此履行了合同。乙公司认为，合同规定用产品偿还，该产品国际市场价格上涨30%，其转售产品应得的利益被剥夺，故甲公司应补偿30%，并支付违约金。乙公司的要求是否合理？

参考答案：本案属于补偿贸易中的直接产品补偿。按照双方签订的《补偿贸易合同》，甲公司应通过返销设备生产出的产品向乙公司偿还设备价款。甲公司用向第三方出口收取的外汇偿还乙公司的设备价款的做法，实际上是一般贸易的分期付款方式，已改变了补偿贸易的性质，完全违反了补偿贸易的规定和双方签订的合同。所以，乙公司的要求是合理的。

（三）补偿贸易的作用

1. 补偿贸易对技术、设备进口方面的作用

（1）企业通过补偿贸易引进技术、设备，可解决其缺少资金进行技术改造和设备更新的难题，从而使产品得以升级换代，增强市场竞争力。

（2）技术、设备进口方将产品返销，在抵偿技术、设备价款的同时，也利用了设备出

口方在国外的销售渠道，使产品进入国外市场，以进口技术、设备来带动产品的出口。

（3）以补偿贸易方式引进的技术、设备，往往并不十分先进，但如果产品能够返销且市场前景良好，设备价格合理，则对发展中国家增加产品出口、扩大国内就业机会、提高地区经济发展水平仍是有利的。

2. 补偿贸易对技术、设备出口方的作用

（1）出口方在提供信贷的基础上，扩大技术和设备的出口。

（2）出口方出于转移产业的需要，通过补偿贸易方式将产品转移至发展中国家，既能获得转让技术和设备的价款，又能从返销产品的销售中获取利润。

（四）补偿贸易的特点

（1）跨国公司经营多元化有利于开展补偿贸易。

（2）世界分工进一步发展，从比较成本出发所导致的产业转移向纵深展开是补偿贸易的又一促进因素。

（3）技术、设备的先进性是补偿贸易双方的主要矛盾。

（五）补偿贸易的业务要点

（1）引进技术、设备的先进性、适用性及其保障措施。

（2）返销产品抵偿技术、设备价款的规定。

（3）偿还期限和结算方式。

二、加工贸易

加工贸易（Processing Trade）是指一国的企业利用自己的设备和生产能力，对来自国外的原材料、零部件或元器件进行加工、制造或装配，然后再将产品销往国外的贸易方式。加工贸易按照所承接的业务特点不同，可分为：进料加工、来料加工、装配业务和协作生产。

（一）进料加工

进料加工（Processing with Imported Materials）是指用自有外汇在国际市场购买原材料、零部件或元器件，按自己的设计加工装配成成品再行出口销往国外市场。这种做法在中国又称“以进养出”。

这类业务中，经营的企业以买主的身份与国外签订购买原材料的合同，又以卖主的身份签订成品的出口合同。两个合同体现为两笔交易，它们都是以所有权转移为特征的货物买卖；进料加工贸易要注意所加工的成品在国际市场上要有销路。否则，进口原料外汇很难平衡，从这一点看进料加工要承担价格风险和成品的销售风险。

（二）来料加工

来料加工（Processing）是指加工一方由国外另一方提供原料、辅料和包装材料，按照双方商定的质量、规格、款式加工为成品，交给对方，自己收取加工费。有的是全部由对方来料；有的是一部分由对方来料，一部分由加工方采用本国原料的辅料。此外，有时对方只提出式样、规格等要求，而由加工方使用当地的原料、辅料进行加工生产，这种做法常被称为“来样加工”。

来料加工与进料加工的区别主要有以下几方面：一是贸易。来料加工是由外商提供一定的原材料或技术设备，出口企业根据要求进行加工装配，将成品出口收取加工费的一种贸易方式；进料加工是出口企业用外汇从国外购进原材料，经生产加工后复出口的一种贸易方式。二是风险。来料加工不占用资金，也不考虑销售存在的风险；进料加工使用外汇占用周转资金，承担着出口货物质量与国外销售的风险。三是物权。来料加工不拥有产品的所有权，出口企业与外商之间是受托与委托的协议关系；进料加工拥有产品的所有权，出口企业与外商是买入与卖出的交易关系。四是税收。来料加工出口货物实行免征增值税、消费税办法，加工企业取得的加工费收入免征增值税、消费税，出口货物所耗用国内原料支付的进项税额不得抵扣，转入生产成本，其国内配套的原材料已征税款也不予退税；进料加工自营或委托代理出口的货物生产企业增值税执行"免、抵、退"税办法，其应税消费品免征消费税。外贸企业增值税执行"免、退"税办法，其应税消费品退还消费税。来料加工和进料加工的区别举例如图 12－1 所示。

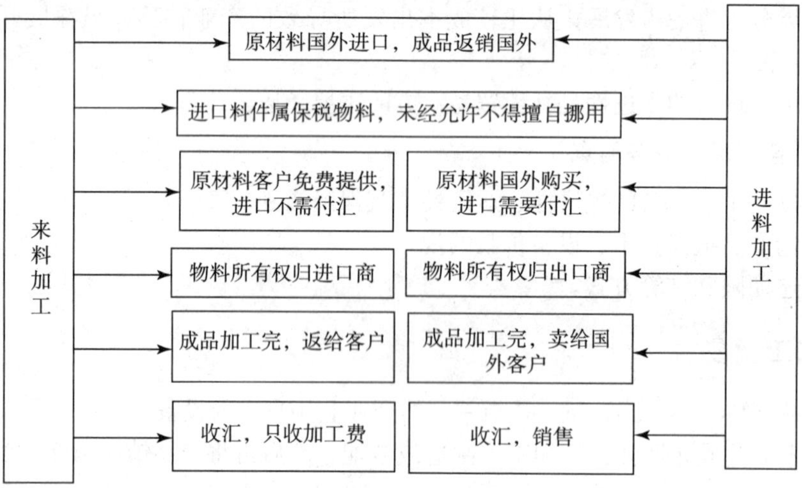

图 12－1　来料加工和进料加工的区别举例

（三）装配业务

装配业务指由一方提供装配所需设备、技术和有关元件、零件，由另一方装配为成品后交货。装配业务的来料加工和来料装配业务包括两个贸易进程，一是进口原料，二是产品出口。但这两个过程是同一笔贸易的两个方面，而不是两笔交易。原材料的提供者和产品的接受者是同一家企业，交易双方不存在买卖关系，而是委托加工关系，加工一方赚取的是加工费，因而这类贸易属于劳务贸易范畴。它的好处是：加工一方可以发挥本国劳动力资源丰裕的优势，提供更多的就业机会；可以补充国内原料不足的缺陷，充分发挥本国的生产潜力；可以通过引进国外的先进生产工艺，借鉴国外的先进管理经验，提高本国技术水平和产品质量，提高本国产品在国际市场的适销能力和竞争能力。当然，来料加工与来料装配业务只是一种初级阶段的劳务贸易，加工方只能赚取加工费，产品从原料转化为成品过程中的附加价值，基本被对方占有。由于这种贸易方式比进料加工风险小，在中国开展得比较广泛，获得了较好的经济效益。

（四）协作生产

它是指一方提供部分配件或主要部件，而由另一方利用本国生产的其他配件组装成一件产品出口。商标可由双方协商确定，既可用加工方的，也可用对方的。所供配件的价款可在货款中扣除。协作生产的产品一般规定由对方销售全部或一部分，也可规定由第三方销售。

项目小结

国际贸易方式是国家间商品流通的做法或形式。其中包括经销、代理、招标投标、拍卖、寄售、对销贸易、加工贸易和期货交易等形式。

经销业务中的经销商和供货商是买卖关系。代理业务中的代理人和委托人之间不是买卖关系，而是委托代理关系。常见的代理分为总代理、独家代理和一般代理。

招标与投标不是两种贸易方式，而是一种贸易方式的两个方面。拍卖是一种古老的具有悠久历史的贸易方式。拍卖的形式有增价拍卖、减价拍卖和密封递价拍卖三种。

寄售是一种委托代理的贸易方式，寄售协议既非经销业务的买卖合同关系，也非代理业务的委托代理关系，而是属于委托与受托的关系。

加工贸易是一种简单的国家间的劳务合作方式，主要有对外加工装配和进料加工两种。期货交易明显区别于现货交易，它不进行实物交割，而是买卖期货合同。

课后习题

一、简答题

1. 经销、代理的区别是什么？
2. 拍卖的形式有哪些？
3. 来料加工与进料加工的区别是什么？

附录一

联合国国际货物销售合同公约

（1980 年 4 月 11 日订于维也纳）

本公约各缔约国，铭记联合国大会第六届特别会议通过的关于建立新的国际经济秩序的各项决议的广泛目标，考虑到在平等互利基础上发展国际贸易是促进各国间友好关系的一个重要因素，认为采用照顾到不同的社会、经济和法律制度的国际货物销售合同统一规则，将有助于减少国际贸易的法律障碍，促进国际贸易的发展，兹协议如下：

第一部分　适用范围和总则

第一章　适用范围

第一条

（1）本公约适用于营业地在不同国家的当事人之间所订立的货物销售合同：

（a）如果这些国家是缔约国；

（b）如果国际私法规则导致适用某一缔约国的法律。

（2）当事人营业地在不同国家的事实，如果从合同或从订立合同前任何时候或订立合同时，当事人之间的任何交易或当事人透露的情报均看不出，应不予考虑。

（3）在确定本公约的适用时，当事人的国籍和当事人或合同的民事或商业性质，应不予考虑。

第二条　本公约不适用于以下的销售：

（a）购供私人、家人或家庭使用的货物的销售，除非卖方在订立合同前任何时候或订立合同时不知道而且没有理由知道这些货物是购供任何这种使用的；

（b）经由拍卖的销售；

（c）根据法律执行令状或其他令状的销售；

（d）公债、股票、投资证券、流通票据或货币的销售；

（e）船舶、船只、气垫船或飞机的销售；

（f）电力的销售。

第三条

（1）供应尚待制造或生产的货物的合同应视为销售合同，除非订购货物的当事人保证供应这种制造或生产所需的大部分重要材料。

（2）本公约不适用于供应货物一方的绝大部分义务在于供应劳力或其他服务的合同。

第四条　本公约只适用于销售合同的订立以及卖方和买方因此种合同而产生的权利和义务。特别是，本公约除非另有明文规定，与以下事项无关：

（a）合同的效力，或其任何条款的效力，或任何惯例的效力；

（b）合同对所售货物所有权可能产生的影响。

第五条　本公约不适用于卖方对于货物对任何人所造成的死亡或伤害的责任。

第六条　双方当事人可以不适用本公约，或在第十二条的条件下，减损本公约的任何规定或改变其效力。

第二章　总　　则

第七条

（1）在解释本公约时，应考虑到本公约的国际性质和促进其适用的统一以及在国际贸易上遵守诚信的需要。

（2）凡本公约未明确解决的属于本公约范围的问题，应按照本公约所依据的一般原则来解决，在没有一般原则的情况下，则应按照国际私法规定适用的法律来解决。

第八条

（1）为本公约的目的，一方当事人所作的声明和其他行为，应依照他的意旨解释，如果另一方当事人已知道或者不可能不知道此意旨。

（2）如果上一款的规定不适用，当事人所作的声明和其他行为，应按照一个与另一方当事人同等资格、通情达理的人处于相同情况中，应有的理解来解释。

（3）在确定一方当事人的意旨或一个通情达理的人应有的理解时，应适当地考虑到与事实有关的一切情况，包括谈判情形、当事人之间确立的任何习惯作法、惯例和当事人其后的任何行为。

第九条

（1）双方当事人已同意的任何惯例和他们之间确立的任何习惯做法，对双方当事人均有约束力。

（2）除非另有协议，双方当事人应视为已默示地同意对他们的合同或合同的订立适用双方当事人已知道或理应知道的惯例，而这种惯例，在国际贸易上，已为有关特定贸易所涉同类合同的当事人所广泛知道并为他们所经常遵守。

第十条

为本公约的目的：

（a）如果当事人有一个以上的营业地，则以与合同及合同的履行关系最密切的营业地为其营业地，但要考虑到双方当事人在订立合同前任何时候或订立合同时所知道或所设想的情况；

（b）如果当事人没有营业地，则以其惯常居住地为准。

第十一条　销售合同无须以书面订立或书面证明，在形式方面也不受任何其他条件的限制。

销售合同可以用包括人证在内的任何方法证明。

第十二条　本公约第十一条、第二十九条或第二部分准许销售合同或其更改或根据协议终止，或者任何发价、接受或其他意旨表示得以书面以外任何形式做出的任何规定不适用，如果任何一方当事人的营业地是在已按照本公约第九十六条做出了声明的一个缔约国内，各当事人不得减损本条或改变其效力。

第十三条 为本公约的目的，“书面”包括电报和电传。

第二部分 合同的订立

第十四条

（1）向一个或一个以上特定的人提出的订立合同的建议，如果十分确定并且表明发价人在得到接受时承受约束的意旨，即构成发价。一个建议如果写明货物并且明示或暗示地规定数量和价格或规定如何确定数量和价格，即为十分确定。

（2）非向一个或一个以上特定的人提出的建议，仅应视为邀请做出发价，除非提出建议的人明确地表示相反的意向。

第十五条

（1）发价于送达被发价人时生效。

（2）一项发价，即使是不可撤销的，如果撤回通知于发价送达被发价人之前或同时，送达被发价人，也得予撤回。

第十六条

（1）在未订立合同之前，如果撤销通知于被发价人发出接受通知之前送达被发价人，发价得予撤销。

（2）但在下列情况下，发价不得撤销：

（a）发价写明接受发价的期限或以其他方式表示发价是不可撤销的；

（b）被发价人有理由信赖该项发价是不可撤销的，而且被发价人已本着对该项发价的信赖行事。

第十七条 一项发价，即使是不可撤销的，也于拒绝通知送达发价人时终止。

第十八条

（1）被发价人声明或做出其他行为表示同意一项发价，即是接受，缄默或不行动本身不等于接受。

（2）接受发价于表示同意的通知送达发价人时生效。如果表示同意的通知在发价人规定的时间内（如未规定时间，在一段合理的时间内），未曾送达发价人，接受就成为无效的，但须适当地考虑到交易的情况，包括发价人所使用的通信方法的迅速程度。对口头发价必须立即接受，但情况有别者不在此限。

（3）但是，如果根据该项发价或依照当事人之间确立的习惯作法和惯例，被发价人可以做出某种行为，例如与发运货物或支付价款有关的行为来表示同意，而无须向发价人发出通知，则接受于该项行为做出时生效，但该项行为必须在上一款所规定的期间内做出。

第十九条

（1）对发价表示接受但载有添加、限制或其他更改的答复，即为拒绝该项发价，并构成还价。

（2）但是，对发价表示接受但载有添加或不同条件的答复，如所载的添加或不同条件在实质上并不变更该项发价的条件，除发价人在不过分迟延的期间内以口头或书面通知反对其间的差异外，仍构成接受。如果发价人不做出这种反对，合同的条件就以该项发价的条件以及接受通知内所载的更改为准。

（3）有关货物价格、付款、货物质量和数量、交货地点和时间、一方当事人对另一方当事人的赔偿责任范围或解决争端等的添加或不同条件，均视为在实质上变更发价的条件。

第二十条

（1）发价人在电报或信件内规定的接受期间，从电报交发时刻或信上载明的发信日期起算，如信上未载明发信日期，则从信封上所载日期起算。发价人以电话、电传或其他快速通信方法规定的接受期间，从发价送达被发价人时起算。

（2）在计算接受期间时，接受期间内的正式假日或非营业日应计算在内。但是，如果接受通知在接受期间的最后 1 天未能送到发价人地址，因为那天在发价人营业地是正式假日或非营业日，则接受期间应顺延至下一个营业日。

第二十一条

（1）逾期接受仍有接受的效力，如果发价人毫不迟延地用口头或书面形式将此种意见通知被发价人。

（2）如果载有逾期接受的信件或其他书面文件表明，它是在传递正常、能及时送达发价人的情况下寄发的，则该项逾期接受具有接受的效力，除非发价人毫不迟延地用口头或书面形式通知被发价人：他认为他的发价已经失效。

第二十二条　接受得予撤回，如果撤回通知于接受原应生效之前或同时，送达发价人。

第二十三条　合同于按照本公约规定对发价的接受生效时订立。

第二十四条　为公约本部分的目的，发价、接受声明或任何其他意旨表示“送达”对方，系指用口头通知对方或通过任何其他方法送交对方本人，或其营业地或通信地址，如无营业地或通信地址，则送交对方惯常居住地。

第三部分　货物销售

第一章　总　　则

第二十五条　一方当事人违反合同的结果，如使另一方当事人蒙受损害，以至于实际上剥夺了他根据合同规定有权期待得到的东西，即为根本违反合同，除非违反合同一方并不预知而且一个同等资格、通情达理的人处于相同情况中也没有理由预知会发生这种结果。

第二十六条　宣告合同无效的声明，必须向另一方当事人发出通知，方始有效。

第二十七条　除非公约本部分另有明文规定，当事人按照本部分的规定，以适合情况的方法发出任何通知、要求或其他通知后，这种通知如在传递上发生耽搁或错误，或者未能到达，并不使该当事人丧失依靠该项通知的权利。

第二十八条　如果按照本公约的规定，一方当事人有权要求另一方当事人履行某一义务，法院没有义务做出判决，要求具体履行此义务，除非法院依照其本身的法律对不属本公约范围的类似销售合同愿意这样做。

第二十九条

（1）合同只需双方当事人协议，就可更改或终止。

(2) 规定任何更改或根据协议终止必须以书面做出的书面合同，不得以任何其他方式更改或根据协议终止。但是，一方当事人的行为，如经另一方当事人寄以信赖，就不得坚持此项规定。

第二章 卖方的义务

第三十条 卖方必须按照合同和本公约的规定，交付货物，移交一切与货物有关的单据并转移货物所有权。

第一节 交付货物和移交单据

第三十一条

如果卖方没有义务在任何其他特定地点交付货物，他的交货义务如下：

(a) 如果销售合同涉及货物的运输，卖方应把货物移交给第一承运人，以运交给买方；

(b) 在不属于上款规定的情况下，如果合同指的是特定货物或从特定存货中提取的或尚待制造或生产的未经特定化的货物，而双方当事人在订立合同时已知道这些货物是在某一特定地点，或将在某一特定地点制造或生产，卖方应在该地点把货物交给买方处置；

(c) 在其他情况下，卖方应在订立合同时的营业地把货物交给买方处置。

第三十二条

(1) 如果卖方按照合同或本公约的规定将货物交付给承运人，但货物没有以货物上加标记或以装运单据或其他方式清楚地注明有关合同，卖方必须向买方发出列明货物的发货通知。

(2) 如果卖方有义务安排货物的运输，他必须订立必要的合同，以按照通常运输条件，用适合情况的运输工具，把货物运到指定地点。

(3) 如果卖方没有义务对货物的运输办理保险，他必须在买方提出要求时，向买方提供一切现有的必要资料，使他能够办理这种保险。

第三十三条

卖方必须按以下规定的日期交付货物：

(a) 如果合同规定有日期，或从合同可以确定日期，应在该日期交货；

(b) 如果合同规定有一段时间，或从合同可以确定一段时间，除非情况表明应由买方选定一个日期外，应在该段时间内任何时候交货；

(c) 在其他情况下，应在订立合同后一段合理时间内交货。

第三十四条 如果卖方有义务移交与货物有关的单据，他必须按照合同所规定的时间、地点和方式移交这些单据。如果卖方在那个时间以前已移交这些单据，他可以在那个时间到达前纠正单据中任何不符合合同规定的情形，但是，此权利的行使不得使买方遭受不合理的不便或承担不合理的开支。但是，买方保留本公约所规定的要求损害赔偿的任何权利。

第二节 货物相符与第三方要求

第三十五条

(1) 卖方交付的货物必须与合同规定的数量、质量和规格相符，并须按照合同规定的方式装箱或包装。

（2）除双方当事人已另有协议外，货物除非符合以下规定，否则即为与合同不符：

（a）货物适用于同一规格货物通常使用的目的；

（b）货物适用于订立合同时曾明示或默示地通知卖方的任何特定目的，除非情况表明买方并不依赖卖方的技能和判断力，或者这种依赖对他是不合理的；

（c）货物的质量与卖方向买方提供的货物样品或样式相同；

（d）货物按照同类货物通用的方式装箱或包装，如果没有此种通用方式，则按照足以保全和保护货物的方式装箱或包装。

（3）如果买方在订立合同时知道或者不可能不知道货物不符合合同，卖方就无须按上一款（a）项至（d）项负有此种不符合合同的责任。

第三十六条

（1）卖方应按照合同和本公约的规定，对风险移转到买方时所存在的任何不符合合同的情形，负有责任，即使这种不符合合同的情形在该时间后方始明显。

（2）卖方对在上一款所述时间后发生的任何不符合合同的情形，也应负有责任，如果这种不符合合同的情形是卖方违反他的某项义务所致，包括违反关于在一段时间内货物将继续适用于其通常使用的目的或某种特定目的，或将保持某种特定质量或性质的任何保证。

第三十七条 如果卖方在交货日期前交付货物，他可以在那个日期到达前，交付任何缺漏部分或补足所交付货物的不足数量，或交付用以替换所交付不符合合同规定的货物，或对所交付货物中任何不符合合同规定的情形做出补救，但是，此权利的行使不得使买方遭受不合理的不便或承担不合理的开支。但是，买方保留本公约所规定的要求损害赔偿的任何权利。

第三十八条

（1）买方必须在按情况实际可行的最短时间内检验货物或由他人检验货物。

（2）如果合同涉及货物的运输，检验可推迟到货物到达目的地后进行。

（3）如果货物在运输途中改运或买方须再发运货物，没有合理机会加以检验，而卖方在订立合同时已知道或理应知道这种改运或再发运的可能性，检验可推迟到货物到达新目的地后进行。

第三十九条

（1）买方对于货物不符合合同，必须在发现或理应发现不符情形后一段合理时间内通知卖方，说明不符合合同情形的性质，否则就丧失了声称货物不符合合同的权利。

（2）无论如何，如果买方不在实际收到货物之日起两年内将货物不符合合同的情形通知卖方，他就丧失了声称货物不符合合同的权利，除非这一时限与合同规定的保证期限不符。

第四十条 如果货物不符合合同规定指的是卖方已知道或不可能不知道而没有告知买方的一些事实，则卖方无权援引第三十八条和第三十九条的规定。

第四十一条 卖方所交付的货物，必须是第三方不能提出任何权利或要求的货物，除非买方同意在这种权利或要求的条件下，收取货物。但是，如果这种权利或要求是以工业产权或其他知识产权为基础的，卖方的义务应依照第四十二条的规定。

第四十二条

（1）卖方所交付的货物，必须是第三方不能根据工业产权或其他知识产权主张任何权利或要求的货物，但以卖方在订立合同时已知道或不可能不知道的权利或要求为限，而且这种权利或要求根据以下国家的法律规定是以工业产权或其他知识产权为基础的：

（a）如果双方当事人在订立合同时预期货物将在某一国境内转售或做其他使用，则根据货物将在其境内转售或做其他使用的国家的法律；或者

（b）在任何其他情况下，根据买方营业地所在国家的法律。

（2）卖方在上一款中的义务不适用于以下情况：

（a）买方在订立合同时已知道或不可能不知道此项权利或要求；

（b）此项权利或要求的发生，是由于卖方遵照买方所提供的技术图样、图案、程式或其他规格。

第四十三条

（1）买方如果不在已知道或理应知道第三方的权利或要求后一段合理时间内，将此权利或要求的性质通知卖方，就丧失了援引第四十一条或第四十二条规定的权利。

（2）卖方如果知道第三方的权利或要求以及此权利或要求的性质，就无权援引上一款的规定。

第四十四条

尽管有第三十九条第（1）款和第四十三条第（1）款的规定，买方如果对他未发出所需的通知具备合理的理由，仍可按照第五十条规定减低价格，或要求利润损失以外的损害赔偿。

第三节　卖方违反合同的补救办法

第四十五条

（1）如果卖方不履行他在合同和本公约中的任何义务，买方可以：

（a）行使第四十六条至第五十二条所规定的权利；

（b）按照第七十四条至第七十七条的规定，要求损害赔偿。

（2）买方可能享有的要求损害赔偿的任何权利，不因他行使采取其他补救办法的权利而丧失。

（3）如果买方对违反合同采取某种补救办法，法院或仲裁庭不得给予卖方宽限期。

第四十六条

（1）买方可以要求卖方履行义务，除非买方已采取与此要求相抵触的某种补救办法。

（2）如果货物与合同不符，买方只有在此种不符合合同的情形构成根本违反合同时，才可以要求交付替代货物，而且关于替代货物的要求，必须与依照第三十九条发出的通知同时提出，或者在该项通知发出后一段合理时间内提出。

（3）如果货物不符合合同，买方可以要求卖方通过修理对不符合合同之处做出补救，除非他考虑了所有情况之后，认为这样做是不合理的。修理的要求必须与依照第三十九条发出的通知同时提出，或者在该项通知发出后一段合理时间内提出。

第四十七条

（1）买方可以规定一段合理时限的额外时间，让卖方履行其义务。

（2）除非买方收到卖方的通知，声称他将不在所规定的时间内履行义务，买方在这段时间内不得对违反合同采取任何补救办法。但是，买方并不因此丧失他对迟延履行义务可能

享有的要求损害赔偿的任何权利。

第四十八条

（1）在第四十九条的条件下，卖方即使在交货日期之后，仍可自付费用，对任何不履行义务做出补救，但这种补救不得造成不合理的迟延，也不得使买方遭受不合理的不便，或无法确定卖方是否将偿付买方预付的费用。但是，买方保留本公约所规定的要求损害赔偿的任何权利。

（2）如果卖方要求买方表明他是否接受卖方履行义务，而买方不在一段合理时间内对此要求做出答复，则卖方可以按其要求中所指明的时间履行义务。买方不得在该段时间内采取与卖方履行义务相抵触的任何补救办法。

（3）卖方表明他将在某一特定时间内履行义务的通知，应视为包括根据上一款规定要买方表明决定的要求在内。

（4）卖方按照本条第（2）和第（3）款做出的要求或通知，必须在买方收到后，才开始生效。

第四十九条

（1）买方在以下情况下可以宣告合同无效：

（a）卖方不履行其在合同或本公约中的任何义务，等于根本违反合同；

（b）如果发生不交货的情况，卖方不在买方按照第四十七条第（1）款规定的额外时间内交付货物，或卖方声明他将不在所规定的时间内交付货物。

（2）但是，如果卖方已交付货物，买方就丧失了宣告合同无效的权利，除非：

（a）对于迟延交货，他在知道交货后一段合理时间内这样做；

（b）对于迟延交货以外的任何违反合同的事情：

第一，他在已知道或理应知道这种违反合同后一段合理时间内这样做；

第二，他在买方按照第四十七条第（1）款规定的任何额外时间满期后，或在卖方声明他将不在这一额外时间履行义务后一段合理时间内这样做；

第三，他在卖方按照第四十八条第（2）款指明的任何额外时间满期后，或在买方声明他将不接受卖方履行义务后一段合理时间内这样做。

第五十条　如果货物不符合合同，不论价款是否已付，买方都可以减低价格，减价按实际交付的货物在交货时的价值与符合合同的货物在当时的价值两者之间的比例计算。但是，如果卖方按照第三十七条或第四十八条的规定对任何不履行义务做出补救，或者买方拒绝接受卖方按照该两条规定履行义务，则买方不得减低价格。

第五十一条

（1）如果卖方只交付一部分货物，或者交付的货物中只有一部分符合合同规定，第四十六条至第五十条的规定适用于缺漏部分及不符合合同规定部分的货物。

（2）买方只有在完全不交付货物或不按照合同规定交付货物等于根本违反合同时，才可以宣告整个合同无效。

第五十二条

（1）如果卖方在规定的日期前交付货物，买方可以收取货物，也可以拒绝收取货物。

（2）如果卖方交付的货物数量大于合同规定的数量，买方可以收取也可以拒绝收取多交部分的货物。如果买方收取多交部分货物的全部或一部分，他必须按合同价格付款。

第三章　买方的义务

第五十三条　买方必须按照合同和本公约规定支付货物价款和收取货物。

第一节　支付价款

第五十四条　买方支付价款的义务包括根据合同或任何有关法律和规章规定的步骤和手续，支付价款。

第五十五条　如果合同已有效地订立，但没有明示或暗示地规定价格或规定如何确定价格，在没有任何相反表示的情况下，双方当事人应视为已默示地引用订立合同时此种货物在有关贸易的类似情况下销售的通常价格。

第五十六条　如果价格是按货物的重量规定的，如有疑问，应按净重确定。

第五十七条

（1）如果买方没有义务在任何其他特定地点支付价款，他必须在以下地点向卖方支付价款：

（a）卖方的营业地；

（b）如凭移交货物或单据支付价款，则为移交货物或单据的地点。

（2）卖方必须承担因其营业地在订立合同后发生变动而增加的支付方面的有关费用。

第五十八条

（1）如果买方没有义务在任何其他特定时间内支付价款，他必须于卖方按照合同和本公约规定将货物或控制货物处置权的单据交给买方处置时支付价款。卖方可以支付价款作为移交货物或单据的条件。

（2）如果合同涉及货物的运输，卖方在支付价款后方可把货物或控制货物处置权的单据移交给买方作为发运货物的条件。

（3）买方在未有机会检验货物前，无义务支付价款，除非这种机会与双方当事人议定的交货或支付程序相抵触。

第五十九条　买方必须按合同和本公约规定的日期或从合同和本公约可以确定的日期支付价款，而无须卖方提出任何要求或办理任何手续。

第二节　收取货物

第六十条　买方收取货物的义务如下：采取一切理应采取的行动，以期卖方能交付货物；接收货物。

第三节　买方违反合同的补救办法

第六十一条

（1）如果买方不履行他在合同和本公约中的任何义务，卖方可以：

（a）行使第六十二条至第六十五条所规定的权利；

（b）按照第七十四条至第七十七条的规定，要求损害赔偿。

（2）卖方可能享有的要求损害赔偿的任何权利，不因他行使采取其他补救办法的权利而丧失。

（3）如果卖方对违反合同采取某种补救办法，法院或仲裁庭不得给予买方宽限期。

第六十二条　卖方可以要求买方支付价款、收取货物或履行他的其他义务，除非卖方已采取与此要求相抵触的某种补救办法。

第六十三条

（1）卖方可以规定一段合理时限的额外时间，让买方履行义务。

（2）除非卖方收到买方的通知，声称他将不在所规定的时间内履行义务，卖方不得在这段时间内对违反合同采取任何补救办法。但是，卖方并不因此丧失他对迟延履行义务可能享有的要求损害赔偿的任何权利。

第六十四条

（1）卖方在以下情况下可以宣告合同无效：

（a）买方不履行其在合同或本公约中的任何义务，等于根本违反合同；

（b）买方不在卖方按照第六十三条第（1）款规定的额外时间内履行支付价款的义务或收取货物，或买方声明他将不在所规定的时间内这样做。

（2）但是，如果买方已支付价款，卖方就丧失了宣告合同无效的权利，除非：

（a）对于买方迟延履行义务，他在知道买方履行义务前这样做；

（b）对于买方迟延履行义务以外的任何违反合同的事情：

第一，他在已知道或理应知道这种违反合同后一段合理时间内这样做；

第二，他在卖方按照第六十三条第（1）款规定的任何额外时间期满后或在买方声明他将不在这一额外时间内履行义务后一段合理时间内这样做。

第六十五条

（1）如果买方应根据合同规定订明货物的形状、大小或其他特征，而他在议定的日期或在收到卖方的要求后一段合理时间内没有订明这些规格，则卖方在不损害其可能享有的任何其他权利的情况下，可以依照他所知道的买方的要求，自己订明规格。

（2）如果卖方自己订明规格，他必须把订明规格的细节通知买方，而且必须规定一段合理时间，让买方可以在该段时间内订出不同的规格。如果买方在收到这种通知后没有在该段时间内这样做，卖方所订的规格就具有约束力。

第四章　风险移转

第六十六条　货物在风险移转到买方承担后遗失或损坏，买方支付价款的义务并不因此解除，除非这种遗失或损坏是由于卖方的行为或不行为造成的。

第六十七条

（1）如果销售合同涉及货物的运输，但卖方没有义务在某一特定地点交付货物，自货物按照销售合同交付给第一承运人以转交给买方时起，风险就移转到买方承担。如果卖方有义务在某一特定地点把货物交付给承运人，在货物于该地点交付给承运人以前，风险不移转到买方承担。卖方受权保留控制货物处置权的单据，并不影响风险的移转。

（2）但是，在货物以货物上加标记，或以装运单据，或向买方发出通知，或其他方式清楚地注明有关合同以前，风险不移转到买方承担。

第六十八条　对于在运输途中销售的货物，从订立合同时起，风险就移转到买方承担。但是，如果情况表明有此需要，从货物交付给签发载有运输合同单据的承运人时起，风险就由买方承担。尽管如此，如果卖方在订立合同时已知道或理应知道货物已经遗失或损坏，而他不将这一事实告之买方，则这种遗失或损坏应由卖方负责。

第六十九条

（1）在不属于第六十七条和第六十八条规定的情况下，从买方接收货物时起，或如果买方不在适当时间内这样做，则从货物交给他处置但他不收取货物从而违反合同时起，风险移转到买方承担。

（2）但是，如果买方有义务在卖方营业地以外的某一地点接收货物，当交货时间已到而买方知道货物已在该地点交给他处置时，风险方始移转。

（3）如果合同指的是当时未加识别的货物，则这些货物在未清楚注明有关合同以前，不得视为已交给买方处置。

第七十条 如果卖方已根本违反合同，第六十七条、第六十八条和第六十九条的规定，不损害买方因此种违反合同而可以采取的各种补救办法。

第五章 卖方和买方义务的一般规定

第一节 预期违反合同和分批交货合同

第七十一条

（1）如果订立合同后，一方当事人由于下列原因显然将不履行其大部分重要义务，另一方当事人可以中止履行义务：

（a）他履行义务的能力或他的信用有严重缺陷；

（b）他在准备履行合同或履行合同中的行为。

（2）如果卖方在上一款所述的理由明显化以前已将货物发运，他可以阻止将货物交给买方，即使买方持有其有权获得货物的单据。本款规定只与买方和卖方间对货物的权利有关。

（3）中止履行义务的一方当事人不论是在货物发运前还是发运后，都必须立即通知另一方当事人，如经另一方当事人对履行义务提供充分保证，则他必须继续履行义务。

第七十二条

（1）如果在履行合同日期之前，明显看出一方当事人将根本违反合同，另一方当事人可以宣告合同无效。

（2）如果时间许可，打算宣告合同无效的一方当事人必须向另一方当事人发出合理的通知，使他可以对履行义务提供充分保证。

（3）如果另一方当事人已声明他将不履行其义务，则上一款的规定不适用。

第七十三条

（1）对于分批交付货物的合同，如果一方当事人不履行对任何一批货物的义务，便对该批货物构成根本违反合同，则另一方当事人可以宣告合同对该批货物无效。

（2）如果一方当事人不履行对任何一批货物的义务，使另一方当事人有充分理由断定对今后各批货物将会发生根本违反合同，该另一方当事人可以在一段合理时间内宣告合同今后无效。

（3）买方宣告合同对任何一批货物的交付为无效时，可以同时宣告合同对已交付的或今后交付的各批货物均为无效，如果各批货物是互相依存的，不能单独用于双方当事人在订立合同时所设想的目的。

第二节　损害赔偿

第七十四条　一方当事人违反合同应负的损害赔偿额，应与另一方当事人因他违反合同而遭受的包括利润在内的损失额相等。这种损害赔偿不得超过违反合同一方在订立合同时，依照他当时已知道或理应知道的事实和情况，对违反合同预料到或理应预料到的可能损失。

第七十五条　如果合同被宣告无效，而在宣告无效后一段合理时间内，买方已以合理方式购买替代货物，或者卖方已以合理方式把货物转卖，则要求损害赔偿的一方可以取得合同价格和替代货物交易价格之间的差额以及按照第七十四条规定可以取得的任何其他损害赔偿。

第七十六条

（1）如果合同被宣告无效，而货物有时价，要求损害赔偿的一方，如果没有根据第七十五条规定进行购买或转卖，则可以取得合同规定的价格和宣告合同无效时的时价之间的差额以及按照第七十四条规定可以取得的任何其他损害赔偿。但是，如果要求损害赔偿的一方在接收货物之后宣告合同无效，则应适用接收货物时的时价，而不适用宣告合同无效时的时价。

（2）为上一款的目的，时价指原应交付货物地点的现行价格，如果该地点没有时价，则指另一合理替代地点的价格，但应适当地考虑货物运费的差额。

第七十七条　声称另一方违反合同的一方，必须按情况采取合理措施，减轻由于该另一方违反合同而引起的损失，包括利润方面的损失。如果他不采取这种措施，违反合同一方可以要求从损害赔偿中扣除原可以减轻的损失数额。

第三节　利　　息

第七十八条　如果一方当事人没有支付价款或任何其他拖欠金额，另一方当事人有权对这些款额收取利息，但不妨碍要求按照第七十四条规定可以取得的损害赔偿。

第四节　免　　责

第七十九条

（1）当事人对不履行义务，不负责任，如果他能证明此种不履行义务是由于某种非他所能控制的障碍，而且对于这种障碍，没有理由预期他在订立合同时能考虑到或能避免或克服它或它的后果。

（2）如果当事人不履行义务是他所雇用履行合同的全部或一部分规定的第三方不履行义务所致，该当事人只有在以下情况下才能免除责任：

（a）他按照上一款的规定应免除责任；

（b）假如该项的规定也适用于他所雇用的人，这个人也同样会免除责任。

（3）本条所规定的免责对障碍存在的期间有效。

（4）不履行义务的一方必须将障碍及其对他履行义务能力的影响通知另一方。如果该项通知在不履行义务的一方已知道或理应知道此障碍后一段合理时间内仍未为另一方收到，则他对由于另一方未收到通知而造成的损害应负赔偿责任。

(5) 本条规定不妨碍任何一方行使本公约规定的要求损害赔偿以外的任何权利。

第八十条 一方当事人因其行为或不行为而使得另一方当事人不履行义务时，不得声称该另一方当事人不履行义务。

第五节 宣告合同无效的效果

第八十一条

(1) 宣告合同无效解除了双方在合同中的义务，但应负责的任何损害赔偿仍应负责。宣告合同无效不影响合同关于解决争端的任何规定，也不影响合同中关于双方在宣告合同无效后权利和义务的任何其他规定。

(2) 已全部或局部履行合同的一方，可以要求另一方归还他按照合同供应的货物或支付的价款，如果双方都须归还，他们必须同时这样做。

第八十二条

(1) 买方如果不可能按实际收到货物的原状归还货物，他就丧失了宣告合同无效或要求卖方交付替代货物的权利。

(2) 上一款的规定不适用于以下情况：

(a) 如果不可能归还货物或不可能按实际收到货物的原状归还货物，并非由于买方的行为或不行为所造成；

(b) 如果货物或其中一部分的毁灭或变坏，是按照第三十八条规定进行检验所致；

(c) 如果货物或其中一部分，在买方发现或理应发现与合同不符以前，已为买方在正常营业过程中售出，或在正常使用过程中消费或改变。

第八十三条 买方虽然依第八十二条规定丧失宣告合同无效或要求卖方交付替代货物的权利，但是根据合同和本公约规定，他仍保有采取一切其他补救办法的权利。

第八十四条

(1) 如果卖方有义务归还价款，他必须同时从支付价款之日起支付价款利息。

(2) 在以下情况下，买方必须向卖方说明他从货物或其中一部分得到的一切利益：

(a) 如果他必须归还货物或其中一部分；

(b) 如果他不可能归还全部或一部分货物，或不可能按实际收到货物的原状归还全部或一部分货物，但他已宣告合同无效或已要求卖方支付替代货物。

第六节 保全货物

第八十五条 如果买方推迟收取货物，或在支付价款和交付货物应同时履行时，买方没有支付价款，而卖方仍拥有这些货物或仍能控制这些货物的处置权，卖方必须按情况采取合理措施，以保全货物。他有权保有这些货物，直至买方把他所付的合理费用偿还为止。

第八十六条

(1) 如果买方已收到货物，但打算行使合同或本公约规定的任何权利，把货物退回，他必须按情况采取合理措施，以保全货物。他有权保有这些货物，直至卖方把他所付的合理费用偿还为止。

(2) 如果发运给买方的货物已到达目的地，并交给买方处置，而买方行使退货权利，则买方必须代表卖方收取货物，除非他这样做需要支付价款而且会使他遭受不合理的不便或需承担不合理的费用。如果卖方或受权代表他掌管货物的人也在目的地，则此规定不适用。如果买方根据本款规定收取货物，他的权利和义务与上一款所规定的相同。

第八十七条　有义务采取措施以保全货物的一方当事人，可以把货物寄放在第三方的仓库，由另一方当事人担负费用，但该项费用必须合理。

第八十八条

（1）如果另一方当事人在收取货物或收回货物或支付价款或保全货物费用方面有不合理的迟延，按照第八十五条或第八十六条规定，有义务保全货物的一方当事人可以采取任何适当办法，把货物出售，但必须事前向另一方当事人发出合理的意向通知。

（2）如果货物易于迅速变坏，或者货物的保全牵涉到不合理的费用，则按照第八十五条或第八十六条规定有义务保全货物的一方当事人，必须采取合理措施，把货物出售，在可能的范围内，他必须把出售货物的打算通知另一方当事人。

（3）出售货物的一方当事人，有权从销售所得收入中扣回为保全货物和销售货物而付的合理费用。他必须向另一方当事人说明所余款项。

第四部分　最后条款

第八十九条　兹指定联合国秘书长为本公约保管人。

第九十条　本公约不优于已缔结或可以缔结并载有与属于本公约范围内事项有关的条款的任何国际协定，但以双方当事人的营业地均在这种协定的缔约国内为限。

第九十一条

（1）本公约在联合国国际货物销售合同会议闭幕会议上开放签字，并在纽约联合国总部继续开放签字，直至1981年9月30日为止。

（2）本公约须经签字国批准、接受或核准。

（3）本公约从开放签字之日起开放给所有非签字国加入。

（4）批准书、接受书、核准书和加入书应送交联合国秘书长存放。

第九十二条

（1）缔约国可在签字、批准、接受、核准或加入时声明他不受本公约第二部分的约束或不受本公约第三部分的约束。

（2）按照上一款规定就本公约第二部分或第三部分做出声明的缔约国，在该声明适用的部分所规定事项上，不得视为本公约第一条第（1）款范围内的缔约国。

第九十三条

（1）如果缔约国具有两个或两个以上的领土单位，而依照该国宪法规定、各领土单位对本公约所规定的事项适用不同的法律制度，则该国得在签字、批准、接受、核准或加入时声明本公约适用于该国全部领土单位或仅适用于其中的一个或数个领土单位，并且可以随时提出另一声明来修改其所做的声明。

（2）此种声明应通知保管人，并且明确地说明适用本公约的领土单位。

（3）如果根据本条做出的声明，本公约适用于缔约国的一个或数个但不是全部领土单位，而且一方当事人的营业地位于该缔约国内，则为本公约的目的，该营业地除非位于本公约适用的领土单位内，否则视为不在缔约国内。

(4) 如果缔约国没有按照本条第（1）款做出声明，则本公约适用于该国所有领土单位。

第九十四条

(1) 对属于本公约范围的事项具有相同或非常近似的法律规则的两个或两个以上的缔约国，可随时声明本公约不适用于营业地在这些缔约国内的当事人之间的销售合同，也不适用于这些合同的订立。此种声明可联合做出，也可以相互单方面声明的方式做出。

(2) 对属于本公约范围的事项具有与一个或一个以上非缔约国相同或非常近似的法律规则的缔约国，可随时声明本公约不适用于营业地在这些非缔约国内的当事人之间的销售合同，也不适用于这些合同的订立。

(3) 作为根据上一款所做声明对象的国家如果后来成为缔约国，这项声明从本公约对该新缔约国生效之日起，具有根据第（1）款所做声明的效力，但以该新缔约国加入这项声明，或做出相互单方面声明为限。

第九十五条 任何国家在交存其批准书、接受书、核准书或加入书时，可声明它不受本公约第一条第（1）款（b）项的约束。

第九十六条 本国法律规定销售合同必须以书面订立或书面证明的缔约国，可以随时按照第十二条的规定，声明本公约第十一条、第二十九条或第二部分准许销售合同或其更改或根据协议终止，或者任何发价、接受或其他意旨表示得以书面以外任何形式做出的任何规定不适用，如果任何一方当事人的营业地是在该缔约国内。

第九十七条

(1) 根据本公约规定在签字时做出的声明，须在批准、接受或核准时加以确认。

(2) 声明和声明的确认，应以书面提出，并应正式通知保管人。

(3) 声明在本公约对有关国家开始生效时同时生效。但是，保管人于此种生效后收到正式通知的声明，应于保管人收到声明之日起 6 个月后的第 1 个月第 1 天生效。根据第九十四条规定做出的相互单方面声明，应于保管人收到最后一份声明之日起 6 个月后的第 1 个月第 1 天生效。

(4) 根据本公约规定做出声明的任何国家可以随时用书面正式通知保管人撤回该项声明。此种撤回于保管人收到通知之日起 6 个月后的第 1 个月第 1 天生效。

(5) 撤回根据第九十四条做出的声明，自撤回生效之日起，就会使另一国家根据该条所做的任何相互声明失效。

第九十八条 除本公约明文许可的保留外，不得作任何保留。

第九十九条

(1) 在本条第（6）款规定的条件下，本公约在第 10 件批准书、接受书、核准书或加入书，包括载有根据第九十二条规定做出的声明的文书交存之日起 12 个月后的第 1 个月第 1 天生效。

(2) 在本条第（6）款规定的条件下，对于在第 10 件批准书、接受书、核准书或加入书交存后才批准、接受、核准或加入本公约的国家，本公约在该国交存其批准书、接受书、核准车或加入书之日起 12 个月后的第 1 个月第 1 天对该国生效，但不适用的部分除外。

(3) 批准、接受、核准或加入本公约的国家，如果是 1964 年 7 月 1 日海牙签订的《关于国际货物销售合同的订立统一法公约》（《1964 年海牙订立合同公约》）和 1964 年 7 月 1 日在海牙签订的《关于国际货物销售统一法的公约》（《1964 年海牙货物销售公约》）中一项或两项公约的缔约国，应按情况同时通知荷兰政府声明退出《1964 年海牙货物销售公约》或《1964 年海牙订立合同公约》或退出该两公约。

（4）凡为《1964 年海牙货物销售公约》缔约国并批准、接受、核准或加入本公约和根据第九十二条规定声明或已声明不受本公约第二部分约束的国家，应于批准、接受、核准或加入时通知荷兰政府声明退出《1964 年海牙货物销售公约》。

（5）凡为《1964 年海牙订立合同公约》缔约国并批准、接受、核准或加入本公约和根据第九十二条规定声明或已声明不受本公约第三部分约束的国家，应于批准、接受、核准或加入时通知荷兰政府声明退出《1964 年海牙订立合同公约》。

（6）为本条的目的，《1964 年海牙订立合同公约》或《1964 年海牙货物销售公约》的缔约国的批准、接受、核准或加入本公约，应在这些国家按照规定退出该两公约生效后方始生效。本公约保管人应与 1964 年两公约的保管人荷兰政府进行协商，以确保在这方面进行必要的协调。

第一百条

（1）本公约适用于合同的订立，只要订立该合同的建议是在本公约对第一条第（1）款（a）项所指缔约国或第一条第（1）款（b）项所指缔约国生效之日或其后做出的。

（2）本公约只适用于在它对第一条第（1）款（a）项所指缔约国或第一条第（1）款（b）项所指缔约国生效之日或其后订立的合同。

第一百零一条

（1）缔约国可以用书面正式通知保管人声明退出本公约，或本公约第二部分或第三部分。

（2）退出于保管人收到通知 12 个月后的第 1 个月第 1 天起生效。凡通知内订明一段退出生效的更长时间，则退出于保管人收到通知后该段更长时间期满时起生效。

1980 年 4 月 11 日订于维也纳，正本 1 份，其阿拉伯文本、中文本、英文本、法文本、俄文本和西班牙文本都具有同等效力。

下列全权代表，经各自政府正式授权，在本公约上签字，以资证明。

（以下略）

附录二

国际贸易术语解释通则 2010
（INCOTERMS 2010）

（2010 年修订，2011 年 1 月 1 日生效）

前　　言

Incoterms 2010 规则阐释了一系列在货物销售商业（商事）合同实践中使用的三字母系列贸易术语。Incerotms 2010 规则主要描述货物从卖方到买方运输过程中涉及的义务、费用和风险的分配。

如何运用 Incoterms © 2010 规则

1. 将 Incoterms © 2010 规则订入你的销售合同中

如果你要使 Incoterms 2010 规则在你的合同中适用，你应该在合同中，通过如“所选择的 Incoterms 规则（含指定地点）附上 Incoterms 2010 规则”这类文字以明确表示。

2. 选择适当的 Incoterms 规则

所选的 Incoterms 规则须与货物、其运输方式相称，最重要的是与合同双方是否有意添加额外义务相称，例如安排运输或保险的义务于买方或卖方。每个对贸易术语的指导性解释中都包含对做出此项决定非常有帮助的信息。不论是哪一项 Incoterms 规则被选用，适用双方都应该意识到对合同的说明会受到所用港口或地方特有的惯例影响。

3. 尽可能精准地说明你所在地方或港口名称

仅当当事人双方选定特定的一个收货地或港口时，所选术语才能发挥作用，且地点或港口名称尽可能精准，Incoterms 规则效用就能发挥到极致。以下精准详述就是一个很好的例子：

Incoterms 2010，FCA 规则，法国，巴黎，38 Cours Albert 1er

在 Incoterms 规则下：

EXW 工厂交货（……指定地点）

FCA 货交承运人（……指定地点）

DAT 终点站交货（……指定目的地）

DAP 地点交货（……指定目的地）

DDP 完税后交货（……指定目的地）

FAS 船边交货（……指定装运港）

FOB 船上交货（……指定装运港）

此处所指地点为交货地点，同时风险也从卖方转移至买方。Incoterms 规则下 CPT（运费付至）、CIP（运费、保险费付至）、CFR（ 成本加运费）、CIF（成本、保险费加运费），所指地点因交货地不同而不同。在这些 Incoterms 规则下，所指地点为运费付至地。为避免疑问和争议，对指定地点或目的地可通过做进一步有益阐述使之成为一个精确的地点。

4. 谨记 Incoterms 规则并没有给当事人提供一份完整的销售合同

Incoterm 规则确有阐述销售合同中当事人的特定义务，当卖方将货物运至买方时，办理运输和保险义务的承担。然而，Incoterms 规则并没有任何关于付款价格或付款方式的规定，或是货物所有权的转移、违约的后果等。这些问题通常是通过销售合同的明示条款和适用的法律条文来解决的。当事人需要注意的是，当地强制适用的法律有可能优先于销售合同的内容，包括所选择的 Incoterms 规则。

国际贸易术语解释通则 2010 的主要特点：

1. 两个新的贸易术语——DAT 与 DAP，取代了 2000 年国际贸易术语解释通则中的 DAF、DES、DEQ 和 DDU 规则

国际贸易术语的数量从 13 个减至 11 个，这是因为 DAT（运输终点交货） 和 DAP（目的地交货）这两个新规则取代了 Incoterms 2000 中的 DAF、DES、DEQ 和 DDU 规则，但这并不影响约定的运输方式的适用。

在这两个新规则下，交货在指定目的地进行：在 DAT 术语下，买方处置运达并卸载的货物所在地（这与以前的 DEQ 规定的相同）；在 DAP 术语下，同样是指买方处置，但需做好卸货的准备（这与以前的 DAF、DES 和 DDU 规定的相同）。

新的规则使 Incoterms 2000 中的 DES 和 DEQ 变得多余。DAT 术语下的指定目的地可以是指港口，并且 DAT 可完全适用于 Incoterms 2000 中 DEQ 所适用的情形。同样，DAP 术语下的到达的“运输工具”可以是指船舶，指定目的地可以是指港口，因此，DAP 可完全适用于 Incoterms 2000 中 DES 所适用的情形。与其前任规则相同，新规则也是“到货交付式”的，由买方承担所有费用，即买方承担全部费用（除了与进口清算有关的费用）以及货物运至指定目的地前所包含的全部风险。

2. Incoterms 2010 的 11 个术语的分类

Incoterms 2010 的 11 个术语分为截然不同的两类：

适用于任一或多种运输方式的规则

EXW　工厂交货

FCA　货交承运人

CPT　运费付至

CIP　运费及保险费付至

DAT　运输终点交货

DAP　目的地交货

DDP　完税后交货

只适用于海运及内河运输的规则

FAS 船边交货

FOB 船上交货

CFR 成本加运费

CIF 成本、保险费加运费

第一类所包含的七个 Incoterms 2010 术语——EXW、FCA、CPT、CIP、DAT、DAP 和 DDP，可以适用于特定的运输方式，亦可适用于一种或同时适用于多种运输方式，甚至可适用于非海事运输的情形。但是需要注意，以上这些规则仅适用于存在船舶作为运输工具之一的情形。

在第二类术语中，交货点和把货物送达买方的地点都是港口，所以只适用于“海上或内陆水上运输”。FAS、FOB、CFR 和 CIF 都属于这一类。最后的三个术语，删除了以越过船舷为交货标准而代之以将货物装运上船，这更贴切地反映了现代商业实际且避免了风险在臆想垂线上来回摇摆这一颇为陈旧的观念。

3. 国内贸易与国际贸易的规定

国际贸易术语解释通则在传统意义被用于存在跨境运输的国际销售合同中，此种交易需要将货物进行跨越国境的运输。然而，在世界许多地区，如欧盟这样的商贸集团已经使得不同国家间的过关手续变得不那么重要。因此，国际贸易术语解释通则 2010 通过这一副标题正式认可该通则既可以适用于国内的也可以适用于国际的销售合同。所以，国际贸易术语解释通则 2010 在一些地方明确规定，只有在适当的情形，才存在遵守进/出口手续义务。

两项发展使得国际商会相信在这个方向的改革是适时的。首先，商人们普遍在纯国内销售合同中使用国际贸易术语解释通则。其次，比起之前的统一商法典中关于装运和交付的条款，美国人在国内贸易中使用国际贸易术语解释通则的意愿增强了。

4. 引言

在世界贸易术语解释通则 2010 的每条规则前面，都有一条引言。

引言解释每条规则的基本内容，比如说该规则何时被用到，风险何时发生转移，费用如何在卖方和买方之间分担，等等。引言并不是实际的国际贸易术语解释通则 2010 规则的组成，但是它们能帮助使用者更准确、更有效地针对特定的贸易运用合适的国际贸易术语解释通则的规则。

5. 电子通信

之前版本的国际贸易术语解释通则已经说明了可以被电子数据交换信息替代的文件。然而，国际贸易术语解释通则 2010 的 A1/B1 条赋予了电子方式通信和纸质通信相同的效力，只要缔约双方同意或存在交易惯例。这一规定使国际贸易术语解释通则 2010 使用期内新的电子程序的发展更顺畅。

6. 保险范围

国际贸易术语解释通则 2010 是协会货物条款修订以来的第一版国际贸易术语解释通则，并对那些条款的变更做了考虑。

国际贸易术语解释通则 2010 把有关保险的信息义务规定在 A3/B3 条，这些条款涉及运输和保险合同。这些条款已经从国际贸易术语解释通则 2000 的 A10/B10 条中的更一般的条款中被删除了。为了明确缔约方在该事项上的义务，关于保险的 A3/B3 条的行文也做了变化。

7. 安全清关和这些许可所需要的信息

现如今，货物运送过程中的安全问题得到了高度的重视，要求确认货物除了本身固有性质原因外对人身和财产不造成威胁。因而，在买方和卖方间已经分配了相应的责任，以在取得安全清关中获得或者提供帮助，如在国际贸易术语解释通则 2010 中的 A2/B2 和 A10/B10 条款中关于连锁保管的信息。

8. 终点站处理费用

在 CPT、CIP、CFR、CIF、DAT、DAP 和 DDP 等国际贸易术语规则中，卖家必须为货物到商定好的目的地的运输做出安排。虽然运费是由卖家支付的，但因为运费一般被卖方纳入总体销售价格中，所以实际上运费是由买方支付的。

运费有时候会包含港口或集装箱终端设施内处理与移动货物的费用并且承运人和终点站运营方也可能向收到货物的买方收取这些费用。在这些情况下，买家会希望避免为同一服务缴费两次，一次付给卖家作为销售价格中的一部分与一次单独地付给承运人或者终点站运营方。

国际贸易术语解释通则 2010 在 A6/B6 的相关规则中明确分配这类费用，以求避免类似情形的发生。

9. 连环销售

在农矿产品销售中，相对于工业品的销售，货物经常在链条运转中被频繁销售多次。这种情况发生时，在链条中间环节的卖方并不“船运”这些货物，因为这些货物已经由最开始的卖方“船运”了。连环运转中间环节的卖方因而履行其对买方的义务，并不是通过船运货物，而是通过“取得”已经被船运的货物。

为明确起见，国际贸易术语解释通则 2010 的规则包含了“取得已船运的货物”的义务，以将此作为通则的相关规则中船运货物义务的替代义务。

国际贸易术语的变体

有时各方想要改动一项国际贸易术语解释通则。国际贸易术语解释通则 2010 不禁止此类改动，但是这样做会有危险。为了避免任何不欲之意外，各方在他们的合同中将需要使得该改动所需的效果变得极其清晰。因此，比如说，如果国际贸易术语解释通则 2010 中的费用分配量在合同中被改变，各方亦需要很清楚地表明他们是否意图改变风险从卖方转至买方的临界点。

本前言的功能地位

本前言为国际贸易术语解释通则 2010 提供运用和解释的总体信息，而并不是这些通则的组成部分。

国际贸易术语解释通则 2010 中术语的使用解释

正如在 2000 年通则中，买方与卖方的义务以镜像方式呈现：A 条款下反映卖方义务；B 条款下反映买方义务。这些义务可以由卖方或买方以个人名义履行，有时抑或受制于合同或者适用法律中的个别条款的规定，由诸如承运人、转运代理人等中介组织，或者其他由卖方或者买方基于特定目的而委托的人来履行。

国际贸易术语解释通则2010语义应是不言而喻了。然而，为了帮助使用者理解，下文将对在文件中通篇被运用的特定规则展开正确、理性的说明。

承运人：就2010年通则而言，承运人是指与托运人签署运输合同的一方。

报关单：这些是指为了遵守任何可适用的海关规定而需要满足的一些要求，可能包括单据、安全信息或实物之义务。

交货：这个概念在贸易法和实务中有着多重含义，但在2010年通则中，它被用于表明货物遗失损害风险何时由卖方转移到买方。

交货凭证：这个表述现在被用作A8条款的标题。它意指用于证明已完成交货的凭证。对众多的2010年通则条款，交货凭证是指运输凭证或相应的电子记录。然而，在工厂交货（EXW）、货交承运人（FCA）、装运港船边交货（FAS）、装运港船上交货（FOB）的情况下，交货凭证可能只是一个简单的收据。交货凭证也可能有其他功能，比如作为支付机制的组成。

电子记录或程序：由一种或更多的电子信息组成的一系列信息，某些适用情况下，其在效力上与相应的纸质文件等同。

包装：

（1）遵照销售合同中任何要求的货物包装。

（2）使货物适合运输的包装。

（3）集装箱或其他运输工具中已包装货物的配载。

在2010年通则中，包装的含义包括上述第一种和第二种。然而，2010通则并未涉及货物在货柜中的装载义务由谁承担，因而，在相关情形下，各方应当在销售合同中做出规定。

EXW——工厂交货（……指定地点）

本条规则与（当事人）所选择的运输模式无关，即便（当事人）选择多种运输模式，亦可适用该规则。本规则较适用于国内交易，对于国际交易，则应选FCA①“货交承运人（……指定地点）”规则为佳。

“工厂交货（……指定地点）”是指当卖方在其所在地或其他指定的地点，如工场（强调生产制造场所）、工厂（制造场所）或仓库等将货物交给买方处置时，即完成交货。卖方不需将货物装上任何运输工具，在需要办理出口清关手续时，卖方亦不必为货物办理出口清关手续。

双方都应该尽可能明确地指定货物交付地点，因为此时（交付前）的费用与风险由卖方承担。买方必须承担在双方约定的地点或在指定地受领货物的全部费用和风险。

EXW是卖方承担责任最小的术语。它应遵守以下使用规则：

卖方没有义务为买方装载货物，即使在实际中由卖方装载货物可能更方便。若由卖方装载货物，相关风险和费用亦由买方承担。如果卖方在装载货物中处于优势地位，则使用由卖方承担装载费用与风险的FCA术语通常更合适。

买方在与卖方使用EXW术语时应知晓，卖方仅在买方要求（更符合术语特质）办理出口手续时负有协助的义务。但是卖方并无义务主动（更强调最小义务，吸收进2010年本身

① 是指卖方只要将货物在指定的地点交给买方指定的承运人，并办理了出口清关手续，即完成交货。

的意义）办理出口清关手续。因此，如果买方不能直接或间接地办理出口清关手续，建议买方不要使用EXW术语。

买方承担向卖方提供关于货物出口之信息的有限义务。但是，卖方可能需要这些用作诸如纳税（申报税款）、报关等目的的信息。

A THE SELLER's OBLIGATIONS 卖方义务	B THE BUYER's OBLIGATIONS 买方义务
A1 卖方的一般义务 卖方必须按照销售合同提供货物和商业发票，以及合同可能要求的、用以证明货物符合合同规定的其他任何凭证。 所有在A1～A10条款中提及的文件，均可采用经当事人协定或约定俗成、具有同等作用的电子记录或者手续	B1 买方的一般义务 买方必须按照买卖合同之规定支付货物价款。 所有在B1～B10条款中提及的文件，均可采用经当事人协定或约定俗成、具有同等作用的电子记录或者手续
A2 许可证、批准、安全通关及其他手续 在需要办理海关手续时，应买方要求并由买方承担风险和费用时，卖方应协助买方办理出口货物必需的出口许可证或其他官方许可。 应买方要求并由其承担风险和费用，在需要办理海关手续时，卖方必须提供其掌握的货物安全检查所要求的任何信息	B2 许可证、批准、安全通关及其他手续 在需要办理海关手续时，买方必须自担风险和费用，由其取得任何出口和进口许可证或其他官方许可，并办理货物出口的一切海关手续
A3 运输合同与保险合同 a）运输合同。 卖方没有为买方签订运输合同的义务。 b）保险合同。 卖方没有义务与买方签订保险合同。然而，当买方请求或由其承担风险与（或有的）费用时，卖方必须向买方提供其获取保险所需要的信息	B3 运输合同与保险合同 a）运输合同。 买方没有为卖方签订运输合同的义务。 b）保险合同。 买方没有与卖方签订保险合同的义务
A4 交货 卖方应在约定地点或指定地点将未置于任何运输车辆上的货物交给买方处置。若在指定的地点内未约定具体交货点，或有若干个交货点可使用，卖方可选择最符合其目的之地交货。卖方需在约定地点或约定时间内交货	B4 受领货物（接收货物） 买方必须在卖方按照A4和A7规定交货时受领货物
A5 风险转移 除发生B5中所描述之灭失或损坏的情形外，卖方必须承担货物灭失或损坏的一切风险，直至已经按照A4规定交货为止	B5 风险转移 自卖方按A4规定交货之时起，买方必须承担货物灭失或损坏的一切风险。 如果买方未按照B7之规定通知卖方，则自约定的交货日期或交货期限届满之日起，买方必须承担货物灭失或损坏的一切风险，但以该项货物已清楚地确定为合同项下之货物为限

续表

A THE SELLER's OBLIGATIONS 卖方义务	B THE BUYER's OBLIGATIONS 买方义务
A6 费用划分 除 B6 预设的可由买方支付的费用外，卖方必须承担与货物有关的所有费用，直到其按照 A4 规定交货为止	B6 费用划分 买方必须支付： 自按照 A4 规定交货之时起与货物有关的一切费用； 在货物已交给买方处置而买方未受领货物或未按照 B7 规定给予卖方相应通知而发生的任何额外费用，但以该项货物已正式划归合同项下为限； 在需要办理海关手续时，货物出口应缴纳的一切关税、税款和其他费用，以及办理海关手续的费用； 卖方按照 A2 规定给予协助时所发生的一切成本与费用
A7 通知买方 卖方必须提供能使买方提货的所需通知	B7 通知卖方 一旦买方有权确定在约定的期限内受领货物的具体时间和/或地点时，应就此给予卖方充分的通知
A8 交货凭证 卖方无义务	B8 提货证明 买方必须向卖方提供已受领货物的适当凭证
A9 检查、包装、标志 卖方必须支付与 A4 规定一致的、以交付货物为目的的查对费用（如查对货物品质、丈量、过磅、点数的费用）。 卖方必须支付货物包装费用，除非是不需要包装便可运输的特殊货物。卖方应采取适宜运输的包装方式，除非买方在签订买卖合同前便告知卖方特定的包装要求。包装应做适当标记	B9 货物检验 买方必须支付装船前检验的强制性费用，包括由出口国当局强制检查的费用
A10 信息帮助和相关费用 应买方要求并由其承担风险和费用时，卖方须在合适的情况下为买方提供及时的帮助，以帮助买方取得其出口和/或进口货物以及将货物运至最后目的地所需的任何单据和信息，包括与安全有关的信息	B10 信息帮助和相关费用 为使卖方可以履行 A10 之规定，买方必须及时通知卖方其对于相关交易安全信息的要求。 买方必须补偿卖方（由于提供给买方获得 A10 中提到的信息和单据而可能）产生的所有费用和代价

FCA——货交承运人（……指定地点）

该项规则可以适用于各种运输方式（单独使用的情况），也可以适用于多种运输方式同时使用的情况。

“货交承运人”是指卖方于其所在地或其他指定地点将货物交付给承运人或买方指定人。建议当事人最好明确说明指定交货的具体地点，风险将在此点转移至买方。

一方面，若当事人意图在卖方所在地交付货物，则应当确定该所在地的地址，即指定交货地点。另一方面，若当事人意图在其他地点交付货物，则应当明确确定一个不同的具体交货地点。

FCA 要求卖方在需要时办理出口清关手续。但是，卖方没有办理进口清关手续的义务，也无须缴纳任何进口关税或者办理其他进口海关手续。

在需要办理海关手续时（在必要时/适当时），DAP 规则要求应由卖方办理货物的出口清关手续，但卖方没有义务办理货物的进口清关手续、支付任何进口税或者办理任何进口海关手续，如果当事人希望卖方办理货物的进口清关手续、支付任何进口税或者办理任何进口海关手续，则应适用 DDP 规则。

A THE SELLER's OBLIGATIONS 卖方义务	B THE BUYER's OBLIGATIONS 买方义务
A1 卖方的一般义务 卖方应当提供符合销售合同规定的货物和商业发票以及合同可能要求的、证明货物符合合同规定的其他任何凭证。 A1～A10 所提到的文件可以是由当事人约定的或已成为惯例的、具有同等效力的电子档案或程序	B1 买方的一般义务 买方应当支付销售合同中规定的货物价款。 B1～B10 所提到的文件可以是由当事人约定的或已成为惯例的、具有同等效力的电子档案或程序
A2 许可证、批准、安全通关及其他手续 卖方应当自担风险和费用，并且在需要的时候取得任何出口许可证或其他官方许可，而且在办理海关手续时办理货物出口所需要的一切海关手续	B2 许可证、批准、安全通关及其他手续 在需要的时候，买方可以获取一切进口许可证或其他官方许可，以及办理货物进口的海关手续和从他国过境的一切相关手续，并自担风险和费用
A3 运输合同与保险合同 a）运输。 卖方没有为买方订立运输合同的义务。但是，若经买方要求，或者依循商业惯例且买方未适时给予卖方相反指示，则卖方可以按照通常条件订立由买方承担风险与费用的运输合同。在任何一种情况下，卖方都可以拒绝订立此合同；如果拒绝，则应立即通知买方。 b）保险。 卖方没有义务为买方订立保险合同。但是，卖方应当按照买方的要求，向买方提供其所需的有关购买保险的信息，由此产生的任何风险、费用由买方承担。	B3 运输合同与保险合同 a）运输。 买方应当自付费用订立从指定的交货地点运输货物的合同，卖方按照 A3 条 a）款规定订立合同的除外。 b）保险。 买方没有义务为卖方订立保险合同
A4 交货 若有约定具体的交货点，卖方应按照约定，在指定的地点于约定的日期或者期限内，将货物交付给承运人或者买方指定的其他人。 交货在以下情况完成： a）若指定的地点是卖方所在地，则当货物已装载于买方所提供的运输工具时； b）当装载于卖方的运输工具上的货物已达到卸货条件，且处于承运人或买方指定的其他人的处置之下时的任何其他情况。 若买方未按照 B7 条 d）款之规定，将在指定地区内的具体交货地点通知卖方，且有几个具体交货点可供选择时，卖方可以在指定地点中选择最符合其目的的交货地点。 除非买方另有通知，否则，卖方可以根据货物的数量和/或性质的要求，将货物以适宜的方式交付运输	B4 受领货物（接收货物） 买方应当在卖方按照 A4 规定交货时，收取货物

续表

A THE SELLER's OBLIGATIONS 卖方义务	B THE BUYER's OBLIGATIONS 买方义务
A5 风险转移 卖方承担货物灭失或损害的一切风险，直至卖方已按照 A4 的规定交付货物，在 B5 描述的情况下产生的灭失或损害除外	B5 风险转移 买方自卖方按照 A4 规定交货之时起，承担货物灭失或损坏的一切风险。 若： a）买方没有按照 B7 规定将依 A4 规定对承运人或其他人的指定告知卖方或提醒其注意； b）其按照 A4 规定指定的承运人或其他人未接管货物，则买方按照下述规定承担货物灭失或损坏的一切风险： i）自约定日期时起。 ii）若没有约定日期，自卖方在约定的时期内依 A7 规定告知买方的日期起。 iii）若没有告知日期，自任何约定的交货期限届满之日起。 但以该货物已被清楚地确定为合同项下货物为限
A6 费用划分 卖方应当支付： a）与货物有关的一切费用，直至已按照 A4 规定交货为止。除 B6 中规定的由买方支付的费用外。 b）在适用情况下，货物出口应办理的海关手续费用及出口应缴纳的一切关税、税款和其他费用	B6 费用划分 买方应当支付： a）自按照 A4 规定的交货之时起与货物有关的一切费用，除了 A6 条 b）款中规定的货物出口办理海关手续的费用及其他货物出口应缴纳的关税、税款和其他费用。 b）因发生下述任一情况产生的任何额外费用： （i）由于买方未能按照 A4 规定指定承运人或其他人； （ii）由于承运人或买方指定的人未能接管货物； （iii）由于买方未能按照 B7 规定给予卖方相应通知， 但以该货物已被清楚地确定为合同项下货物为限。 c）在有必要时，货物进口应缴纳的一切关税、税款和其他费用以及办理海关手续的费用及从他国过境的费用
A7 通知买方 在买方自担风险和费用的情况下，卖方应当将货物已经按照 A4 的规定交付，承运人或买方指定的其他人未能在约定的时间内提取货物的信息充分告知买方	B7 通知卖方 买方应当： a）及时告知卖方其依 A4 规定指定的承运人或者其他人的名称，使卖方能够按照 A4 的规定发送货物。 b）在必要时，告知卖方被指定的承运人或其他人在约定的期限内收取货物的具体时间。 c）告知卖方由买方指定人采取的运输方式。 d）再告知约定地点内的具体取货位置

续表

A THE SELLER's OBLIGATIONS 卖方义务	B THE BUYER's OBLIGATIONS 买方义务
A8 交货凭证 卖方应当自担费用地向买方提供证明按照 A4 规定已完成交货的通常凭证 卖方应当根据买方的要求，给予买方一切协助以取得运输单据，风险和费用由买方承担	B8 提货证据 买方应当接受卖方依 A8 规定提供的交货凭证
A9 检查、包装、标志 卖方应当支付那些对实现按照 A4 的标准运输货物的目标必不可少的检查措施（比如说质量检查、测量、称重、计数）所产生的费用，以及任何出口国当局规定的装运前检验的费用。 卖方应当由自己负担成本来包装货物，除非对该特定种类的交易来说，将这种被销售货物不加包装地运输是相关行业惯例。卖方可以将货物以适宜其运输的方式加以包装，除非买方在销售合同签订前向卖方通知了明确的包装要求。包装应当适当地标记	B9 货物检验 买方应当支付任何装运之前强制检验的费用，但出口国强制进行的检验除外
A10 信息帮助和相关费用 应买方的要求并由其承担风险和费用，卖方应当在需要时及时向买方提供或给予协助，以帮助买方取得为进口货物可能要求的和/或在运往目的地的过程中可能需要的包括与安全清关有关的信息在内的任何单据或信息。 卖方应当补偿买方因提供 B10 中协助其取得单据和信息的行为时的费用和要价	B10 信息帮助和相关费用 买方应当及时告知卖方其关于安全清关信息方面的请求，使卖方能够履行 A10 中规定的义务。 买方应当对卖方因依 A10 规定所提供或给予的关于取得单据和信息的协助而产生的费用和要价进行补偿。 应卖方的要求并由其承担风险和费用，买方应当在需要时及时向卖方提供或给予协助，以帮助卖方取得为运输和出口货物和/或从他国过境时需要的包括与安全清关有关的信息在内的任何单据或信息

CPT——运费付至（……指定目的港）

这一术语无例外地用于所选择的任何一种运输方式以及运用多种运输方式的情况。

“运费付至……”指卖方在指定交货地向承运人或由其（卖方）指定的其他人交货并且其（卖方）须与承运人订立运输合同，载明并实际承担将货物运送至指定目的地所产生的必要费用。

在 CPT、CIP、CFR、CIF 适用的情形下，卖方的交货义务在将货物交付承运人，而非货物到达指定目的地时，即告完全履行。

此规则有两个关键点，因为风险和成本在不同的地方发生转移，买卖双方当事人应在买卖合同中尽可能准确地确定以下两个点：发生转移至买方的交货地点，在其须订立的运输合同中载明的指定目的地。如果使用多个承运人将货物运至指定目的地，且买卖双方并未对具体交货地点有所约定，则合同默认风险自货物由买方交给第一承运人时转移，卖方对这一交货地点的选取具有排除买方控制的绝对选择权。如果当事方希望风险转移推迟至稍后的地点发生（例如，某海港或机场），那么他们需要在买卖合同中明确约定这一点。

由于将货物运至指定目的地的费用由卖方承担，所以当事人应尽可能准确地确定目的地中的具体地点，且卖方须在运输合同中载明这一具体的交货地点。卖方基于其运输合同中在指定目的地卸货时，如果产生了相关费用，卖方无权向买方索要，除非双方有其他约定。

CPT 贸易术语要求卖方，在需要办理这些手续时，办理货物出口清关手续。但是，卖方没有义务办理货物进口清关手续、支付进口关税以及办理任何进口所需的海关手续。

A THE SELLER's OBLIGATIONS 卖方义务	B THE BUYER's OBLIGATIONS 买方义务
A1 卖方的一般义务 卖方必须提供与销售合同规定一致的货物和商业发票，以及合同可能要求的证明货物符合合同规定的凭证。 按照双方约定或惯例，A1～A10 中提及的单据可以是具有同等效力的电子记录或者程序	B1 买方的一般义务 买房必须按照销售合同规定支付货物价款。 按照双方约定或惯例，B1～B10 中提及的单据可以是具有同等效力的电子记录或者程序
A2 许可证、批准、安全通关及其他手续 在该港所在地需办理这些手续的情况下，卖方必须自担风险和费用，取得任何出口许可证或其他官方核准文件，并办理货物出口以及货物在送达前从他国过境运输所需的一切海关手续	B2 许可证、批准、安全通关及其他手续 如果这些地方需要办理这些海关手续，买方在自行承担风险和费用的情况下，可以自由决定是否取得许可证或其他官方核准文件，并办理货物进口和经由他国过境运输的一切海关手续
A3 运输合同与保险合同 a）运输合同。 卖方必须订立运输合同，若约定了交付地点，将货物从交付地的约定地点运至指定目的地；如果约定了目的地的具体交付货物地点，也可运至目的地的约定地点。 卖方必须自付费用，按照通常条件订立运输合同，依通常路线及习惯方式，将货物运至指定的目的地的约定点。如未约定目的地的具体交付货物地点或未能依交易习惯确定该地点，则卖方可在指定的目的地选择最适合其目的的交货点。 b）保险合同。 卖方没有向买方制定保险合同的义务。 应买方的请求，并由买方承担风险和可能存在的费用时，卖方必须向买方提供其需要的用于获得保险的相关信息	B3 运输合同与保险合同 a）运输合同。 买方没有向卖方制定运输合同的义务。 b）保险合同。 买方没有向卖方制定保险合同的义务，但是，当卖方要求时，买方须向卖方提供获得保险的必要信息
A4 交货 卖方必须在约定的日期或期限内依照 A3 的规定向订立合同的承运人交货	B4 受领货物 买方必须在货物已经按照 A4 的规定交货时受领货物，并在指定的目的地从承运人处受领货物

续表

A THE SELLER's OBLIGATIONS 卖方义务	B THE BUYER's OBLIGATIONS 买方义务
A5 风险转移 除 B5 所描述情形下的灭失或损坏外，卖方承担货物灭失或损坏的一切风险，直至已按照 A4 规定交货为止	B5 风险转移 买方承担按照 A4 规定交货时起货物灭失或损坏的一切风险。 在货物已被清楚确定为合同项下之物的条件下，如买方未能按照 B7 规定向卖方发出通知，则买方必须从约定的交货日期或交货期限届满之日起，承担货物灭失或损坏的一切风险
A6 费用划分 卖方必须支付 a）除 B6 规定外，卖方必须支付按照 A4 规定交货之前与货物有关的一切费用； b）按照 A3 条 a）款规定所发生的运费和一切其他费用，包括根据运输合同规定应由卖方支付的装货费和在目的地的卸货费； c）货物出口需要办理的海关手续费用及出口时应缴纳的一切关税、税款和其他费用，以及根据运输合同规定，由卖方支付的货物从他国过境的费用，如果这些地方需要办理这些海关手续	B6 费用划分 除 A3 a）规定外，买方必须支付： a）自按照 A4 规定交货时起的一切与货物有关的费用，除了在 A6 中提到的在这些地方需要办理海关手续的情况下货物出口需要办理的海关手续费用及出口时应缴纳的一切关税、税款和其他费用； b）货物在运输途中直至到达目的地为止的一切费用，除非这些费用根据运输合同应由卖方支付； c）卸货费，除非根据运输合同应由卖方支付； d）如买方未按照 B7 规定给予卖方通知，则自约定的装运日期或装运期限届满之日起，货物所发生的一切额外费用，以该项货物已正式划归合同项下，即清楚地划出或以其他方式确定为合同项下之货物为限； e）在需要办理海关手续时货物进口应缴纳的一切关税、税款和其他费用及办理海关手续的费用，以及从他国过境的费用，除非这些费用已包括在运输合同中
A7 通知买方 卖方必须通知买方按照 A4 规定交货。 卖方必须给予买方任何必要的通知，以便买方能够为领取货物采取通常必要的措施	B7 通知卖方 一旦买方有权决定发送货物的时间和/或者指定的目的地或者指定接收货物的地点，买方必须就此给予卖方充分通知
A8 交货凭证 如果依照惯例或者依照买方的要求，卖方必须向买方提供依据 A3 订立的运输合同所签发的通常运输单据，且费用由卖方承担。 运输单据必须包括约定货物，其注明日期必须在约定的装运时间内。（如果）按照约定或/和依照惯例，该单据必须同时能够赋予买方在约定地点向承运人受领货物的权利以及通过向下一个买方转移单据或向承运人告知的方式在运输中卖出货物的权利。 当这样的运输单据是以转让的方式签发的，并且有多份正本时，必须向买方提供一个完整全套的正本	B8 提货证据 如果符合合同规定，买方必须接受按照 A8 规定提供的运输单据

续表

A THE SELLER's OBLIGATIONS 卖方义务	B THE BUYER's OBLIGATIONS 买方义务
A9 检查、包装、标志 卖方必须支付按照 A4 规定为交货所必需的核查（如核查品质、丈量、过磅、计数）费用，同时包括出口国当局强制的装运前的检验费用。 卖方必须自行承担费用为货物提供包装（除非在特定贸易中运输此种货物通常无须包装）。 卖方应该提供适合运输的包装，除非买方在缔结买卖合同之前已经告知卖方特定的包装要求。包装上应适当地予以标记	B9 货物检验 买方必须支付强制性的装运前的检验费用，但出口国当局强制进行检验的除外。 提供运输单据，如果该单据符合合同规定的话
A10 信息帮助和相关费用 在该港所在地需办理这些手续的情况下，应买方的需求并由其承担风险和费用，卖方应及时地提供或者实施帮助以使买方获得其在进口货物和/或者运输货物到最终目的地所需要的任何单据和信息，包括涉及安全的信息。 卖方必须偿付买方在卖方提供或给予帮助获取单据和信息的过程中所遭受的损失和费用，与 B10 相对应	B10 信息帮助和相关费用 就任何有关安全信息的要求，买方必须及时通知卖方，以使其能履行 A10 规定的义务。 买方必须偿付卖方为提供或协助买方获得 A10 条所述单据和信息而产生的一切费用。 在该港所在地需办理这些手续的情况下，在卖方提出要求、承担风险并给付费用的情况下，买方必须及时向卖方提供或协助卖方获得卖方在出口货物和经由他国过境运输所需要的任何单据和信息，包括与安全有关的信息

CIP——运费和保险费付至（……指定目的地）

该术语可适用于各种运输方式，也可以用于使用两种以上的运输方式时。

“运费和保险费付至”含义是在约定的地方（如果该地在双方间达成一致）卖方向承运人或是卖方指定的另一个人发货，以及卖方必须签订合同和支付将货物运至目的地的运费。卖方还必须订立保险合同以防买方货物在运输途中灭失或损坏。买方应注意 CIP（运费和保险费付至指定目的地）术语只要求卖方投保最低限度的保险险别。如买方需要更多的保险保障，则需要与卖方明确地达成协议，或者自行做出额外的保险安排。

在 CPT、CIP、CFR 和 CIF 这些术语下，当卖方将货物交付给承运人时而不是货物到达目的地时，卖方已经完成了其交货义务。

由于风险和费用因地点之不同而转移，本规则有两个关键点。买卖双方最好在合同中尽可能精确地确认交货地点，风险转移至买方地，以及卖方必须订立运输合同所到达的指定目的地。若将货物运输至约定目的地用到若干承运人而买卖双方未就具体交货点达成一致，则默认为风险自货物于某一交货点被交付至第一承运人时转移，该交货点完全由卖方选择而买方无权控制。如果买卖双方希望风险在之后的某一阶段转移（例如在一个海港或一个机场），则他们需要在其买卖合同中明确规定。

将货物运输至具体交货地点的费用由卖方承担，因此双方最好尽可能明确在约定的目的地的具体交货地点。卖方最好制定与此次交易精确匹配的运输合同。如果卖方按照运输合同在指定的目的地卸货而支付费用，除非双方另有约定，卖方无权向买方追讨费用。

CIP 术语要求卖方在必要时办理货物出口清关手续。但是，卖方不承担办理货物进口清关手续、支付任何进口关税或者履行任何进口报关手续的义务。

A THE SELLER's OBLIGATIONS 卖方义务	B THE BUYER's OBLIGATIONS 买方义务
A1 卖方的一般义务 卖方必须提供符合销售合同规定的货物和商业发票，以及合同可能要求的其他任何凭证。 如经双方当事人约定或者存在惯例，那么 A1 ~ A10 中提及的任何文件都可以是一个等价的电子版的记录或程序	B1 买方的一般义务 买方必须按照销售合同规定支付货物价款。 经买卖双方同意或依据惯例，B1 ~ B10 中所述之单据可以是同等作用的电子备案手续
A2 许可证、批准、安全通关及其他手续 如有需要，卖方必须自担风险和费用，取得任何出口许可证或其他官方授权，并办理货物出口及交货前货物从他国过境所需的一切海关手续	B2 许可证、批准、安全通关及其他手续 需要取得进口许可证、办理海关手续时，买方应当自担风险与费用，取得任何进口许可证及其他官方授权，并办理货物进口以及从他国过境的一切海关手续
A3 运输合同与保险合同 a）运输合同。 卖方必须订立一个货物运输合同，以将货物从交付地区的约定的任何交付点，运送至指定的目的地，或者也可以运至指定地区约定的具体地点。 卖方必须自行承担费用，并按照通常条件订立运输合同，同时合同须依照通常路线及习惯方式来提供货物。 若未约定或按照惯例也不能确定具体的地点，则卖方可选择最符合其目的的交货点，以及在指定目的地的最适合其目的的交货点。 b）保险合同。 卖方必须自付费用取得货物保险，该货物保险至少应按照《协会货物保险条款》（劳埃德市场协会/国际保险人协会）的条款或其他类似条款中的最低保险险别投保。保险合同应与信誉良好的保险人或保险公司订立，并赋予买方或任何其他对货物具有保险利益的人直接向保险人索赔的权利。 当买方提出要求时，卖方应要求并且根据买方所提供的必要信息，在可行的情况下，由买方付费给予买方加投额外的保险，比如给予《协会货物保险条款》（劳埃德市场协会/国际保险人协会）中的条款（A）或者（B）的险级保障或类似条款的险级保障，和/或给予《协会战争条款》和/或《协会罢工条款》或者其他类似条款的险级保障。 保险金额最低限度应包括合同规定价款的另加 10%（即 110%），并应采用合同中约定的货币。 保险应当包括，从 A4 和 A5 中规定的发货起点起，至少到达指定目的地的货物。 卖方应向买方提供保险单或者其他保险范围的证据。 此外，卖方必须根据买方的要求、风险和费用（如果有的话），向买方提供买方需要投资额外保险的信息	B3 运输合同与保险合同 a）运输合同。 买方对卖方没有义务制定运输合同。 b）保险合同。 买方对卖方没有义务制定保险合同。但是，应卖方要求，买方必须按照 A3 条 b）款的规定向卖方提供必要的信息，以便卖方应买方之要求购买任何额外的保险

续表

A THE SELLER's OBLIGATIONS 卖方义务	B THE BUYER's OBLIGATIONS 买方义务
A4 交货 卖方必须按照约定日期或期限，向按照 A3 规定订立合同的承运人交货	B4 受领货物（接收货物） 买方必须在卖方按照 A4 规定交货时受领货物，并在指定的目的地从承运人处接收货物
A5 风险转移 卖方在按照 A4 的规定交付货物之前，承担所有的货物毁损或灭失责任，但货物的毁损或灭失是由于 B5 所述的情况时除外	B5 风险转移 买方承担按照 A4 规定交货后货物灭失或损坏的一切风险。 买方如未按照 B7 规定通知卖方，则必须从约定的交货日期或交货期限届满之日起，承担货物灭失或损坏的一切风险，但以该项货物明确地规定为合同项下之货物为限
A6 费用划分 卖方必须支付： a）直至按照 A4 的规定交货为止前与货物有关的一切费用，除 B6 中规定的买家所需支付的费用； b）按照 A3 a）规定所发生的运费和其他一切费用，包括装船费和根据运输合同应由卖方支付的在目的地的卸货费； c）按照 A3 b）规定所发生的保险费用； d）在需要办理海关手续时，货物出口需要办理的海关手续费用，以及货物出口时应缴纳的一切关税、税款和其他费用，包括根据运输合同由卖方支付的货物从他国过境的费用	B6 费用划分 根据 A3 条 a）款的规定，买方应当支付： a）根据 A4 规定的从交货时起与货物有关的一切费用，除了在可适用情况下，货物出口所需的海关手续费用，以及关税、税额和 A6 中规定的出口所应支付的其他费用应由卖方支付； b）货物在运输途中直至到达约定目的地为止的一切费用，除非这些费用根据运输合同约定应由卖方支付； c）卸载费，除非这些费用根据运输合同约定应由卖方支付； d）如买方未按照 B7 规定给予卖方通知，则自约定的装运日期或装运期限届满之日起，货物所发生的任何额外费用，但以该项货物已经清楚地确定为合同项下的货物为限； e）在需要办理海关手续时，货物进口应缴纳的一切关税、税款和其他费用，及办理海关手续的费用，以及从他国过境的费用，除非这些费用已包括在运输合同中； f）在 A3 和 B3 之下，应买方要求购买任何额外保险的费用
A7 通知买方 卖方必须通知买方货物已按照 A4 规定交货。 买方必须给予买方任何有必要的通知，以便买方能够为接收货物而采取通常必要的措施	B7 通知卖方 一旦买方有权决定发运货物的时间和/或指定的目的地/或接收货物目的地的具体地点，买方必须就此给予卖方充分通知
A8 交货凭证 如果依习惯或按照买方要求，卖方必须自付费用向买方提供按照 A3 订立的运输合同所涉及的通常运输单据，这份运输单据必须包括合同货物并且要在约定的运输期间内签署。如果依照约定或习惯，这份单据也必须要让买方能在确定的地点向运输方领取货物，并且还要让买方能通过转让单据给下一个买家或告知运输方的方式卖出货物。 当这样一份单据以协商的形式订立并且有若干原件的时候，必须向买方提供所有原件	B8 提货证据 买方必须接受按照 A8 规定提供的运输单据，如果该单据符合合同规定的话

续表

A THE SELLER's OBLIGATIONS 卖方义务	B THE BUYER's OBLIGATIONS 买方义务
A9 检查、包装、标志 卖方必须支付为按照 A4 规定交货所需进行的查对费用（如核对货物品质、丈量、过磅、点数的费用）以及出口国有关机关在装运前的强制检验费用。 卖方必须自付费用，包装货物，除非按照相关行业惯例此类买卖货物无须包装发运。卖方可以以适合运输的方式包装货物，除非买方在销售合同签订前通知卖方具体的包装要求。包装应做适当标记	B9 货物检验 买方必须支付任何强制性装运前的检验费用，但出口国有关当局强制进行的检验除外
A10 信息帮助和相关费用 如有需要，应买方的要求并由其负担风险与费用，卖方必须以适时的方法，提供或协助买方取得任何单据或信息，包括与货物出口安全或/和货物运送至最终目的地所需有关的信息。 卖方必须补偿买方依 B10 的情况因提供或给予协助取得所需之单据或信息的所有费用	B10 信息帮助和相关费用 买方必须及时通知卖方任何安全信息要求，以使卖方遵守 A10 的规定。 买方必须偿付卖方因给予协助及获取 A10 所述单据和信息所发生的一切费用。 当需要时，应卖方要求并由其承担风险和费用，买方必须及时向卖方提供或协助卖方获得任何单据和信息，包括卖方为了货物的运输、出口和从他国过境所需要的与安全相关的信息

DAT——终点站交货（……指定目的港或目的地）

此规则可用于选择的各种运输方式，也适用于选择的一个以上的运输方式。

“终点站交货”是指，卖方在指定的目的港或目的地的指定的终点站卸货后将货物交给买方处置即完成交货。“终点站”包括任何地方，无论约定或者不约定，包括码头、仓库、集装箱堆场或公路、铁路或空运货站。卖方应承担将货物运至指定目的地和卸货所产生的一切风险和费用。

建议当事人尽量明确地指定终点站，如果可能，指定在约定的目的港或目的地的终点站内的一个特定地点，因为货物到达这一地点的风险是由卖方承担，建议卖方签订一份与这样一种选择准确契合的运输合同。

此外，若当事人希望卖方承担从终点站到另一地点的运输及管理货物所产生的风险和费用，那么此时 DAP（目的地交货）或 DDP（完税后交货）规则应该被适用。

在必要的情况下，DAT 规则要求卖方办理货物出口清关手续。但是，卖方没有义务办理货物进口清关手续并支付任何进口税或办理任何进口报关手续。

A THE SELLER's OBLIGATIONS 卖方义务	B THE BUYER's OBLIGATIONS 买方义务
A1 卖方的一般义务 卖方必须提供符合销售合同规定的货物和商业发票以及合同可能要求的、证明货物符合合同规定的其他凭证。 如果在当事人约定或者依据商业惯例的情况下，A1～A10 条款中提及的任何单据都可以是具有同等效力的电子记录或者手续	B1 买方的一般义务 买方必须根据买卖合同中规定的货物价格履行交付义务。 如果在买卖双方有约定或者有商业惯例的情况下，B1～B10 中提到的任何单据都可以是具有同等效力的电子记录或者手续

续表

A THE SELLER's OBLIGATIONS 卖方义务	B THE BUYER's OBLIGATIONS 买方义务
A2 许可证、批准、安全通关及其他手续 在必要的情况下，卖方必须自担风险和费用，在交货前取得任何出口许可证或其他官方许可，并且在需要办理海关手续时办理货物出口和从他国过境所需的一切海关手续	B2 许可证、批准、安全通关及其他手续 在必要的情况下，买方必须自担风险和费用，取得所需的进口许可证或其他官方许可证，并办理货物进口所需的一切海关手续
A3 运输合同与保险合同 a）运输合同。 卖方必须自付费用订立运输合同，将货物运至指定目的港或目的地的指定终点站。如未约定或按照交易习惯也无法确定具体交货点，卖方可在目的港或目的地选择最符合其交易目的的终点站（交货）。 b）保险合同。 卖方没有为买方签订保险合同的义务。但是，卖方在买方的要求下，必须向买方提供买方借以获得保险服务的信息，其中如果存在风险和费用，一概由买方承担	B3 运输合同与保险合同 a）运输合同。 买方没有为卖方签订运输合同的义务。 b）保险合同。 买方没有为卖方签订保险合同的义务。但是如果卖方要求，买方则必须向卖方提供必要的关于获得保险的信息
A4 交货 卖方必须在约定的日期或期限内，在目的港或目的地中按 A3 条 a）款所指定的终点站，将货物从交货的运输工具上卸下，并交给买方处置，完成交货	B4 受领货物（接收货物） 货物已按 A4 的规定交付时，买方必须受领货物
A5 风险转移 除了 B5 条所描述的货物灭失或损坏的情形外，卖方必须承担货物灭失或损坏的一切风险，直至货物已经按照 A4 条的规定交付为止	B5 风险转移 自货物已按 A4 条的规定交付时起，买方必须承担货物灭失或损坏的一切风险。 如果买方未按 B2 条的规定履行义务，买方承担由此产生的货物灭失或损坏的一切风险。 如果买方未按 B7 条的规定给予通知，自约定的交付货物的日期或期间届满之日起，买方承担货物灭失或损坏的一切风险，但以该项货物已经被清楚地确定为合同货物为限
A6 费用划分 卖方必须支付： a）除了按 B6 条规定由买方支付的费用外，包括因 A3 条 a）款产生的费用，以及直至货物已按 A4 条的规定交付为止而产生的一切与货物有关的费用； b）在必要的情况下，在按照 A4 条规定交货之前，货物出口需要办理的海关手续费用及货物出口时应缴纳的一切关税、税款和其他费用，以及货物经由他国过境运输的费用	B6 费用划分： 买方必须支付： a）自货物已按 A4 条的规定交付时起，与货物有关的一切费用； b）任何因买方未按 B2 条规定履行义务或未按 B7 条给予通知而使卖方额外支付的费用，但以该项货物已经被清楚地确定为合同货物为限； c）在必要的情况下，货物进口需要办理的海关手续费用及货物进口时应缴纳的一切关税、税款和其他费用

续表

A THE SELLER's OBLIGATIONS 卖方义务	B THE BUYER's OBLIGATIONS 买方义务
A7 通知买方 卖方必须提供买方需要的任何通知，以便买方能够为受领货物而采取通常必要的措施	B7 通知卖方 一旦买方有权决定于约定期限内受领货物的时间点和/或于指定的目的地受领货物的具体位置，买方必须就此给予卖方充分通知
A8 交货凭证 卖方必须自付费用向买方提供提货单据，使买方能够根据 A4 或 B4 条的规定提取货物	B8 提货证据 买方必须接受卖方提供的符合 A8 条款规定的交货单据
A9 检查、包装、标志 买方必须支付按 A4 条规定为交付货物所需的检查（如质检、度量、称重、计数）费用。同时，卖方也必须支付出口国当局强制进行的任何装船前检查所产生的费用。 卖方必须支出费用以包装货物，除非在特定贸易中所售货物通常以不包装的形式运输。卖方应该以适合运输的方式包装货物，除非买方在买卖合同成立之前指定了具体的包装要求。包装应该被合理地标记	B9 货物检验 买方必须支付装船前强制检验的费用，但出口国当局强制的装船前检验除外
A10 信息帮助和相关费用 在必要的情况下，卖方必须根据买方的要求，及时向买方提供或者协助买方获得其所需的进口货物和/或将货物运输至目的地的任何单据和信息，包括与安全相关的信息，其中如果存在风险和费用，一概由买方承担。 卖方必须偿还按照 B10 条规定的买方因（向卖方）提供或协助（卖方）获得文件和信息所花费的一切费用	B10 信息帮助和相关费用 买方必须及时地告知卖方任何与货物安全信息要求相关的建议，以便于卖方可以遵守 A10 条的相关规定。 买方必须偿还卖方依照 A10 条规定（向买方）提供或协助（买方）获得单据和信息的过程中所花费的一切成本和费用。 在必要的情况下，买方必须依照卖方的要求，及时（向卖方）提供或者协助（卖方）获得其所需的运输和出口货物及经由他国过境运输的任何单据和信息，包括与安全相关的信息，其中如果存在风险和费用，一概由卖方承担

DAP——目的地交货（……指定目的地）

DAP 是《国际贸易术语解释通则 2010》新添加的术语，取代了 DAF①（边境交货）、DES②

---

① 边境交货是指当卖方在边境的指定地点和具体交货点，在毗邻国家海关边界前，将仍处于交货的运输工具上尚未卸下的货物交给买方处置，办妥货物出口清关手续但尚未办理进口清关手续时，即完成交货。“边境”一词可用于任何边境，包括出口国边境。因而，用指定地点和具体交货点准确界定所指边境是极为重要的。

② 目的港船上交货是指在指定的目的港，货物在船上交给买方处置，但不办理货物进口清关手续，卖方即完成交货。卖方必须承担货物运至指定目的港卸货前的一切风险和费用。如果当事各方希望卖方负担卸货的风险和费用，则应使用 DEQ 术语。

（目的港船上交货）和 DDU[①]（未完税交货）三个术语。

该规则的适用不考虑所选用的运输方式的种类，同时在选用的运输方式不止一种的情形下也能适用。

目的地交货的意思是：卖方在指定的交货地点，将仍处于交货的运输工具上尚未卸下的货物交给买方处置即完成交货。卖方须承担货物运至指定目的地的一切风险。

尽管卖方承担货物到达目的地前的风险，该规则仍建议双方尽量明确地指定交货目的地。建议卖方签订恰好匹配该种选择的运输合同。如果卖方按照运输合同承受了货物在目的地的卸货费用，那么除非双方达成一致，卖方无权向买方追讨该笔费用。

在需要办理海关手续时（在必要时/适当时），DAP 规则要求应由卖方办理货物的出口清关手续，但卖方没有义务办理货物的进口清关手续、支付任何进口税或者办理任何进口海关手续，如果当事人希望卖方办理货物的进口清关手续、支付任何进口税和办理任何进口海关手续，则应适用 DDP 规则。

A THE SELLER's OBLIGATIONS 卖方义务	B THE BUYER's OBLIGATIONS 买方义务
A1 卖方的一般义务 卖方必须提供符合销售合同规定的货物和商业发票以及该合同可能要求的其他凭证。 如果依当事人的协议或按照惯例，在 A1 ~ A10 条款中涉及的任何单据均可以是具有同等效力的电子记录或程序	B1 买方的一般义务 买方必须按照销售合同支付货物的价款。 如果依当事人的协议或按照惯例，在 B1 ~ B10 条款中涉及的任何单据均可以是具有同等效力的电子记录和程序
A2 许可证、批准、安全通关及其他手续 在需要办理海关手续时，卖方必须自担风险和费用取得任何出口许可证或其他官方许可，并且办理出口货物和交付前运输通过某国所必需的一切海关手续	B2 许可证、批准、安全通关及其他手续 在需要办理海关手续时，买方必须自担风险和费用，取得任何进口许可证或其他官方许可，并且办理货物进口的一切海关手续。
A3 运输合同与保险合同 a）运输合同。 卖方必须自付费用订立运输合同，将货物运至指定的交货地点。如未约定或按照惯例也无法确定指定的交货地点，则卖方可在指定的交货地点选择最适合其目的的交货点。 b）保险合同。 卖方对买方没有义务订立保险合同。但是如果买方提出需要保险合同的要求，并且自己承担风险和费用，那么卖方应该提供订立保险合同需要的全部信息	B3 运输合同与保险合同 a）运输合同。 买方对卖方没有义务订立运输合同。 b）保险合同。 买方对卖方没有义务订立保险合同。但是如果买方想获得保险，就必须向卖方提出自己需要保险的要求，并且向卖方提供必要的信息

① 未完税交货是指卖方在指定的目的地将货物交给买方处置，不办理进口手续，也不从交货的运输工具上将货物卸下，即完成交货。卖方应承担将货物运至指定目的地的一切风险和费用，不包括在需要办理海关手续时在目的地国进口应缴纳的任何“税费”（包括办理海关手续的责任和风险，以及缴纳手续费、关税、税款和其他费用）。买方必须承担此项“税费”和因其未能及时办理货物进口清关手续而引起的费用和风险。

续表

A THE SELLER's OBLIGATIONS 卖方义务	B THE BUYER's OBLIGATIONS 买方义务
A4 交货 卖方必须在约定日期或期限内，在指定的交货地点，将仍处于约定地点的交货运输工具上尚未卸下的货物交给买方处置	B4 受领货物（接收货物） 买方必须在卖方按照 A4 规定交货时受领货物
A5 风险转移 除 B5 规定外，卖方必须承担货物灭失或损坏的一切风险，直至已经按照 A4 规定交货为止	B5 风险转移 买方必须承担按照 A4 规定交货之时起货物灭失或损坏的一切风险。 如果买方没有履行 B2 中规定的义务，则买方承担所有货物灭失或者毁损的风险，或者买方没有按照 B7 中的规定履行其告知义务，则必须从约定的交货日期或交货期限届满之日起，承担货物灭失或损坏的一切风险。但是必须确认上面所讲的货物是合同中所指的货物
A6 费用划分 卖方必须支付： a）除依 B6 的规定由买方支付费用以外，按照 A3 条 a）款规定发生的费用及按照 A4 规定在目的地交货前与货物有关的一切费用； b）根据运输合同约定，在目的地发生应由卖方支付的任何卸货费用； c）在需要办理海关手续时，货物出口要办理的海关手续费用及货物出口时应缴纳的一切关税、税款和其他费用，以及按照 A4 规定交货前从他国过境的费用	B6 费用划分 买方必须支付： a）自按照 A4 的规定交货时起与货物有关的一切费用； b）在指定目的地将货物从交货运输工具上卸下以受领货物的一切卸货费，除非这些费用按照运输合同是由卖方承担； c）在这项货物已清楚地确定为合同项下货物的条件下，若买方未能按照 B2 规定履行义务或未按照 B7 规定给予卖方通知，卖方因此而产生的一切费用； d）在需要办理海关手续时，办理海关手续的费用及货物进口时应缴纳的一切关税、税款和其他费用
A7 通知买方 卖方必须给予买方必要的通知，以便买方能够为受领货物而采取通常必要的措施	B7 通知卖方 一旦买方有权决定在约定期限内的时间和/或指定的受领货物的地点，买方必须就此给予卖方充分通知
A8 交货凭证 卖方必须自付费用，按照 A4/B4 的规定，向买方提供买方可以据以提取货物的凭证	B8 提货证据 买方必须接受卖方按照 A8 规定提供的交货单据
A9 检查、包装、标志 卖方必须支付为按照 A4 规定交货所需进行的查对费用（如核对货物品质、丈量、过磅、点数的费用）以及出口国有关当局强制进行检验的费用。 卖方必须自己负担货物包装费用，除非是在特定交易中通常无须包装货物的情况。卖方需要以适合于运输的方式包装货物，除非买方在买卖合同缔结之前告知卖方具体的包装方式。包装应做适当标记	B9 货物检验 买方必须支付任何强制的装船前检验的费用，但出口国有关当局强制进行的检验除外

续表

A THE SELLER's OBLIGATIONS 卖方义务	B THE BUYER's OBLIGATIONS 买方义务
A10 信息帮助和相关费用 在需要办理海关手续时，应买方要求并由其承担风险和费用，卖方必须及时为买方提供其在货物进口或货物运输过程中所需的各类文本及信息协助，包括相关安全信息。 在获取单据或信息时，卖方必须偿付买方按照 B10 规定提供或给予协助的所有费用	B10 信息帮助和相关费用 买方必须及时告知卖方所有的安全信息需求，以便卖方能够遵守 A10 的规定。在获取单据或信息时，买方必须偿付卖方按照 A10 规定提供或给予协助的所有费用。 应卖方要求并由其承担风险和费用，买方必须及时为卖方提供其在货物进口或货物运输过程中所需的各类单据及信息协助，包括相关安全信息

DDP——完税后交货（……指定目的地）

这条规则可以适用于任何一种运输方式，也可以适用于同时采用多种运输方式的情况。

“完税后交货”是指卖方在指定的目的地，将货物交给买方处置，并办理进口清关手续，准备好将在交货运输工具上的货物卸下交给买方，完成交货。卖方承担将货物运至指定目的地的一切风险和费用，并有义务办理出口清关手续与进口清关手续，对进出口活动负责，以及办理一切海关手续。

DDP 术语下卖方承担最大责任。

因为到达指定地点过程中的费用和风险都由卖方承担，建议当事人尽可能明确地指定目的地。建议卖方在签订的运输合同中也正好符合上述选择的地点。如果卖方致使在目的地卸载货物的成本低于运输合同的约定，则卖方无权收回成本，当事人之间另有约定的除外。

如果卖方不能直接或间接地取得进口许可，不建议当事人使用 DDP 术语。

如果当事人希望买方承担进口的所有风险和费用，应使用 DAP 术语。

任何增值税或其他进口时需要支付的税项由卖方承担，合同另有约定的除外。

A THE SELLER's OBLIGATIONS 卖方义务	B THE BUYER's OBLIGATIONS 买方义务
A1 卖方的一般义务 卖方必须提供符合销售合同规定的货物和商业发票以及合同可能要求的证明货物符合合同规定的其他凭证。 其他凭证指在 A1 ~ A10 中双方达成共识或习惯的具有同种作用的电子记录和程序	B1 买方的一般义务 买方必须按照销售合同的规定支付货物的价款。 在双方协商同意或遵循惯例的情况下，B1 ~ B10 中所提到的任何文件都可能是一种有同等作用的电子记录或程序
A2 许可证、批准、安全通关及其他手续 需要办理海关手续时，卖方须自担风险费用，取得所有进出口许可证或其他官方许可，并办理进出口货物在他国运输的一切必要海关手续	B2 许可证、批准、安全通关及其他手续 在合适的情况下，应卖方的请求，买方必须向卖方提供援助，买方自担风险和费用，并且帮助卖方取得进口货物的许可证并办理官方的手续

续表

A THE SELLER's OBLIGATIONS 卖方义务	B THE BUYER's OBLIGATIONS 买方义务
A3 运输合同与保险合同 a）运输合同。 卖方必须自付费用订立运输合同，将货物运至指定目的地或者指定地点，若可以的话，到指定目的地。如未约定或按照惯例也无法确定具体交货点，则卖方可在目的地选择最适合其目的的交货点。 b）保险合同。 卖方没有义务与买方订立保险合同。但是，在买方的要求下且买方承担风险或者费用（如果有的话）的情形下，卖方必须告知买方需要取得保险	B3 运输合同与保险合同 a）运输合同。 买方没有义务订立运输合同。 b）保险合同。 相对于卖方，买方没有义务订立保险合同，但是应卖方请求，买方应提供关于保险的必要信息
A4 交货 卖方必须在约定的日期或者期限内，在位于指定目的地的约定地点（如果有约定），将运输工具上准备卸下来的货物交给买方处置	B4 受领货物（接收货物） 买方必须在卖方按照 A4 规定交货时，受领货物
A5 风险转移 除了 B5 规定的情形以外，由卖方承担货物损毁或者灭失的所有风险，一直到货物已经按照 A4 的规定交货为止	B5 风险转移 按照 A4 的规定受领货物之后，买方必须承担货物灭失或损坏的一切风险。 a）如果买方没有履行 B2 规定的义务，那么他必须承担由此带来的货物灭失或者损坏的风险； b）如果买方没有尽到 B7 规定的通知义务，那么他必须承担自约定的交货日期或者自交货期限届满之日起货物灭失或损坏的风险。 前提是，货物必须已经被证明是合同中规定的货物
A6 费用划分 卖方必须支付： a）除了由 A3 条 a）款之外所产生的费用以外，直到货品按照 A4 的规定交货之前，所有相关的一切费用，不包括那些 B6 中所提到的由买方支付的费用； b）根据运输合同的规定，在交货地的任何卸货费用都由卖方承担； c）在适用的情况下，出口和进口所必需的报关费用及一切关税、税款和其他在出口和进口货品时应支付的费用，以及货品在交付之前，按照 A4 的规定在运输途中因通过其他国家所产生的费用	B6 费用划分 买方必须支付： a）从货物被交付之日起与货物相关的全部费用，正如 A4 所设想的那样； b）在指定目的地卸载必需品的所有费用，包括从运输方式到接收货物整个过程的所有费用，除非按照运输合同，这些费用是由卖方支付； c）在货物已被确定为合同项下货物的前提下，如果没有按照 B2 履行其义务或没有按照 B7 发出通知所造成的额外费用
A7 通知买方 卖方必须给予买方任何必要的通知，以便买方能够为受领货物而采取通常必要的措施	B7 通知卖方 一旦买方有权确定在约定的期限内受领货物的具体时间和地点时，卖方必须就此给予买方充分的通知
A8 交货凭证 卖方必须自付费用，按照 A4/B4 的规定，向买方提供买方据以提取货物的凭证	B8 提货证据 买方必须接受卖方按照 A8 中规定提供的交货凭证

续表

A THE SELLER's OBLIGATIONS 卖方义务	B THE BUYER's OBLIGATIONS 买方义务
A9 检查、包装、标志 卖方必须支付为按照 A4 规定交货所需进行的查对费用（如核对货物品质、丈量、过磅、点数的费用）以及任何由出口国当局强制进行的装运前检验费用。 卖方必须自付包装货物的费用，除非按照相关行业惯例，运送此类货物无须包装即可销售。卖方可以按习惯用适合运输的方式来包装货物，除非买方在买卖合同签订之前告知了卖方特殊的包装要求。包装应做适当标记	B9 货物检验 买方无义务对卖方支付由进出口国家相关部门规定的运前强制性检验货物所引起的任何费用
A10 信息帮助和相关费用 由买方提出要求并同时承担风险和费用，卖方必须及时给予买方协助，以帮助其获取任何所需的单据及信息，包括买方在货物从目的地约定区域至最终目的地的运输中需要办理海关手续时的相关投保信息。 卖方必须支付买方在为卖方获取 B10 所规定的单据及信息而提供的协作中发生的一切费用	B10 信息帮助和相关费用 买方应当及时把一切安全信息要求通知卖方，以便卖方按照 A10 条款履行义务。 买方必须支付卖方为获取 A10 所述单据或信息提供协助时所发生的费用。 应卖方要求并由其承担风险和费用，买方必须在合适的地点及时对卖方提供协助，以帮助其取得货物进出口以及在任何国家运输过程中所需的一切单据和包括安全相关信息在内的所有信息

FAS——船边交货（……指定装运港）

这项规则仅适用于海运和内河运输。

“船边交货”是指卖方在指定装运港将货物交到买方指定的船边（例如码头上或驳船上），即完成交货。从那时起，货物灭失或损坏的风险发生转移，并且由买方承担所有费用。

当事人应当尽可能明确地在指定装运港指定出装货地点，这是因为到这一地点的费用与风险由卖方承担，并且根据港口交付惯例，这些费用及相关的手续费可能会发生变化。

卖方在船边交付货物或者获得已经交付装运的货物。这里所谓的“获得”迎合了链式销售，在商品贸易中十分普遍。

当货物通过集装箱运输时，卖方通常在终点站将货物交给承运人，而不是在船边。在这种情况下，船边交货规则不适用，而应当适用货交承运人规则。

船边交货规则要求卖方在需要时办理货物出口清关手续。但是，卖方没有任何义务办理货物进口清关、支付任何进口税或者办理任何进口海关手续。

A THE SELLER's OBLIGATIONS 卖方义务	B THE BUYER's OBLIGATIONS 买方义务
A1 卖方的一般义务 卖方必须提供符合销售合同规定的货物和商业发票以及合同可能要求的、证明货物符合合同规定的其他任何凭证。 如果双方达成协议或者是有惯例可循，A1 ~ A10 条款中所述的单据可能是有同等效力的电子记录或手续	B1 买方的一般义务 买方必须按照销售合同规定支付货物的价款。 如果双方达成协议或者是有惯例可循，B1 ~ B2 条款中所述的单据可能是有同等效力的电子记录或手续
A2 许可证、批准、安全通关及其他手续 在需要办理海关手续时，卖方必须自担风险和费用，取得任何出口许可证或其他官方许可，办理货物出口所需的一切海关手续	B2 许可证、批准、安全通关及其他手续 在需要办理海关手续时，买方必须自担风险和费用，由买方取得任何进口许可证或其他官方许可，并办理货物进口和从他国过境所需的一切海关手续
A3 运输合同与保险合同 a）运输合同。 卖方没有订立运输合同的义务。但若买方要求，或者如果是商业惯例而买方未适时给予卖方相反指示，则卖方可按照通常条件订立运输合同，费用和风险由买方承担。在以上任何一种情况下，卖方都可以拒绝订立此合同；如果拒绝，则应立即通知买方。 b）保险合同 卖方没有订立保险合同的义务。但是应买方要求并由其承担风险和费用（如果有费用产生）时，卖方必须提供给买方订立保险时所需要的信息	B3 运输合同与保险合同 a）运输合同。 买方必须自行承担运费，订立自指定装运港运输货物的合同。卖方按照 A3 条 a）款订立了运输合同时除外。 b）保险合同。 买方没有订立保险合同的义务
A4 交货 卖方必须在买方指定的装运港、在买方指定的装货地点（如果有指定的装货地点），将货物交至买方指定的船边，或者取得已经交付的货物。不论用哪种方式，卖方都必须在约定的日期或者期限内，按照该港的习惯方式交付货物。 如果买方没有指定特别的装货地点，卖方可以在指定的装运港内选择最符合其目的的地点。如果双方约定在一定时期内交付货物，则买方可以在约定时期内选择交货日期	B4 受领货物（接收货物） 买方必须在卖方依照 A4 的规定交货时受领货物
A5 风险转移 除 B5 规定的情况外，卖方必须承担货物灭失或损坏的一切风险，直至已按照 A4 规定交货为止	B5 风险转移 自依照 A4 的规定交货时起，买方承担货物灭失或损坏的一切风险。 如果买方没有按照 B7 的规定通知卖方，或者买方指定的船只未按时到达，或未接收货物，或较 B7 通知的时间提早停止装货，那么自约定的交货日期或期限届满时起，如果明确确定该项货物为合同项下之货物，买方承担货物灭失或损坏的一切风险

续表

A THE SELLER's OBLIGATIONS 卖方义务	B THE BUYER's OBLIGATIONS 买方义务
A6 费用划分 卖方必须支付： a）直至已经按照 A4 规定交货为止的与货物有关的一切费用，除了按照 B6 的规定应由卖方支付的费用，及 b）在需要时，货物出口时办理的海关手续费用，及应缴纳的一切关税、税款和其他费用	B6 费用划分 买方必须支付： a）自按照 A4 的规定交货时起的与货物有关的一切费用，除了 A6 条 b）款项规定的在需要办理海关手续时，货物出口需要办理的海关手续费用，及货物出口时应缴纳的一切关税、税款和其他费用。 b）因发生下列情况产生的一切额外费用： （ⅰ）买方未按照 B7 规定及时通知卖方； （ⅱ）在已经明确确定该项货物为合同项下之货物的情况下，买方指定的货船没有及时到达，无法装载货物，或早于 B7 规定的时间停止装货产生的费用。 c. 在需要时，货物进口时办理海关手续的费用及应缴纳的一切关税、税款和其他费用，以及从他国运输过境的费用
A7 通知买方 由买方承担风险和费用，卖方必须给予买方关于货物已按 A4 规定交付或者船舶未能在约定的时间内接收货物的充分通知	B7 通知卖方 买方必须给予卖方关于船舶的名称、装船地点以及如有必要，在约定期限内选定的交付时间的充分通知
A8 交货凭证 卖方承担费用并向买方提供关于货物已按 A4 规定交付的通常证明。 除非上述证明是运输单据，应买方请求并由买方承担风险和费用，卖方必须协助买方取得运输单据	B8 提货证据 买方必须接受卖方按照 A8 规定所提供的交付证明
A9 检查、包装、标志 卖方必须支付为了按照 A4 规定交货所必须进行的核对费用（如核对货物品质、丈量、过磅、点数的费用），还包括出口国有关当局强制进行的任何装运前的检验费用。 卖方必须自付货物包装费用，除非按照相关行业惯例，该种货物无须包装发运。卖方可以提供符合其安排的运输所要求的包装，除非买方在销售合同成交前已通知卖方具体的包装要求。包装应做适当标记	B9 货物检验 买方必须支付任何装运前检验的费用，但出口国有关当局强制进行的检验除外
A10 信息帮助和相关费用 有需要时，应买方要求并由其承担风险和费用，卖方必须及时地提供或给予买方协助，以帮助买方取得任何文件和信息，包括买方为了货物进口和/或运送到最终目的地所需要的与安全有关的信息。 卖方必须偿还买方所有因买方在提供或给予 B10 中规定的取得文件和信息方面的帮助时引起的花费和支出	B10 信息帮助和相关费用 买方必须以及时的方式向卖方提出任何安全信息要求，这样卖方才可能遵守 A10。 买方必须偿还卖方所有因其在提供或给予 A10 中规定的取得文件和信息方面的帮助时引起的花费和支出。 应卖方要求并由其承担风险和费用，买方必须在适当的时候以及时的方式提供或给予卖方协助，以帮助卖方取得任何文件和信息，包括卖方为了货物运输和出口以及运经任何国家所需要的与安全有关的信息

FOB——船上交货（……指定装运港）

本规则只适用于海运或内河运输。

“船上交货”是指卖方在指定的装运港，将货物交到买方指定的船只上，或者指（中间销售商）设法获取这样交付的货物。一旦装船，买方将承担货物灭失或损坏造成的所有风险。

卖方被要求将货物交至船只上或者获得已经这样交付装运的货物。这里所谓的“获得”迎合了链式销售，在商品贸易中十分普遍。

FOB 不适用于货物在装船前移交给承运人的情形。比如，货物通过集装箱运输，并通常在目的地交付。在这些情形下，适用 FCA 的规则。

在适用 FOB 时，销售商负责办理货物出口清关手续。但销售商无义务办理货物进口清关手续、缴纳进口关税或是办理任何进口报关手续。

A THE SELLER's OBLIGATIONS 卖方义务	B THE BUYER's OBLIGATIONS 买方义务
A1 卖方的一般义务 卖方必须提供符合销售合同规定的货物和商业发票，以及合同可能要求的、证明货物符合合同规定的其他任何凭证。 根据双方协议或交易习惯，任何 A1 ~ A10 条提及的单据都可以作为同等效力的电子凭证或手续	B1 买方的一般义务 买方必须按照销售合同规定支付价款。 根据双方协议或交易习惯，任何 B1 ~ B10 条提及的单据都可以作为同等效力的电子凭证或手续
A2 许可证、批准、安全通关及其他手续 在条约适用的情况下，卖方必须自担风险和费用，取得任何出口许可证或其他官方许可，并办理货物出口所需的一切海关手续	B2 许可证、批准、安全通关及其他手续 如果适用，买方在自担风险和费用的情况下，自行决定是否取得任何进口许可证或其他官方许可，或办理货物进口和在必要时从他国过境所需的一切海关手续
A3 运输合同与保险合同 a）运输合同。 卖方没有义务为买方订立运输合同。但如果是根据买方要求或交易习惯且买方没有及时提出相反要求，由买方承担风险和费用的情况下，卖方可以按一般条款为买方订立运输合同。在上述任意一种情况下，卖方有权拒绝为买方订立运输合同，如果卖方订立运输合同，应及时通知买方。 b）保险合同。 卖方没有义务向买方提供保险合同。但是当买方要求的时候，卖方必须向买方提供买方获得保险时所需要的信息，此时一切风险和费用（如果有的话）由买方承担（2000 版只说卖方无义务，2010 版附加了卖方在无义务的情况下必须向买方提供一些信息的说明）	B3 运输合同与保险合同 a）运输合同。 买方自己付费，必须签订从指定装运港运输货物的合同，除非卖方已经按照 A3 条 a）款的规定制定了运输合同。 b）保险合同。 买方没有义务向卖方提供保险合同

续表

A THE SELLER's OBLIGATIONS 卖方义务	B THE BUYER's OBLIGATIONS 买方义务
A4 交货 卖方必须将货物运到买方指定的船只上，若有的话，就送到买方的指定装运港或由中间商获取这样的货物。在这两种情况下，卖方必须按约定的日期或在期限内按照该港习惯方式将货物运输到港口。 如果买方没有明确装运地，卖方可以在指定的装运港中选择最符合其目的的装运点	B4 受领货物（接收货物） 买方必须在卖方按 A4 中规定交货时受领货物
A5 风险转移 卖方要承担货物灭失或者损坏的全部风险，直至已经按照 A4 中的规定交付货物为止。但 B5 中规定的货物灭失或者损坏的情况除外	B5 风险转移 自货物按照 A4 规定交付之时起，买方要承担货物灭失或损失的全部风险。 若买方没有按照 B7 规定通知船只的指定；或买方指定的船只没有按期到达，以致卖方无法履行 A4 规定；或（指定船只）没有接管货物；或者（指定船只）按照 B7 通知的时间提早停止装货，那么，自以下所述之日起买方承担货物灭失或损失的全部风险： a）自协议规定的日期起。 b）若没有协议约定的日期，则自卖方按照 A7 规定的协议期限内的通知之日起。 c）若没有约定通知日期时，则自任一约定的交付期限届满之日起。 但前提是，该货物已经被准确无疑地确定是合同规定之货物
A6 费用划分 卖方必须支付： a）除由 B6 规定的理应由买方支付的以外，卖方必须支付货物有关的一切费用，直到已经按照 A4 规定交货为止； b）需要办理海关手续时，货物出口需要办理的海关手续费用及出口时应缴纳的一切关税、税款和其他费用	B6 费用划分 买方必须支付： a）自按照 A4 规定交货之时起与货物有关的一切费用，除了需要办理海关手续时，货物出口需要办理的海关手续费用及出口时应缴纳的一切关税、税款和在 A6 条 b）款中提到的其他费用； b）以下两种情形之一将导致额外费用： （ⅰ）买方未能按照 B7 规定给予卖方相应的通知； （ⅱ）买方指定的船只未按时到达，或未接收上述货物，或较按照 B7 通知的时间提早停止装货。 除非该项货物已正式划归合同项下。 需要办理海关手续时，货物进口应缴纳的一切关税、税款和其他费用，及货物进口时办理海关手续的费用，以及货物从他国过境的费用

续表

A THE SELLER's OBLIGATIONS 卖方义务	B THE BUYER's OBLIGATIONS 买方义务
A7 通知买方 在由买方承担风险和费用时，卖方必须给予买方说明货物已按照 A4 规定交货或者船只未能在约定的时间内接收上述货物的充分通知	B7 通知卖方 买方必须给予卖方有关船名、装船点以及需要时在约定期限内所选择的交货时间的充分通知
A8 交货凭证 卖方必须自付费用向买方提供证明货物已按照 A4 规定交货的通常单据。 除非前项所述单据是运输单据，否则应买方要求并由其承担风险和费用，卖方必须给予买方协助，以取得运输单据	B8 提货证据 买方必须接受卖方按照 A8 规定提供的交货凭证
A9 检查、包装、标志 卖方必须支付为按照 A4 规定交货所需进行的查对费用（如核对货物品质、丈量、过磅、点数的费用），以及出口国有关当局强制进行的装运前检验的费用。 卖方必须自付费用，包装货物，除非按照相关行业惯例，运输的货物无须包装销售。卖方必须以适合运输的形式包装货物，除非买方在订立销售合同前已经告知卖方特定的包装要求。包装应作适当标记	B9 货物检验 买方必须支付任何装运前检验的费用，但出口国有关当局强制进行的检验除外
A10 信息帮助和相关费用 在适用的情况下，应买方要求并由其承担风险和费用，卖方必须及时地给予买方一切协助，以帮助其取得他们所需要的货物进口和/或运送到最终目的地的一切单据及信息。（包含与安全因素相关的信息） 卖方必须向买方支付所有买方因提供或帮助卖方得到 B10 中规定的单据或信息而产生的费用	B10 信息帮助和相关费用 买方必须及时告诉卖方其对任何与安全有关的信息的要求，以使卖方可以遵循 A10。 买方必须支付全部费用以及在 A10 中规定的卖方提供和给予协助使买方获取单据和信息所发生的一切费用。 在适用的情况下，应卖方要求并由其承担风险和费用，买方必须及时地提供或给予买方一切协助，以帮助其取得他们所需要的货物的运送和出口以及过境运输的一切单据及信息（包含与安全因素相关的信息）

CFR——成本加运费付至（……指定目的港）

本规定只适用于海路及内陆水运。

“成本加运费”是指卖方交付货物于船舶之上或采购已如此交付的货物，而货物损毁或灭失之风险从货物转移至船舶之上起转移，卖方应当承担并支付必要的成本加运费，以使货物运送至目的港。

当使用 CPT、CIP、CFR 或 CIF 术语时，卖方在将货物交给已选定运输方式的运送者时，其义务即已履行，而非货物抵达目的地时方才履行。

本规则有两个关键点，因为风险转移地和运输成本的转移地是不同的。尽管合同中通常会确认一个目的港，却未必指定装运港，即风险转移给买方的地方。如果买方对装运港关乎买方的特殊利益特别感兴趣，建议双方就此在合同中尽可能精确地加以确认。

建议双方对于目的港的问题尽可能准确确认，因为由此产生的成本加运费由卖方承担。订立与此项选择（目的港选择）精确相符的运输合同。如果因买方原因而使运输合同与卸货点基于目的港发生关系，那么除非双方达成一致，否则卖方无权从买方处收回这些费用。

成本加运费对于货物在装到船舶之上前即已交给（原为交付）承运人的情形可能不适用，例如通常在终点站（即抵达港、卸货点，区别于 port of destination）交付的集装箱货物。在这种情况下，宜使用 CPT 规则（如当事各方无意越过船舷交货）。

成本加运费原则要求卖方办理出口清关手续（若合适的话）。但是，卖方无义务为货物办理进口清关、支付进口关税或者完成任何进口地海关的报关手续。

A THE SELLER's OBLIGATIONS 卖方义务	B THE BUYER's OBLIGATIONS 买方义务
A1 卖方的一般义务 卖方应当提供符合销售合同规定的货物和商业发票，以及其他任何合同可能要求的证明货物符合合同要求的凭证。 如果买卖双方达成一致或者依照惯例，任何 A1～A10 中所要求的单据都可以具有同等作用的电子信息（记录或手续）出现	B1 买方的一般义务 买方应当依销售合同支付商品价款。 如果买卖双方达成一致或者依照惯例，任何 B1～B10 中所要求的单据都可以具有同等作用的电子信息（记录或手续）出现
A2 许可证、批准、安全通关及其他手续 若可能的话，卖方应当自担风险和费用，取得任何出口许可证或者其他官方授权，并办妥一切货物出口所必需的海关手续	B2 许可证、批准、安全通关及其他手续 若可能的话，买方有义务在自担风险与费用的情况下获得任何进口许可证或其他的官方授权，并为货物进口以及其在国内的运输办妥一切海关报关手续
A3 运输合同与保险合同 a）运输合同 卖方应当在运输合同中约定一个协商一致的交付地点（若有的话），如在目的地的指定港口，或者经双方同意在港口的任意地点。卖方应当自付费用，按照通常条件订立运输合同，经由惯常航线，将货物用通常用于运输这类货物的船舶加以运输。 b）保险合同。 卖方并无义务为买方订立一份保险合同。但是，卖方应当按照买方的要求，在买方承担风险和费用（如果有的话）的前提下为其提供投保所需的信息	B3 运输合同与保险合同 a）运输合同。 买方无义务为卖方订立运输合同 b）保险合同。 买方无义务为卖方订立保险合同。但是根据卖方请求，买方须提供投保所需要的必要信息（双方均无义务为对方订立保险合同，但若对方要求，则均有义务提供必要信息）
A4 交货 卖方应当通过将货物装至船舶之上或促使货物以此种方式交付进行交付。在任何一种情形下，卖方应当在约定的日期或期间内依惯例（新增部分）交付	B4 受领货物（接收货物） 买方必须在卖方按照 A4 规定交货时受领货物，并在指定目的港从承运人处接收货物

续表

A THE SELLER's OBLIGATIONS 卖方义务	B THE BUYER's OBLIGATIONS 买方义务
A5 风险转移 除 B5 中描述的毁损灭失的情形之外，在货物按照 A4 的规定交付之前（2000：越过船舷前），卖方承担一切货物毁损灭失的风险	B5 风险转移 买方必须承担货物按照 A4 规定交付后毁损灭失的一切风险。 如果买方未按照 B7 规定给予卖方通知，买方必须从约定的装运日期或装运期限届满之日起，承担货物灭失或损坏的一切风险，假如货物已被清楚地确定为合同中的货物（即特定物）
A6 费用划分 卖方必须支付以下费用： a）所有在货物按照 A4 交付完成之前所产生的与之相关的费用，B6 中规定应由买方承担的可支付的部分除外。 b）货物运输费用及由 A3 条 a）款之规定（即运输合同）而产生的一切其他费用，包括装载货物的费用，以及按照运输合同约定由卖方支付的在约定卸货港口卸货产生的费用。 c）在适当的情况下，因海关手续产生的一切费用，出口货物所需缴纳的一切关税、税赋（注意两者之间区别）及其他应缴纳之费用（英美法特色，极尽罗列之能），以及根据运输合同应由卖方承担的因穿过任何国家所产生的过境费用	B6 费用划分 除 A3 条第一项的规定费用之外，买方必须支付： a）从货物以在 A4 中规定的方式交付起与之有关的一切费用，除了出口所必要的清关费用，以及在 A6 条 c）款中涉及的所需的一切关税、赋税及其他各项应付出口费用； b）货物在运输途中直至到达目的港为止的一切费用，除非这些费用根据运输合同应由卖方支付。（无变化） c）卸货费用，包括驳船费和码头费，除非该成本和费用在运输合同中是由卖方支付的。（无变化） d）任何额外的费用，如果（进一步规定）没有在既定日期或运送货物的既定期间的到期日前按照 B7 中的规定发出通知，但是（假如、倘若）货物已被清楚地确定为合同中的货物（即特定物，这里和 B5 是类似的）。 e）在需要办理海关手续时，货物进口应缴纳的一切关税、税款和其他费用，及办理海关手续的费用，以及需要时从他国过境的费用，除非这些费用已包括在运输合同中（无变化）
A7 通知买方 卖方应当给予买方所有/任何（后者更恰当，与 2000 年形成对比）其需要的通知，以便买方能够采取通常必要的提货措施	B7 通知卖方 每当能够在指定的目的港之内确定装运货物的时间或者接收货物的具体地点时，买方必须充分给予卖方通知
A8 交货凭证 卖方应当在自负费用的情况下，毫不迟疑（延误）地向买方提供表明载往约定目的港的通常运输单据。 这一运输单据须载明（包含）合同货物，其日期应在约定的装运期内，使买方得以在目的港向承运人提取货物（主张权利），并且除非另有约定，应使买方得以通过转让单据（提单）或通过通知承运人，向其后手买方（下家）出售在途货物。 如此运输单据为可以流通、可以议付形式（银行根据信用证付钱）或有数份正本，则应向买方提供全套正本	B8 提货证据 买方必须接受卖方按照 A8 规定提供的运输单据，如果该单据符合合同规定的话（无变化）

续表

A THE SELLER's OBLIGATIONS 卖方义务	B THE BUYER's OBLIGATIONS 买方义务
A9 检查、包装、标志 卖方应当支付为遵循 A4 条款运输货物所需的进行核对的费用（比如核对货物品质、丈量、过磅、点数），同时还需支付国家出口机关规定的进行装船检查的费用。 卖方必须自付费用提供货物的包装，除非在此行业中这种货物无包装发运、销售是普遍的现象。卖方应当用适于运输的方式包装货物，除非买方在交易合同生效前对卖方提出了特殊的包装要求。包装应当适当（恰当更合适）标记（直译容易出现歧义——适当标记也可以理解为可标可不标）	B9 货物检验 买方必须支付任何装运前检验的费用，但出口国有关当局强制进行的检验除外（无差异）
A10 信息帮助和相关费用 卖方必须在可能的情况下及时应买方的要求，在卖方承担风险与费用的前提下，向买方提供帮助，以使买方能够获得任何单据与信息，包括买方进口货物或者为保证货物到达目的地所需的安全信息。（特点：大量的非限定性定语从句，难以按顺序直译——穿插翻译） 卖方应当偿付所有买方基于 B10 的义务提供单据或信息的帮助所产生的一切费用（买方与卖方互相为对方对自己的帮助买单）	B10 信息帮助和相关费用 买方必须在合适的时候告知卖方任何安全保障要求，以便卖方做到与第十项条款规定相符。 买方必须支付给卖方所有卖方为获得与第十项条款相符的相关单据和信息所产生的费用和花费。 买方必须在合适的情况下，及时地提供给卖方帮助，以便根据卖方的要求，在由卖方承担风险、费用的条件下，获得任何单据和信息，包括与安全有关的信息、卖方运输和出口货物以及通过任何国境的信息（新增）

CIF——成本、保险费加运费（……指定目的港）

该术语仅适用于海运和内河运输。

“成本、保险费加运费”指卖方将货物装上船或指（中间销售商）设法获取这样交付的货物。货物灭失或损坏的风险在货物于装运港装船时转移给买方。卖方须自行订立运输合同，支付将货物装运至指定目的港所需的运费和费用。

卖方须订立货物在运输途中由买方承担货物灭失或损坏风险的保险合同。买方须知晓在 CIF 规则下卖方有义务投保的险别仅是最低保险险别。如买方希望得到更为充分的保险保障，则需与卖方明确地达成协议或者自行做出额外的保险安排。

当使用 CPT、CIP、CFR 或者 CIF 术语时，卖方须在向承运方移交货物之时而非在货物抵达目的地时，履行已选择的术语相应规范的运输义务。

此规则因风险和费用分别于不同地点转移而具有以下两个关键点。合同惯常会指定相应的目的港，但可能不会进一步详细指明装运港，即风险向买方转移的地点。如买方对装运港尤为关注，那么合同双方最好在合同中尽可能精确地确定装运港。

当事人最好尽可能确定在约定的目的港内的交货地点，卖方承担至交货地点的费用。当事人应当在约定的目的地港口尽可能精准地检验，而由卖方承担检验费用。卖方应当签订确切适合的运输合同。如果卖方发生了运输合同之下的于指定目的港卸货的费用，则卖方无须为买方支付该费用，除非当事人之间约定。

卖方必须将货物送至船上或者（由中间销售商）承接已经交付的货物并运送到目的地。除此之外，卖方必须签订一份运输合同或者提供这类的协议。这里的“提供”是为一系列的多项贸易过程（“连锁贸易”）服务，尤其在商品贸易中很普遍。

CIF 术语并不适用于货物在装上船以前就转交给承运人的情况，例如通常运到终点站交货的集装箱货物。在这样的情况下，应当使用 CIP 术语。

“成本、保险费加运费”术语要求卖方在适当的情况下办理货物出口清关手续。然而，卖方没有义务办理货物进口清关手续、缴纳任何进口关税或办理进口海关手续。

A THE SELLER's OBLIGATIONS 卖方义务	B THE BUYER's OBLIGATIONS 买方义务
A1 卖方的一般义务 卖方必须提供符合销售合同的货物和商业发票，以及买卖合同可能要求的、证明货物符合合同规定的其他任何凭证。 在 A1 ~ A10 中的任何单据都可能是在双方协议或习惯性用法中的具有同等作用的电子记录或程序	B1 买方的一般义务 买方必须按照买卖合同规定支付价款。 在 B1 ~ B10 中任何有关的文件都可能是在各部分或习惯性用法中使用的具有同等作用的电子记录或程序
A2 许可证、批准、安全通关及其他手续 一些重要货物或国家间的运输办理海关手续。 在适当的时候，卖方须自负风险和费用，取得一切出口许可和其他官方许可，并办理货物出口所需的一切海关手续	B2 许可证、批准、安全通关及其他手续 在适当的时候，买方需要在自负风险和费用的前提下获得出口执照或其他政府许可并且办理所有出口货物的海关手续
A3 运输合同与保险合同 a）运输合同。 卖家必须自行订立或者参照格式条款订立一份关于运输的合同，将货物从约定交付地（如果有）运输到目的地的指定港口（如果有约定）。运输合同需按照通常条件订立，由卖方支付费用，并规定货物由通常可供运输合同所指货物类型的船只经由惯常航线运输。 b）保险合同。 卖家须自付费用，按照至少符合《协会货物保险条款》（LMA/IUA）C 款或其他类似条款中规定的最低保险险别投保。这个保险应与信誉良好的保险人或保险公司订立，并保证买方或其他对货物具有保险利益的人有权直接向保险人索赔	B3 运输合同与保险合同 a）运输合同。 买方无订立运输合同的义务。 b）保险合同。 买方无订立保险合同的义务。但是，如果买方想附加 A3 条 b）款中描述的保险，就须根据卖方要求，提供给卖方任何附加该保险所需的信息。 应买方要求，并由买方负担费用且提供一切卖方需要的信息，则卖方应提供额外的保险，如果能投保的话，例如《协会货物保险条款》（LMA/IUA）中的条款 A 或条款 B 或任何类似的条款中提供的保险和（或）与《协会战争险条款》和（或）《协会罢工险条款》（LMA/IUA）或其他类似条款符合的保险。 最低保险金额应当包括合同中所规定的价款另加 10%（即 110%），并应用合同货币。 保险应当承保从规定于 A4 和 A5 条款中的发货点发出至少到指定目的港的货物。 卖方必须提供给买方保险单或其他保险承保的证据。 此外，应买方的要求，并由买方自负风险及费用（如有）的情况下，卖方必须提供买方所需要的任何获取额外保险的信息

续表

A THE SELLER's OBLIGATIONS 卖方义务	B THE BUYER's OBLIGATIONS 买方义务
A4 交货 卖方必须将货物装船运送或者由承运人获取已经运送的货物，在上述任一情况下，卖方必须在协议日期或者在达成协议的期限内依港口的习惯进行交付	B4 受领货物（接收货物） 买方在货物已经以 A4 规定的方式送达时受领货物，并必须在指定的目的港受领货物
A5 风险转移 卖方直到货物以 A4 规定的方式送达之前都要承担货物灭失或者损坏的风险，除非货物是在 B5 描述的情况下灭失或者损坏的	B5 风险转移 买方自货物按 A4 规定的方式送达后承担所有货物灭失或者损坏的风险。 如果买方未按照 B7 规定给予卖方通知，买方就要从递送的协议日期或者递送协议期限届满之日起承担货物灭失或者损坏的风险，前提是货物必须被清楚地标明是合同项下的货物
A6 费用划分 卖方必须支付： a）除在 B6 中规定的应由买方支付的费用外的与货物有关的一切费用，直至按 A4 规定交货为止。 b）运费和按照 A3 条 a）款规定的所有其他费用，包括在港口装载货物的费用以及根据运输合同由卖方支付的在约定卸货港的卸货费。 c）按 A3 条 b）款规定所发生的保险费用。 d）要办理海关手续时，货物出口需要办理的海关手续费及出口应缴纳的一切关税、税款和其他费用，以及根据运输合同的规定由卖方支付的货物从他国过境的费用	B6 费用划分 除 A3 条 a）款规定外，买方必须支付： a）照 A4 规定交货之时起与货物有关的一切费用，但不包括 A6 条 d）款中规定的在需要办理海关手续时，货物出口需要办理的海关手续费以及出口应缴纳的一切关税、税款和其他费用。 b）将货物运输至目的地港口过程中与货物有关的一切费用，运输合同中规定由卖方承担的除外。 c）运费和码头搬运费在内的卸货费用，运输合同中规定由卖方承担的除外。 d）照 B7 规定在约定日期或运送的协议期限到期时给予卖方相应通知而发生的任何额外费用，但以该项货物已正式划归合同项下为限。 e）要办理海关手续时，货物进口应缴纳的一切关税、税款和其他费用，货物进口需要办理的海关手续费，以及从他国过境的费用，已包含在运输合同所规定的费用中的除外。 f）根据 A3 条 b）款和 B3 条 b）款，任何因买方要求而产生的附加保险费用
A7 通知买方 卖方必须给予买方一切必要的通知，以便买方采取必要的措施来确保受领货物	B7 通知卖方 当买方有权决定装运货物的时间和/或在目的港内受领货物的地点时，买方必须给予卖方充分的通知
A8 交货凭证 卖方必须自付费用，毫不迟延地向买方提供表明载往约定目的港的通常运输单据。此单据必须载明合同货物，其日期应在约定的装运期内，使买方得以在目的港向承运人提取货物，并且，除非另有约定，应使买方得以通过转让单据或通过通知承运人，向其后手买方出售在途货物。 如此运输单据有不同形式且有数份正本，则应向买方提供全套正本	B8 提货证据 买方必须接受卖家按照 A8 规定提供的运输单据，如果该单据符合合同规定的话

续表

A THE SELLER's OBLIGATIONS 卖方义务	B THE BUYER's OBLIGATIONS 买方义务
A9 检查、包装、标志 卖方必须支付为了使运输货物符合 A4 的要求而产生的所有核对费用（比如核对货物品质、丈量、过磅、点数），以及出口国当局强制要求的运前检验费用。 卖方必须自负费用，包装货物，但所运输货物通常无须包装即可销售的除外。卖方应当采用适宜货物运输的包装方式，除非买方在买卖合同签订前告知卖方以特定方式包装。包装应当适当标记	B9 货物检验 买方必须支付所有强制性运前检验的费用，但出口国当局强制要求的检验除外
A10 信息帮助和相关费用 当适用的时候，应买方要求，并由其承担风险和费用，卖方必须及时地提供或给予协助以帮助买方取得他们货物进口和/或运输至最终目的地所需要的，包括安全相关信息在内的一切单据和信息。 对于买方由于提供或是协助卖方获取 B10 所规定的所有相关单据和信息而支出的所有的费用，卖方必须予以偿付	B10 信息帮助和相关费用 买方必须及时地告知卖方获取相关安全信息的要求，以便卖方能够遵守 A10 中的规定。 卖方由于履行 A10 所述的规定，提供和协助买方获得相关信息所支出的费用，买方必须予以偿付。 应卖方要求，并由其承担风险和费用，买方必须及时地提供或给予协助，以使卖方获取其运输和货物出口通过任何国家所需要的，包括安全相关信息在内的一切单据和信息

附录三

ICC 跟单信用证统一惯例（UCP600）

（2006 年国际商会修订，2007 年 7 月 1 日生效）

第一条　UCP 的适用范围

《跟单信用证统一惯例——2007 年修订本，国际商会第 600 号出版物》（简称“UCP600”）乃一套规则，适用于所有的其文本中明确表明受本惯例约束的跟单信用证（下称信用证）（在其可适用的范围内，包括备用信用证）。除非信用证明确修改或排除，本惯例各条文对信用证所有当事人均具有约束力。

第二条　定义

就本惯例而言：

通知行　指应开证行的要求通知信用证的银行。

申请人　指要求开立信用证的一方。

银行工作日　指银行在其履行受本惯例约束的行为的地点通常开业的一天。

受益人　指接受信用证并享受其利益的一方。

相符交单　指与信用证条款、本惯例的相关适用条款以及国际标准银行实务一致的交单。

保兑　指保兑行在开证行承诺之外做出的承付或议付相符交单的确定承诺。

保兑行　指根据开证行的授权或要求对信用证加具保兑的银行。

信用证　指一项不可撤销的安排，无论其名称或描述如何，该项安排构成开证行对相符交单予以承付的确定承诺。

承付　指：

a. 如果信用证为即期付款信用证，则即期付款。

b. 如果信用证为延期付款信用证，则承诺延期付款并在承诺到期日付款。

c. 如果信用证为承兑信用证，则承兑受益人开出的汇票并在汇票到期日付款。

开证行　指应申请人要求或者代表自己开出信用证的银行。

议付　指指定银行在相符交单下，在其应获偿付的银行工作日当天或之前向受益人预付或者同意预付款项，从而购买汇票（其付款人为指定银行以外的其他银行）及/或单据的行为。

指定银行　指信用证可在其处兑用的银行，如信用证可在任一银行兑用，则任何银行均为指定银行。

交单 指向开证行或指定银行提交信用证项下单据的行为，或指按此方式提交的单据。

交单人 指实施交单行为的受益人、银行或其他人。

第三条 解释

就本惯例而言：

如情形适用，单数词形包含复数含义，复数词形包含单数含义。

信用证是不可撤销的，即使未如此表明。

单据签字可用手签、摹样签字、穿孔签字、印戳、符号或任何其他机械或电子的证实方法为之。

诸如单据须履行法定手续、签证、证明等类似要求，可由单据上任何看似满足该要求的签字、标记、印戳或标签来满足。

一家银行在不同国家的分支机构被视为不同的银行。

用诸如“第一流的”“著名的”“合格的”“独立的”“正式的”“有资格的”或“本地的”等词语描述单据的出单人时，允许除受益人之外的任何人出具该单据。

除非要求在单据中使用，否则诸如“迅速地”“立刻地”或“尽快地”等词语将不被理会。

“在或大概在（on or about）”或类似用语将被视为规定事件发生在指定日期的前后五个日历日之间，起讫日期计算在内。

“至（to）”“直至（until，till）”“从……开始（from）”及“在……之间（between）”等词用于确定发运日期时包含提及的日期，使用“在……之前（before）”及“在……之后（after）”时则不包含提及的日期。

“从……开始（from）”及“在……之后（after）”等词用于确定到期日时不包含提及的日期。

“前半月”及“后半月”分别指一个月的第一日到第十五日及第十六日到该月的最后一日，起讫日期计算在内。

一个月的“开始（beginning）”“中间（middle）”及“末尾（end）”分别指第一日到第十日、第十一日到第二十日及第二十一日到该月的最后一日，起讫日期计算在内。

第四条 信用证与合同

a. 就其性质而言，信用证与可能作为其开立基础的销售合同或其他合同是相互独立的交易，即使信用证中含有对此类合同的任何援引，银行也与该合同无关，且不受其约束。因此，银行关于承付、议付或履行信用证项下其他义务的承诺，不受申请人基于与开证行或与受益人之间的关系而产生的任何请求或抗辩的影响。

受益人在任何情况下均不得利用银行之间或申请人与开证行之间的合同关系。

b. 开证行应劝阻申请人试图将基础合同、形式发票等文件作为信用证组成部分的做法。

第五条 单据与货物、服务或履约行为

银行处理的是单据，而不是单据可能涉及的货物、服务或履约行为。

第六条　兑用方式、截止日和交单地点

a. 信用证必须规定可在其处兑用的银行，或是否可在任一银行兑用。规定在指定银行兑用的信用证同时也可以在开证行兑用。

b. 信用证必须规定其是以即期付款、延期付款、承兑还是议付的方式兑用。

c. 信用证不得开成凭以申请人为付款人的汇票兑用。

d. i. 信用证必须定一个交单的截止日。规定的承付或议付的截止日将被视为交单的截止日。

ii. 可在其处兑用信用证的银行所在地即为交单地点。可在任一银行兑用的信用证其交单地点为任一银行所在地。除规定的交单地点外，开证行所在地也是交单地点。

e. 除非如第二十九条 a 款规定的情形，否则受益人或者代表受益人的交单应在截止日当天或之前完成。

第七条　开证行责任

a. 只要规定的单据提交给指定银行或开证行，并且构成相符交单，则开证行必须承付，如果信用证为以下情形之一：

i. 信用证规定由开证行即期付款、延期付款或承兑；

ii. 信用证规定由指定银行即期付款，但其未付款；

iii. 信用证规定由指定银行延期付款，但其未承诺延期付款，或虽已承诺延期付款，但未在到期日付款；

iv. 信用证规定由指定银行承兑，但其未承兑以其为付款人的汇票，或虽然承兑了汇票，但未在到期日付款。

v. 信用证规定由指定银行议付但其未议付。

b. 开证行自开立信用证之时起即不可撤销地承担承付责任。

c. 指定银行承付或议付相符交单并将单据转给开证行之后，开证行即承担偿付该指定银行的责任。对承兑或延期付款信用证下相符交单金额的偿付应在到期日办理，无论指定银行是否在到期日之前预付或购买了单据。开证行偿付指定银行的责任独立于开证行对受益人的责任。

第八条　保兑行责任

a. 只要规定的单据提交给保兑行，或提交给其他任何指定银行，并且构成相符交单，保兑行必须：

i. 承付，如果信用证为以下情形之一：

a）信用证规定由保兑行即期付款、延期付款或承兑；

b）信用证规定由另一指定银行延期付款，但其未付款；

c）信用证规定由另一指定银行延期付款，但其未承诺延期付款，或虽已承诺延期付款但未在到期日付款；

d）信用证规定由另一指定银行承兑，但其未承兑以其为付款人的汇票，或虽已承兑汇票但未在到期日付款；

e）信用证规定由另一指定银行议付，但其未议付。

ii. 无追索权地议付，如果信用证规定由保兑行议付。

b. 保兑行自对信用证加具保兑之时起即不可撤销地承担承付或议付的责任。

c. 其他指定银行承付或议付相符交单并将单据转往保兑行之后，保兑行即承担偿付该指定银行的责任。对承兑或延期付款信用证下相符交单金额的偿付应在到期日办理，无论指定银行是否在到期日之前预付或购买了单据。保兑行偿付指定银行的责任独立于保兑行对受益人的责任。

d. 如果开证行授权或要求一银行对信用证加具保兑，而其并不准备照办，则其必须毫不延误地通知开证行，并可通知此信用证而不加保兑。

第九条　信用证及其修改的通知

a. 信用证及其任何修改可以经由通知行通知受益人。非保兑行的通知行通知信用证及修改时不承担承付或议付的责任。

b. 通知行通知信用证或修改的行为表示其已确信信用证或修改的表面真实性，而且其通知准确地反映了其收到的信用证或修改的条款。

c. 通知行可以通过另一银行（“第二通知行”）向受益人通知信用证及修改。第二通知行通知信用证或修改的行为表明其已确信收到的通知的表面真实性，并且其通知准确地反映了收到的信用证或修改的条款。

d. 经由通知行或第二通知行通知信用证的银行必须经由同一银行通知其后的任何修改。

e. 如一银行被要求通知信用证或修改但其决定不予通知，则应毫不延误地告知自其处收到信用证、修改或通知的银行。

f. 如一银行被要求通知信用证或修改但其不能确信信用证、修改或通知的表面真实性，则应毫不延误地通知看似从其处收到指示的银行。如果通知行或第二通知行决定仍然通知信用证或修改，则应告知受益人或第二通知行其不能确信信用证、修改或通知的表面真实性。

第十条　修改

a. 除第三十八条另有规定者外，未经开证行、保兑行（如有的话）及受益人同意，信用证既不得修改，也不得撤销。

b. 开证行自发出修改之时起，即不可撤销地受其约束。保兑行可将其保兑扩展至修改，并自通知该修改时，即不可撤销地受其约束。但是，保兑行可以选择将修改通知受益人而不对其加具保兑。若然如此，其必须毫不延误地将此告知开证行，并在其给受益人的通知中告知受益人。

c. 在受益人告知通知修改的银行其接受该修改之前，原信用证（或含有先前被接受的修改的信用证）的条款对受益人仍然有效。受益人应提供接受或拒绝修改的通知。如果受益人未能给予通知，当交单与信用证以及尚未表示接受的修改的要求一致时，即视为受益人已做出接受修改的通知，并且从此时起，该信用证被修改。

d. 通知修改的银行应将任何接受或拒绝的通知转告发出修改的银行。

e. 对同一修改的内容不允许部分接受，部分接受将被视为拒绝修改的通知。

f. 修改中关于除非受益人在某一时间内拒绝修改否则修改生效的规定应不予理会。

第十一条　电讯传输的和预先通知的信用证和修改

a. 以经证实的电讯方式发出的信用证或信用证修改即被视为有效的信用证或修改文据，任何后续的邮寄确认书应不予理会。

如电讯声明“详情后告”（或类似用语）或声明以邮寄确认书为有效信用证或修改，则该电讯不被视为有效信用证或修改。开证行必须随即不迟延地开立有效信用证或修改，其条款不得与该电讯矛盾。

b. 开证行只有在准备开立有效信用证或做出有效修改时，才可以发出关于开立或修改信用证的初步通知（预先通知）。开证行做出该预先通知，即不可撤销地保证不迟延地开立或修改信用证，且其条款不能与预先通知相矛盾。

第十二条　指定

a. 除非指定银行为保兑行，对于承付或议付的授权并不赋予指定银行承付或议付的义务，除非该指定银行明确表示同意并且告知受益人。

b. 开证行指定一银行承兑汇票或做出延期付款承诺，即为授权该指定银行预付或购买其已承兑的汇票或已做出的延期付款承诺。

c. 非保兑行的指定银行收到或审核并转递单据的行为并不使其承担承付或议付的责任，也不构成其承付或议付的行为。

第十三条　银行之间的偿付安排

a. 如果信用证规定指定银行（“索偿行”）向另一方（“偿付行”）获取偿付时，必须同时规定该偿付是否按信用证开立时有效的 ICC 银行间偿付规则进行。

b. 如果信用证没有规定偿付遵守 ICC 银行间偿付规则，则按照以下规定：

i. 开证行必须给予偿付行有关偿付的授权，授权应符合信用证关于兑用方式的规定，且不应设定截止日。

ii. 开证行不应要求索偿行向偿付行提供与信用证条款相符的证明。

iii. 如果偿付行未按信用证条款见索即偿，开证行将承担利息损失以及产生的任何其他费用。

iv. 偿付行的费用应由开证行承担。然而，如果此项费用由受益人承担，开证行有责任在信用证及偿付授权中注明。如果偿付行的费用由受益人承担，该费用应在偿付时从付给索偿行的金额中扣取。如果偿付未发生，偿付行的费用仍由开证行负担。

c. 如果偿付行未能见索即偿，开证行不能免除偿付责任。

第十四条　单据审核标准

a. 按指定行事的指定银行、保兑行（如果有的话）及开证行须审核交单，并仅基于单据本身确定其是否在表面上构成相符交单。

b. 按指定行事的指定银行、保兑行（如有的话）及开证行各有从交单次日起至多五个银行工作日用以确定交单是否相符。这一期限不因在交单日当天或之后信用证截止日或最迟交单日届至而受到缩减或影响。

c. 如果单据中包含一份或多份受第十九、二十、二十一、二十二、二十三、二十四或二十五条规制的正本运输单据，则须由受益人或其代表在不迟于本惯例所指的发运日之后的二十一个日历日内交单，但是在任何情况下都不得迟于信用证的截止日。

d. 单据中的数据，在与信用证、单据本身以及国际标准银行实务参照解读时，无须与该单据本身中的数据、其他要求的单据或信用证中的数据等同一致，但不得矛盾。

e. 除商业发票外，其他单据中的货物、服务或履约行为的描述，如果有的话，可使用与信用证中的描述不矛盾的概括性用语。

f. 如果信用证要求提交运输单据、保险单据或者商业发票之外的单据，却未规定出单人或其数据内容，则只要提交的单据内容看似满足所要求单据的功能，且其他方面符合第十四条 d 款，银行将接受该单据。

g. 提交的非信用证要求的单据将不被理会，并可被退还给交单人。

h. 如果信用证含有一项条件，但未规定用以表明该条件得到满足的单据，银行将视为未做规定并不予理会。

i. 单据日期可以早于信用证的开立日期，但不得晚于交单日期。

j. 当受益人和申请人的地址出现在任何规定的单据中时，无须与信用证或其他规定单据中所载相同，但必须与信用证中规定的相应地址同在一国。联络细节（传真、电话、电子邮件及类似细节）作为受益人和申请人地址的一部分时将不被理会。然而，如果申请人的地址和联络细节为第十九、二十、二十一、二十二、二十三、二十四或二十五条规定的运输单据上的收货人或通知方细节的一部分时，应与信用证规定的相同。

k. 在任何单据中注明的托运人或发货人无须为信用证的受益人。

l. 运输单据可以由任何人出具，无须为承运人、船东、船长或租船人，只要其符合第十九、二十、二十一、二十二、二十三或二十四条的要求。

第十五条　相符交单

a. 当开证行确定交单相符时，必须承付。

b. 当保兑行确定交单相符时，必须承付或者议付并将单据转递给开证行。

c. 当指定银行确定交单相符并承付或议付时，必须将单据转递给保兑行或开证行。

第十六条　不符单据、放弃及通知

a. 当按照指定行事的指定银行、保兑行（如有的话）或者开证行确定交单不符时，可以拒绝承付或议付。

b. 当开证行确定交单不符时，可以自行决定联系申请人放弃不符点。然而这并不能延长第十四条 b 款所指的期限。

c. 当按照指定行事的指定银行、保兑行（如有的话）或者开证行决定拒绝承付或议付时，必须给予交单人一份单独的拒付通知。

该通知必须声明：

i. 银行拒绝承付或议付；

ii. 银行拒绝承付或议付所依据的每一个不符点；

iii. a）银行留存单据听候交单人的进一步指示；

b）开证行留存单据直到其从申请人处接到放弃不符点的通知并同意接受该放弃，或者其同意接受对不符点的放弃之前从交单人处收到其进一步指示；

c）银行将退回单据；

d）银行将按之前从交单人处获得的指示处理。

d. 第十六条c款要求的通知必须以电讯方式，如不可能，则以其他快捷方式，在不迟于自交单之翌日起第五个银行工作日结束前发出。

e. 按照指定行事的指定银行、保兑行（如有的话）或者开证行在按照第十六条c款iii项a）或b）发出通知后，可以在任何时候将单据退还交单人。

f. 如果开证行或保兑行未能按照本条行事，则无权宣称交单不符。

g. 当开证行拒绝承付或保兑行拒绝承付或者议付，并且按照本条发出拒付通知后，有权要求返还已偿付的款项及利息。

第十七条　正本单据及副本

a. 信用证规定的每一种单据须至少提交一份正本。

b. 银行应将任何带有看似出单人的原始签名、标记、印戳或标签的单据视为正本单据，除非单据本身表明其非正本。

c. 除非单据本身另有说明，在以下情况下，银行也将其视为正本单据：

i. 单据看似由出单人手写、打字、穿孔或盖章；

ii. 单据看似使用出单人的原始信纸出具；

iii. 单据声明其为正本单据，除非该声明看似不适用于提交的单据。

d. 如果信用证要求提交单据的副本，提交正本或副本均可。

e. 如果信用证使用诸如“一式两份（in duplicate）”“两份（in two fold）”“两套（in two copies）”等用语要求提交多份单据，则提交至少一份正本，其余使用副本即可满足要求，除非单据本身另有说明。

第十八条　商业发票

a. 商业发票：

i. 必须看似由受益人出具（第三十八条规定的情形除外）；

ii. 必须出具成以申请人为抬头（第三十八条g款规定的情形除外）；

iii. 必须与信用证的货币相同；

iv. 无须签名。

b. 按指定行事的指定银行、保兑行（如有的话）或者开证行可以接受金额大于信用证允许金额的商业发票，其决定对有关各方均有约束力，只要该银行对超过信用证允许金额的部分未做承付或者议付。

c. 商业发票上的货物、服务或履约行为的描述应该与信用证中的描述一致。

第十九条　涵盖至少两种不同运输方式的运输单据

a. 涵盖至少两种不同运输方式的运输单据（多式或联合运输单据），无论名称如何，必须看似：

i. 表明承运人名称并由以下人员签署：

＊承运人或其具名代理人；

＊船长或其具名代理人。

承运人、船长或代理人的任何签字，必须标明其承运人、船长或代理人的身份。

代理人签字必须标明其是代表承运人还是船长签字。

ii. 通过以下方式表明货物已经在信用证规定的地点发送、接管或已装船。

＊事先印就的文字；

＊表明货物已经被发送、接管或装船日期的印戳或批注。

运输单据的出具日期将被视为发送、接管或装船的日期，也即发运的日期。然而如单据以印戳或批注的方式表明了发送、接管或装船日期，该日期将被视为发运日期。

iii. 表明信用证规定的发送、接管或发运地点，以及最终目的地，即使：

a）该运输单据另外还载明了一个不同的发送、接管或发运地点或最终目的地；

b）该运输单据载有“预期的”或类似的关于船只、装货港或卸货港的限定语。

iv. 为唯一的正本运输单据，或者如果出具多份正本，则为运输单据中表明的全套单据。

v. 载有承运条款和条件，或提示承运条款和条件参见别处（简式/背面空白的运输单据）。银行将不审核承运条款和条件的内容。

vi. 未表明受租船合同约束。

b. 就本条而言，转运指在从信用证规定的发送、接管或者发运地点最终目的地的运输过程中从某一运输工具上卸下货物并装上另一运输工具的行为（无论其是否为不同的运输方式）。

c. i. 运输单据可以表明货物将要或可能被转运，只要全程运输由同一运输单据涵盖。

ii. 即使信用证禁止转运，注明将要或者可能发生转运的运输单据仍可接受。

第二十条　提单

a. 提单，无论名称如何，必须看似：

i. 表明承运人名称，并由下列人员签署：

＊承运人或其具名代理人；

＊船长或其具名代理人。

承运人、船长或代理人的任何签字必须标明其承运人、船长或代理人的身份。

代理人的任何签字必须标明其是代表承运人还是船长签字。

ii. 通过以下方式表明货物已在信用证规定的装货港装上具名船只：

＊预先印就的文字；

＊已装船批注注明货物的装运日期。

提单的出具日期将被视为发运日期，除非提单载有表明发运日期的已装船批注，此时已装船批注中显示的日期将被视为发运日期。

如果提单载有“预期船只”或类似的关于船名的限定语，则需以已装船批注明确发运日期以及实际船名。

iii. 表明货物从信用证规定的装货港发运至卸货港。

如果提单没有表明信用证规定的装货港为装货港，或者其载有“预期的”或类似的关于装货港的限定语，则需以已装船批注表明信用证规定的装货港、发运日期以及实际船名。即使提单以事先印就的文字表明了货物已装载或装运于具名船只，本规定仍适用。

iv. 为唯一的正本提单，或如果以多份正本出具，为提单中表明的全套正本。

v. 载有承运条款和条件，或提示承运条款和条件参见别处（简式/背面空白的提单）。银行将不审核承运条款和条件的内容。

vi. 未表明受租船合同约束。

b. 就本条而言，转运指在信用证规定的装货港到卸货港之间的运输过程中，将货物从一船卸下并再装上另一船的行为。

c. i. 提单可以表明货物将要或可能被转运，只要全程运输由同一提单涵盖。

ii. 即使信用证禁止转运，注明将要或可能发生转运的提单仍可接受，只要其表明货物由集装箱、拖车或子船运输。

d. 提单中声明承运人保留转运权利的条款将不被理会。

第二十一条　不可转让的海运单

a. 不可转让的海运单，无论名称如何，必须看似：

i. 表明承运人名称并由下列人员签署：

＊承运人或其具名代理人；

＊船长或其具名代理人。

承运人、船长或代理人的任何签字必须标明其承运人、船长或代理人的身份。

代理签字必须标明其是代表承运人还是船长签字。

ii. 通过以下方式表明货物已在信用证规定的装货港装上具名船只：

＊预先印就的文字；

＊已装船批注表明货物的装运日期。

不可转让海运单的出具日期将被视为发运日期，除非其上带有已装船批注注明发运日期，此时已装船批注注明的日期将被视为发运日期。

如果不可转让海运单载有“预期船只”或类似的关于船名的限定语，则需要以已装船批注表明发运日期和实际船名。

iii. 表明货物从信用证规定的装货港发运至卸货港。

如果不可转让海运单未以信用证规定的装货港为装货港，或者如果其载有“预期的”或类似的关于装货港的限定语，则需要以已装船批注表明信用证规定的装货港、发运日期和船只。即使不可转让海运单以预先印就的文字表明货物已由具名船只装载或装运，本规定也适用。

iv. 为唯一的正本不可转让海运单，或如果以多份正本出具，为海运单上注明的全套正本。

v. 载有承运条款的条件，或提示承运条款和条件参见别处（简式/背面空白的海运单）。银行将不审核承运条款和条件的内容。

vi. 未注明受租船合同约束。

b. 就本条而言，转运指在信用证规定的装货港到卸货之间的运输过程中，将货物从一船卸下并装上另一船的行为。

c. i. 不可转让海运单可以注明货物将要或可能被转运，只要全程运输由同一海运单涵盖。

ii. 即使信用证禁止转运，注明转运将要或可能发生的不可转让的海运单仍可接受，只要其表明货物装于集装箱、拖船或子船中运输。

d. 不可转让的海运单中声明承运人保留转运权利的条款将不被理会。

第二十二条　租船合同提单

a. 表明其受租船合同约束的提单（租船合同提单），无论名称如何，必须看似：

i. 由以下人员签署：

* 船长或其具名代理人；
* 船东或其具名代理人；
* 租船人或其有名代理人。

船长、船东、租船人或代理人的任何签字必须标明其船长、船东、租船人或代理人的身份。

代理人签字必须标明其是代表船长、船东还是租船人签字。

代理人代表船东或租船人签字时必须注明船东或租船人的名称。

ii. 通过以下方式表明货物已在信用证规定的装货港装上具名船只：

* 预先印就的文字；
* 已装船批注注明货物的装运日期。

租船合同提单的出具日期将被视为发运日期，除非租船合同提单载有已装船批注注明发运日期，此时已装船批注上注明的日期将被视为发运日期。

iii. 表明货物从信用证规定的装货港发运至卸货港。卸货港也可显示为信用证规定的港口范围或地理区域。

iv. 为唯一的正本租船合同提单，或如以多份正本出具，为租船合同提单注明的全套正本。

b. 银行将不审核租船合同，即使信用证要求提交租船合同。

第二十三条　空运单据

a. 空运单据，无论名称如何，必须看似：

i. 表明承运人名称，并由以下人员签署：

* 承运人；
* 承运人的具名代理人。

承运人或其代理人的任何签字必须标明其承运人或代理人的身份。

代理人签字必须标明其是代表承运人签字。

ii. 表明货物已被收妥待运。

iii. 表明出具日期。该日期将被视为发运日期，除非空运单据载有专门批注注明实际发运日期，此时批注中的日期将被视为发运日期。

空运单据中其他与航班号和航班日期相关的信息将不被用来确定发运日期。

iv. 表明信用证规定的起飞机场和目的地机场。

v. 为开给发货人或托运人的正本，即使信用证规定提交全套正本。

vi. 载有承运条款和条件，或提示条款和条件参见别处。银行将不审核承运条款和条件的内容。

b. 就本条而言，转运是指在信用证规定的起飞机场到目的地机场的运输过程中，将货物从一飞机卸下再装上另一飞机的行为。

c. i. 空运单据可以注明货物将要或可能转运，只要全程运输由同一空运单据涵盖。

ii. 即使信用证禁止转运，注明将要或可能发生转运的空运单据仍可接受。

第二十四条　公路、铁路或内陆水运单据

a. 公路、铁路或内陆水运单据，无论名称如何，必须看似：

i. 表明承运人名称，并且：

＊由承运人或其具名代理人签署；

＊由承运人或其具名代理人以签字、印戳或批注表明货物收讫。

承运人或其具名代理人的收货签字、印戳或批注必须标明其承运人或代理人的身份。

代理人的收货签字、印戳或批注必须标明代理人是代理承运人签字或行事。

如果铁路运输单据没有指明承运人，可以接受铁路运输公司的任何签字或印戳作为承运人签署单据的证据。

ii. 表明货物的信用证规定地点的发运日期，或者收讫待运或待发送的日期。运输单据的出具日期将被视为发运日期，除非运输单据上盖有带日期的收货印戳，或注明了收货日期或发运日期。

iii. 表明信用证规定的发运地及目的地。

b. i. 公路运输单据必须看似为开给发货人或托运人的正本，或没有任何标记表明单据开给何人。

ii. 注明“第二联”的铁路运输单据将被作为正本接受。

iii. 无论是否注明正本字样，铁路或内陆水运单据都被作为正本接受。

c. 如运输单据上未注明出具的正本数量，提交的份数即视为全套正本。

d. 就本条而言，转运是指在信用证规定的发运、发送或运送的地点到目的地之间的运输过程中，在同一运输方式中从一运输工具卸下再装上另一运输工具的行为。

e. i. 只要全程运输由同一运输单据涵盖，公路、铁路或内陆水运单据可以注明货物将要或可能被转运。

ii. 即使信用证禁止转运，注明将要或可能发生转运的公路、铁路或内陆水运单据仍可接受。

第二十五条　快递收据、邮政收据或投邮证明

a. 证明货物收讫待运的快递收据，无论名称如何，必须看似：

i. 表明快递机构的名称，并在信用证规定的货物发运地点由该具名快递机构盖章或签字。

ii. 表明取件或收件的日期或类似词语，该日期将被视为发运日期。

b. 如果要求显示快递费用付讫或预付，快递机构出具的表明快递费由收货人以外的一

方支付的运输单据可以满足该项要求。

c. 证明货物收讫待运的邮政收据或投邮证明，无论名称如何，必须看似在信用证规定的货物发运地点盖章或签署并注明日期，该日期将被视为发运日期。

第二十六条　“货装舱面”“托运人装载和计数”“内容据托运人报称”及运费之外的费用

a. 运输单据不得表明货物装于或者将装于舱面。声明货物可能装于舱面的运输单据条款可以接受。

b. 载有诸如“托运人装载和计数”或“内容据托运人报称”条款的运输单据可以接受。

c. 运输单据上可以以印戳或其他方法提及运费之外的费用。

第二十七条　清洁运输单据

银行只接受清洁运输单据，清洁运输单据指未载有明确宣称货物或包装有缺陷的条款或批注的运输单据。“清洁”一词并不需要在运输单据上出现，即使信用证要求运输单据为“清洁已装船”。

第二十八条　保险单据及保险范围

a. 保险单据，例如保险单或预约保险项下的保险证明书或者声明书，必须看似由保险公司或承保人或其代理人或代表出具并签署。

b. 如果保险单据表明其以多份正本出具，所有正本均须提交。

c. 暂保单将不被接受。

d. 可以接受保险单代预约保险项下的保险证明书或声明书。

e. 保险单据日期不得晚于发运日期，除非保险单据表明保险责任不迟于发运日生效。

f. i. 保险单据必须表明投保金额并以与信用证相同的货币表示。

ii. 信用证对于投保金额为货物价值、发票金额或类似金额的某一比例的要求，将被视为对最低保额的要求。

如果信用证对投保金额未做规定，投保金额须至少为货物的 CIF 或 CIP 价格的 110%。

如果从单据中不能确定 CIF 或者 CIP 价格，投保金额必须基于要求承付或议付的金额，或者基于发票上显示的货物总值来计算，两者之中取金额较高者。

iii. 保险单据须表明承保的风险区间至少涵盖从信用证规定的货物接管地或发运地开始到卸货地或最终目的地为止。

g. 信用证应规定所需投保的险别及附加险（如有的话）。如果信用证使用诸如“通常风险”或“惯常风险”等含义不确切的用语，则无论是否有漏保之风险，保险单据将被照样接受。

h. 当信用证规定投保“一切险”时，如保险单据载有任何“一切险”批注或条款，无论是否有“一切险”标题，均将被接受，即使其声明任何风险除外。

i. 保险单据可以援引任何除外条款。

j. 保险单据可以注明受免赔率或免赔额（减除额）约束。

第二十九条　截止日或最迟交单日的顺延

a. 如果信用证的截止日或最迟交单日适逢接受交单的银行非因第三十六条所述原因而歇业，则截止日或最迟交单日，视何者适用，将顺延至其重新开业的第一个银行工作日。

b. 如果在顺延后的第一个银行工作日交单，指定银行必须在其致开证行或保兑行的面函中声明交单是在根据第二十九条 a 款顺延的期限内提交的。

c. 最迟发运日不因第二十九条 a 款规定的原因而顺延。

第三十条　信用证金额、数量与单价的伸缩度

a. “约”或“大约”用于信用证金额或信用证规定的数量或单价时，应解释为允许有关金额或数量或单价有不超过 10% 的增减幅度。

b. 在信用证未以包装单位件数或货物自身件数的方式规定货物数量时，货物数量允许有 5% 的增减幅度，只要总支取金额不超过信用证金额。

c. 如果信用证规定了货物数量，而该数量已全部发运，及如果信用证规定了单价，而该单价未降低，或当第三十条 b 款不适用时，则即使不允许部分装运，也允许支取的金额有 5% 的减幅。若信用证规定有特定的增减幅度或使用第三十条 a 款提到的用语限定数量，则该减幅不适用。

第三十一条　部分支款或部分发运

a. 允许部分支款或部分发运。

b. 表明使用同一运输工具并经由同次航程运输的数套运输单据在同一次提交时，只要显示相同目的地，将不视为部分发运，即使运输单据上表明的发运日期不同或装货港、接管地或发运地点不同。如果交单由数套运输单据构成，其中最晚的一个发运日将被视为发运日。

含有一套或数套运输单据的交单，如果表明在同一种运输方式下经由数件运输工具运输，即使运输工具在同一天出发运往同一目的地，仍将被视为部分发运。

c. 含有一份以上快递收据、邮政收据或投邮证明的交单，如果单据看似由同一快递或邮政机构在同一地点和日期加盖印戳或签字并且表明同一目的地，将不视为部分发运。

第三十二条　分期支款或分期发运

如信用证规定在指定的时间段内分期支款或分期发运，任何一期未按信用证规定期限支取或发运时，信用证对该期及以后各期均告失效。

第三十三条　交单时间

银行在其营业时间外无接受交单的义务。

第三十四条　关于单据有效性的免责

银行对任何单据的形式、充分性、准确性、内容真实性，虚假性或法律效力，或对单据中规定或添加的一般或特殊条件，概不负责；银行对任何单据所代表的货物、服务或其他履

约行为的描述、数量、重量、品质、状况、包装、交付、价值或其存在与否，或对发货人、承运人、货运代理人、收货人、货物的保险人或其他任何人的诚信与否、作为或不作为、清偿能力、履约或资信状况，也概不负责。

第三十五条 关于信息传递和翻译的免责

当报文、信件或单据按照信用证的要求传输或发送时，或当信用证未做指示，银行自行选择传送服务时，银行对报文传输及信件或单据在递送过程中发生的延误、中途遗失、残缺或其他错误产生的后果，概不负责。

如果指定银行确定交单相符并将单据发往开证行或保兑行，无论指定银行是否已经承付或议付，开证行或保兑行必须承付或议付，或偿付指定银行，即使单据在指定银行送往开证行或保兑行的途中，或保兑行送往开证行的途中丢失。

银行对技术术语的翻译或解释上的错误，不负责任，并可不加翻译地传送信用证条款。

第三十六条 不可抗力

银行对天灾、暴动、骚乱、叛乱、战争、恐怖主义行为或罢工、停工或其无法控制的任何其他原因导致的营业中断的后果，概不负责。

银行恢复营业时，对于在营业中断期间已逾期的信用证，不再进行承付或议付。

第三十七条 关于被指示方行为的免责

a. 为了执行申请人的指示，银行利用其他银行的服务，其费用和风险由申请人承担。

b. 即使银行自行选择了其他银行，如果发出的指示未被执行，开证行或通知行对此亦不负责。

c. 指示另一银行提供服务的银行有责任负担被指示方因执行指示而发生的任何佣金、手续费、成本或开支（“费用”）。

如果信用证规定费用由受益人负担，而该费用未能收取或从信用证款项中扣除，开证行依然承担支付此费用的责任。

信用证或其修改不应规定向受益人的通知以通知行或第二通知行收到其费用为条件。

d. 外国法律和惯例加诸银行的一切义务和责任，申请人应受其约束，并就此对银行负补偿之责。

第三十八条 可转让信用证

a. 银行无办理信用证转让的义务，除非其明确同意。

b. 就本条而言：

可转让信用证指特别注明“可转让（transferable）”字样的信用证。可转让信用证可应受益人（第一受益人）的要求转为全部或部分由另一受益人（第二受益人）兑用。

转让行指办理信用证转让的指定银行，或当信用证规定可在任何银行兑用时，指开证行特别如此授权并实际办理转让的银行。开证行也可担任转让行。

已转让信用证指已由转让行转为可由第二受益人兑用的信用证。

c. 除非转让时另有约定，有关转让的所有费用（诸如佣金、手续费、成本或开支）须由第一受益人支付。

d. 只要信用证允许部分支款或部分发运，信用证可以分部分地转让给数名第二受益人。

已转让信用证不得应第二受益人的要求转让给任何其后受益人。第一受益人不视为其后受益人。

e. 任何转让要求须说明是否允许及在何条件下允许将修改通知第二受益人。已转让信用证须明确说明该项条件。

f. 如果信用证转让给数名第二受益人，其中一名或多名第二受益人对信用证修改的拒绝并不影响其他第二受益人接受修改。对接受者而言该已转让信用证即被相应修改，而对拒绝修改的第二受益人而言，该信用证未被修改。

g. 已转让信用证须准确转载原证条款，包括保兑（如果有的话），但下列项目除外：

——信用证金额；

——规定的任何单价；

——截止日；

——交单期限；

——最迟发运日或发运期间。

以上任何一项或全部均可减少或缩短。

必须投保的保险比例可以增加，以达到原信用证或本惯例规定的保险金额。

可用第一受益人的名称替换原证中的开证申请人名称。

如果原证特别要求开证申请人名称应在除发票以外的任何单据出现时，已转让信用证必须反映该项要求。

h. 第一受益人有权以自己的发票和汇票（如有的话）替换第二受益人的发票和汇票，其金额不得超过原信用证的金额。经过替换后，第一受益人可在原信用证项下支取自己发票与第二受益人发票间的差价（如有的话）。

i. 如果第一受益人应提交自己的发票和汇票（如有的话），但未能在第一次要求时照办，或第一受益人提交的发票导致了第二受益人的交单中本不存在的不符点，而其未能在第一次要求时修正，转让行有权将从第二受益人处收到的单据照交开证行，并不再对第一受益人承担责任。

j. 在要求转让时，第一受益人可以要求在信用证转让后的兑用地点，在原信用证的截止日之前（包括截止日），对第二受益人承付或议付。本规定不得损害第一受益人在第三十八条 h 款下的权利。

k. 第二受益人或代表第二受益人的交单必须交给转让行。

第三十九条　款项让渡

信用证未注明可转让，并不影响受益人根据所适用的法律规定，将该信用证项下其可能有权或可能将成为有权获得的款项让渡给他人的权利。本条只涉及款项的让渡，而不涉及在信用证项下进行履行行为的权利让渡。

附录四

跟单托收统一规则第522号

一、总则和定义

Article 1

Application of URC 522 第一款：《托收统一规则》第522号的应用。

a. The Uniform Rules for Collections, 1995 Revision, ICC Publication No. 522, shall apply to all collections as defined in Article 2 where such rules are incorporated into the text of the "collection instruction" referred to in Article 4 and are binding on all parties thereto unless otherwise expressly agreed or contrary to the provisions of a national, state or local law and/or regulation which cannot be departed from.

国际商会第522号出版物《托收统一规则》1995年修订本将适用于第二款所限定的并在第四款托收指示中列明适用该项规则的所有托收项目。除非另有明确的约定，或与某一国家、某一政府，或与当地法律和尚在生效的条例有所抵触，本规则对所有的关系人均具有约束力。

b. Banks shall have no obligation to handle either a collection or any collection instruction or subsequent related instructions.

银行没有义务必须办理某一托收或任何托收指示或以后的相关指示。

c. If a bank elects, for any reason, not to handle a collection or any related instructions received by it, it must advise the party from whom it received the collection or the instructions by telecommunication or, if that is not possible, by other expeditious means, without delay.

如果银行无论出于何种理由选择了不办理它所收到的托收或任何相关的托收指示，它必须毫不延误地采用电讯，或者如果电讯不可能时采用其他快捷的工具向他收到该项指示的当事人发出通知。

Article 2

Definition of Collection 第二款 托收的定义

For the purposes of these Articles：就本条款而言：

a. "Collection" means the handling by banks of documents as defined in sub-Article 2 (b), in accordance received, in order to：托收是指银行依据所收到的指示处理下述2（b）款所限定的单据，以便于：

Ⅰ. obtain payment and/or acceptance, or 取得付款和/或承兑，或

Ⅱ. deliver documents against payment and/or against acceptance, or 凭以付款或承兑交单，或

Ⅲ. deliver documents on other terms and conditions. 按照其他条款和条件交单。

b. "Documents" means financial documents and/or commercial documents：单据是指金融单据和/或商业单据。

Ⅰ. "Financial documents" means bills of exchange, promissory notes, cheques, or other similar instruments used for obtaining the payment of money；

金融单据是指汇票、本票、支票或其他类似的可用于取得款项支付的凭证；

Ⅱ. "Commercial documents" means invoice, transport documents, documents of title or other similar documents, or any other documents whatsoever, not being financial documents.

商业单据是指发票、运输单据、所有权文件或其他类似的文件，或者不属于金融单据的任何其他单据。

c. "Clean collection" means collection of financial documents not accompanied by commercial documents.

光票托收是指不附有商业单据的金融单据项下的托收。

d. "Documentary collection" means collection of：跟单托收是指：

Ⅰ. financial documents accompanied by commercial documents；

附有商业单据的金融单据项下的托收；

Ⅱ. Commercial documents not accompanied by financial documents.

不附有金融单据的商业单据项下的托收。

Article 3

第三款　托收的关系人

a. For the purposes of these Articles the "parties thereto" are：就本条款而言，托收的关系人有：

Ⅰ. the "principal" who is the party entrusting the handling of a collection to a bank；委托人即委托银行办理托收的有关人；

Ⅱ. the "remitting bank" which is the bank to which the principal has entrusted the handling of a collection；寄单行即委托人委托办理托收的银行；

Ⅲ. "collecting bank" which is any bank, other than the remitting bank, involved in processing the collection；

代收行即除寄单行以外的任何参与处理托收业务的银行；

Ⅳ. the "presenting bank" which is the collecting bank making presentation to the drawee.

提示行即向付款人作出提示单据的银行。

b. The "drawee" is the one to whom presentation is to be made in accordance with the collection instruction. 付款人即根据托收指示向其提示单据的人。

B. Form and Structure of Collections 托收的形式和结构

Article 4

Collection Instruction 第四款 托收指示

A i. All documents sent for collection must be accompanied by a collection instruction indicating that the collection is subject to URC522 and giving complete and precise instructions.

Banks are only permitted to act upon the instructions given in such collection instruction, and in accordance with these Rules.

所有送往托收的单据必须附有一项托收指示，注明该项托收将遵循《托收统一规则》第522号文件并且列出完整和明确的指示。银行只准许根据该托收指示中的命令和本规则行事；

ii. Banks will not examine documents in order to obtain instructions.

银行将不会为了取得指示而审核单据；

iii. Unless otherwise authorized in the collection instruction, banks will disregard any instructions from any party/bank other than the party/bank from whom they received the collections.

除非托收指示中另有授权，银行将不理会来自除了他所收到托收的有关人/银行以外的任何有关人/银行的任何指令。

B A collection instruction should contain the following items of information, as appropriate.

托收指示应当包括下述适宜的各项内容：

i. Details of the bank from which the collection was received including full name, postal and SWIFT addresses, telex, telephone, facsimile numbers and reference.

收到该项托收的银行详情，包括全称、邮政和SWIFT地址、电传、电话、传真号码和编号；

ii. Details of the principal including full name, postal address, and if applicable telex, telephone and facsimile numbers.

委托人的详情，包括全称、邮政地址或者办理提示的场所，以及（如果有的话）电传、电话和传真号码；

iii. Details of the drawee including full name, postal address, or the domicile at which presentation is to be made and if applicable telex, telephone and facsimile numbers.

付款人的详情，包括全称、邮政地址或者办理提示的场所，以及（如果有的话）电传、电话和传真号码；

iv. Details of the presenting bank, if any, including full name, postal address, and if applicable telex, telephone and facsimile numbers.

提示银行（如有的话）的详情，包括全称、邮政地址，以及（如果有的话）电传和传真号码；

v. Amount (s) and currency (ies) to be collected.

待托收的金额和货币；

vi. List of documents enclosed and the numerical count of each document.

所附单据清单和每份单据的份数；

vii. a) Terms and conditions upon which payment and/or acceptance is to be obtained.

凭以取得付款和/或承兑的条件和条款；

b) Terms of delivery of documents against:

凭以交付单据的条件

1) payment and/or acceptance 付款和/或承兑

2) other terms and conditions 其他条件和条款

It is the responsibility of the party preparing the collection instruction to ensure that the terms for the delivery of documents are clearly and unambiguously stated, otherwise banks will not be responsible for any consequences arising therefrom.

缮制托收指示的有关方应有责任清楚无误地说明，确保单据交付的条件，否则银行对此所产生的任何后果将不承担责任。

viii. Charges to be collected, indicating whether they may be waived or not.

待收取的手续费指明是否可以放弃。

ix. Interest to be collected, if applicable, indicating whether it may be waived or not, including:

a) rate of interest

b) interest period

c) basis of calculation (for example 360 or 365 days in year) as applicable.

待收取的利息，如有的话，指明是否可以放弃，包括利率、计息期、适用的计算期基数（如一年是按 360 天还是 365 天）。

x. Method of payment and form of payment advice. 付款方法和付款通知的形式。

xi. Instructions in case of non-payment, non-acceptance and/or non-compliance with other instructions. 发生不付款、不承兑和/或与其他批示不相符时的指示。

i. Collection instructions should bear the complete address of the drawee or of the domicile at which the presentation is to be made. If the address is incomplete or incorrect, the collecting bank may, without any liability and responsibility on its part, endeavour to ascertain the proper address.

托收指示应载明付款人或将要办理提示场所的完整地址。如果地址不全或有错误，代收银行可尽力去查明恰当的地址，但其本身并无义务和责任。

ii. The collecting bank will not be liable or responsible for any ensuing delay as a result of an incomplete or incorrect address being provided.

代收银行对因所提供地址不全或有误所造成的任何延误将不承担责任或对其负责。

B. Form of Presentation 提示的形式

Article 5

Presentation 第五款 提示

a. For the purposes of these Articles, presentation is the procedure whereby the presenting bank makes the documents available to the drawee as instructed.

就本条款而言，提示是表示银行按照指示使单据对付款人发生有效用的程序。

b. The collection instruction should state the exact period of time within which any action is to be taken by the drawee.

托收指示应列明付款人将要采取行动的确切期限。

Expressions such as "first," "prompt," "immediate," and the like should not be used in connection with presentation or with reference to any period of time within which documents have to be taken up or for any other action that is to be taken by the drawee. If such terms are used banks will disregard them.

诸如首先、迅速、立即和类似的表述不应用于提示或付款人赎单采取任何其他行动的任何期限。如果采用了该类术语，银行将不予理会。

c. Documents are to be presented to the drawee in the form in which they are received, except that banks are authorized to affix any necessary stamps, at the expense of the party from whom they received the collection unless otherwise instructed, and to make any necessary endorsements or place any rubber stamps or other identifying marks or symbols customary to or required for the collection operation.

单据必须以银行收到时的形态向付款人提示，除非被授权贴附任何必需的印花、另有指示费用由向其发出托收的有关方支付以及被授权采取任何必要的背书或加盖橡皮戳记，或其他托收业务惯用的和必要的辨认记号或符号。

d. For the purpose of giving effect to the instructions of the principal, the remitting bank will utilize the bank nominated by the principal as the collecting bank. In the absence of such nomination, the remitting bank will utilize any bank of its own, or another bank's choice in the country of payment or acceptance or in the country where other terms and conditions have to be complied with.

为了使委托人的指示得以实现，寄单行将以委托人所指定的银行作为代收行。在未指定代收行时，寄单行将使用自身的任何银行或者在付款或承兑的国家中，或在必须遵守其他条件的国家中选择另外的银行。

e. The documents and collection instruction may be sent directly by the remitting bank to the collecting bank or through another bank as intermediary.

单据和托收指示可以由寄单行直接或者通过另一银行作为中间银行寄送给代收行。

f. If the remitting bank does not nominate a specific presenting bank, the collecting bank may utilize a presenting bank of its choice.

如果寄单行未指定某一特定的提示行，代收行可自行选择提示行。

Article 6

Sight/Acceptance 第六款 即期/承兑

In the case of documents payable at sight the presenting bank must make presentation for payment without delay.

In the case of documents payable at a tenor other than sight the presenting bank must, where acceptance is called for, make presentation for acceptance without delay, and where payment is called for, make presentation for payment not later than the appropriate maturity date.

如果是见单即付的单据，提示行必须立即办理提示付款，不得延误；如果不是即期而是远期付款单据，提示行必须在不晚于应到期日，如是要承兑立即办理提示承兑，如是付款时立即办理提示付款。

Article 7

Release of Commercial Documents 第七款 商业单据的交单（承兑交单 D/A 和付款交单 D/P）

Documents Against Acceptance (D/A) vs. Documents Against Payment (D/P)

a. Collection should not contain bills of exchange payable at a future date with instruction that commercial documents are to be delivered against payment.

附有商业单据必须在付款时交出的托收指示，不应包含远期付款的汇票。

b. If a collection contains a bill of exchange payable at a future date, the collection instruction should state whether the commercial documents are to be released to the drawee against acceptance (D/A) or against payment (D/P).

In the absence of such statement commercial documents will be released only against payment and the collecting bank will not be responsible for any consequences arising out of any delay in the delivery of documents.

如果托收包含有远期付款的汇票，托收指示应列明商业单据是凭承兑不是凭付款交给付款人。如果未有说明，商业单据只能是付款交单，而代收行对由于交付单据的任何延误所产生的任何后果将不承担责任。

c. If a collection contains a bill of exchange payable at a future date and the collection instruction indicates that commercial documents are to be released against payment, documents will be released only against such payment and the collecting bank will not be responsible for any consequences arising out of any delay in the delivery of documents.

如果托收包含有远期付款的汇票而且托收指示列明应凭付款交出商业单据时，则单据只能凭该项付款才能交付，而代收行对由于交单的任何延误所产生的任何结果将不承担责任。

Article 8

Creation of Documents 代制单据

Where the remitting bank instructs that either the collecting bank or the drawee is to create documents (bills of exchange, promissory notes, trust receipts, letters of undertaking or other documents) that were not included in the collection, the form and wording of such documents shall be provided by the remitting bank, otherwise the collecting bank shall not be liable or responsible for the form and wording of any such document provided by the collecting bank and/or the drawee.

在寄单行指示或者是代收行或者是付款人应代制托收中未曾包括的单据（汇票、本票、信托收据、保证书或其他单据）时，这些单据的格式和词句应由寄单行提供，否则代收行对由代收行和/或付款人所提供任何该种单据的格式和词句将不承担责任或对其负责。

C. Liabilities and Responsibilities 义务和责任

Article 9

Good faith and Reasonable Care

Banks will act in good faith and exercise reasonable care.

第九款　善意和合理的谨慎

银行将以善意和合理的谨慎办理业务。

Article 10

Documents vs. Goods/Services/Performances 单据与货物/服务/行为

a. Goods should not be dispatched directly to the address of a bank or consigned to or to the order of a bank without prior agreement on the part of that bank.

Nevertheless, in the event that goods are dispatched directly to the address of a bank or consigned to or to the order of a bank for release to a drawee against payment or acceptance or upon other terms and conditions without prior agreement on the part of that bank, such bank shall have no obligation to take delivery of the goods, which remain at the risk and responsibility of the party dispatching the goods.

未经银行事先同意，货物不得以银行的地址直接发送给该银行或者以该行作为收货人或者以该行为抬头人。然而，如果未经银行事先同意而将货物以银行的地址直接发送给了该银行，或以该行做了收货人或抬头人，并请该行凭付款或承兑或凭其他条款将货物交付给付款人，该行将没有提取货物的义务，其风险和责任仍由发货方承担。

b. Banks have no obligation to take any action in respect of the goods to which a documentary collection relates, including storage and insurance of the goods even when specific instructions are given to do so. Banks will only take such action if, when, and to the extent that they agree to do so in each case, notwithstanding the provisions of sub-article 1 (c), this rule applies even in the absence of any specific advice to this effect by the collecting bank.

银行对与跟单托收有关的货物即使接到特别指示也没有义务采取任何行动，包括对货物的仓储和保险，银行只有在个案中如果同意这样做时才会采取该类行动。撇开前述第一款（c）的规定，即使对此没有任何特别的通知，代收银行也适用本条款。

c. Nevertheless, in the case that banks take action for the protection of the goods, whether instructed or not, they assume no liability or responsibility with regard to the fate and/or condition of the goods and/or for any acts and/or omissions on the part of any third parties entrusted with the custody and/or protection of the goods. However, the collecting bank must advise without delay the bank from which the collection instruction was received of any such action taken.

然而，无论银行是否收到指示，它们为保护货物而采取措施时，银行对有关货物的结局和/或状况和/或对受托保管和/或保护的任何第三方的行为和/或疏漏概不承担责任。但是，代收行必须毫不延误地将其所采取的措施通知对其发出托收指示的银行。

d. Any charges and/or expensed incurred by banks in connection with any action taken to protect the goods will be for the account of the party from whom they received the collection.

银行对货物采取任何保护措施所发生的任何费用和/或花销将由向其发出托收的一方承担。

e. i. Notwithstanding the provisions of sub-article 10 (a), where the goods are consigned to or the order of the collecting bank and the drawee has honoured the collection by payment, acceptance or other terms and conditions, and the collecting bank arranges for the authorized the collecting bank to do so.

撇开第十款（a）条的规定，如果货物是以代收行作为收货人或抬头人，而且付款人已对该项托收办理了付款、承兑或承诺了其他条件和条款，代收行因此对货物的交付做了安排时，应认为寄单行已授权代收行如此办理。

ii. Where a collecting bank on the instructions of the remitting bank or in terms of sub-article 10 (e) i, arranges for the release of the goods, the remitting bank shall indemnify such collecting bank for all damages and expenses incurred.

若代收行按照寄单行的指示按上述第十款（e）i 条的规定安排交付货物，寄单行应对该代收行所发生的全部损失和花销给予赔偿。

Article 11

Disclaimer For Acts of an Instructed Party 对被指示的免责

a. Banks utilizing the services of another bank or other banks for the purposes of giving effect to the instructions of the principal, do so for the account and at the risk of such principal.

为使委托人的指示得以实现，银行使用另一银行或其他银行的服务是代该委托人办理的，因此，其风险由委托人承担；

b. Banks assume no liability or responsibility should the instructions they transmit not be carried out, even if they have themselves taken the initiative in the choice of such other bank (s).

即使银行主动地选择了其他银行办理业务，如该行所转递的指示未被执行，该行不承担责任或对其负责；

c. A party instructing another party to perform services shall be bound by and liable to indemnify the instructed party against all obligations and responsibilities imposed by foreign laws and usages.

一方指示另一方去履行服务，指示方应受到被指示方的法律和惯例所加于的一切义务和责任的制约，并承担赔偿的责任。

Article 12

Disclaimer on Documents Received 对收到单据的免责

a. Bank must determine that the documents received appear to be as listed in the collection instruction and must advise by telecommunication or, if that is not possible, by other expeditious means, without delay, the party from whom the collection instruction was received of any documents missing, or found to be other than listed.

Banks have no further obligation in this respect.

(1) 银行必须确定它所收到的单据应与托收批示中所列表面相符，如果发现任何单据有短缺或非托收指示所列，银行必须以电讯方式，如电讯不可能时，以其他快捷的方式通知从其收到指示的一方，不得延误；

银行对此没有更多的责任。

b. If the documents do not appear to be listed, the remitting bank shall be precluded from disputing the type and number of documents received by the collecting bank.

(2) 如果单据与所列表面不相符，寄单行对代收行收到的单据种类和数量应不得有争议；

c. Subject to sub-article 5 (c) and sub-article 12 (a) and 12 (b) above, banks will present documents as received without further examination.

(3) 根据第五款 (c) 和第十二款 (a) 以及上述 (b)，银行将按所收到的单据办理提示而无须做更多的审核。

Article 13

Disclaimer on Effectiveness of Documents 对单据有效性的免责

Banks assume no liability or responsibility of the form, sufficiency, accuracy, genuineness, falsification or legal effect of any document (s) or superimposed thereon; nor do they assume any liability, condition, packing , delivery, value of existence of the goods represented by any document (s), or for the good faith or acts and/or omission, solvency, performance or standing of the consignors, the carriers, the forwarders, the consignees or the insurers of the goods, or any other person whomsoever.

银行对任何单据的格式、完整性、准确性、真实性、虚假性或其法律效力或对在单据中载明或在其上附加的一般性和/或特殊性的条款不承担责任或对其负责；银行也不对任何单据所表示的货物的描述、数量、重量、质量、状况、包装、交货、价值或存在或对货物的发运人、承运人、运输行、收货人和保险人或其他任何人的诚信或行为和/或疏忽、清偿力、业绩或信誉承担责任或对其负责。

Article 14

Disclaimer on Delays, Loss in Transit and Translation 对单据在传送中的延误和损坏以及对翻译的免责

a. Banks assume no liability or responsibility for the consequences arising out of delay and/or loss in transit of any message (s), letter (s) or document (s), or for delay, mutilation or other error (s) arising in transmission of any telecommunication or for error (s) in translation and/or interpretation of technical terms.

银行对任何信息、信件或单据在传送中所发生的延误和/或损坏或对任何电讯在传递中所发生的延误、残损或其他错误或对技术条款的翻译和/或解释的错误不承担责任或对其负责；

b. Banks will not be liable or responsible for any delays resulting from the need to obtain clarification of any instructions received.

银行对由于收到的任何指示需要澄清而引起的延误将不承担责任或对其负责。

Article 15

Force Majeure 不可抗力

Banks assume no liability or responsibility for consequence arising out of the interruption of their business by Acts of God, riots, civil commotions, insurrections, wars, or any other causes beyond their control or by strikes or lockouts.

银行对由于天灾、暴动、骚乱、战争或银行本身不能控制的任何其他原因、任何罢工或停工而使银行营业中断所产生的后果不承担责任或对其负责。

D. Payment

Article 16

Payment Without Delay 立即汇付

a. Amounts collected (less charges and/or disbursements and/or expenses where applicable) must be made available without delay to the party from whom the collection instruction was received in accordance with the terms and conditions of the collection instruction.

收妥的款项（扣除手续费和/或支出和/或可能的花销）必须按照托收指示中规定的条件和条款不延误地付给从其收到托收指示的一方，不得延误；

b. Notwithstanding the provisions of sub-article 1 (c) and unless otherwise agreed, the collecting bank will effect payment of the amounts collected in favour of the remitting bank only.

撇开第一款（c）的规定和除非另有指示，代收行仅向寄单行汇付收妥的款项。

Article 17

Payment in Local Currency 以当地货币支付

In the case of documents payable in the currency of the country of payment (local currency), the presenting bank must, unless otherwise instructed、in the collection instruction, release the documents to the drawee against payment in local currency only if such currency is immediately available for disposal in the manner specified in the collection instruction.

如果单据是以付款地国家的货币（当地货币）付款，除托收指示另有规定外，提示行必须凭当地货币的付款，交单给付款人，只要该种货币按托收指示规定的方式能够随时处理。

Article 18

Payment in Foreign Currency 用外汇付款

In the case of documents payable in a currency other than of the country of payment (foreign currency), the presenting bank must, unless otherwise instructed in the collection instruction, release the documents to the drawee against payment in the designed foreign currency only if such foreign currency can immediately remitted in accordance with the instructions given in the collection instruction.

如果单据是以付款地国家以外的货币（外汇）付款，除托收指示中另有规定外，提示行必须凭指定的外汇的付款，交单给付款人，只要该外汇按托收指示规定能够立即汇出。

Article 19

Partial Payments 分期付款

a. In respect of clean collections, partial payments may be accepted if and to the extent to which and on the conditions on which partial payments are authorized by the law in force in the place of payment. The financial document (s) will be released to the drawee only when full payment thereof has been received.

在光票托收中可以接受分期付款，前提是分批的金额和条件是付款当地的现行法律所允许的。只有在全部货款已收妥的情况下，才能将金融单据交付给付款人。

b. In respect of documentary collection, partial payments will only be accepted if specifically authorized in the collection instruction. However, unless otherwise instructed, the presenting bank will release the documents to the drawee only after full payment has been received, and the presenting bank will not be responsible for any consequence arising out of any delay in the delivery of documents.

在跟单托收中，只有在托收指示有特别授权的情况下，才能接受分期付款。然而，除非另有指示，提示行只能在全部货款已收妥后才能将单据交付给付款人，提示行不会对由于延迟交单所产生的后果负责。

c. In all cases partial payments will be accepted only subject to compliance with the provisions of either Article 17 or Article 18 as appropriate. Partial payment, if accepted, will be dealt with in accordance with the provisions of Article 16.

在任何情况下，分期付款只有在符合第十七款或第十八款中的相应规定时才会被接受。

如果接受分期付款将按照第十六款的规定办理。

E. Interest, Charges and Expenses 利息、手续费和费用

Article 20

Interest 利息

a. If the collection instruction specifies that interest is to be collected and the drawee refuses to pay such interest, the presenting bank may deliver the document (s) against payment of acceptance or on other terms and conditions as the case may be, without collecting such interest, unless sub-article 20 (c) applies.

如果托收指示中规定必须收取利息，但付款人拒付该项利息时，提示行可根据具体情况在不收取利息的情况下凭付款或承兑或其他条款和条件交单，除非适用第二十款（c）条。

b. Where such interest is to be collected, the collection instruction must specify the rate of interest, interest period and basis of calculation.

如果要求收取利息，托收指示中应明确规定利率、计息期和计息方法。

c. Where the collection instruction expressly states that interest may not be waived and the drawee refuses to pay such interest the presenting bank will not deliver document and will not be responsible for any consequences arising out of any delay in the delivery of document (s). When payment of interest has been refused, the presenting bank must inform by telecommunication or, if that is not possible, by other expeditious means without delay the bank from which the collection instruction was received.

如托收指示中明确地指明利息不得放弃而付款人拒付该利息，提示行将不交单，并对由此引起的延迟交单所产生的后果将不承担责任。当利息已被拒付时，提示行必须以电讯，当不可能时可用其他便捷的方式通知曾向其发出托收指示的银行，不得延误。

Article 21

Charges and Expenses 手续费和费用

a. If the collection instruction specifies that collection charges and/or expenses are to be of account of the drawee and the drawee refuses to pay them, the presenting bank may deliver the document (s) against payment or acceptance or on other terms and conditions as the case may be, without collecting charges and/or expenses, unless sub-article 21 (b) applies.

Whenever collection charges and/or expenses are so waived they will be for the account of the party from whom the collection was received and may be deducted from the proceeds.

如果托收指示中规定必须收取手续费和（或）费用须由付款人承担，而后者拒付时，提示行可以根据具体情况在不收取手续费和（或）费用的情况下凭付款或承兑或其他条款和条件交单，除非适用第二十一款（b）条。

每当托收手续费和（或）费用被这样放弃时，该项费用应由发出托收的一方承担，并可从货款中扣减。

b. Where the collection instruction expressly states that charges and/or expenses may not be waived and the drawee refuses to pay such charges and/or expenses, the presenting bank will not deliver documents and will not be responsible for any consequence arising out of any delay in the delivery of the document (s). When payment of collection charges and/or expenses has been refused the presenting bank must inform by telecommunication or, if that is not possible, by other expeditious means without delay the bank from which the collection instruction was received.

如果托收指示中明确指明手续费和（或）费用不得放弃而付款人拒付该项费用时，提示行将不交单，并对由此引起的延迟交单所产生的后果将不承担责任。当该项费用已被拒付时，提示行必须以电讯，当不可能时可用其他便捷的方式通知曾向其发出托收指示的银行，不得延误。

c. In all cases where in the express terms of a collection instruction or under these Rules, disbursements and/or expenses and/or collection charges are to be borne by the principal, the collecting bank (s) shall be entitled to recover promptly outlays in respect of disbursements, expenses and charges from the bank form which the collection instruction was received, and the remitting bank shall be entitled to recover promptly from the principal any amount so paid out by it, together with its own disbursements, expenses and charges, regardless of the fate of the collection.

在任何情况下，若托收指示中清楚地规定或根据本规则，支付款项和（或）费用和（或）托收手续费应由委托人承担，代收行应有权从向其发出托收指示的银行立即收回所支出的有关支付款、费用和手续费，而寄单行不管该托收结果如何应有权向委托人立即收回它所付出的任何金额连同它自己的支付款、费用和手续费。

d. Banks reserve the right to demand payment of charges and/or expenses in advance from the party from whom the collection instruction was received, to cover costs in attempting to carry out any instructions, and pending receipt of such payment also reserve the right not to carry out such instructions.

银行对向其发出托收指示的一方保留要求事先支付手续费和（或）费用用以补偿其拟执行任何指示的费用支出的权利，在未收到该项款项期间有保留不执行该项指示的权利。

F. Other Provisions 其他条款

Article 22

Acceptance 承兑

The presenting bank is responsible for seeing that the form of the acceptance of a bill of exchange appears to be complete and correct, but is not responsible for the genuineness of any signature or for the authority of any signatory to sign the acceptance.

提示行有责任注意汇票承兑形式看来是完整和正确的，但是，对任何签字的真实性或签署承兑的任何签字人的权限不负责任。

Article 23

Promissory Notes and Other Instructions 本票和其他凭证

The presenting bank is not responsible for the genuineness of any signature or for the authority of any signature to sign a promissory note, receipt, or other instruments.

提示行对在本票、收据或其他凭证上的任何签字的真实性或签字人的权限不负责任。

Article 24

Protest 拒绝证书

The collection instruction should give specific instructions regarding protest (or other legal process in lieu thereof), in the event of non-payment or non-acceptance.

In the absence of such specific instructions, the banks concerned with the collection have no obligation to have the document (s) protested (or subjected to other legal process in lieu thereof) for non-payment or non-acceptance.

Any charges and/or expenses incurred by banks in connection with such protest, or other legal process, will be for the account of the party from whom the collection instruction was received.

托收指示对当发生不付款或不承兑时的有关拒绝证书应有具体的指示（或代之以其他法律程序）。如果没有具体的指示，与托收指示相关的银行将无义务作出有关拒绝证书。

银行由于办理拒绝证书或其他法律程序所发生的手续费和（或）费用将由向其发出托收指示的一方承担。

Article 25

Case-of-Need 预备人

If the principal nominates a representative to act as case-of-need in the event of non-payment and/or non-acceptance the collection instruction should clearly and fully indicate the powers of such case-of-need. In the absence of such indication banks will not accept any instructions from the case-of-need.

如果委托人指定一名代表作为在发生不付款和（或）不承兑时的预备人，托收指示中应清楚、详尽地指明该预备人的权限。在无该项指示时，银行将不接受来自预备人的任何指示。

Article 26

Advices 通知

Collecting banks are to advise fate in accordance with the following rules:

代收行应按下列规则通知托收状况：

a. Form of Advise 通知格式

All advices of information from the collecting bank to the bank from which the collection instruction was received, must bear appropriate details including, in all cases, the latter bank's reference as stated in the collection instruction.

代收行对向其发出托收指示的银行给予所有通知和信息且必须有相应的详情，在任何情况下都应包括后者在托收指示中列明的银行业务编号。

b. Method of Advice 通知的方法：

It shall be the responsibility of the remitting bank to instruct the collecting bank regarding the method by which the advices detailed in (c) i, (c) ii and (c) iii are to be given. In the absence of such instructions, the collecting bank will send the relative advices by the method of its choice at the expense of the bank from which the collection instruction was received.

寄单行有责任就通知的方法向代收行给予指示，详见本款（c）i、（c）ii 和（c）iii 的内容。在无该项指示时，代收行将自行选择通知方法寄送有关的通知，而其费用应由向其发出托收指示的银行承担。

c. i. Advice of Payment 付款通知

The collecting bank must send without delay advice of payment to the bank from which the collection instruction was received, detailing the amount or amounts collected, charges and/or disbursements and/or expenses deducted, where appropriate, and method of disposal of the funds.

代收行必须无延误地对向其发出托收指示的银行寄送付款通知，列明金额或收妥金额、扣减的手续费和（或）支付款和（或）费用额以及资金的处理方式。

ii. Advice of Acceptance 承兑通知

The collecting bank must send without delay advice of acceptance to the bank from which the collection instruction was received.

代收行必须无延误地对向其发出托收指示的银行寄送承兑通知。

iii. Advice of Non-payment and/or Non-acceptance 不付款或不承兑的通知

The presenting bank should endeavour to ascertain the reasons for non-payment and/or non-acceptance and advise accordingly, without delay, the bank from which it received the collection instruction.

The presenting bank must send without delay advice of non-payment and/or advice of non-acceptance to the bank form which it received the collection instruction.

On receipt of such advice the remitting bank must give appropriate instructions as to the further handling of the documents. If such instructions are not received by the presenting bank within 60 days after its advice of non-payment and/or non-acceptance, the documents may be returned to the bank from which the collection instruction was received without any further responsibility on the part of the presenting bank.

提示行应尽力查明不付款或不承兑的原因，并据以向对其发出托收指示的银行无延误地寄送通知。

提示行应无延误地对向其发出托收指示的银行寄送不付款通知和（或）不承兑通知。如果 60 天内未收到该项指示，代收行或提示行可将单据退回给向其发出指示的银行，而提示行方面不承担更多的责任。

1995 年修订本，自 1996 年 1 月 1 日生效。

参 考 文 献

[1] 黎孝先，王健．国际贸易实务（第5版）[M]．北京：对外经济贸易大学出版社，2011.
[2] 胡丽华．国际贸易实务 [M]．长沙：中南大学出版社，2011.
[3] 丁萍，王媛媛．国际贸易理论与实务实训 [M]．北京：北京交通大学出版社，2010.
[4] 王新哲，廖万红，覃永盛．国际贸易实务 [M]．长沙：中南大学出版社，2011.
[5] 陈建华，戴海珊．国际贸易实务（第2版）[M]．大连：大连理工大学出版社，2006.
[6] 刘文广，项义军，张晓明．国际贸易实务 [M]．北京：高等教育出版社，2002.
[7] 文飞宇，徐军．国际贸易单证实务 [M]．北京：北京理工大学出版社，2017.
[8] 王健．期货市场理论与实务 [M]．北京：对外经济贸易大学出版社，2005.
[9] 姚大伟．国际商务单证理论与实务 [M]．上海：上海交通大学出版社，2014.
[10] 孟祥年．外贸单证实务 [M]．北京：中国财政经济出版社，2009.
[11] 卓乃坚．国际贸易结算及其单证实务 [M]．北京：北京大学出版社，2015.
[12] 刘耀威．进出口商品的检验与检疫（第2版）[M]．北京：对外经济贸易大学出版社，2006.
[13] 国际商会（ICC）．国际贸易术语解释通则2010. 北京：中国民主法制出版社，2011.
[14] 博斌．国际贸易实务与案例 [M]．北京：清华大学出版社，2007.
[15] 余庆瑜．国际贸易实务：原理与案例 [M]．北京：中国人民大学出版社，2014.
[16] 龙晓辉．国际贸易实务 [M] 北京：对外经济贸易大学出版社，2016.
[17] 黎孝先，石玉川．国际贸易实务（第6版）[M]．北京：对外经济贸易大学出版社，2016.
[18] 王溪若．国际贸易实务 [M]．北京：人民邮电出版社，2011.
[19] 易露霞，方玲玲，尤彧聪．国际贸易实务案例教程（双语）（第2版）[M]．北京：清华大学出版社，2016.

[20] 网站资源：

http：//www. ccpit. org 中国国际贸易促进委员会

http：//zhs. mofcom. gov. cn 中华人民共和国商务部综合司

http：//gmxh. mofcom. gov. cn/ 中国国际贸易学会

http：//bbs. fobshanghai. com/ 福步外贸论坛